中世朝廷の官司制度

遠藤珠紀著

吉川弘文館

目 次

第二部　古記録から見る政務運営構造

序章

一　目的

本書は鎌倉期を中心に中世の朝廷における官司制度・政務運営の在り方を、主に下級官人に注目することによって、考察したいと志すものである。

朝廷儀式を支える諸官司の運営システムは律令制以来、その時々の時代に即して様々な形で合理化が進められてきた。早く土田直鎮氏は、朝廷にとって儀式運営が政治行為そのものであると指摘した(1)。中世の儀式については従来あまり検討がなされていないが、近年、「一見すると不変的・形式的なものに過ぎないが、そこに潜む可変性・実体性に着目することで、政治史的手法による具体的な分析が可能な素材となる」と指摘されているように、その重要性が認識されつつある(2)。すなわち当該期の朝廷社会の構造変化、機能を明らかにすることは、中世朝廷政治の特質、また武家政権や在地の構造との連関、ひいては通時代的な「国家」を考察する上でも重要であると考えられる。そこで本書では、とりわけ様々な局面で実務的な業務を担当してきた下級官人層の動向に注目して、実態的な朝廷の在り方を探っていきたい。

二　朝廷官司制度研究史と本書の課題

鎌倉期朝廷研究は、三浦周行氏・龍粛氏らによる先駆的な研究も存在するが、(3) 主に一九八〇年代以降急速に研究が進められてきた分野である。その論点は訴訟制・院政・公武関係・家領研究・古記録研究など多岐に亘る。(4) その中でここでは、院—天皇を中心とする政治機構の検討と、それを下支えする諸官司の運営システムなどに注目する。

まず前者についてまとめる。八〇年代前半より、まず院政論・訴訟制度論が盛んになった。このうち訴訟制度研究については近年研究史のまとめが行われている。(5) 続いて八〇年代半ば以降、女院、治天の君・王権を取り上げた研究が活況を呈している。(6) 九〇年代には、朝廷行事用途の調達に注目した国家財政論が盛んになった。(7) また朝廷運営に関しては、井原今朝男氏が、国家機関と家政機関の委任と請負の共同執行によって中世国家が運営されたとする国政家政共同執行論を提議した。(8) 鎌倉期の家産機構の研究は、今後より進められるべき課題であろう。その検討に当たり、儀礼体系の性格およびそれに伴う収取に着目した点は重要と考える。行事用途調達に関して国衙や国雑掌など実務担当者レベルでの考察も進められている。(9) さらに近年では儀礼・芸能・空間などに着目して、王権の在り方を検討する研究が盛んとなってきている。(10)

対象とする時期を見ると、八〇年代以前は院政期研究からの展望（おおよそ後鳥羽院まで）、あるいは後醍醐政権期研究の前史としての検討の要素が強く、両者をつなぐ形での研究はあまりなされてこなかった憾みがある。一九七五年、橋本義彦氏は院庁が政治の中心であったとする「院庁政治論」を否定し、後嵯峨院政期に「院政」が専制的なものから制度的なものへ変質したという政治構造上の画期を見いだした。(11) 一九八一年には笠松宏至・

佐藤進一編『日本思想大系　中世政治社会思想』下が刊行され[12]、まず公卿議定制や訴訟制度などの権力機構に関する研究が、院政期から鎌倉期を見通した形で進められ、その充実が図られていたことが明らかにされた[13]。関連して、院と天皇の関係、政治基調としての公家徳政に関わる研究も進められている[14]。

後醍醐政権に関する研究は、佐藤進一氏・網野善彦氏・黒田俊雄氏らによって先鞭が付けられた[15]。研究者により方向性の差異はあるものの、後醍醐天皇が旧来の枠組みの打破を試みたが反動勢力により頓挫したとする点、その特異性・異質性を見いだす点は一致しており、研究史上通説となっている。しかしながら鎌倉中後期の実態が不明瞭なために、その現象が後醍醐天皇の特異性であるのか否か、はっきりしないことも多い。これに対して近年、鎌倉後期の状況を明らかにすることで、後醍醐政権へ至る要因を見いだす指摘も出てきている[16]。市沢哲氏は、後醍醐天皇による新政の背景を、「都市領主」の所領確保のための内部抗争と、両統の分裂による矛盾という鎌倉後期社会固有の状況に求める[17]。朝廷内部で完結しがちな制度史研究を在地の問題と絡めて論じており、興味深い。知行国制度に関しては遠藤基郎氏が、鎌倉期の状況を明らかにし、後醍醐天皇の政策の再検討を試みている[18]。官司研究の立場からも、検非違使庁の任官状況や法令を丹念に追うことで、両統迭立期の既成概念に疑問を呈する研究が発表されている[19]。

今後いっそう鎌倉中後期の実態解明が進んで行けば、院政期から鎌倉期、後醍醐政権期に至る連続性、さらに現在隆盛となっている南北朝・室町期研究とのリンクが明確になるのではないだろうか。

このような上級権力の動向に対して、それを支える官司制度の研究はどのように進められたのだろうか。次に検討する。先駆的な研究としては、戦前の奥野高広氏や小野晃嗣氏による研究がある[20]。これらは朝廷の経済・経営的側面を検討したものであり、個別的な官司・機構を追った実証的研究である。その後も中世朝廷官司、ことに下級官人については、主に供御人などの商工業史、皇室経済史の分野で触れられてきた[21]。

これに対し、総体的な中央政治機構の変遷が検討されたのは、やはり橋本義彦氏の一連の研究が大きい(22)。橋本氏は平安期以来の政治機構の変遷を跡づけ、官職の家業化を指摘した。そして一九七二年、佐藤進一氏による「王朝国家論」が提議された。氏は律令国家解体の後の「王朝国家」こそ中世国家の祖型であり、一三・一四世紀の王朝権力は、「王朝国家」の展開形態であると指摘した。坂本賞三氏の「王朝国家体制」論に依拠するが、坂本氏が主に地方支配や土地制度の変化から一〇〜一二世紀の王朝権力の性格を論じたのに対し、佐藤氏は中央の政治機構・官制体系の変化に注目している(23)。ことに蔵人所と検非違使庁権限の伸長に注目し、「官司請負制」を提唱した。氏の「官司請負制」論は以下の四点に集約されよう。すなわち

一、律令官司制の太政官を頂点とする官司の統属関係が解体し、個々の官司が分離して、あるいはそれ自体で、あるいは他官司と結びついてそれぞれ完結的な業務を行うこと、

二、その各官司がそれぞれ特定の氏族に請け負われること、

三、官司の業務活動と収益とが直接・不可分に結び合わされていること、

四、官司請負制は官司を天皇の専権に属するとする建武新政によって否定されたこと、

である。特定氏族と特定官司、官司領の関係、それによる業務円滑化については、橋本氏・曾我良成氏らも注目している(24)。佐藤氏はこれに加えて職と家業の関係、その発展の上に中世国家の祖型「王朝国家」の成立を置く。その成立の画期は一二世紀初中期であり、後醍醐天皇により打破され、消滅したとする(25)。佐藤氏は、王朝国家に対比するものとして鎌倉幕府の在り方も論じているが、ここではひとまず省略する。佐藤氏の論は、官職機構そのものを直接の考察対象とした初の国家論であり、以後の中世朝廷史に大きな影響を与えた。

ただし明瞭な論であるため、異論も様々な角度から出されている。権門体制論を提唱した黒田俊雄氏は、王朝国家論を国制史と政治史に絞った「ミニマム」な議論であるとする(26)。村井章介氏は「律令官制の上下統属関係の

無限の分解と各官庁の無限の個別・完結化があるのみで、王朝国家固有の新しい統属関係や職務統合の傾向は論理から排除され」、また在地社会との関わりが捨象されていると指摘する。(27) 福島正樹氏も同様に、自己完結的官司の王朝国家機構全体の中の位置づけ、また「氏・ウジ」と「家・イエ」概念について疑問を投げかけている。(28) 井原今朝男氏は国政＝家政論という自己矛盾に陥る論理とする。(29) これらの批判は当該期の政治制度の中での「請負」の位置づけを求めたものであろう。

また全ての官司を同一に特定氏族による請負・相伝と捉えることを疑問視する批判も出されている。桜井英治氏、今正秀氏は特定の一族による請負が成立しない「遷代の職」、「非官司請負制的」なポストの存在を指摘する。(30) こうした非官司請負制官司の共通点は、内廷経済に関わる最重要官司であること、とされている。今氏は主に内蔵寮を取り上げ、鎌倉期には非官司請負制的性質であり、長官―年預体制だったことを指摘した。桜井氏は修理職の運営体制を検討し、次のように指摘した。修理職は「天皇直属性」が強く、官司請負制が成立しなかった。すなわち鎌倉期には長官―年預の体制であり、南北朝期には木工頭がその職務を代行する。それは天皇と廷臣との直接的な主従関係により秩序が形成され、「官司としての自律性を失って、天皇支配権をより直接的な形で受容する方向に変化している」という。「空虚な官制より確実な主従」化を選択したとの評価である。そしてこうした新しい支配論理の展開の画期を後醍醐天皇期とする。後醍醐天皇の官職私領化の否定という政治理念自体は、南北朝期以降も生き続けたという。市沢哲氏は、官司が職務を統括するポストと実務を行うパートの二つからなるとし、後者は特定氏族に請け負われるが、前者は非請負であると指摘する。(31) さらに官司が機能の維持を求められるものと、さほど機能が要求されず、料所としての要素の大きいものに分け、前者を請負制、後者を遷代と位置づけた。本郷恵子氏も、中世公家政権を官制体系と個々の官司・家等に至る様々なレベルでの自律分散的な請負体制との共存と位置づけ、「官司請負制というのは諸官司すべてに通じる概念ではなく、公家政権の文書行政の基幹部分を保証するために生じた、むしろ特殊な制度」であり、物品調達部門の経済的官司には成立しない、とする。[32]また井上幸治氏は「官司請負制」を支える「家業の論理」が成立しないこと、家業と官職を安易に直結して考えるべきではないことを指摘している。[33]

現在、中世の官司制度を考える時に必要な論点は、上述の批判にほぼ尽くされている。すなわち、①（当該期に機能していた）官司の朝廷機構全体における位置づけ、②特定官司を請け負っていたとされる氏族の実態、③それによる官司運営の在り方を、広い範囲で明らかにしていく必要がある。かつその検討に当たっては、「永代」と「遷代」概念、すなわち治天による影響の強弱が一つのキーワードとされている。

鎌倉期の「官司請負制」は、その範囲に議論はあるものの広く受け入れられている。他方、後醍醐天皇により打破されたとされる室町期以降の朝廷研究においても、「官司請負制」概念がそのまま受容されている。鎌倉期以前の請負とどのような共通点、あるいは相違点が存在するのか、再検討する必要があるのではないか。

また近年中世の下級官人の在り方を幅広く探っているのは、中原俊章氏であろう。『中世公家と地下官人』『中世王権と支配構造』にまとめられた氏の一連の研究によって、下級官人層の動向の網羅的な抽出が試みられ、曖昧模糊としていた下級官人層に光が当てられた。[34]中原氏は権門体制論的立場から、一〇世紀以降、弁官局への行事運営集中化がなされたこと、やがて官方・外記方・蔵人方が諸官司を兼帯することにより、これらを直接掌握したことを指摘する。そして、こうした直接掌握はさらなる機能の集約化・合理化を果たし、天皇を中核とする「統合的」な新体制を創出したものと評価する。また年預層には、検非違使の兼帯が多く見られるが、これは天皇家王権の呪術的力を行き渡らせるものだったとする。[35]しかしながら中世王権が主体的かつ合理的に王朝国家政治システムを形成したという視点、その背景に天皇の呪術的力を見いだすことには、果たして当時の王権が主体的に整然とした政治システムを構築し得たであろうかと若干の違和感を覚える。

曾我良成氏も官司請負制の国家体制的要請を重視している。官司請負の主体となる博士家は身分・出身を問わず有能な人材を養子形式の門弟とし、その継承も養子形式の門弟出身者が担う場合があったと指摘した。本来ならば認められるべきでない異姓養子を政府が容認したのは、「後期王朝国家」（坂本氏の区分による。一一世紀）の実務処理が「官司請負制」により行われていたという国家体制上の必要からであった、とする。[36] かつそうした傾向は、まず地方行政の実務を担った弁官局に見られるという。家と制度の問題を論じる上で重要な指摘であろう。しかし曾我氏の指摘された養子事例がどれほど一般化できるのか、また一一世紀初頭段階において「中央政府」が官司請負制による制度の安定化を目指していたとして良いのか、という疑問が残る。

個別官司の組織体制についても検討が進められている。主なものとして、弁官局官務を取り上げた曾我良成氏の一連の研究、[37] 本郷恵子氏・白川哲郎氏による院庁・国雑掌等に関する研究、[38] 検非違使庁研究、[39] 陰陽道研究[40]など、実態が明らかにされつつある。

そしてこのような中世朝廷研究を支える要因として、八〇年代以降古記録や各官司の補任などが相次いで刊行・完結されたことにより、基礎的な研究環境が整ってきたことがある。一九九〇年代以前に刊行された補任類はおおよそ建久年中を下限としていた。これに対し、近年刊行された『検非違使補任』（宮崎康充編、続群書類従完成会、〜二〇〇六年）、『官史補任』（永井晋編、続群書類従完成会、一九九八年）、『官史補任稿　室町期編』（中島善久編、日本史史料研究会、二〇〇七年）、『外記補任』（井上幸治編、続群書類従完成会、二〇〇四年）、『式部省補任』（永井晋編、八木書店、二〇〇八年）などは、中世をも対象とする。いずれも詳細な解題・解説が付され、官司の変遷の概観が行われており、中世も朝廷制度研究の視野に入ってきつつあることが感じられる。さらにインターネット上でも各種データベースが整備されつつある。

また官司制度に関わる身分秩序の重要な規範として家制度、家格概念がある。古代的な「家」から中世的

「家」への変質は高橋秀樹氏らの研究がある。(41) 家格の形成とそれに伴う官途の固定化を示した嚆矢はやはり橋本義彦氏であろう。(42) 家格による昇進ルートは鳥羽院期に骨格ができたとされ、個別の家の昇進ルートの分析も進められている。(43)

なお本書で対象とする「下級官人」について一言触れておく。古代律令制において官人の位階は正一位から少初位下まで分けられ、その中でも三位と五位が大きな境界となっていた。しかしながら平安中期以降、正六位下以下の位階は形骸化し、ほとんど消滅したと指摘されている。(44) 上位の位階でも一部は事実上任じられなくなる。本書で対象とする中世の下級官人は正六位上を中心に、上位層は五位、やがて四位に至る階層である。古代に比して下級官人層の有する位階が上昇しているが、中世前期における下級官人層内の区分はやはり叙爵、昇殿の可否にあった。ことに源平藤橘の貴姓氏族と、それ以外の卑姓氏族の間の「越ゆべからざる断層」は大きかった。(45) 本書で対象とするのは、この卑姓氏族、「地下」と称される人々である。

三　本書の構成

以上のような問題意識のもと、本書では主に中世前期における朝廷官司制度と政務運営システムを明らかにすることで、当該期の朝廷社会の在り方を追いたい。

先述のように、現在の中世官司制度を考える上で、現在前提とされているのは、佐藤進一氏によって提唱された「官司請負制」論である。本書においても、その概念を検証しつつ実態を描き出すことが一つの有効な手段ではないかと思う。この「官司請負制」的官司は大別すると、

①実務系官司……弁官局・外記局など。

②技術系官司……暦道・天文道・陰陽道・医道など。

③上記①・②官司によって請け負われた兼官官司……大炊寮・主水司など。

の三つになる。また一方で、内廷的かつ朝廷で必要な物品の調達など経済的側面を担う官司の特徴として、

④非官司請負制的官司……修理職・内蔵寮など。

の存在が指摘されている。(46)そこで本書ではまず第一部として、上記の四タイプからそれぞれ代表的な官司をとりあげ検討していく。この作業によって、中世にある程度機能していた諸官司の運営システムの特徴を大づかみにできると考える。

第一部第一章〜第三章および補論では①の、いわばジェネラリスト系ともいえる官司を取り上げる。これらは主に文書行政、朝廷儀式の遂行など朝廷機構自体の運営に携わった官司である。代表格として弁官局官務・外記局局務が知られる。佐藤氏は、主に彼らの分析によって「官司請負制」概念を提示した。また本郷恵子氏は「官司請負制というのは諸官司すべてに通じる概念ではなく、公家政権の文書行政の基幹部分を保証するために生じた、むしろ特殊な制度」と評価する。(47)これらの指摘からもまず検討対象とすべき官司であろう。そこでまずこの両者の性格について検討する。

第一章「外記局における中世的体制の成立」では、一二世紀から一三世紀にかけて、特定の氏族が特定の官司を「請け負」っていると称されるに至るまでの経過を追う。続く第二章「局務中原氏と公事情報」では、具注暦に追記されたその年の年中行事の予定表である行事暦注に注目する。行事暦注は従来注目されることはなかったが、朝廷における公事情報（タイムテーブル）を共有するための重要な要素であると考えられる。またその規範テキストとして中原氏流年中行事書が指摘されている。そこでその位置づけを考察したい。第三章では「官務「家」・局務「家」の成立」を検証する。官務・局務は第一章で検討した氏の固定化から、南北朝期までには特定

の中世的家による独占に至る。その要因や過程を明らかにしたい。さらに補論として「鎌倉中後期の中原氏西大路流」では、「大外記中原師栄」によって記されたとされる『外記日記（新抄）』の史料的検討を行うことで、鎌倉中後期の局務中原氏の様相を追う。

続く第四章「「非官司請負制的」経済官司の運営体制」では、典型的な官司請負制的官司に比して、④非官司請負制と評価される諸官司を考察する。修理職・内蔵寮などここに含まれる官司は、天皇の日常生活に深く関わる物品や技術の調達に携わった。経済力が必要とされたために、院・天皇権力等への直属性が強く、特定の氏族による独占傾向は薄い遷代の職であったと評価されている(48)。ただしこれらの官司も室町期以降、官司請負制的傾向が強まるという。このような特徴から、鎌倉期の性格を明らかにするとともに、室町期への変化についても見通した形で改めて検討する必要があろう。その上で、第五章「「官司請負制的」局務家相伝諸寮司の運営体制」では③に分類した諸官司をも検討する。これは③に分類される大炊寮・掃部寮などの諸寮司が、天皇の生活を物品的に支えている内廷的官司であるという特徴を持ち、第四章の諸官司と共通するためである。ただし従来これらの③官司は鎌倉初期より①・②官司を得た諸氏族に請け負われ、官司請負制が進展するあらわれ、と評価されている点で異なっている。第四章で検討する官司とは、どのような違い、あるいは相似が存在するのであろうか。

さらに第六章では、スペシャリスト系ともいうべき、特殊な技術を持つ②の官司の在り方を検討する。代表としては、暦道・天文道・陰陽道・医道などが挙げられるが、本書では主に暦道を取り上げる。これは具注暦が、当時の貴族・官人層の手元に置かれ、第二章で検討する行事暦注の付与や、第二部で検討する日記の執筆のための料紙など、生活の中で大きな役割を果たしていたことによる。さらに②に属する官司の性質として、朝廷組織の中だけでなく、天皇から貴族・寺社、在地等に至るまで必要とされる技術であるという特徴が挙げられる。そこで第六章は「暦道賀茂氏の変遷」として、賀茂氏が他氏を退けて暦道を独占するようになる過程、また氏族内での競争など鎌倉期の変遷を跡づけていく。

以上のように、第一部では下級官人と諸官司の関わりから当該期の政務運営構造を明らかにする。第二部は「古記録から見る政務運営構造」とした。中世朝廷社会を検討するに当たって最も基礎となる史料は貴族たちの日記類である。従来、これらは主に後代への情報の伝承・蓄積のあり方という視点から研究が進められてきた(49)。しかしながら、第一部第二章で検討した行事暦注に見られたように、その書き方や料紙のあり方はその時代時代の社会の中での公事情報伝達の様相を反映している。朝廷社会での情報の流れと、朝廷運営、個別官司の性格は密接な関係にあるのである。そこで第二部では日記に含まれる情報に注目し、検討を試みた。第一章「中世における具注暦の性格と変遷」では暦道賀茂氏が作成した具注暦・暦情報の流通・受容について網羅的に検討した。第二章「『兼仲卿記』にみる暦記の特質」では、暦を日記の料紙とした暦記に注目する。貴族の日記は当初暦に記されたが、後には白紙に記す日次記が一般的となると従来考えられてきた(50)。しかし両者を併用している例も見られる。そこで鎌倉期の中級貴族藤原兼仲の日記を素材に、具注暦に記す暦記の性格、日次記との性格差を検討する。最後に第三章「中世朝廷社会における公卿称号」を掲げた。本書での検討は、中世における一族意識・家意識と密接に関わる。ところで家意識の一つの指標として家名の成立がある。家名の成立は、従来古記録における人名表記（称号）から導き出されることが多かった。しかしこの称号と家名が齟齬する場面も多い。どのような性格を有するものなのだろうか。史料の比較的豊富な公卿称号を例に考察し、同時に政務における人的情報の把握について検討する。

本書では、これらの検討を通して、王権などの上部権力の動きではなく、それを支えた実際的な人々の動き、意識の様相を捉えたい。

注

(1) 土田直鎮『奈良平安時代史研究』吉川弘文館、一九九二年。
(2) 松永和浩「南北朝・室町期における公家と武家」中世後期研究会編『室町・戦国期研究を読みなおす』思文閣出版、二〇〇七年。
(3) 三浦周行『鎌倉時代史』早稲田大学出版部、一九一六年。龍粛『鎌倉時代』下、春秋社、一九五七年。
(4) その概要は、例えば菅原正子氏(「序章」『中世公家の経済と文化』吉川弘文館、一九九八年)、井原今朝男氏(「序論」『日本中世の国政と家政』校倉書房、一九九五年)の詳細な研究史整理がある。
(5) 大山喬平編『中世裁許状の研究』塙書房、二〇〇八年。
(6) 五味文彦『院政期社会の研究』山川出版社、一九八四年。野村育世『家族史としての女院論』校倉書房、二〇〇六年。伴瀬明美「院政期~鎌倉期における女院領について」『日本史研究』三七四、一九九三年。近藤成一「中世王権の構造」『歴史学研究』五七三、一九八七年など。
(7) 白川哲郎「鎌倉期王朝国家の政治機構」『日本史研究』三四七、一九九一年。同「平安末~鎌倉期の大嘗会用途調達」『ヒストリア』一三四、一九九二年。同「鎌倉時代の国衙と王朝国家」『ヒストリア』一四九、一九九五年。上島享「財政史よりみた中世国家の成立」『歴史評論』五二五、一九九四年。上杉和彦「中世国家財政構造と鎌倉幕府」『歴史学研究』六九〇、一九九六年など。
(8) 井原今朝男『日本中世の国政と家政』校倉書房、一九九五年。
(9) 稲葉伸道「鎌倉後期の「国衙興行」・「国衙勘落」」『名古屋大学文学部研究論集』史学三七、一九九一年。高橋一樹『中世荘園制と鎌倉幕府』塙書房、二〇〇四年など。
(10) 井原今朝男『日本中世の国政と家政』校倉書房、一九九五年。白根靖大『中世の王朝社会と院政』吉川弘文館、二〇〇〇年。高橋昌明編『院政期の内裏・大内裏と院御所』文理閣、二〇〇六年。遠藤基郎『中世王権と王朝儀礼』東京大学出版会、二〇〇八年など。
(11) 橋本義彦『平安貴族社会の研究』吉川弘文館、一九七六年。富田正弘「口宣・口宣案の成立と変遷」『古文書研究』一四・一五、一九七九年・八〇年。
(12) 岩波書店。

(13) 藤原良章『中世的思惟とその社会』吉川弘文館、一九九七年。森茂暁『鎌倉時代の朝幕関係』思文閣出版、一九九一年。本郷和人『中世朝廷訴訟の研究』東京大学出版会、一九九五年。美川圭『院政の研究』臨川書店、一九九六年など。
(14) 稲葉伸道「新制の研究」『史学雑誌』九六―一、一九八七年。佐々木文昭『中世公武新制の研究』吉川弘文館、二〇〇八年など。
(15) 佐藤進一『日本の中世国家』岩波書店、一九八三年、二〇〇七年岩波現代文庫。同『南北朝の動乱』中央公論社、一九六五年。網野善彦『異形の王権』平凡社、一九八六年。黒田俊雄『日本中世の国家と宗教』岩波書店、一九七五年など。研究史については山本幸司「後醍醐王権の特質」『歴史評論』六四九、二〇〇四年参照。
(16) 市沢哲「鎌倉後期公家社会の構造と「治天の君」」『日本史研究』三一四、一九八八年。同「後醍醐政権とはいかなる権力か」『争点 日本の歴史』四、新人物往来社、一九九一年など。
(17) 市沢哲「鎌倉後期の公家政権の構造と展開」『日本史研究』三五五、一九九二年。
(18) 遠藤基郎「鎌倉後期の知行国制」『国史談話会雑誌』三二、一九九一年。
(19) 中井裕子「検非違使別当の人事からみる鎌倉後期の朝廷」『日本史研究』五二八、二〇〇六年。渡邊歩「後醍醐親政初期の洛中酒鑪役賦課令をめぐって」『アジア文化史研究』九、二〇〇九年など。
(20) 小野晃嗣『日本産業発達史の研究』至文堂、一九四一年。奥野高広『皇室御経済史の研究』畝傍書房、一九四二年。
(21) 豊田武『中世日本商業史の研究』岩波書店、一九四四年。脇田晴子『日本中世商業発達史の研究』御茶の水書房、一九六九年。網野善彦『日本中世の非農業民と天皇』岩波書店、一九八四年など。
(22) 橋本義彦『平安貴族社会の研究』吉川弘文館、一九七六年。同『平安貴族』平凡社、一九八六年。
(23) 佐藤進一『日本の中世国家』岩波書店、一九八三年、二〇〇七年岩波現代文庫。坂本賞三『日本王朝国家体制論』東京大学出版会、一九七二年。
(24) 橋本義彦『平安貴族社会の研究』吉川弘文館、一九七六年。曾我良成「官務家成立の歴史的背景」『史学雑誌』九二―三、一九八三年。
(25) 坂本氏は王朝国家の下限を「保留とせざるを得ないが、鎌倉時代やそれ以降の朝廷政府権力機構を王朝国家と称することは別に差障りのあることでもあるまい」と述べている（「序説」『日本王朝国家体制論』東京大学出版会、一九七二年）。
(26) 黒田俊雄「国制史としての中世国家論」『黒田俊雄著作集』一、法藏館、一九九四年、初出一九八四年。

(27) 村井章介「佐藤進一著『日本の中世国家』」『中世の国家と在地社会』校倉書房、二〇〇五年、初出一九八四年。
(28) 近藤成一・福島正樹「『日本の中世国家』佐藤進一著」『歴史学研究』五三七、一九八五年。
(29) 井原今朝男『日本中世の国政と家政』校倉書房、一九九五年。
(30) 桜井英治「三つの修理職」『遙かなる中世』八、一九八七年。今正秀「平安中・後期から鎌倉期における官司運営の特質」『史学雑誌』九九―一、一九九〇年。
(31) 市沢哲「鎌倉後期の公家政権の構造と展開」『日本史研究』三五五、一九九二年。ただし市沢氏は法家中原氏と局務中原氏という別個の氏族を混同して検討している点、疑問が残る。
(32) 本郷恵子『中世公家政権の研究』東京大学出版会、一九九八年。
(33) 井上幸治「中世前期における家業と官職の関係について」『京都市歴史資料館紀要』二二、二〇〇九年。
(34) 中原俊章『中世公家と地下官人』吉川弘文館、一九八七年。同『中世王権と支配構造』吉川弘文館、二〇〇五年。
(35) 中原俊章氏の著書に対しては、遠藤基郎氏の書評を参照（遠藤基郎「書評　中原俊章『中世王権と支配構造』」『歴史学研究』八二五、二〇〇七年）。
(36) 曾我良成「官司請負制下の実務官人と家業の継承」『古代文化』三七―一二、一九八五年。
(37) 曾我良成「官務家成立の歴史的背景」『史学雑誌』九二―三、一九八三年。同「官務小槻隆職について」『名古屋学院大学論集』人文・自然科学篇二六―一、一九八九年。同「王朝国家弁官局の機能と官宣旨」古代学協会編『後期摂関時代史の研究』吉川弘文館、一九九〇年。同「官司請負制下の実務官人と家業の継承」『古代文化』三七―一二、一九八五年など。
(38) 本郷恵子『中世公家政権の研究』東京大学出版会、一九九八年。
(39) 橋本初子「中世の検非違使庁関係文書について」『古文書研究』一六、一九八一年。五味文彦『院政期社会の研究』山川出版社、一九八四年。丹生谷哲一『増補検非違使』平凡社、二〇〇八年増補版、初出一九八六年。宮崎康充「鎌倉時代の検非違使」『書陵部紀要』五一、一九九九年。
(40) 山下克明『平安時代の宗教文化と陰陽道』岩田書院、一九九六年。赤澤春彦『鎌倉期官人陰陽師の研究』吉川弘文館、二〇一一年など。
(41) 高橋秀樹『日本中世の家と親族』吉川弘文館、一九九六年など。
(42) 橋本義彦『平安貴族』平凡社、一九八六年。

(43)　玉井力『平安時代の貴族と天皇』岩波書店、二〇〇〇年。宮崎康充「三事兼帯と名家の輩」『日本歴史』六二六、二〇〇〇年。河野房雄『平安末期政治史研究』東京堂出版、一九七九年。高橋昌明『清盛以前』文理閣、二〇〇四年増補改訂版、初出一九八四年。百瀬今朝雄『弘安書札礼の研究』東京大学出版会、二〇〇〇年。佐伯智広「中世貴族社会における家格の成立」上横手雅敬編『鎌倉時代の権力と制度』思文閣出版、二〇〇九年など。

(44)　黒板伸夫「位階制変質の一側面」『平安王朝の宮廷社会』吉川弘文館、一九九五年、初出一九八四年。玉井力『平安時代の貴族と天皇』岩波書店、二〇〇〇年。

(45)　橋本義彦『平安貴族社会の研究』吉川弘文館、一九七六年。

(46)　桜井英治「三つの修理職」『遙かなる中世』八、一九八七年。

(47)　本郷恵子『中世公家政権の研究』東京大学出版会、一九九八年。

(48)　桜井英治「三つの修理職」『遙かなる中世』八、一九八七年。

(49)　松薗斉『日記の家』吉川弘文館、一九九七年。

(50)　高橋秀樹『古記録入門』東京堂出版、二〇〇五年など。

第一部　下級官人から見る政務運営構造

第一章　外記局における中世的体制の成立

はじめに

1　問題設定

序章で述べたように、一二世紀中期以降、朝廷機構の再編が進み、官司業務を特定の氏族が独占的に請け負う「官司請負制」と称される中世的な運営体制の成立が指摘されている。(1) その過程では、従来の秩序体系を自らに益した形に変質させ、あるいは利権の拡大を図っていくことが推測される。そこで本章では、文書行政に携わる実務官人の代表格である外記局に注目し、「官司請負制」の成立期とされる院政期〜鎌倉初期の変遷を探っていきたい。

中世の外記局は朝儀・公事を奉行し、その記録の作成にあたり、先例を調査上申し、さらに人事関係の手続きを分担処理するなど、様々な事務を遂行し朝廷運営の中核に存在した。(2) 外記局の最上位の大外記で、局を統括する人物は「局務」と称された。また一二世紀半ば以降、中原・清原両氏により、局の運営が請け負われたとされている。(3) しかしながら中原氏では複数の流が競合し、他方の清原氏ではほぼ一流とはいえ、外記局の構成員は決して特定の家による独占状況ではない。松薗斉氏はこのような状況について、複数の家（局務家）を競合させ、官司の活性化を図っていたと指摘する。(4)

また橋本義彦氏は貴姓氏族と卑姓氏族の多い下級官人との間には「越ゆべからざる断層」が存在し、この時期家格差はより固定化していくと指摘している。(5)『官職秘鈔』には「外記・史不レ任二四姓一」と見え、外記・史には源平藤橘の四姓（貴姓）の人物は任じられないという意識が窺える。(6)この結果、外記就任に際し、貴姓の官人が中原などの卑姓に改姓する事例も指摘されている。(7)このような構造の中で局務は卑姓氏族・下級官人の最上層に位置し、位階的には貴姓氏族の中級官人に匹敵する四位に昇る、いわば両者のあわいに存在している点でも特徴的である。こうした点からも、外記局および関係する一族に注目することは有意義であると考える。なお同様に「官司請負制」の代表格とされるものに、やはり実務の中心を担った弁官局の史（官務）が存在する。小槻氏の変遷については、主に第一部第三章で検討するが、本章でも適宜注目していきたい。

なお朝廷社会における身分秩序の基準を考えると、さしあたり次の三種類が想定される。一つ目は官職の上下

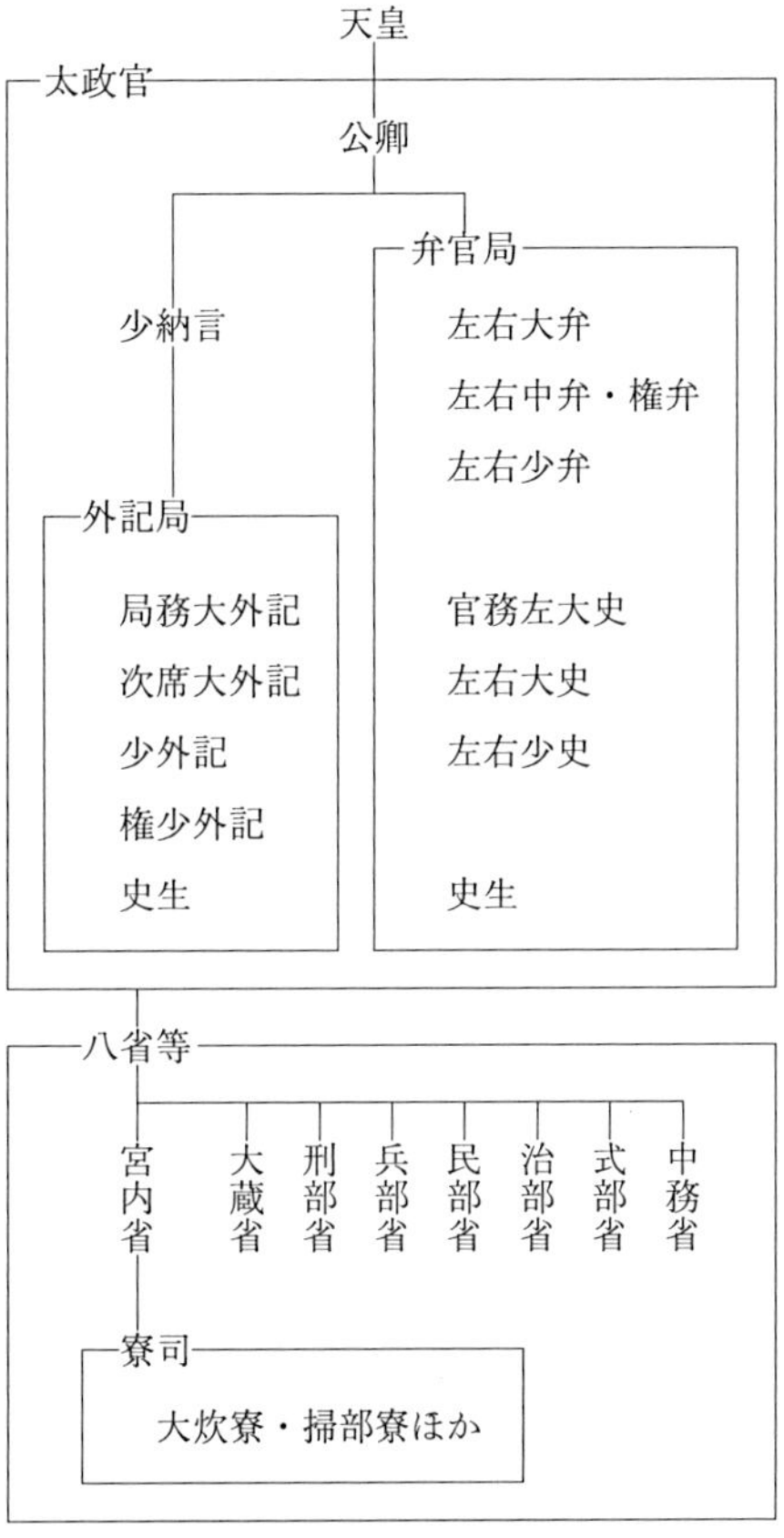

図１　朝廷太政官組織概念図
（武官・後宮等は除く）

権少外記→少外記（下臈）→少外記（上臈）
→次席大外記→叙爵・転任
局務（首席大外記・五位以上）

図２　13世紀以前の外記局の昇進ルート

関係・統属関係である。本書においては中級官人を、おおまかに官職としては弁・蔵人クラスを、下級官人を外記・史などに対応させている。また官職とは別に位階の上下関係が存在する。位階制度は中世には整理され、律令制的官位相当制とは齟齬しているものの、大きく分けると公卿が三位以上、中級官人が四〜五位、下級官人が四位〜六位に相当する。(8)この分類からも明らかなように、四〜五位では中・下級官人が一部重複しており、かつこの四・五位に昇ることの可能な下級官人の代表格が本書で取り上げる局務・官務である。さらに身分秩序の基準としてもう一つ、摂関期以降構成されてきた家格・道という概念がある。この家格・道によって昇進ルートおよび上下関係が定まってくるシステムの存在も近年注目されている。(9)中世の朝廷社会はこれらの価値基準が錯綜した形で存在する。本章では、このような関係に留意しつつ検討を進めたい。

2　先行研究

次に外記局に関する先行研究をまとめる。外記局に関する先行研究は多数存在する。中でも近年、井上幸治氏により古代から明応年中までの外記を網羅した『外記補任』がまとめられ、外記局の構成をトータルで考察することが可能となった。(10)またその末尾には「解説」として諸先行研究、また外記局の変遷が概説的にまとめられている。そこで主にこの解説に依拠しつつ、主要な先行研究に触れる形で外記局の変遷を辿っていきたい。

井上氏は古代・中世の外記局をA期〜F期の六つに分類した。本章では主に一〇世紀末から一四世紀に至るC期〜D期を検討するので、ここではこの時期についてのみまとめる。まずC期は官司請負制確立期と評価され、時期としては一〇世紀末〜一二世紀半ばとされる。その上でC期は更に二つに分けられ、延久三年（一〇七一）以前がC―1期、以後がC―2期とされた。C―1期は中原・清原両氏が登場した時期である。この時期の外記局の構成は、局務と称される五位の外記が一名、六位が大外記一名、少外記二名、権少外記一名の計四名である。

そして六位外記は、前代B期以降（九世紀半ば〜一〇世紀末）、最下﨟の権少外記から少外記の下﨟、上﨟、次席大外記へと毎年昇進し、おおよそ四年で五位になって（叙爵）、他の官へ転出、というルートが成立しているという。なお以後の記述で人名の前に①・②など丸中数字を付す場合があるが、これは別掲の「清原氏略系図」「中原氏略系図」に示す番号と対応し、行論の便宜上、清原頼隆からの局務の順を示す。

C―2期へは延久三年、⑦中原師平の大外記任官を画期としている。以後五位外記は中原・清原氏が独占し、長期間在任した。同様に六位外記の構成員も特定の氏に固定化された。このように外記局が少数の氏族に占められたことについて曾我良成氏は、他の氏族が必ずしも排除されたわけではなく、「門生」・養子という形でこれらの氏族にとりこまれたと指摘する。(11)なおこのC期には外記局が衰退していたという指摘もある。(12)それは一つには記録機能の衰退である。外記局は本来様々な行政文書、また朝儀・公事を記した外記日記を蓄積していた。その公的な記録・保管機能の衰退が、私的に情報を蓄積していた中原氏の台頭をもたらしたと松薗氏は指摘する。また曾我氏は軒廊御卜への参加者の催しのルートを検討し、その担当者が外記から弁へと移行していることから、外記局機能の衰退を見いだす。

さらにD期は、仁安元年（一一六六）の、ともに五位である⑯清原頼業・⑰中原師尚の大外記並立を画期とし、ほぼ鎌倉期を含む。頼業・師尚については第一節で詳述するが、以後五位以上の外記が二人置かれるようになり、中原氏の師重流（六角流）・師綱流（正親町流）・師直流（西大路流）、さらに清原氏頼業流が局務家として局務を相伝するという（略系図参照）。その他の六位外記についても順次増員し、長期在任者が増加すること、またこの時期の六位外記の出身は大外記の近親者・一門・門弟、さらに鎌倉幕府関係者に限られることが指摘されている。門生は玉井力氏によれば局務家に仕え、長期間外記局に在任し、叙爵もせず一生奉公し、主家の局務家と強い主従制的統制下にあったと指摘されている。(13)

清原氏略系図

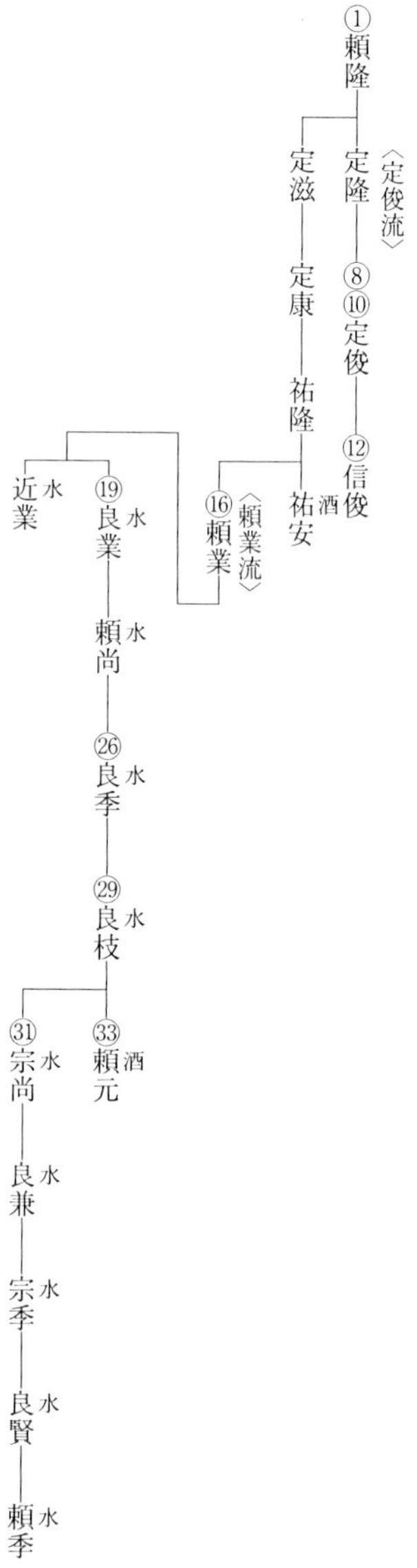

中原氏略系図

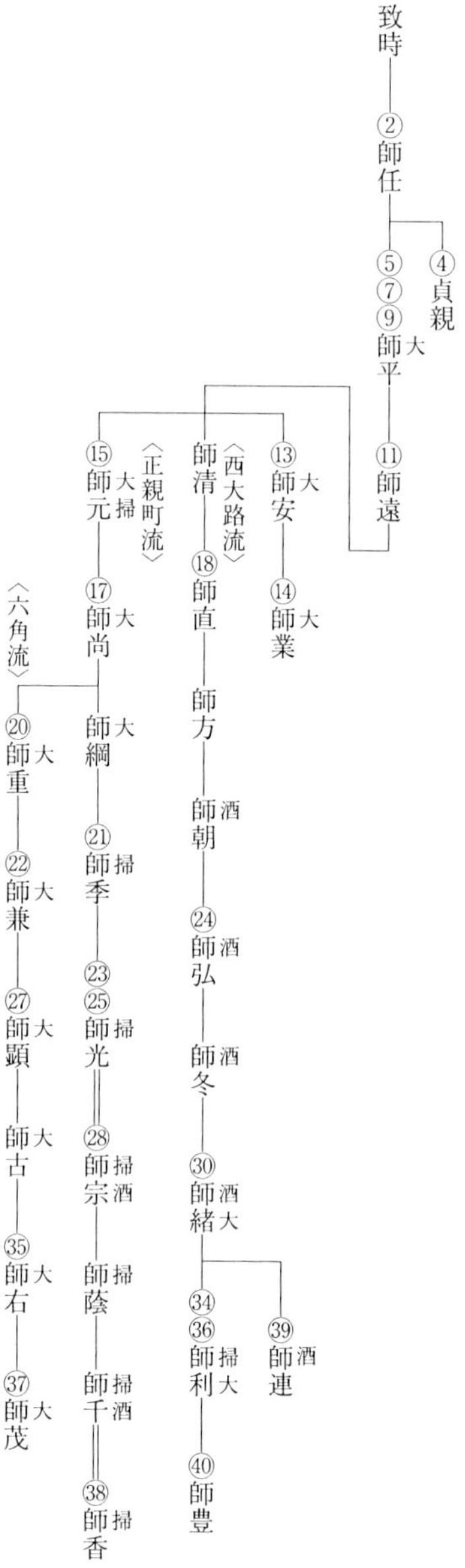

＊丸中数字は清原頼隆からの鎌倉期までの局務の就任順を示す。ただし、③中原長国、⑥三善為長、㉜清原教宗は他家あるいは傍流により系図には含まれない。「大」「酒」「掃」「水」はそれぞれ大炊頭、造酒正、掃部頭、主水正の経歴を示す。══は養子関係を示す。

このような変遷が先行研究で指摘されているが、具体的な変化の要因、どのようにして両氏が台頭していったか、という点については、いまだ検討がなされていない。しかし当該期の官司の再編、ひいては朝廷社会全体の再編ということを考えるためにも本章で外記局、局務たる中原・清原両氏を検討することは意義があると考える。

一　局務家中原氏・清原氏の競合

1　局務家中原氏の登場

まず本節では局務の地位を中原・清原両氏が独占する過程を追う。中原氏は天延二年（九七四）に中原朝臣を賜姓され(14)、長久二年（一〇四一）の②師任から局務の地位に昇るようになった。一一世紀に台頭してきた新興の氏族である。先述の通りこの時期の外記局は、記録機関としての機能が衰退しており、外記局の重要な職務の一つである先例の蓄積も不十分だったと指摘されている(15)。例えば永延元年（九八七）、大外記中原致時が調べたところ局中の文書は有名無実な状況であったという(16)。その後久安三年（一一四七）にも俸禄の不足から、「近代外記日記絶不ㇾ書、後世何以知二朝家之事一」という状況であったため、最末の外記に書かせるよう、藤原頼長が命じている(17)。

そうした中で一一世紀初頭、外記日記が図書寮の工に盗まれ、紙・壁の材料にされていたことが発覚した。しかし幸い②中原師任・⑤師平が外記日記を私的に書写し保管しており、その情報が全て失われる危機を回避できた、という事件が起きた(18)。二人は「国家の奉為にさばかり忠を致す者なれば、子孫は絶えずして繁昌するなり、この師任・師平は殊に寛仁の心有り、強ちに貪欲なしと云々」と評されている。師平の子⑪師遠もまた「当時の一物なり」「諸道兼学の者か、今の世の尤物なり」と評された有能な人物だった[19]。このような人材を得たことから以後、中原氏が局務に継続的に就任するようになり、業務を私的に請け負う萌芽となったと松薗氏は指摘する[20]。また久安四年（一一四八）⑭師業の時からは、大外記を父から子へ譲任することが行われるようになる。「古今未レ有下譲二五位外記一之例上、道路以レ目之世也」という変化であった[21]。かくして局務家中原氏が出現したのである。

2　局務家清原氏の登場

他方の清原氏もまた寛弘元年（一〇〇四）に清原真人を賜姓され、局務に就任するようになった[22]。中原氏とほぼ同時期であるが、清原氏では、⑯頼業の時に大きく系統が変化する。頼業は仁安元年（一一六六）から文治五年（一一八九）まで長期に渉って局務を勤めた人物である。しかし、その系譜を見ると、前代の⑫信俊からは又従兄弟の子という傍流である。また松薗氏の検討によれば、それ以前に大外記を輩出した⑩定俊―⑫信俊流の家記は頼業流に伝来していないという[23]。つまり同じ清原氏とはいえ、実質的に局務家清原氏の初代は頼業からといえる。ではなぜ系統変化がおきたのか。その一端が、次の『玉葉』の記事から窺える。

〔史料〕

先例被レ加二五位外記史一事、皆有二由緒一事也、或身生二其家一、奉公久積、年齢差闌、後栄難レ期之者、只以レ纏二朱紱一、為二極望之彙一間、有二此例一、所謂政孝、孝忠等之類是也、或長者頗不レ堪二其器一、局中有二違乱一之時、為レ補二其欠一、有二被レ加事一、所謂永業被レ副二師経一、并大外記師安被レ加二信俊一等是也[24]、

ここで問題になっているのは、若年の小槻公尚の弁官局大夫史への就任である。審議の中で折衷案として五位史を二人置く案が出たところ、その反対意見として、五位外記史を加任すべき場合が述べられている。すなわち（1）重代の家柄で老齢の者への恩典、（2）首席に問題のある場合、があるという。そして後者の例として⑫清

原信俊が挙げられており、信俊には大外記として何らかの故障があったと推測される。信俊は写経を各地に奉納し、死去時には往生の瑞相が現れるほど仏道に励んだ人物という。(25)局務は大治五年（一一三〇）から永治元年（一一四一）まで勤めているが、保延五年（一一三九）からは中原師安が五位大外記として並んだ。信俊が不適格とされた具体的事情は不明だが、彼の出家を聞いた藤原頼長は「信俊雖レ覚二本経一平生不レ学二末文一、因レ之不レ通二義理一」と記し、また⑯頼業も信俊の融通が効かなかったエピソードを語っている。(26)信仰面ではともかく実務レベルで問題があったようである。その結果、信俊の子孫は大外記の職を失ったのであろう。同時に頼業が信俊を家の先祖とみなしていなかったことも窺える。

　では清原氏の別系統である⑯頼業は、どのようにして局務に就任したのだろうか。頼業の周辺を見ると、まず姻戚関係が注目される（「清原頼業関係系図」参照）。室は⑪中原師遠の娘であり、その子の⑬師安⑮師元には姉妹に当たる。頼業の姉妹は⑭中原師業の室であり、師業は頼業の父祐隆を「師」「舅」と呼んでいる。(27)さらに弟祐安は師元の養子となる。後に清原氏に復姓するが、外記としての立身は中原姓で遂げている。(28)こうした状況から推測すると、信俊没後の清原氏は中原氏の養子として出身せざるをえないほどに衰退していたと思われる。逆に頼業が大外記に任じられた背景には、中原氏との姻戚関係があったのではないか。

清原頼業関係系図

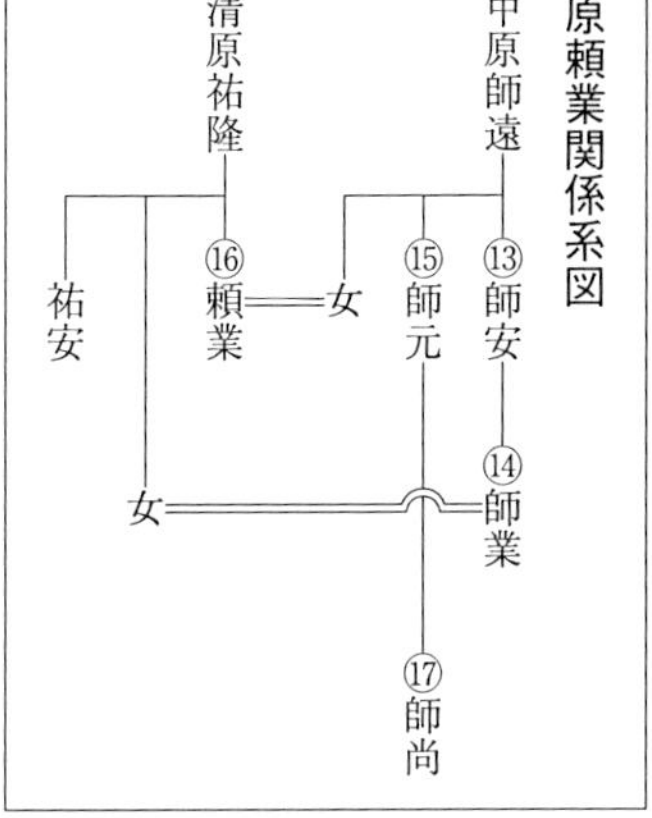

　他方の中原氏が姻戚の頼業を起用した要因としては、世代交代の時期らしく、この時期中原氏の嫡流に適当な人物が存在しなかったことがあろう。頼業と並ぶ形で次席大外記に就任した嫡流⑰師尚は仁安元年（一一六六）には三六歳だった（『地下家伝』）。これ以前仁平三年（一一五三）から久寿二年（一一五五）まで六位の次席大外

記を勤め、次席大外記就任は二度目となる。対する頼業は保安二年（一一二一）生で一〇歳の年長である。[29]師尚も三〇代半ばといえば十分な年齢に思えるが、先述の〔史料〕『玉葉』の記事で「幼稚」として退けられた小槻公尚は二四歳であった。[30]また前後の局務で年齢が判明する人物を見ると、⑫信俊が五四歳、⑬師安が五二歳、⑮師元が五一歳、⑱師直が六五歳である。この時期、いまだ実務官人には十分な経験が必要とされており、師尚は比較するとやはり首席には若かったのではないだろうか。そのため姻戚であり、⑱師直が「師匠」と称しているように声望もある頼業が就任したと推測される。[31]しかしながら姻戚とはいえ、中原氏の外記局における足がかりも必要だったために次席として五位外記の並列が選択されたのではないか。後述するが、この時期の六位の次席大外記は一〇代の人物が多い。その意味でも師尚は異例であり、本来であれば局務の地位に着くべき立場であったと推測される。

実際、頼業は中原氏との姻戚関係だけでなく、明経道にも優れた人物だったようである。高倉天皇の侍読を勤め、治承四年（一一八〇）には、明経道内官挙制の設置を画策するなど、明経道の地位を上げようとした努力も見える。[32]そしてその実力を通じて、有力者との縁も深かった。藤原兼実が「此外咄二和漢之才一、談二天下之動静一、其才可レ謂レ神、可レ貴々レ々」などと絶賛、重用したほか、[33]藤原頼長、伊通、経宗といった有力な故実家との親交も窺える。[34]頼業自身も後年、「宇治左大臣《（藤原頼長）》、九条大相国《（藤原伊通）》、信西等之力」によって外記局を担ってきたと回想している。[35]『玉葉』には頼業が兼実に故実を語る記事が多く見える。その中に頼長・信西・俊憲らの話の引用が散見され、次席大外記中原師尚が事あるごとに「故師元説」など先祖の説を持ち出しているのと比較しても特徴的である。[36]こうした点からも頼業のバックボーンが前代までの清原氏ではなく、そうした故実家だったことが窺える。また長寿によって二〇数年の長期に渉って外記局を押さえていたことも大きかったであろう。長期に渉って在任する中で、「中家」に対応するものとして試行錯誤しつつ「清家」の家説を形成し、[37]順次四人の子息を立身させ

ていった。(38)

このようにして、外記局における頼業流清原氏の基礎は確立された。

3　鎌倉初中期の局務

ではこの間、母屋を奪われる形となった中原氏はどのような状況だったのか。局務頼業の下で次席大外記を勤めたのは、⑰中原師尚である。当初余り目立った動きは確認できないが、治承五年（一一八一）の平家の都落ちの頃から活動が見え始める。中原氏と院・院文殿との関係については中原俊章氏が指摘している。師尚も後白河院の「院文殿奉行」を勤めていた。(39) 頼業の後ろ盾だった藤原兼実も寿永三年（一一八四）初めて師尚と対面し、「云二才漢一云二器量一不レ及二頼業一歟」とは評するものの、以後重用している。(40) さらに文治年中には鎌倉幕府との所縁により、所領の年貢確保を図る様子も見える。(41) こうして中原氏が再度台頭する。頼業死後、⑰師尚・⑱師直が局務を勤め、ようやく頼業の息子⑲良業が局務となるが、早世する。その後は⑳師重から㉕師光まで、年代的には承元四年（一二一〇）～文永二年（一二六五）と、中原氏が半世紀以上局務の座を独占する。この間、頼業の孫頼尚は「中家逐レ日繁昌、清家已如レ亡」と嘆いており、(42) 後に両局務家と称されるとはいえ、鎌倉初中期の局務はほぼ中原氏に限られていたと言って過言ではない状況だった。ことに一三世紀初頭の㉑師季は「宿老」として「万機之政、偏預二諮問一、驕二于冥暗之世一、施二其威一歟」と評される実力者だった。(43)

清原氏で再び局務に任じられたのは、頼尚の子㉖良季である。頼尚は、局務にはなれなかったが、円明寺殿藤原（一条）実経の後ろ盾があったらしい。(44) 宿所が焼亡した時には、実経の円明寺小御堂を給わっている。(45) その子良季は父の喪もあけないうちに「田舎人」と婚姻したと批難されている。(46)「田舎人」が具体的に誰かは不明だが、良季室としては、鎌倉幕府奉行人として活躍した中原師員の孫の存在が知られる。(47) あるいはこの婚姻により鎌倉

（「田舎」）とのつながりを求めたのかもしれない。また良季は後嵯峨天皇以降三代の天皇侍読を勤めている。さらにその子㉙良枝が七代、㉛宗尚が四代と代々侍読を勤める。[48]ことに良枝は「七代侍読賞」として、地下官人でありながら、内昇殿を許された。[49]さらに良枝・宗尚は北条（金沢）実時・貞顕に家説を伝授したことも知られる。[50]宗尚室も六波羅評定衆二階堂行継の女である。一時は衰亡した清原氏はこのような学問を通した天皇家や幕府有力者とのつながりにより地位を保ったのではないだろうか。

その後南北朝期には、㉝清原頼元が後醍醐天皇に抜擢され、地下官人としては異例の少納言・勘解由次官の官を得る。[51]しかしこの頼元が建武二年（一三三五）に局務を去った後、清原氏はまたもや局務の地位を失う。この間、応安六年（一三七三）に近衛道嗣は、清原良賢を賞賛して「清家一流之再興不レ能二左右一」と表現している。[52]まさにこの時期の清原氏は「再興」を必要とする状況だったのであろう。次に局務に任じられるのは、実に六〇年後、応永三年（一三九六）の㊶頼季を待たねばならない。かつ頼季は時の局務㊵中原師豊が足利義満の不興を蒙り籠居したことに伴い、義満の推挙を得ての抜擢であった。[53]以降の清原氏はほぼ歴代少納言に昇り、やがて清原氏は公卿まで至る家となるのである。すなわち院政期〜鎌倉期を通して清原氏の台頭、またその後局務家としての地位を保った背景には、院政期の中原氏との姻戚関係、明経道を通じた有力者との関係、さらに鎌倉中期以降の天皇・鎌倉幕府とのつながりに求められる。

他方中原氏は、清原氏より早く一一世紀半ばより台頭する。清原頼業の時、一時守勢となるものの、鎌倉初期以降再び勢力を誇った。その要因は何だったのか、次節で検討する。

二　局務家中原氏・清原氏の基盤

1　姻戚関係

鎌倉初期の中原氏の再台頭を支えた要因は、ほぼ頼業一代といえる清原氏に対し、一一世紀からの重代の記録・先例の蓄積の存在が大きいのは言うまでもない。しかし本節ではもう一点、中原氏の姻戚関係にも注目してみたい。朝廷社会という限られた範囲において、姻戚関係が重なり合うのは必然ともいえる。しかしことに下級官人と貴族層のつながりを考える時、その姻戚関係が大きな意味を持つのもまた確かであると考える。

そこで系譜などから判明する中原氏の姻戚関係を表1にまとめた。まず後の正親町流師綱の娘は坊門流藤原親輔の室となる。坊門流は後鳥羽院の外戚、また源実朝室も出し、承久の乱以前の関東と院の間を結んでいた家である。次に六角流⑳師重を見ると、室は初代問注所執事として著名な三善康信の女である。子息の㉒師兼は康信

表1　鎌倉初期中原氏の主な婚姻関係など

正親町流		
師綱	女	坊門流藤原親輔室.
六角流		
⑳師重	室	三善康信女.
	女	閑院流藤原公長室. 後鳥羽院女房. 小槻通時室.
㉒師兼	母	三善康信女.
	室	三善長衡女.
師為	母	三善長衡女.
	室	中原友景女.
師益	母	中原友景女.
㉗師顕	母	三善長衡女.
師茂流		
師茂	女	菅原為長室. 菅原公輔室.
師員		在関東. 関東奉公人. 評定衆.
師連		在関東. 評定衆.
師俊		在関東. 源実朝の政所令.
師守	女	清原良季室.
師安流		
⑭師業	室	大江広元女. 清原祐隆女（頼業姉妹）.
西大路流		
師朝	室	藤原孝道女讃岐局（七条院女房）.
	女	西園寺公相室. 西園寺実藤室. 藤原道嗣室.
㉔師弘	母	藤原孝道女讃岐局（七条院女房）.

女を母とし、室には三善長衡女を迎える。「衡」を通字とする三善氏は西園寺の有力な家司で、長衡も藤原（西園寺）公経の家司として、承久の乱を関東へ伝えたり、訴訟に携わっている様子が窺える。さらに長衡女との間の師為は中原友景女を室としている。この人物も西園寺の家司として活動し、検非違使・後深草院下北面なども勤めた。中原友景女との間には師益がいる。そして六角流は、鎌倉後期・南北朝期にも閑院流三条家と縁が深いことが確認できる。(54) このほか傍流であるが、師茂が女を藤原（九条）道家政権下で影響力の強かった菅原為長の室としている。その子孫は関東に下り、師員、師連は幕府奉行人として活動する。また孫娘は㉖清原良季の室となる。

師安流では⑭師業の室が大江広元女であることが注目される。広元は三善康信同様、鎌倉幕府奉行人、公文所別当、政所別当等として活動の見えた人物である。次に西大路流師朝の室は藤原孝道女讃岐局である。この人物は楽道の第一人者として著名である。そして楽を通じて西園寺や後嵯峨院とも深い縁を結んでいる。(55) この縁により、師朝の三人の娘はそれぞれ藤原（西園寺）公相の室、藤原（室町）実藤室、藤原道嗣室となり、地位を築いた（第一部補論参照）。

以上概略であるが、中原氏諸流がことに鎌倉時代初期に幕府奉行人、閑院流と関係を結んでいたことがわかる。中原氏が鎌倉期に隆盛を誇った理由の一つにはこのような姻戚関係、そこからつながる主従関係があったのではないだろうか。他方の権力者側としても、実務を支える一族との縁は、政権を支える上で有意義であっただろう。またこうした姻戚関係を持つ流が複数存在することは、複数の家が成立する一つの前提となったと推測される。

2　外記局業務の再編

むろん、中原氏は婚姻関係のみではなく、実務レベルでものしあがっていく努力をしていた。その一つとしてここでは年中行事との関わりを指摘したい。この時期、中原氏は各種の年中行事書、公事関係書物を編纂している。現存しているのは、「師遠年中行事」「師元年中行事」など五種であるが、この外「江家年中行事」や「小野宮年中行事」との関わりも指摘されている。(56) これらの書は中原氏にとっての武器になり、例えば⑰師尚は、藤原兼実へ様々な書物を献上し歓心を得ている。(57) そもそも兼実は公事の一覧等の作成、公卿分配の復活など一連の朝儀復興政策を志し、そこには外記局の関与も見られる。(58) また第二章で検討するが、毎年の具注暦に、その年の年中行事の予定を注記した行事暦注というものが存在する。その付与も一三世紀以降、大外記によって担われるようになっている。(59)

この他、除目・叙位などの人事情報の伝達にも変化が見える。迅速な人事情報はいつの世でも必要とされよう。貴族たちは従来伝手をたどって、情報を得ていたらしい。そうした中でこの時期、外記が除目清書の場で密かにその情報を写し、伝える記事が多く見られるようになる。建暦二年（一二一二）には「近代之例」としながらも院の所望を理由に外記・史一人が許されて書写しており、(60) この時期に成立しつつあった慣例であることが窺える。以後、外記が聞書を持参し、それに対して禄を給与する記事が多数見える。(61) こうした情報の掌握・伝達も、外記の地位を高める要因となったと推測される。

このように、鎌倉期の中原氏の繁栄の影には、公事の把握という努力も窺える。

3　経済基盤の確立

さらにこの時期の大きな変化として兼官諸寮司の獲得がある。局務家は外記局のほかに、諸寮司を相伝したと指摘されている。(62) 序章において、「官司請負制」の第三のパターンとした官司群である。すなわち中原氏は大炊寮・掃部寮・造酒司、清原氏は主水司を掌握していたという。これらの官司はいずれも宮内省の管轄下で、天皇の身の回りの品々を扱う内廷官司であり、中世を通じてある程度機能していた。その機能維持のためある程度、官司領・供御人等からの収入が期待できた。南北朝期〜室町中期にはこれらの官司領からの収入が中原氏の収入の過半を占めることが指摘されている(63)。また家人や門生を官司の目代に補任することで、彼らへの給付ともなっていたという。そうした状況は鎌倉期から存在したと推測される。これらの官司の運営の具体的様相は第一部第五章で検討する。

では、こうした寮司と局務家との関係はいつ頃から生じたのか。なお前掲略系図（二二ページ参照）において、人名の脇に「大」「掃」「酒」「水」などと付したが、これはそれぞれその人物が大炊頭、掃部頭、造酒正などに任じられたことを示す。

まず大炊寮の流れを追うと、最も早く一一世紀半ばの師平、保延三年（一一三七）の⑬師安以降、中原氏の職となる。大炊寮は「温職中尤膏腴」と称され、実入りの良い官司だった(64)。系図を見ると、⑬師安以来ほぼ歴代局務に受け継がれ、㉒師兼以降は六角流が任じられたことがわかる。続いて中原氏が勢力を及ぼしたのは掃部寮であり、一三世紀以降、正親町流が相伝している。そして最後に中原氏が利権を得たのが造酒司である。造酒正は鎌倉期には中原氏西大路流・正親町流、清原氏のほか検非違使中原氏が任官していたこともあり、一定していない。その中で中原氏が独占に至る経緯は不明であるが、後光厳院政下で西大路流師連が興行を行ったという(65)。それ以降、中原氏西大路流の相伝が確立している。同じく主水司は一二世紀末、⑯清原頼業の台頭期から清原氏の相伝が成立した。

このように、これらの兼官官司はそれぞれの流の台頭とともに利権を得、以後中心的な経済基盤となった。第一部第三章で詳述するが、中原氏の場合一四世紀前半に三家の「中世的家」を確立している(66)。それらはすなわち南北朝期までに特定の収益を期待しうる官司を相伝し得た流である。こうした兼官が「温職」「朝恩」と捉えられていることからも、このような基盤となる利権の大きさが、中原氏に複数の家を並立させ得た今ひとつの要因と考えられる。

上述のように中原氏の再台頭にも姻戚関係を中心とする有力者とのつながりは大きかった。また従来の業務に加え、新たに貴族たちの需要に応えて職掌を拡大していった。さらに台頭過程において順次兼官官司を獲得していく。このように基盤を確保したことが、中世局務家が複数並立し得た要因であろう。換言すれば他の官司に比し、外記局が複数の家に担われた要因はこのような努力による利権の拡大にあると考える。

三　五位外記と六位外記——一二世紀の外記局再編成

1　五位と六位の懸隔

前節まででは、朝廷社会内の局務の確立、中原・清原両氏間の関係を検討した。本節では外記局内での五位と六位の関係を探りたい。まずこの時期の六位外記の性格をまとめる。先述のように六位外記は五位外記が一人の時期には四人おり、毎年最上臈の一人が五位になり、転出するという四年任期だった。しかし次席大外記も五位となり、長期間在任して首席・次席ともに局務家により独占されるようになった。その画期は先行研究では仁安元年（一一六六）としている(67)。

では次席大外記が五位か六位で違いはあるのだろうか。両者の性格差を端的に示す呼称として、「一臈」外記の位置がある。例えば仁平元年（一一五一）八月、藤原頼長の春日社詣に、少外記大江佐平が随ったが、それは「大外記師業重服、一臈師直石清水行幸行事」だったためという(68)。局務中原師業を別格とし、中原師直が「一臈」

とされている。この時、師直は次席大外記で六位だった。同じく承安二年（一一七二）伊勢公卿勅使発遣の奉行外記中原広元に藤原兼実は「一臈外記也」と注記する。[69] しかし広元はこの時少外記であり、序列的には三番目となる。師直との差を考えると、この承安二年には次席大外記中原師尚も五位であることが注目される。すなわち「一臈」は六位外記中の一臈であり、外記局内が、大外記・少外記・権少外記という官ではなく、位階によって区別されたと推測される。

この位階による区別は、遂行すべき業務内容にも敷衍された。

師安云、（中略）又来月一日当二春日・平野祭一、当時六位外記三人、一人欠、為レ昇二表案一二人可レ候、為二之如何一、但諸社祭外記代用レ史有レ例、今度可レ如レ此乎、将師安可レ昇歟、答云、申レ殿可レ以レ定、但昇二表案一了、参二平野一有二何妨一乎、今日伝レ殿御返事云、（中略）外記昇レ案了可レ参二平野一者、[70]

久安元年（一一四五）の一一月一日、三行事の日程が重なり、参仕すべき外記が不足するという事態が生じた。すなわち宮中では、朔旦冬至の旬政が行われる。この時案（机）を昇つぐ役に外記が二人必要であった。また春日祭・平野祭へもそれぞれ外記が参向する。あわせて四人必要である。しかしこの時の六位外記は一名が欠員で、次席大外記が一名と権少外記二名の三名だった。そのため一人不足する。局務師安からは祭への参向に代官を用いるか、あるいは特に自分が案を昇つぐべきか、と問うてきた。頼長は六位外記が旬政の役を勤めた後に、平野祭へ参向すればよい、と答え、摂政藤原忠通も同意見であった。ここから六位の所役は五位師安の勤めるべき仕事ではなかったことが窺える。逆に大外記でも六位の大江知政は六位の員数に含まれている。他方、治承二年（一一七八）の除目では「近年五位外記二人、仍六位本数三人也、毎度春除目今一人不足」と見える。[71] 次席大外記も五位のため、六位の定員が三人となり、四人必要な除目では毎度不足するという認識が窺えよう。さらに永治年中、白馬節会で大炊頭の所役を勤めるよう命じられた⑬師安は、「祖父師平大炊頭之時、依二顕職一不レ従二大炊頭所役㆒也、祐俊〈顕職時〉又不㆑従㆓此役㆒、師安不㆑可㆑勤㆓雑役㆒」と、五位外記という顕職にあることを理由に拒否している。これに対して、藤原頼長も「有㆓其謂㆒」と認めている。[72] すなわち五位と六位では、同じ大外記の職にあっても業務の内容に差があったこと、それは朝廷社会全体での認識であったことが指摘できる。なお次席五位の所役は局務の故障時の代理や、局務同様の先例勘進とされ、[73] 五位と六位では禄や作法にも差異が見られる。[74]

2　一二世紀半ばの六位外記の状況

次に一二世紀半ば頃の六位外記について検討する。まずこの時期に目立つのは六位の人数不足である。仁安二年（一一六七）正月の春除目では「近来依㆑有㆓五位外記二人㆒、六位三人也、此内猶有㆓叙爵者一人㆒、着㆓五位袍㆒出仕也」とされている。[75] すなわち除目には、六位外記が四人必要である。しかし定員五名の外記局に五位が二人存在するため、六位は三人しかいない。しかもその内一人は、五日の叙位で五位に叙爵され、今回の除目で外記局から転出予定だった。しかしやむを得ず五位袍を着て六位外記として勤仕したという。これは五位外記が二人並立するという体制変化による人数不足である。この不足が問題になるのは、五位外記は六位の役を勤めない、という位階の懸隔によるものであろう。

またこの時期には六位外記の補任も滞っていたようである。養和元年（一一八一）、春除目に先立って小除目が行われた。それは「抑不㆑待㆓春除目㆒被㆑行㆓任官事㆒、雖㆑不㆓甘心㆒、六位外記経時一人也、而依㆓重病㆒、政始空延引」「近日六位外記只一人、又見病、公事等欠如」のためという。[76] 六位外記が重病の中原経時一人しか存在せず、外記の参仕を必要とする様々な公事が滞っていたため、六位外記を急遽任じたのである。小除目で二人が権少外記に任じられた結果、二〇日後の春除目では、外記二人、史生一人、官掌一人が筥文の役を務めたが、やはり定数の四人には不足している。こうした事態に藤原経房は「外記不足、史生取之例也、而史生一人之外不㆓催出㆒、外記如泥也、無二人数一者、何不二申補一哉、依二此事一毎度諠譁、可レ謂二局之懈怠一歟」と批判している。[77] 外記が不足であれば、外記史生が勤めるべきであるが、外記史生さえ一人しか出てこず、官掌まで召し出されている。外記の不足により、毎回代理を立てるのに揉めている、なぜ申請して外記を任じないのか、と外記の怠慢を責めているのである。このようにこの時期六位外記の補任自体が停滞していた。

ではなぜ必要とされながら、外記の任官が滞るのか。理由の一端が、やや時期が遡るが、永延三年（九八九）に外記局史生が懈怠を咎められた時の言い分から窺える。[78] 内容を見ると、職務が繁多であり、私財をなげうち奉公しているのに、朝恩がないために現任の者は希望がもてず、任官を希望する者もない、との訴えである。「空疲二十余年之勤労一、僅拝二最亡国之二分一、適励二随分之節一、雖レ仰二採擢之仁一、年齢已傾、朝恩難レ及、見任之者弥倦二於前途一、未達之輩無レ進二於当局一、仍年来之間自所二緩怠一也」とあるように、多忙な割に得分がないという状況はやはり大きな問題だったのではないだろうか。こうした点でも先述の局務による諸官司領の掌握、財政基盤の構築は大きな意味を持ったと考えられる。

外記の不足状況の背景としてこのほか、この時期六位外記の在任期間が短くなっていることもある。承平七年（九三七）以来、六位外記は四年を任期としていた。[79] ところが、五位外記二人制による実質的な定員減、また行事賞の勧賞での叙位が主になった結果、[80] 任期はかなり短縮されている。なおこの時期の叙位システムの変遷は朝廷社会の編成原理の転換であると指摘されている。[81] 試みに「外記補任」が現存している仁安元年（一一六六）〜寿永三年（一一八四）の六位外記任官者五八名の平均在任期間を概算したところ、約一一カ月強であった。すなわち従来の四分の一以下である。このように在任期間が短くなると、必然的に六位外記の未熟練、外記局業務の停滞という問題が生じる。早くは一一世紀初頭、「近代六位外記殆似レ忘二首尾一、已以不覚、仍万事仰二大夫外記一」という状況だった。[82] その後一二世紀末になっても状況は改善されない。嘉応三年（一一七一）正月四日、高倉天皇の元服後宴が行われた。その儀式中、右大臣藤原兼実の召を受けた権少外記中原師方は、祗候するべき座を誤り追い降ろされた。これに対し兼実は「新任之外記未練之令レ然歟、但師直子云々、已重代者也、弥以奇怪」と述べている。(83)中原師方は大外記中原師直の子であり、「重代稽古のもの」として寛喜年中には自らも五位大外記となった。(84)しかしこの時点では前年一二月晦日に権少外記に任じられたばかり、僅かに四日目である。しかも正月一八日には少外記に転じ、翌年正月五日には従五位下に叙されて局を離れる、とほぼ一年の在任である。かつ中原氏出身の六位外記は、多くは非常に若くして任じられる。師方の年齢は不明であるが、同時期⑬師安は一七歳、⑮師元は一三歳、⑰師尚は二一歳で、師綱は一六歳でそれぞれ権少外記になり、一年ほどで次席大外記から叙爵というコースを辿っている。重代の家の出身とはいえ実質的な役割は担い難いのではないだろうか。

同様に治承四年（一一八〇）四月一日には、儀式の途中に火事が起こり局務⑯清原頼業が退出してしまった。そのため六位外記中原俊清が残されたが、ことごとに「不レ存之由」を称し、儀式の進行が滞った。この事態を藤原経房は「可レ謂二有若亡一、大外記依二火事一退出之間、六位外記俊清未練之故歟」と評している。(85)俊清は、師方と異なり重代の家の出身ではないが、前年一〇月一〇日に権少外記となり、この年正月二八日に少外記に転じていた。すなわち外記経験は半年足らずであり、大外記がにわかに退出した後、段取りの把握ができなかったのもやむを得ないのではないかと思われる。また二カ月後の六月には外記局を辞しており、結局任務に通じる時間はなかったであろう。

このような状況を見ると、松薗氏や曾我氏によって指摘された大外記レベルの衰退とは別に、六位外記層もかなりの衰退状況にあったと言える。公事の遂行にも支障をきたしており、改善の必要性があったであろうことは想像に難くない。

3　大夫外記二人制の嚆矢

前項で指摘したような状況下での外記局の変化としてまず、先述の五位大外記二人制が挙げられる。先行研究で二人制が成立し、外記局の歴史を考える上でも画期とされているのは仁安元年（一一六六）である。この時、⑯清原頼業、⑰中原師尚の二人が同時に大外記に就任した。しかしながら第一節で触れたように、これはおそらく当初はまだ若かった嫡流師尚の中継ぎに頼業が立ったためと推測される。この時点で五位外記二人制が未成立だった一つの証左として、文治五年（一一八九）に頼業が死去し、師尚が局務となると、再び次席は六位かつ短期間、若年者（一五歳）という前代の体制に戻る。また建久二年（一一九一）には先述の「加二五位外記史一事」の審議（第一節〔史料〕）がある。さらに貞応元年（一二二二）には五位外記史が四人並ぶのは不吉であるとして、左大史小槻公尚を辞任させ、中原師方を大外記に任じる人事があった。こうした事例からもこの時期いまだ五位外記史二人制が定着していなかったと思われる[86]。すなわち仁安元年時点では、あくまで師尚の若年による臨時的措置が、結果的に長期に及んだといえる。これは頼業の長寿、さらには当初の予想を超えて勢力を伸長させたことによろう。なお『玉葉』文治二年（一一八六）六月三日条の「凡局中雑事、近代六位上官不レ足レ言、今暫如レ此公事、可レ被二興行一之間、大外記偏相代可レ申二沙汰一事」という記事から、五位外記二人制の制度化を指摘する説もある[87]。しかしこの記事は前日の二十二社奉幣に関する諸々の指示の一つであり、未熟練な六位が多かった中で、大外記のフォローを求めたものである。承安三年（一一七三）七月の祈年穀奉幣の際にも、六月に任じられたばかりの奉行外記が「未練之者」であるために「殊仰二大外記一」という同様の指示が見られる[88]。

五位大外記の並列が恒常的なものとなるのは、建久四年（一一九三）以降である。中原氏嫡流の師綱は建久二年（一一九一）に早世し、局務は建久元年（一一九〇）から⑱中原師直が勤めていた。対する次席大外記に就任したのは⑯頼業の子息⑲良業である。師直は死去時には「近日為二道長者一」と惜しまれた有能な人物だったらしく[89]、この時に並立するようになった理由は明らかではない。ただし時代的には前年に後白河院が死去し、京都では藤原兼実政権が成立している。兼実は「幕府の成立と共に源頼朝の後援を得て王朝政治の再興を目指し、広く学問を勧めていた」人物であった[90]。第二節で検討したように、局務による業務の拡大、経済基盤の確立も一三世紀初頭を画期としている。また次項で検討する六位外記の再編もこの時期である。仁安元年以来の頼業と師尚の長期に渉る並立状況が大きな先例となったことは確かであろうが、外記局の体制の再編を考えるとD期の画期はむしろ建久年中であると考える。以後、五位外記二人制が続き、やがて朝廷社会内でも認知されるようになった。五位外記は長期間在任し、中原・清原氏の中でも主流たる局務家によって独占されることとなる。

4　六位外記の再編

五位大外記二人制の成立と同時期に、機能不全を起こしていた六位外記も再編が進んだ。まず文治三年（一一八七）に外記局の定員が一名増員され、六名となる[91]。次いで出身階層の変化が見られる。この変化については、本書第一部第三章で検討するので、ここでは結論のみをまとめる[92]。すなわち一三世紀以前の六位外記は、『官職秘鈔』に見えるように文章生・明経得業生など大学寮に関する官からの出身が多く見られた[93]。ところが一三世紀以後には、このような経歴を持つ官人は激減する。わずかに局務家出身者には見られるが、局務家出身の六位外記は一二世紀同様、非常に短期間の在任であり、実務にはさほど関わっていないと推測される。かわって増加するのは兵衛府・衛門府等の出身者である。彼らは在任期間も長く、時に数十年という長期に及ぶ。ところがこの長期在任者の中には局務家中原・清原両氏出身者は見えない。つまり六位外記の実働メンバーの中にも階層変化がおき、長期在任者と短期在任者（局務一族）に分離したといえる。一二世紀に問題となっていた六位外記の未熟練問題も、おそらく長期在任する新たな六位外記層の登場により解決されたであろう。この時期になると、前代のような勧賞による叙位は見られなくなっていることも指摘されており[94]、固定化が進んでいるといえる。

他方、主流に近い中原・清原氏の多くは早期に叙爵し五位に昇った。こうして下級官人層の中でも局務周辺の五位官人層と六位官人層とに分離していったと推測される。そして鎌倉期には、六位官人層が朝儀の現場で重要な役割を果たす存在となった。すなわち鎌倉期の局務一族と六位官人層は、従来と異なり、全く別の階層と位置づけられる。六位官人層の成立には、局務の得分形成による再編成が大きな役割を果たし、両者は主家と「門生」というゆるやかな「つながり」を保ちつつ、それぞれの社会集団を形成していたのである。

すなわち外記局内では、官ではなく位階によって区分され、位階によって業務内容も異なった。また一二世紀半ば頃、外記局は衰退状況にあり、再編が行われた。まずのちの局務家中原・清原氏は、局の私的請負を進めると共に、寮司の兼官を得、経済基盤とした。そして建久四年（一一九三）頃から五位外記二人体制が成立し、のちの局務家の人物が長期に渉り在任するようになった。六位外記も一二世紀末から一三世紀初頭にかけて、定員の増員、出身階層の変化などが見られる。この結果、六位外記は実務に熟練した長期在任者と局務一族の短期在任者に分離する。なおかつ全体としても五位外記層すなわち局務家が、六位外記層に対してやや浮き上がった存在となったと推測される。

四　局外に対する意識

1　中級官人との懸隔

本節では外記局の外に目を向け、中級官人あるいはほぼ同格の官務等に対する意識を見たい。おおよそ四・五位の弁官・蔵人クラスの中級官人は、局務と位階面ではほぼ同等、時によっては局務が上位となる。しかし「弘安書札礼」などでは「五位雲客」「地下諸大夫」「五位外記史」がそれぞれ別に立項され、「五位外記史」が最も薄礼となっている。[95] 位階が同格、あるいは上位でも、基本的には中級官人が上位とされていたのである。

とはいえ位階の問題も無視できず、儀式の場で官の序列に随うか、位階の序列に随うか、という中下級官人間の対立がこの時期幾つか見える。[96] 例えば、正月一日の摂関家拝礼には家司以下が摂関家の庭に位階の順に並び、拝礼する儀礼があった。ところがこの時、

近代家司不二列立一、尤不当、仍余殊仰含令レ列也、就中為二五位外記史一位階等下﨟之輩、称レ無二面目一、故不レ列二其下一、[97]

という問題があったことが藤原兼実の『玉葉』に散見される。すなわち五位外記史に対して位階が下﨟の家司が、下位に並ぶのは面目が立たないと称して不参する傾向が窺える。

逆に下級官人が中級官人に対し礼を取らないことも問題化している。

凡動座事、師重朝臣、師季、師方等皆以致二此礼一畢、上古又以勿論歟、而師重朝臣叙二留四位一之時、過二五位弁一不レ致二此礼一、先考為二五位史一之時、被レ尋二問子細一之時、四品答云、四位五位頗相違、仍向二五位弁一不二動座一云々、彼時四位弁必有二動座一、其後師季又時々略レ之、（中略）師季局務以後大略無二動座一、若是依二宿老一歟、師重朝臣以後、寄二事於四品一時々略レ礼、就二此儀一次第無礼、於二師兼一者一向略レ之、太以無レ謂事也、[98]

動座とは上位者に対して敬意を表して、座席を離れて行う礼である。⑳中原師重が四位大外記の時五位の弁に動座をしなかった。その理由を問うと四位と五位は違うと答えた。また師重は四位の弁には礼をとったが、㉑師季・㉒師兼に至っては、局務就任以後は省略したという。これは主に位階による意識であろう。また師重は建保

六年（一二一八）四位大外記となり、その甥師季も同年に次席大外記になり、承久三年（一二二一）に局務となっている。すなわち前節までで外記局再編の画期としてきた一三世紀初頭の人物である。この時期、局務たちは外記局内部のみならず、外部（朝廷社会全体）に対してもその地位を主張していたのであろう。

次の記事も同じく動座に関する記事である。

一、床子座動座事、（中略）官被レ申云、少納言可ニ動座一之由本自所ニ存知一也、而外記不レ致ニ此礼一、一局尚以如レ此、仍傍局不レ及レ致レ礼歟、於ニ弁官一者依レ為ニ一局一就ニ深礼一致ニ動座一云々、[99]

官務が少納言に動座しなかったことについて咎められた。これに対し、少納言の下僚（「一局」）である外記がしないのだから、統属関係のない自分たちもしない、直属である弁官に対しては丁重な礼として動座している、と弁解している。官の統属関係による意識を示すものであろう。鎌倉中期の五位弁藤原兼仲も、外記・史が動座しないことに対して、度々「無礼也」「近年毎人過分所行也」と不満を述べている。[100]また建久四年（一一九三）には六位蔵人藤原忠綱と六位外記惟宗清光が道で遭遇した時、「聊有ニ無礼一」て喧嘩となり、清光の車が川に投げこまれる事件が起きた。これも路頭礼に関する行き違いと推測される。[101]

このように鎌倉期初頭には、官・家格、あるいは位階という複数の秩序の矛盾が顕在化しており、それぞれ都合の良いように主張していたようである。

では局務たちはこうした官・家格の秩序を克服しようと試みたのだろうか。彼らの考えが明示された史料は見いだせない。しかしおそらく中級貴族に一体化しようとしてはいないと思われる。それは一つには、中原・清原両氏がここまで勢力を伸ばしてきた基盤が外記局局務の地位にあることが挙げられよう。弁官局の史の場合であるが、次のような史料が見える。

問下無ニ史申文一之由上、先触ニ関白一申云、一史成挙、為ニ東宮大属一、而忽以叙爵之条為ニ無レ術事一、若可レ有レ恩者、欲レ叙ニ留属一、其事不レ可レ叶者、可レ被レ越ニ次史一者、第二史祐重当時為ニ初斎院行事史一、仍共不レ進ニ申文一者、(102)の職には位階が高いので辞めなくてはいけない。叙留して大属の職に留まることを許されるなら叙爵したい、と答えている。すなわちうまみのある仕事に相応する身分レベル、官に伴う収益の確保という側面があったのであろう。下級官人のそうした志向を端的に示すのが、この叙留という慣習であろう。また六位蔵人には、叙爵すると蔵人を辞めなくてはならないので、最上臈から叙爵を辞退し再び六位蔵人となる慣習が存在したという。(103)これも同様の意識と思われる。

叙位に際し、史からの推薦者がなかったので問い合わせたところ、最上位の中原成挙は叙爵されると東宮大属

ことに外記や史といった熟練した実務担当者は必要性も高かったであろう。時代は下るが貞和三年（一三四七）、右少史高橋秀職は転任すると官中に難儀があるとの理由で昇進を停められている。(104)逆に能力的に問題のある人物の場合、位階を上昇させることによって閑職へまわすこともあった。建暦元年（一二一一）、五位蔵人藤原仲房は四位に叙せられるが、関白藤原家実はその理由を「是器量不レ足レ言之故也、兵部権大輔家宣補ニ其替一」と記している。(105)昇進を装って実質的には実務から隔離した措置であり、ここからも官人にとって相応な位階・官職という意識が窺える。

2　傍輩官務との差別化

また中原氏の局務となるべき一族としての団結・矜持を示す事件が嘉禄元年（一二二五）に生じた。除目で官務小槻季継が一族の中原師兼より先に正五位上に叙せられた。これに抗議して、局務㉑中原師季以下一門の者が皆辞官したのである。(106)師兼は承元四年（一二一〇）に権少外記を辞任しており、この時外記局の一員ではない。局務師季も師兼が「不レ居ニ顕官一以前」であることを認めつつも、顕職（大外記）候補として、官次が下位の大

大史に超越されてはならない、と主張する。かくして季継の叙位より早い一二日付に遡って、正五位上に叙すことを認めさせ、師季もそのまま大外記に留まった。この事件からは、現任の外記であることとは一致せずとも、局務外記に任じられるべき一族として自意識を有していたこと、その地位を守るために一門が団結して、ほぼ同格の他の官に相対したことが知られる。

以上、当該期の朝廷社会における様々な身分秩序の枠組みの中での外記の動向を追った。彼らは錯綜する枠組みを適宜活用し、上位者たる中級官人、また同格の官務に対して、団結して自らの地位の独自性、優位性を主張していた。しかしながらそれは従来の官・家格秩序を乗り越えようとする動きというよりも、局務を出す一族としての立場によるものであり、それに伴う利権確保にあったのではないかと考えられる。すなわち局務の一族としての「つながり」と、その外部に対する排他性を備えた動きが見られる。

おわりに

従来、外記局の再編時期は一二世紀初中期と考えられてきた。そしてそこから、同時期が王朝国家の成立期と評価されてきた。しかし一二世紀には、外記局は組織としてむしろ弱体化した状況にあった。そうした中で中世を通して続く一つの安定的体制が成立したのは、一三世紀初頭である。その外的背景には武家政権の成立、そしてこの時期断続的に行われた公事復興の動き、ことに藤原兼実から後嵯峨院政期の動きがあったのではないか。業務内容・財源・人的構成等の面でも外記局は換骨奪胎され、同一官司の長官職をほぼ四流で担う体制へつながった。大外記二名が五位となり、中原・清原氏が占める。さらにこの両氏を個別に見ると、中原氏は外記日記の個人的所持など、外記の業務を私的に請け負う体制を築き頭角を現した。さらに鎌倉初中期には鎌倉幕府等の有力者との関係、そして台頭の過程で局務を勤める上でも経済基盤となる兼任官司、この両要素を入手できた流れが南北朝期以降につながったと推測される。中原氏の場合、その職掌柄もあるためか、上級権力と密接な関係を有する一方で、政治的変動による大きな揺らぎは見られない。一方の清原氏も頼業以降、天皇の侍読という立場によって勢力を伸ばし、局務家としても確立した。清原氏は比較的権力者とのつながりが濃厚に見られ、その盛衰に影響される側面も見られる。

局務の配下の六位官人もまた一三世紀を境に変質した。一三世紀以降の六位外記は、前代と出身者層が変化し、外記局に長期間在任して朝儀の現場を請け負う体制が成立している。

すなわち局務両氏は弱体化した組織の、まず長官職を、次いで下級官職の再編を行った。この再編の過程で政権の有力者、実務に堪能な六位官人層とのつながりを形成し取り込んでいった。同時に局務の一族として独自の論理を構築し、六位官人からは半歩上昇し、中級官人・官務に対して独立性を主張できる立場をも打ち立てていったのである。ただしそれは従来の官・家格秩序の克服を志向したものではなく、局務としての自らの地位と利益を確立するものであった点も特徴的である。同時期、こうした再編は弁官局の史や蔵人所出納においても進められている。古代から中世につながる官司の再編を考える折に注目すべきであろう。

注

（1）　佐藤進一『日本の中世国家』岩波書店、一九八三年、二〇〇七年岩波現代文庫。
（2）　玉井力『平安時代の貴族と天皇』岩波書店、二〇〇〇年。黒滝哲哉「8世紀から「摂関期」にかけての外記職掌の変遷」『史叢』五四・五五合併号、一九九五年。
（3）　佐藤進一『日本の中世国家』岩波書店、一九八三年、二〇〇七年岩波現代文庫。
（4）　松薗斉『日記の家』吉川弘文館、一九九七年。
（5）　橋本義彦『平安貴族社会の研究』吉川弘文館、一九七六年。

(6)『官職秘鈔』六位史（群書類従第五輯、以下同）。
(7)曾我良成「官司請負制下の実務官人と家業の継承」『古代文化』三七―一二、一九八五年。告井幸男「摂関・院政期における官人社会」『日本史研究』五三五、二〇〇七年ほか。
(8)黒板伸夫「位階制変質の一側面」『平安王朝の宮廷社会』吉川弘文館、一九九五年、初出一九八四年。
(9)告井幸男「摂関・院政期における官人社会」『日本史研究』五三五、二〇〇七年。高田義人「平安貴族社会と陰陽道官人」『国史学』一九一、二〇〇七年など。
(10)井上幸治『外記補任』続群書類従完成会、二〇〇四年。なお天応元年～寛弘六年、建治元年～康暦元年、平治元年～建暦元年に関しては中世の成立と指摘される外記補任が存在し、『続群書類従』に収められている。本書では、後者の史料を指すときは便宜上「外記補任」とする。
(11)曾我良成「官司請負制下の実務官人と家業の継承」『古代文化』三七―一二、一九八五年。
(12)松薗斉『日記の家』吉川弘文館、一九九七年。曾我良成「外記局の停退」『名古屋学院大学論集』言語・文化編一六―一、二〇〇五年。
(13)玉井力「官司請負制」『朝日百科日本の歴史別冊　歴史を読みなおす三』朝日新聞社、一九九四年。また鈴木理恵「明経博士家中原・清原氏による局務請負と教育」『日本の教育史学』三〇、一九八七年も参照。
(14)『尊卑分脈』中原氏（新訂増補国史大系、以下同）。
(15)松薗斉『日記の家』吉川弘文館、一九九七年。
(16)永延三年五月一七日宣旨（新訂増補国史大系『類聚符宣抄』七、以下同）。
(17)『台記』久安三年六月一七日条（増補史料大成、以下同）。
(18)『江談抄』二―一六（新日本古典文学大系、以下同）。『水左記』治暦二年七月一〇日条。治暦三年四月二七日条（増補史料大成）。『台記』仁平元年二月一〇日条。『局中宝』（前田育徳会尊経閣文庫所蔵、東京大学史料編纂所写真帳）。
(19)『江談抄』二―一六。二―一九。
(20)松薗斉『日記の家』吉川弘文館、一九九七年。
(21)『台記』久安四年一〇月一七日条。
(22)『尊卑分脈』清原氏。

(23)　松薗斉『日記の家』吉川弘文館、一九九七年。
(24)　『玉葉』建久二年四月二三日条（国書刊行会、以下同）。
(25)　三宅敏之『経塚論攷』雄山閣出版、一九八三年。『本朝新修往生伝』三二（日本思想大系）。
(26)　『台記』久安元年九月二四日条。『玉葉』承安二年一一月二〇日条。
(27)　『台記』康治二年一二月一八日条。
(28)　『山槐記』除目部類仁平三年正月二二日条（増補史料大成、以下同）。なお出納を相伝した中原姓平田家は祐安の子孫を称している（『地下家伝』）。
(29)　『尊卑分脈』清原氏。没年よりの逆算による。
(30)　拙稿「官務家・局務家の分立と官司請負制」『史学雑誌』一一一―三、二〇〇二年（本書第一部第三章）。
(31)　曾我良成「官司請負制下の実務官人と家業の継承」『古代文化』三七―一二、一九八五年。『吉記』建久三年一〇月二四日条（和泉書院、以下同）。
(32)　『玉葉』治承四年正月二七日条。
(33)　『玉葉』安元三年三月七日条。
(34)　『古今著聞集』飲食第二八（日本古典文学大系、以下同）など。
(35)　『玉葉』元暦二年四月二九日条。
(36)　『玉葉』承安四年二月二四日条。寿永三年三月一六日条など。
(37)　『玉葉』安元三年正月二九日条など。
(38)　『玉葉』承安四年一二月一日条。『山槐記』除目部類安元二年一二月五日条。安元三年正月二八日条。文治四年一〇月一八日条など。
(39)　中原俊章『中世王権と支配構造』吉川弘文館、二〇〇五年。『吉記』承安四年八月一三日条。
(40)　『玉葉』寿永三年八月二七日条。
(41)　『吾妻鏡』文治四年七月二八日条（新訂増補国史大系）。
(42)　『明月記』寛喜二年閏正月五日条（国書刊行会、以下同）。
(43)　『明月記』嘉禄元年一二月二一日条。拙稿「解説三　中原師季」『明月記研究』一二、二〇一〇年参照。

(44) なおこの時期いまだ家名は成立していないが、便宜のため新訂増補国史大系『公卿補任』に付された号を示す（本書第二部第三章参照）。
(45) 『荒暦』永徳二年一一月二〇日条（桃崎有一郎「『荒暦』永徳元年・二年記の翻刻」『年報三田中世史研究』一二、二〇〇五年）。
(46) 『新抄』文永元年一二月一四日条（続史籍集覧）。
(47) 『舟橋家譜』（東京大学史料編纂所所蔵写本、以下同）。
(48) 『尊卑分脈』清原氏。『舟橋家譜』など。
(49) 『康富記』文安元年一〇月二四日条（増補史料大成、以下同）。『職原鈔』大学寮（群書類従第五輯、以下同）。
(50) 永井晋『金沢北条氏の研究』八木書店、二〇〇六年、初出一九八八年。
(51) 三浦龍昭「外記家清原氏と五条頼元」『征西将軍府の研究』青史出版、二〇〇九年、初出二〇〇二年。
(52) 『後深心院関白記』応安六年正月二四日条（大日本古記録）。
(53) 『荒暦』応永三年七月二八日条、八月一二日条（大日本史料第七編二）。
(54) 『継塵記』嘉暦元年一〇月二八日条。一二月一五日条。『後愚昧記』附帯応安三年同四年内大臣故実文書（大日本古記録）など。
(55) 岩佐美代子「音楽史の中の京極派歌人達」『京極派和歌の研究』笠間書院、二〇〇七年増補改訂版。相馬万里子「琵琶における西園寺実兼」福島和夫編『中世音楽史論叢』和泉書院、二〇〇一年。本書第一部補論参照。
(56) 所功『平安朝儀式書成立史の研究』国書刊行会、一九八五年。五味文彦『書物の中世史』みすず書房、二〇〇三年。
(57) 『玉葉』元暦二年正月一三日条など。
(58) 『玉葉』建久二年閏一二月六日条。建久六年九月二日条。
(59) 拙稿「中世の行事暦注に見る公事情報の共有」『日本歴史』六七九、二〇〇四年（本書第一部第二章）。
(60) 『玉蘂』建暦二年一二月一一日条。承元五年一〇月三〇日条（思文閣出版）。
(61) 『民経記』文永四年正月六日条（大日本古記録）。『建内記』嘉吉元年八月一九日条（大日本古記録）など。
(62) 中原俊章『中世王権と支配構造』吉川弘文館、二〇〇五年。
(63) 井上幸治『外記補任』続群書類従完成会、二〇〇四年。

(64)『職原鈔』大炊寮。
(65)『兼宣公記』応永三一年三月記紙背「広橋中納言家雑掌申状」(国立歴史民俗博物館)。
(66)拙稿「官務家・局務家の分立と官司請負制」『史学雑誌』一一一―三、二〇〇二年(本書第一部第三章)。
(67)井上幸治「解説」『外記補任』続群書類従完成会、二〇〇四年。玉井力「官司請負制」『朝日百科日本の歴史別冊　歴史を読みなおす三』朝日新聞社、一九九四年。
(68)『台記』仁平元年八月一〇日条。
(69)『玉葉』承安二年六月七日条。
(70)『台記』久安元年閏一〇月一七日条。
(71)『玉葉』治承二年正月二六日条。
(72)『康富記』享徳三年正月七日条。
(73)『勘仲記』弘安七年二月二八日条。弘安九年二月三日条(増補史料大成、以下同)など。
(74)『台記』保延二年一二月九日条など。
(75)『兵範記』仁安二年正月二六日条(増補史料大成)。
(76)『吉記』養和元年三月六日条。『玉葉』養和元年三月六日条。
(77)『吉記』養和元年三月二四日条。
(78)永延三年五月一七日宣旨(新訂増補国史大系『類聚符宣抄』七)。
(79)井上幸治「解説」『外記補任』続群書類従完成会、二〇〇四年。
(80)佐古愛己「年労制の変遷」『立命館文学』五七五、二〇〇二年。
(81)尾上陽介「年爵制度の変遷とその本質」『東京大学史料編纂所研究紀要』四、一九九三年。佐古愛己「中世成立期における叙位制度の展開」『古文書研究』五三、二〇〇一年。
(82)『小右記』長元四年正月一四日条(大日本古記録)。
(83)『玉葉』承安元年正月四日条。
(84)『古今著聞集』神祇第一。
(85)『吉記』治承四年四月一日条。

(86)『玉葉』建久二年四月二三日条。『承久三・四年日次記』貞応元年三月一日条（大日本史料第五編一）。
(87) 玉井力「官司請負制」『朝日百科日本の歴史別冊　歴史を読みなおす三』朝日新聞社、一九九四年。
(88)『玉葉』承安三年七月二〇日条。
(89)『自暦記』建久九年一一月六日条（大日本史料第四編五）。
(90) 五味文彦『書物の中世史』みすず書房、二〇〇三年。
(91)『玉葉』文治三年一二月四日条。
(92) 拙稿「官務家・局務家の分立と官司請負制」『史学雑誌』一一一―三、二〇〇二年（本書第一部第三章）。
(93)『官職秘鈔』少外記。
(94) 佐古愛己「年労制の変遷」『立命館文学』五七五、二〇〇二年。
(95) 百瀬今朝雄『弘安書札礼の研究』東京大学出版会、二〇〇〇年。
(96)『民経記』文暦元年正月一四日条など。
(97)『玉葉』文治四年正月一日条など。
(98)『小槻季継記』（改定史籍集覧二四、以下同）。
(99)『小槻季継記』文暦二年正月二一日条。
(100)『勘仲記』弘安一一年一〇月一九日条。正応二年正月一九日条。
(101)『玉葉』建久四年二月二九日条。
(102)『玉葉』治承三年正月五日条。
(103)『職原鈔』蔵人所。
(104)『園太暦』貞和三年三月二九日条（史料纂集）。
(105)『猪隈関白記』建暦元年正月一八日条（大日本古記録）。
(106)『明月記』嘉禄元年一二月二一日条。

第二章　局務中原氏と公事情報

はじめに

平安時代以降、朝廷において年中行事の遂行は政治行為そのものであった、と土田直鎮氏によって指摘されて久しい。(1)ところで、そうした行事の円滑な遂行には関係者間で催行日に関する認識が一致していることが絶対的に必要であろう。しかし朝廷行事中で式日の定まっている行事に関しては、遂行にあたって改めて日時定は行われないのが慣例であった。(2)では当時の貴族・官人はどのようにして行事の日時を把握していたのであろうか。一〇世紀後半に記された『九条殿遺誡』には次のように見える。

見㆓暦書㆒、可㆑知㆓日之吉凶㆒、年中行事略付㆓件暦㆒、毎日視㆑日之次、先知㆓其事㆒、兼以用意、(3)

この具注暦に付された年中行事の予定表が行事暦注である(4)(図3・4)。桃裕行氏は暦の構成要素として行事暦注の存在を指摘し、「家司書」と表現した。(5)また近年、遠藤基郎氏によって主に一一～一二世紀の行事暦注に関する検討がなされた。(6)遠藤氏は行事暦注の付与が記主の判断に基づく個人的行為であること、その規範とされたテキストは一〇～一一世紀には清涼殿に置かれた「年中行事御障子文」が、一二世紀以降は各種年中行事書、ことに中原氏流年中行事書が利用されていたこと。そしてその変化の要因は院政期の文化的衝動による社会的な「知」のネットワークの存在と官司請負制の進展であり、そこから儀式体系の天皇・摂関・上皇の三極構造への変質、また中世社会の分裂性を指摘する。

⇓　⇓

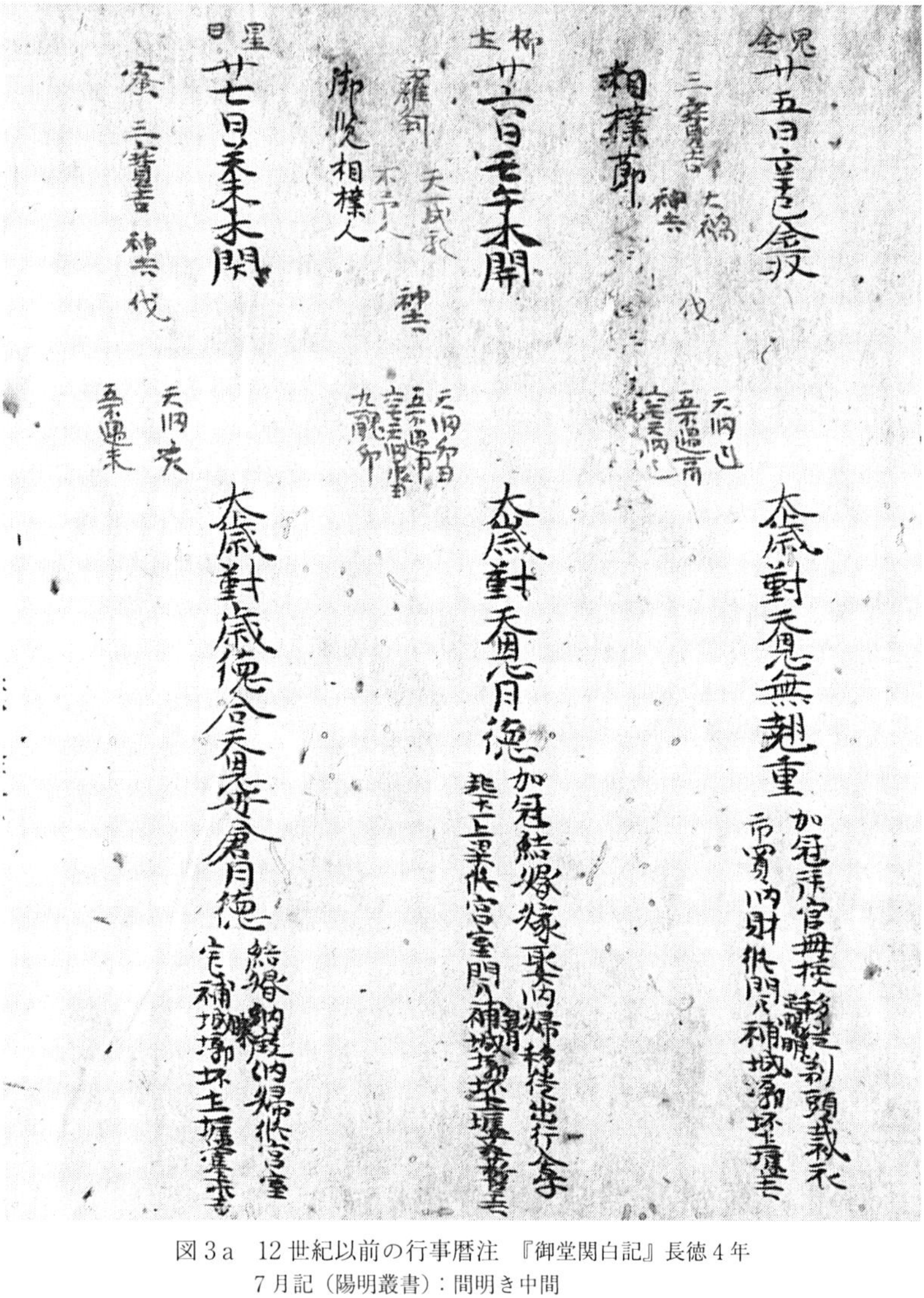

図 3 a　12 世紀以前の行事暦注　『御堂関白記』長徳 4 年 7 月記（陽明叢書）：間明き中間

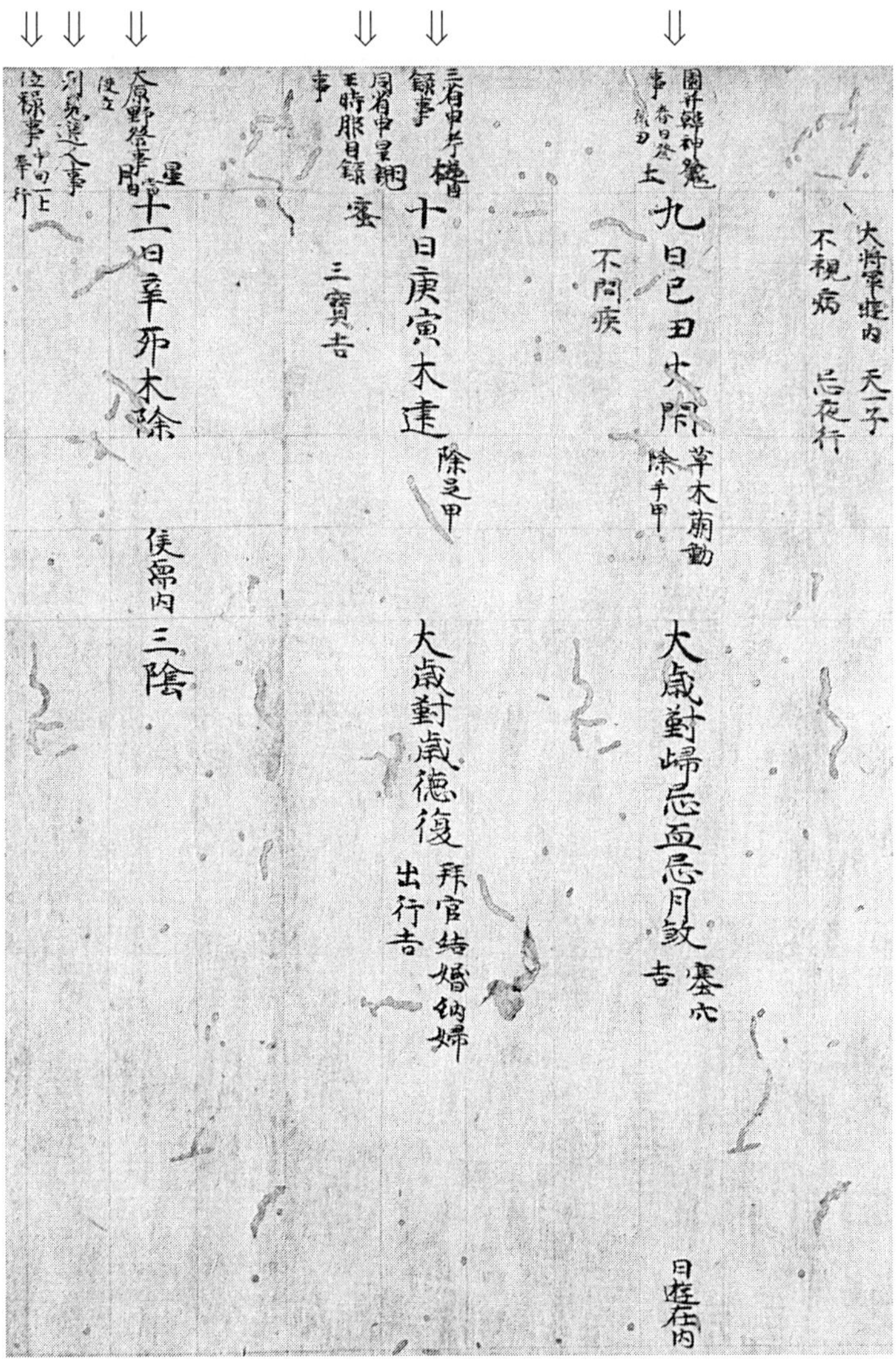

図3b　12世紀以前の行事暦注 『御堂関白記』寛弘7年
2月記（陽明叢書）：日付上部

上段⇓　　上段⇓　下段⇓　　上段⇓　下段⇓

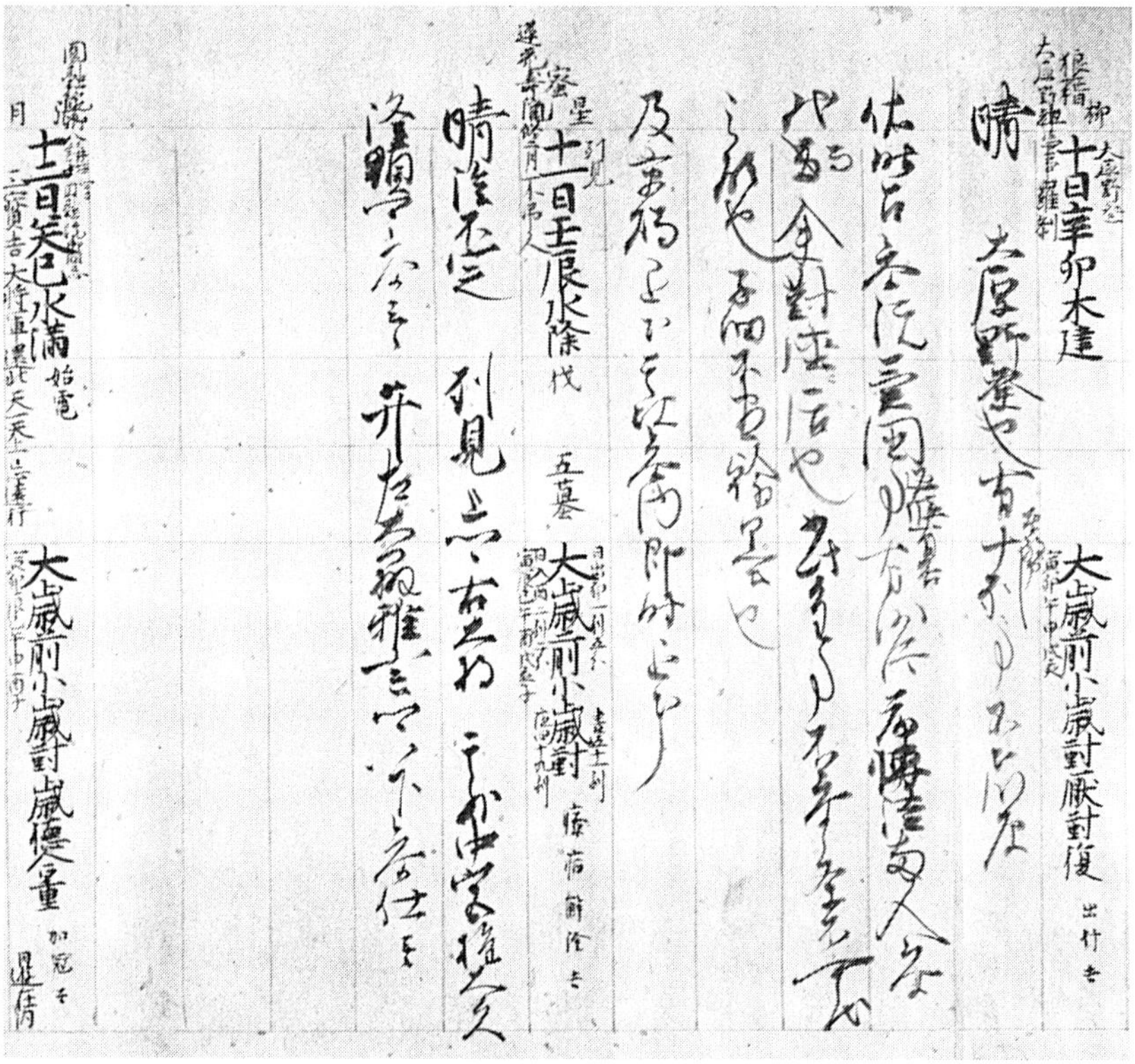

図４　中原氏型行事暦注　『深心院関白記』文永５年２月記（陽明叢書）

しかしながら中世の行事暦注の史料的価値はいまだ十分には検討されていない。そこで本章では行事暦注の史料的性格を検討し、同時にこの暦注を通して公事情報の共有ルートを探ることで、当該期の朝廷運営のあり方、その変化を探りたいと思う。そのため行事暦注をその形式、内容、受容状況、さらに暦注の規範テキストとなったと考えられる中原氏流年中行事書との関連について検討する。

一　行事暦注の変遷

1　初見・終見

管見の限り、行事暦注は一〇世紀〜一五世紀の六世紀に及ぶ期間の約一一〇数年分の具注暦や暦記の写本から確認できた。また暦注自体は現存していないが、日記記事等から行事暦注が付与された具注暦を所持していたことが推測されるものもある(7)。

行事暦注の現存初見は『御堂関白記』長徳四年（九九八）具注暦であるが、この具注暦は平安期以降現存するまとまった暦記の最古の例でもある。そのため行事暦注の成立時期は不明である。しかし先述の『九条殿遺誡』からは一〇世紀後半には既に行事暦注の存在が推測される。また『小右記』中にも、暦に記された行事予定を参照している様子が見え、一〇世紀後半から一一世紀初頭までには行事暦注がある程度普及していたと考えられる(8)。ただし、『御堂関白記』の具注暦は、行事暦注や一部の暦注が後に日記を書くスペースとされた間明きの上部や中間にあるなど、具注暦自体の形式が一定していない（図3ａｂ）。これ以前の『貞信公記』や『九暦』も具注暦に書かれたと推測されているが、この頃は暦記のための具注暦、および付随する諸々の暦注が貴族層に浸透しつつある時期と考えられる。

一方終見は、中原師藤書写の『貞即記（貞和五年御即位記）』紙背寛正五年（一四六四）具注暦である。(9) 一五世紀には他にも『薩戒記』、『建内記』紙背、近衛政家筆『楽目録』紙背応永三四年（一四二七）具注暦など多数見られる。この中には暦注の脇に「延引」等の書き込みがなされていたり、参仕予定の公卿名が記されていたりする場合があり、記主が手許に置いて実際に予定表として使用していた様子が窺える。つまり従来平安〜鎌倉期に特有のものと考えられてきた行事暦注であるが、一五世紀の半ばまでは実際に利用されていたことがわかる。一五世紀以後行事暦注が姿を消した要因は不明であるが、あるいは応仁・文明の乱を契機とするかも知れない。応仁・文明の乱は暦の作成・流通にも打撃を与えており、(10) また徐々に衰退しつつあった朝廷の儀式も多くこの時期に廃絶している。(11)

2　規　格

以上のように行事暦注は長期間に渉って存在するが、記載位置・内容（規範テキスト）に注目すると、一三世紀初頭を画期として性質の変化が見られる。

まず前者について検討する。院政期までは暦注の記載位置・内容は、記主や年によりまちまちである。例えば『御堂関白記』では同一記主でありながら長徳四年具注暦は間明きの中間、寛弘二年（一〇〇五）は日付上部、寛弘五年（一〇〇八）は日付脇へと、記載位置が変化している。他の暦でも日付上部（『水左記』）、日付肩（『慈覚大師伝』紙背、『承久三年具注暦』）と一定していない。表2に幾つかの一三世紀以前にみられる行事暦注一〇月分の比較表を掲げた。この表からも年による項目の差が大きいことがわかる。その要因は主として「刑部省進二年終断罪文一」等の行政、ことに文書関係行事の有無によるが、その他でも年や記主により記載されている行事が異なる。また中世に見える院・摂関家系仏事の記載も少ない。こうした特徴を持つタイプに分類できるのは『御堂関白記』から『承久三年具注暦』まで、主に一〇世紀から一三世紀初頭にかけての暦である。すなわち行事暦注の中でも比較的初期の形式、無規格型であるといえる。

これに対し一三世紀『猪隈関白記』以降に見られる行事暦注は大きく変質を見せている。その特徴としては行事暦注に一定の規格が成立したことが挙げられる。まず暦注が日付脇に行事によって上下段に区別されて記載される。月頭に「新嘗祭以前僧尼重軽服人不レ可二参内一事」等、神事に向けての禁忌条項があり、月末に「今月事」として式日の定まっていない行事が一括記載された（図4）。また項目数も大幅に増大している。大外記中原師光の「師光年中行事」等が規範テキストと指摘されており、本書ではこの中世に見える行事暦注を中原氏型と称したい。表3にこの中原氏型の暦注および「師光年中行事」の一〇月分の比較表をあげた。これを見ると記載行事、またその表記が記主・年度の違いによらずほぼ同一であることが窺える。時代と共に新たな国忌、行事も追加されるが、そうした追加行事も以後の暦注に継承され記載されている。つまりそれ以前に比して中原氏型行事暦注は公家社会において均一な情報の共有を可能にするものとなっているのである。

なお一三世紀前半の『興福寺別当実信僧正記』建保三年（一二一五）具注暦、石清水文書『宮寺縁事抄納筥目録』紙背安貞三年（一二二九）具注暦等は、無規格型から中原氏型への過渡期といえる暦注を持つ。これらの暦注の項目内容は中原氏型と類似しているが、高僧忌日が含まれていたり、記載位置が上下に分かれていないなど古代的要素を残している(12)。

表2　一二世紀以前の行事暦比較表（一〇月分）

日	一	一	二	三	四	五	六	七	一〇	初亥日
年中行事御障子文	朔日十一日廿一日着朝座事。同日視告朔事。同日掃部寮撤夏御座供冬御座事。同日旬事	同日主殿寮進御殿炭及殿上侍料炭事。同日諸司畿内考選文進弁官事。奏発鼓吹声日事	中務省申宮人冬衣服文。同日奏可供新嘗祭官田稲粟卜定文事	左右衛門築射場垜事。三日以前点定五節舞姫事	死刑断罪文申官事。同日中務省奏妃夫人嬪女御冬衣服文	射場始事	法華会終事		中務省奏給後宮幷女官冬時服文事。同日興福寺維摩会始事	内蔵寮進殿上男女房料餅事
御堂関白記（長徳四）	掃部寮供御座〈同四月一日〉		大原野						興福寺維摩会始	
御堂関白記（寛弘四）	掃部寮替御座	進諸司及畿内考選文事			刑部省進年終断罪文事				中務省奏給後宮幷女官冬時服文事	
水左記（康平七）	旬					射場始			維摩会始	
後二条師通記（応徳三）	旬。掃部寮進冬御座	諸司畿内考選文〈進弁〉。奏鼓吹声〈兵庫〉	宮人冬衣服文。奏新嘗祭官稲粟卜定文			射場始。中務省奏妃夫人嬪女御冬衣服文			維摩会始。中務省奏給後幷女官冬衣服文	内蔵寮進殿上男女房料餅
慈覚大師伝紙背（長承二）	平座見参。進炭事	旬				弓場始			維摩会〈興福寺〉	進餅事〈次同之、蔵寮〉
承久三年具注暦	改冬御装束事							国忌事	興福寺維摩会事	

一三						東寺灌頂	
一六	三省進秋季帳事			維摩会畢	維摩会畢。三省進秋冬帳	会了	
一七	奏維摩会文事						
二〇	廿日以前典薬寮進生地黄様事		中務省進官人成選位記事		此日以前奏年終断罪文		
二一	競馬負方献物事		競馬負方献物事、大歌始事	典薬寮進地黄煎	大歌始、典薬寮進地黄煎様		
二一	同日大歌始事。治部省申諸国講読師簡定事			大歌作		大歌始	
二四						大乗会〈法勝寺〉	法勝寺大乗会
二八						会了	
二九							

二　中原氏型暦注内容の検討

では規格化された中原氏型の行事暦注はどのような意識のもとに構成されているのだろうか。行事暦注の内容を大きく、1国忌、2仏事、3その他、の三つに分けて検討する。

1　国　忌

国忌とは亡くなった天皇、皇后、女院の忌日行事であるが、中原氏型では暦の日付位置より上部に記載される

表3　中原氏型行事暦注比較表（一〇月分）

日	師光年中行事（項目のみ）	猪隈関白記（正治二）	位置	勘仲記（弘安三）	伏見院御集（嘉元五）	後深心院関白記（延文元）	薩戒記（応永三〇）
一	改冬装束事。旬事。主殿寮進御殿及殿上炭事。兵庫寮始発鼓音事	改御装束。官政。旬。自今日至明年二月毎日早旦晩頭兵庫寮発鼓吹音。主殿寮進御殿幷殿上炭	下	改御装束。官政。旬。自今日至明年二月毎日早旦晩頭兵庫寮発鼓吹音	改御装束。官政。旬。自今日至明年二月毎日早旦晩頭兵庫寮発鼓吹音	改御装束。官政。旬。自今日至明年二月毎日早旦晩頭兵庫寮発鼓吹音	
二	内侍所奏新嘗会稲粟文事						
上亥日	上亥日内蔵寮進餅事〈中下亥亦同〉	今月亥日内蔵寮進餅事	上	今月亥日内蔵寮進餅	今月亥日内蔵寮進餅	今月亥日内蔵寮進餅	今月亥日内蔵寮進餅
三	左右衛門府築弓場事	左右衛門築弓場塀	下	左右衛門築弓場塀	左右衛門築弓場塀	左右衛門築弓場塀	左右衛門弓場明
三	蓮華王院惣社祭事		上	蓮華王院惣社祭	蓮華王院惣社祭	蓮華王院惣社祭	蓮華王院惣社祭
五	射場始事	弓場始	下	弓場始	弓場始	弓場始	弓場始
五	残菊宴事〈近代不行之〉						
六	興福寺法華会事	興福寺法花会	下	興福寺法花会	興福寺法華会	興福寺法花会	興福寺法花会
七	国忌事〈廃務、崇道天皇、公家不知行之〉	国忌〈廃務、崇道天皇、但公家不知行〉	下	国忌〈廃務、崇道天皇、公家不知行〉	国忌〈廃務〉崇道天皇、公家不知行	国忌〈廃務〉崇道天皇、公家不知行	国忌〈廃務〉崇道天皇、公家不知行
七				浄金剛院御八講始〈五日〉	浄金剛院御八講始〈五日〉	浄金剛院御八講始五日	浄金剛院御八講始
七							
八			上		最勝光院御念仏	最勝光院御念仏	最勝光院御念仏
一〇	興福寺維摩会始事	興福寺維摩会始〈七日〉	下	興福寺維摩会始〈七日〉	興福寺維摩会始〈七日〉	興福寺維摩会始〈七日〉	興福寺維摩会始〈七日〉

一一			上	土御門院御国忌	土御門院御国忌	土御門院御国忌	土御門院御国忌
一三	東寺灌頂事	東寺灌頂	下	東寺灌頂	東寺灌頂	東寺灌頂	
一七	吉祥院御八講事	吉祥院御八講始〈四日〉	上	吉祥院御八講始〈四日〉	吉祥院御八講始〈四日〉	吉祥院御八講始〈四日〉	吉祥院御八講始〈四日〉
二一	大歌所初事	大歌所始	下	大歌所始	大歌所始	大歌所始	
二四	法勝寺大乗会始事	法勝寺大乗会始〈五日〉	下	法勝寺大乗会始〈五日〉	法勝寺大乗会始〈五日〉	法勝寺大乗会始〈五日〉	
二九	智証大師忌日事						
今月事	選吉日事。定臨時祭使以下事。大粮申文事。点定五節舞姫已下事	大粮申文。定五節舞姫賀茂臨時祭使等		大粮申文。定賀茂臨時祭使等。定五節舞姫	大粮申文。定賀茂臨時祭使等。定五節舞姫	大粮申文。定賀茂臨時祭使等。定五節舞姫	
（一一月）一	新嘗会以前僧尼重軽服人不可参内事〈近代例〉	新嘗祭以前僧尼重軽服人不可参内事		新嘗祭以前僧尼重軽服人不可参内事	新嘗祭以前僧尼重軽服人不可参内事	新嘗祭以前僧尼重軽服人不可参内事	

ものと下方に記載されるものが存在する。表4に行事暦注に見える国忌の一部を抽出した。この表から行事暦注に付される国忌の数が時代を追って増加しており、かつ補充された国忌は以後他の記主の暦にも反映、継承されていることがわかる。

このような記載位置の区別は、国忌に二つの類型が存在することが関係していると見られる。一つは律令に定められた国忌である。これは東西寺で開催され、儀式遂行は主に治部省、玄蕃寮等の官人が担当した。また開催費用も大蔵省から拠出された。しかし当然ながら時代とともに国忌の数は増加し、延暦一〇年（七九一）からは九国忌十陵に固定される。[13] その後、醍醐天皇を最後に天皇・上皇の国忌の新置は廃絶する。生母の国忌も二条天皇生母藤原懿子以来暫く絶える。約九〇年後の寛元二年（一二四四）、後嵯峨天皇が生母源通子の国忌を設置するが、これが最後となる。

表4　行事暦注に見える国忌比較表（8月〜12月）

月	日	国　　忌	位置	兵範	水左	長秋	猪隈	民経	勘仲	後深心	薩戒	死去	備考
8	5	国忌		×	○	×	×	×	×	×	×	1025	
8	6	後堀河院御国忌	上	—	—	—	—	○	○	○	○	1234	
8	7	郁芳門院御国忌	上	×	—	○	○	○	○	○	○	1096	
8	9	京極院御国忌	上	—	—	—	—	—	○	○	○	1272	
8	22	待賢門院御国忌	上	—	—	○	×	×	○	○	○	1145	文永6〜
8	26	国忌（廃務・光孝）	下	○	○	○	○	○	○	○	○	887	
8	26	崇徳院御国忌	上	—	—	○	○	○	○	○	○	1164	
9	3	伏見院御国忌	上	—	—	—	—	—	—	○	○	1317	
9	15	亀山院御国忌	上	—	—	—	—	—	—	○	○	1305	
9	18	藻壁門院御国忌	上	—	—	—	—	—	○	○	○	1233	
9	22	法勝寺御念仏始（三日・中宮賢子）	上	○	—	×	○	○	○	○		1084	応徳3開始
9	29	国忌（廃務・醍醐）	下	×	○		○	○	○	○		930	承平1設置
10	7	国忌（廃務）崇道天皇，公家不知行	下	×	×		○	○	○	○	○	785	延暦24設置
10	11	土御門院御国忌	上	—	—		—	○	○	○	○	1231	
11	8	春花門院御国忌	上	—	—		×	×	○	○	○	1211	
11	11	花園院御国忌	上	—	—	—	—	—	—	—		1348	
11	23	歓喜光院御八講始（五日・美福門院御国忌）	上	—	—		×	×	○	○	○	1160	
12	3	国忌（廃務・天智）	下	×	○		○	○	○	○	○	671	
12	23	国忌（廃務・光仁）	下	○	○		○	○	○	○	×	781	

○：記載あり．×：なし．—：死亡前．空欄：現存暦なし．
兵範：兵範記　水左：水左記　長秋：藤原定家書写長秋記紙背　猪隈：猪隈関白記　民経：民経記
勘仲：勘仲記　後深心：後深心院関白記　薩戒：薩戒記

こうした変化に伴い平安前期から第二の類型、御願寺御八講が行われる。御八講の費用は後院から出され、参列者も旧臣や院司が中心であった。こうした性格から古瀬奈津子氏は御願寺御八講による忌日仏事は天皇家の私的な行事であり、主催したのは本院であろうと指摘する。(14)こうした性格は鎌倉期でも基本的に変わっていない。運営はそれぞれの院領の継承者によって担われ、「継体」すなわちその皇統の継承者であることが重視された。(15)

このような国忌の性格の違いが行事暦注の表記にも影響を及ぼしている。まず下段には正式の国忌である九国忌が「国忌　廃務　〜天皇」と記入された。一方御願寺御八講を行う国忌は上段に「〜寺御八講、〜院御国忌」あるいは「〜院御国忌」と記される。つまり国忌に関する行事暦注では上下段の区別は狭義の国忌か院主催の追悼仏事かという点でつけられていると考えられる。

今一つ特徴的な現象として天皇、女院の忌日全てが記されているわけではないことがある。天皇の忌日では安徳天皇、（仲恭天皇）、順徳院が見られず、四条天皇は『実躬卿記』にのみ記載されている。こうした取捨選択は治承・寿永の乱、承久の乱以来の政治的背景があるとも推測されよう。しかしまた一方で同じく承久の乱により配流された後鳥羽院、土御門院国忌は存在し、特別の政治的理由はないと思われる四条天皇国忌は存在しない。ところで系図を見ると、これらの天皇の共通点として皇統が断絶していることに気付く。先述のように忌日仏事は院領の相続者が担った。ゆえに天皇にとって自らの皇統が継承されないことは、忌日供養が公的行事から外されることを意味したのではないだろうか。つまり実際の開催の有無は別として、行事暦注の国忌記載は皇統の断絶と移動に深い関係があると推測される。ただし一度記載する慣行のできた御願寺での国忌は皇統変化後も暦注から外されることはなかった。

そうした意識を最も如実に示しているのが、後嵯峨期の国忌の変動である。後嵯峨院は土御門院の皇子であるが、承久の乱後皇位は後高倉院の流れへ移動していた。しかし四条天皇が後嗣のないまま早世するに及び、鎌倉幕府の後押しを受けた後嵯峨天皇が、有力候補の順徳院皇子忠成王を退け、皇位に就く。即位までのこうした経過から、彼にとって自らの皇位の正当性を主張することが一つの課題であったと考えられる(16)。そうした中で寛元二年（一二四四）、延応元年（一二三九）に死去した後鳥羽院の忌日仏事が「公家御沙汰」とされた。すなわち後鳥羽院国忌は孫後嵯峨天皇の即位後にはじめて「公家沙汰」とされたのである(17)。同様に承久三年（一二二一）に死去した生母無位典侍源通子に対しても、即位後皇后位を追贈(18)。寛元二年（一二四四）にはおよそ九〇年ぶりに山陵および国忌が新置された(19)。

こうした事情は女院に関しても見られる。中原氏型行事暦注にはわずか八人とごく一部の女院忌日しか記されていない。しかもこの八人は必ずしも八条院など院領の相続者として著名かつ有力な女院ではない。この八人の特徴としては全員が立后されていること、また春花門院以外は天皇の生母ないし准母であること、かつ子息天皇の在位中に死去していることがあげられる。無論、暦注に登場しない女院の忌日仏事が行われなかったわけではない。しかし忌日供養の行事暦注への記載は、直系天皇による開催が重要視されていたと推測される。

ところが、通年で残る暦が少ないため確実な画期は指摘できないが、待賢門院、美福門院等、平安期の女院忌日が後嵯峨院政期に突如登場し、以降継続的に見られる。これらの女院は子息の在位中に死去したわけではなく、また当初中原氏型では表記されていなかったにも関わらず、である。こうした現象の背景にもこれらの女院が後嵯峨の皇統へと直系でつながる女院という要因があるのではないだろうか。そのために、後嵯峨期にとりわけて行事暦注に記載されるようになったと推測される。これらを考え合わせると、この時期の行事暦注の変遷からは後嵯峨による皇統確立の意識が窺える。

以上から行事暦注の内容にはその時代の政治的動きもが反映されていたと指摘できる。

2　仏　事

仏事も行事によって上下段に分かれて記載されている。このうち下段に見える仏事は、多くが古くから記載されており、変動はほとんど見られない。この下段仏事には二種類ある。一つは真言太元法、灌仏、御仏名などの宮中で行われる仏事。今一つは南北京三会、三灌頂等である。南京三会と称される興福寺維摩会、宮中御斎会、薬師寺最勝会は九世紀に成立し、僧綱への昇進ルートであった。これに加えて院政期に円宗寺法華会、法勝寺大乗会、円宗寺最勝会の北京三会と東寺、尊勝寺、最勝寺の三灌頂が新設され、僧綱昇進ルートに位置づけられた。

これは院が仏教統制を自らの手に握る方策であると指摘されている。[20] つまり下段は院の影響が強く存在するにせよ、天皇の直接的な統制下にあった重要な仏事ということができる。この他に下段にあるものとして三月一〇日の法勝寺不断念仏、五月一日の法勝寺三十講、一〇月六日の興福寺法華会がある。前二者は院政期から開催され、暦注としては中原氏型から記載されるようになっている。

これに対し上段には多くの仏事が記載されている。これらは一三世紀以前には開催されていないか、開催されていても暦注には記載されなかった行事であり、時代を追って大幅に増加している。その多くは院の主催になる御願寺仏事である。遠藤氏は院仏事を六勝寺型と院家型にわけ、主に前者は王権系儀礼体系に位置づけられると指摘した。[21] そして中原氏型暦注に記された院仏事はほぼ前者に該当する。

また例えば二月に行われる祇園御八講は「後院公事也、然而蔵人方行レ之」とされ、上卿や行事弁も置かれている。[22] つまり当初は朝廷の関与が見られる准朝廷行事であった。他の仏事も同様であり、法興院、法性寺など摂関家に縁の深い寺院での仏事、摂関家忌日も見られる。これらは佐々木宗雄氏によると、院政期以降院権力によって国家仏事の中に取り込まれ、先述の三会などの下に位置づけられた仏事であるという。[23] また式日の定まっていない行事を月末に一括記載した「今月事」にも季御読経、仁王会などの宮中仏事が記されている。

3　その他

国忌・仏事以外では宮中儀式や神事、諸社祭が見え、ほぼ全てが下段に記載されている。その中でもことに目立つのは正月一五日の「宮内省献二御薪一、主水司献二御粥一」などの天皇に関わる内廷的なものである。逆に一三世紀以前に多く見られた「進二諸司畿内考選文一」、二日の「中務省申二宮人冬衣服文一」（表2参照）など行政事務関係の記載は激減している。試みに後醍醐天皇編纂の『建武年中行事』と行事暦注を比較すると、同書の八六項目のうち実に八二項目までが行事暦注下段に存在する。『建武年中行事』に記されているのは、禁中で当時行われ、後醍醐天皇の目に直接触れた朝儀と考えられている。(24) つまり行事暦注下段に記されていた行事は天皇の身近で行われる内廷行事の主要なものと推測される。また神事は下段に「祈年祭」「月次神今食」などの律令祭祀と、「松尾祭」「平野祭」など天皇外戚の氏族祭祀が記載されている。岡田荘司氏は、これらの祭祀が平安前期までに公的祭祀に組み入れられたこと、九世紀頃内蔵寮中心の運営に変化したこと、(25) そしてそうした推移が、天皇の祭祀、内廷的祭祀機能の整備の一環として位置づけられることを指摘している。

他方、上段には諸社祭の折の摂関家神馬事、正月の臨時客や院拝礼、摂関家拝礼など摂関や院宮に関するものが主に記載されている。また「紫野今宮祭」「今熊野六月会」など院政期以降御願寺の鎮守として勧請されたり、再興されたりした行事も記載されている。

以上から、上下段に分かれて記載されている暦注の下段には天皇を中心とした狭義の朝廷行事が、上段には院・摂関家が主催するものも含めた准朝廷行事が記されていると考えられる。こうした性格を端的に示すものとして『康富記』の次のような記事があげられる。

今日紫野今宮祭也、(中略)凡此神疫神也、仍一条院御宇長保年中、於㆓洛外紫野㆒祭㆑之也、勅宣歟之間、年中行事付㆑之也、(26)

紫野今宮祭は御霊会であり、暦注上段に記載されている行事であるが、この史料では年中行事に付される資格として「勅宣」であることがあげられている。すなわち行事暦注に付されていることはそれが公的行事であることを示しているといえよう。つまりこの時期の暦注に見える朝廷行事は、天皇が主催する行事体系を主に、それと区別されつつも実質的には院・摂関家系行事を含める形が強く意識されて構成されているのである。

三　行事暦注の受容

1　行事暦注の付与

次に暦注の付与過程について考察する。遠藤氏は「記主個人の判断に基づくすぐれて個人的な営み」であり、暦注内容にも記主による取捨選択が働いていると指摘している。桃氏は直接は論じていないが、「家司書」という表現からは各々の家において家司が記すという認識が窺える。つまり両氏ともそれを個々の家における私的な営みと位置づけている。確かに一三世紀以前の暦注における年ごと、記主ごとの差異の大きさからはそのような想像がされる。

しかしながら、年中行事の式日は必ずしも単純なものではない。日の吉凶や他の儀式との兼ね合いにより複雑な移動があった。果たしてこうした対応は個々の記主によってなされえたものであろうか。『師守記』暦応二年（一三三九）一一月記を手がかりに考える。(27)

九日甲子、（中略）自二執権一有レ状、賀茂臨時事十二月一日之由、被レ付二年中行事一候、先例何様候哉、可下令二注進一給上之由、内々其沙汰也云々、（後略）
十日乙丑、天晴、今朝昨日自執権被尋申賀茂臨時祭事、令引勘給、御注進勘草見左、（中略）
賀茂臨時祭十二月一日由付二進年中行事一、先例何様乎事、
　康平六年十二月一日丁酉、賀茂臨時祭也、（中略）
右例粗如レ斯、凡件臨時祭流例、用二五節以後酉一、而今年卯二十二日、廿四日、有レ之、仍廿二日五節参内以後、依レ無二下酉一付二進十二月一日一、康平以後度々例、又以如レ然、仍注進如レ件、

十一月十日
大外記中原師〔右〕—

賀茂臨時祭開催日に関して院執権中納言藤原（勧修寺）経顕から大外記中原師右に対しての問合せである。年中行事（暦注）では一二月一日に賀茂臨時祭が付されているが、これはどういうことか、先例はどうなっているか、という質問である（式日は一一月下酉日）。これに対して師右は一二月開催の先例、一一月の卯の日が二度で新嘗祭の五節より後に卯の日がない場合には一二月一日、という原則を説明している。この式日の設定は「師光年中行事」に「下酉日、賀茂臨時祭事、用二新嘗会後酉一云々、有二三卯一時必用二十二月一日酉一」とあるのにまさに対応している(28)。しかし経顕はそうした式日の原則をはっきりとは理解していない。本人なり、家司が暦に年中行事を付すのであればこのような事態はおきないであろう。同様の事例は他にも複数見られる(29)。こうしたやり取りは行事暦注の記載が儀式運営に携わる人々の共通理解とされた上での議論であろう。また貞和二年（一三四六）正月五日叙位儀の暦注には、同筆で「今日御衰日、明日五暮也、両日不レ宜時、多式日被レ行歟、可レ依二時宜一」(30)という注が記されている。式日の五日、六日ともに凶日のため改めて日時を定める必要があるとの注記である。このように凶日や触など式日に特殊な要素を含む場合には行事暦注で注意が促されている(31)。行事運営を円滑に運営するには関係者各人の情報の統一が必要である。一定の規格を有する中原氏型暦注はまた、項目の増減や、隔年で行われる女叙位など特殊な移動もその都度反映され、情報共有を可能とするものであった。そしてその付与はおそらく私的・個人的な営みではなく半制度的な形で行われていたと捉えられる。

では暦注の付与は誰によってなされたのか。先述の経顕等は、暦注の内容について外記に問い合わせている。そして外記の返答からは行事の式日の設定、そして行事暦注に強い自負を有していることが窺える。また経顕の問合せに「被レ付二年中行事一」とあるのに対して、師右は「付二進年中行事一」と返している。このような表現からも、暦注の付与と中原氏の関わりが推測できる。実際、中原氏の日記である『師守記』『康富記』には「師公秀卿被レ進レ暦、可レ付二給年中行事一云々[32]」というような行事暦注付与の記事が散見される[33]。これらの依頼相手は必ずしも中原氏と深い関わりを持つ家ではなく、全てが家司としての活動であるとは考えられない。おそらく『師守記』に「尤可レ被レ下二局務一歟、且可レ謂二面目一歟」とあるように局務の職務の一環として行われたのであろう[34]。こうした依頼記事は管見では『外記日記（新抄）』紙背文書、『師守記』『康富記』等に見える。規格化された暦注の性格や式日に関する議論を勘案すると中原氏型暦注の普及には外記の関与・影響が大きいと推測できる。元来外記は「恒例臨時公事・除目叙位等事奉行之官[35]」であり、中でも儀式の遂行における日次の設定、参加官司の催促、参仕者の把握を重要な職務とした[36]。そのため式日の設定を誤った大外記が処罰されることもあった[37]。行事暦注はこうした職務と対応して付され、式日設定の際にも、暦注に記されていることが外記によって主張され、権威付けされた。すなわち行事暦注は外記による行事のタイムテーブル調整の一端を示すと捉えることができよう。

2　行事暦注の受容層

では、一三世紀からそうした外記による暦注＝タイムテーブル調整の動きが朝廷社会で受容された要因は何だったのか。朝廷では一二世紀末以降、断続的に朝儀興行が図られた。文治三年（一一八七）には「恒例臨時之公事」目録を官・外記に提出させ、公事分配の評定が行われた[38]。また建暦二年（一二一二）にも外記により上北面以下の年中公事結番が行われ、「善政」と評された[39]。こうした興行の効果か、文治三年は「二三十年」ぶりに「公事大略被二遂行一」され、「十二月式日公事之外、不レ可レ有二歳末之奔営一」であったという[40]。この朝儀興行運動の中で、外記に最も期待された役割は諸司の動員業務であった[41]。さらに同年には外記の定員が六名に増員される[42]。第一章で述べたように中原・清原両氏が外記局の再編を行い、局務家としての確立を図ったのも同時期である。

かつ両氏が並び立つ中で中原氏はやや押されていた。そうした状況の中で、中原氏はこの時期、行事暦注を事実上規格化させ、外記局そして自らの権威を打ち立てようとした。それが朝廷社会で受容されたのであろう。

次に行事暦注の受容者について概観する。一三世紀以前には藤原道長・師通や源俊房といった上級貴族に加えて、神祇伯顕広王・平信範・藤原定家等の中級貴族、陰陽師、さらに大原三千院、大乗院の信円、興福寺別当実信など、寺院でも幅広く利用された[43]。

これに対し中原氏型の受容層は限定された範囲となっている。かつて行事暦注を付していた伯家や大乗院では、その後も日記に具注暦を利用しているにも関わらず中原氏型の行事暦注は付されていない。その他の寺社で使用された具注暦も同様である。中原氏型の受容者は、主に天皇、院、現任の公卿、弁官、外記などであった。これらの人々はまさに朝儀を担う行事官を勤める層と言える。同一の記主であっても、また院司、摂関家家司として精力的に活動していても、散位あるいは行事官たりえない官位の時には行事暦注は付されないという傾向も見られる。こうした受容者の性格は第二節で述べたように、行事暦注に記される項目の性格が狭義の朝儀主体であることとも相互に関係があると思われる。ただしこの傾向は必ずしも当該期の行事の位置づけによるものではない。中原氏が局務という太政官組織を基盤とするがゆえの傾向であろう。

このような意識・性格を最も端的に示しているのが『実躬卿記』の行事暦注である。記主三条実躬は長期間に渉り、主に前年の具注暦の紙背を日記の料紙としている。その中で行事暦注は文永九年（一二七二）暦～正応五年（一二九二）暦、正安五年（一三〇三）暦に見られる[44]。『実躬卿記』には当初父公貫所持の反故紙が使用されたと指摘されており、具注暦も公貫が使用した反故を譲り受けたと考えられる[45]。公貫は当時中納言であり、その任を果たすために行事暦注を挿入したのであろう。その後暫く行事暦注は見られず、正安五年（一三〇三）暦に至り再び付されるようになる。ところがこの年の暦は正月一日から年末まで現存するにも関わらず、行事暦注は一一・一二月暦のみに存在している。その契機を考えるに、この年一〇月二九日の権中納言任官が注目される。[46] すなわち権中納言に昇進した実躬は職務の必要上その年の残りわずかな暦に行事暦注を付したのであろう。

四　行事暦注の規範テキストについて

1　「年中行事御障子文」について

最後に本節では行事暦注の規範テキストとされる「年中行事御障子文」と中原氏流年中行事書の成立についてまとめる。

「年中行事御障子文」は、清涼殿殿上間に置かれた年中行事障子に付された行事日程表である。この障子は仁和元年（八八五）に藤原基経が献上したものが最初とされ、[47] 以後度々改訂が行われた。[48] 同様の障子は摂関家や院御所にも置かれ、またその形式・項目は『西宮記』・『政事要略』・中原氏流年中行事書以下多くの儀式書に受け継がれた。[49] 公家社会にある程度流布し、当時の行事体系・意識の基盤となったのである。さらに行事の増減は、そのつど蔵人が新規行事を書き加え、停廃された行事を消すという形で対応していた。そして後に新調する際に改訂・清書された。[50] 中世には新調に際し、世尊寺家など能書の家が書写している。[51]

この「年中行事御障子文」の成立について古瀬氏は以下のように指摘している。すなわち仁和年中に殿上間という貴族たちが常に参照できる内廷的空間に設置されるようになったことは、平安中期の儀式の変質を反映しているものであり、「年中行事御障子文」の成立を画期として、共通規範を持つ宮廷社会が成立した。そしてその内容については、天皇および内裏に関する規定を集成したという。[52] 黒須利夫氏も同様に、「年中行事御障子文」

の成立には朝堂院から内裏へという内裏空間の意識変化が反映されていると指摘する(53)。この共通規範をもとに以後多くの年中行事書が編まれた。そしてこの時期は同時に、政務運営のための公事情報の蓄積を目的とした私日記の発生時期でもある(54)。

一三世紀以前の行事暦注は個々の差が大きく、明らかな規範テキストは想定できない。しかし成立時期や流布状況から以上のような流れの中で付与、機能するようになったと推測される。

2　中原氏流年中行事書

他方、中原氏型行事暦注の規範テキストとなったと考えられるのは中原氏流年中行事書、中でも鎌倉期初頭の「年中行事秘抄」「師光年中行事」である。中原氏流年中行事書は外記局局務中原氏により代々改訂を加えつつ編まれた。今日「師遠年中行事」「師元年中行事」「年中行事秘抄」(複数)、「師光年中行事」「師緒年中行事」などが伝来する。その他、師行・師高・師世・師弘らも年中行事書を有していたことが校合奥書等から窺える(「中原氏略系図」参照)。中原氏流年中行事書については、所功氏・五味文彦氏・遠藤基郎氏等によって検討がなされている(55)。

ところで「師光年中行事」中、例えば三月撰日次事に見える次のような記事からは、行事暦注との関係を窺うことができる。

春間仁和寺観音院灌頂事　年中行事正月晦日注レ之、然而近代載二之三月一為二常例一(56)

仁和寺観音院灌頂は保延六年(一一四〇)から開始された行事であり、「師元年中行事」以前には記載がない(57)。管見の限り記載の見られるのは「年中行事秘抄」、「年中行事抄」(建保二年(一二一四)成立)(58)のみである。この記事の割注後半部「然而近代載之三月為常例」に注目する。この部分に関して、所功氏は「近頃の年中行事書では三月末に記載する。これは三月開催が常例だからである」と解釈したようである。しかし、この灌頂は「年中行事抄」には「近代動及二歳暮一、或云無二式日一」と記されている。(59) 実際にもこの時期には多く年末に開催され、三月の例はほとんど見られない。(60) また群書類従本「年中行事秘抄」ではまさに正月末に記載されている。(61)「近代」という表現からも式日意識すなわち行事暦注との関連が推測される。つまり「年中行事（秘抄）では正月末に記されている。（これを利用して行事暦注を付すとすれば、正月末に付すべきだが）近頃では三月に記載するのを常例としている」ために規範テキストの再編にあたって位置を移動したとの意であり、利用時の注意事項として記されたと考えられる。実際行事暦注では初見の『猪隈関白記』正治二年（一二〇〇）具注暦以降、三月末に付されている。(62)

中原氏略系図

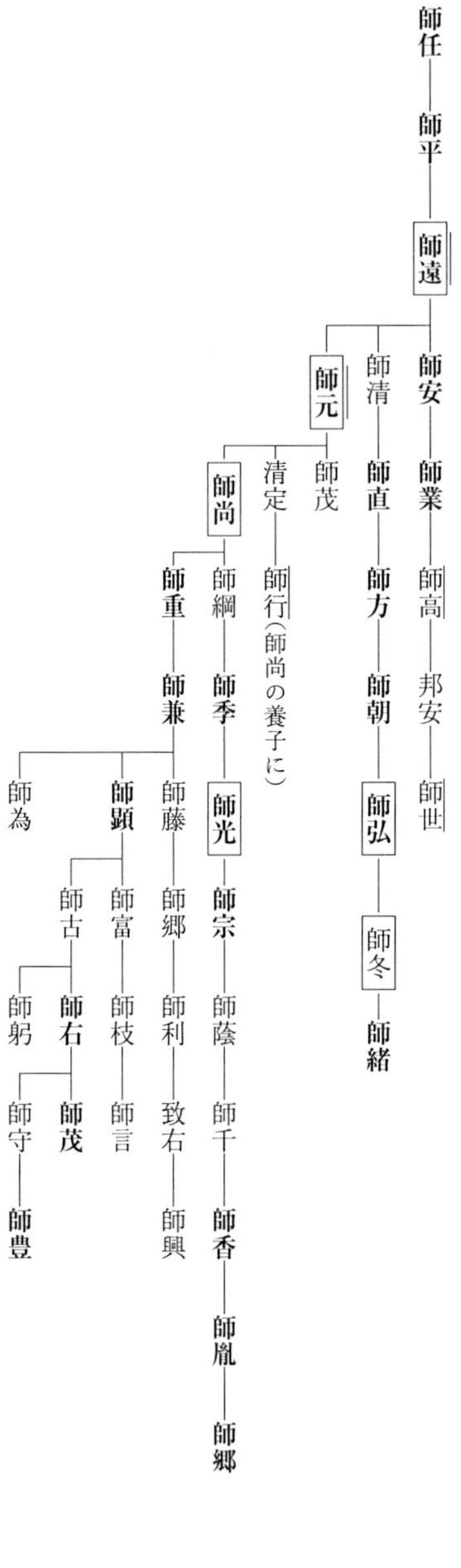

＊太字は局務経験者、□は年中行事書編者。
傍線は尊経閣本「年中行事秘抄」の奥書に登場する人物。

この中原師光は一三世紀半ば、大外記・摂関家家司として活動した人物である。詳細な作法書『局中宝』を著したことでも知られる。そして「師光年中行事」奥書によれば、この書は寛元元年（一二四三）九月一八日に抄写された。また原表紙には近衛殿（藤原兼経）の仰せにより前年に即位した後嵯峨天皇に示すため、編纂されたとある。[63]先述のように後嵯峨期には行事暦注所載の国忌にも変更を加えられており、この時期、後嵯峨の主導下で年中行事の再編がなされていたことが窺われる。

これ以前の「師遠年中行事」は鳥羽天皇の代始の嘉承三年（一一〇八）、「師元年中行事」は師元が外記に任官した保安二年（一一二一）の成立と指摘されている。[64]今一つの群書類従本「年中行事秘抄」の編者は、不詳である。これまで江戸時代の藤原定基により中原師尚が、山本昌治氏により大江匡房が、所氏により中原師遠・中原師元などが、五味文彦氏によって中原師尚がそれぞれ想定されており、諸説入り乱れている。[65]その中で筆者は、神宮文庫本の奥書の検討、「師光年中行事」との項目の類似などから、師尚あるいはその周辺の人物の編纂と考える。前項で、「師光年中行事」の編纂時に「年中行事秘抄」が参照されたこと、その記載内容が外記による行事暦注の付与に利用されていたであろうこと、三月末に「仁和寺観音院灌頂」条を記すようになった「近代」が少なくとも正治年中（一一九九～一二〇一）以前であったことを指摘した。すなわち「年中行事秘抄」はこれ以前、一二世紀末に編纂されたものであろう。師尚は第一章でも述べたように、清原頼業が急激に台頭する中で、中原氏の基盤を確立した人物である。遠藤氏も指摘するように、「年中行事秘抄」もそうした活動の中で編まれたものであろう。

3　師緒年中行事

最後にこれまで翻刻されておらず、その内容も検討されていない「師緒年中行事」について簡単にまとめる。[66]

これは「師緒年中行事」として伝来しているが、奥書には

　弘安八年六月廿三日、以二相伝之秘説一、授二愚息木工助師緒一訖、　良醞令中原花押

とあり、師緒の父造酒正師冬が息子のために編纂したことがわかる。その意味ではむしろ「師冬年中行事」と称されるべき書である。

　ではこの年中行事書はどのようにして成立したのだろうか。師冬は局務を輩出する中原氏西大路流に属していた。しかし自身はなかなか局務に就任できず、位階も長く五位のままであった。大外記への熱意は強かったようで、弘安一〇年（一二八七）には大外記所望運動を起こしている(67)。結局正応二年（一二八九）にそれまで定員二名だった大外記が一時的に三名に拡大され、その三番目に就任するが、翌年死去する(68)。また子息の師緒は弘安六年（一二八三）に短期間であるが権少外記に任官し、局務家の一員としての立身を始めている(69)。こうした状況に鑑みるに「師緒年中行事」は、局務就任の念願を果たせずにいた師冬が自らの学識を誇るため、また師緒の将来のために編纂したと推測される。師冬は「稽古之誉、近日当二文学之紹隆一、尤可レ被二抽任一」と評された人物であった(70)。あるいは弘安八年（一二八五）に完成したこの書の存在もそうした評価を得る一助となったのではないだろうか。

　次にその内容を検討する。「師光年中行事」奥書には「文永五年五月之比、以二大外記師弘流之点本一校二点之一以二朱墨一書二入件本一也」と見え、文永五年（一二六八）の時点で師冬の父師弘の「大外記師弘流点本」と呼ばれる先行書があったことがわかる。師弘流点本は現存しないが、「師光年中行事」の書き込みからある程度復元可能である。両者を比較すると「師弘流点本」の逸文は二項目を除きすべて「師緒年中行事」に継承されている。この中には平治元年（一一五九）に廃された四月二九日の村上皇后安子国忌など停廃された国忌や、正月一四日の男踏歌など廃絶した行事も含まれている。安子国忌は「師光年中行事」師弘流点本の記述では注は付されていないが、「師

緒年中行事」では平治元年に廃された旨が記されている。一方新規行事の増補という点では「師緒年中行事」の最新記事は師弘流点本にも見える贈后通子国忌であり、編纂時を遡ること約四〇年である。(71) その後の新たな国忌の補充は見られない。すなわち「師緒年中行事」は先行書の項目の取捨選択はさほどなされず、清書レベルに留まったのであろう。また他の中原氏流年中行事書と師弘流点本を比較してみると、「師元年中行事」との間に相似が見られる。すなわち「師緒年中行事」の先行書である師弘流点本は「師元年中行事」を基に編纂されたと推測される。

　これらの事例からは局務家としての家を継承していく努力と年中行事書の編纂が連動していたことが窺える。遠藤氏は多数の中原氏流年中行事書が存在する背景に、一族内部での競合関係を見いだしている。(72) また「師遠年中行事」「師光年中行事」は鳥羽天皇、後嵯峨天皇の代始と密接な関係があると考えられている。

　さらに各年中行事書にはそれぞれ勘物が付されている。これらの勘物は各行事の儀式次第でなく、主として先例や起源、式日の先例など、となっている。(73) 例えば、

　（二月）上丁、釈奠事、当二祈年祭及日蝕一用二中丁一、八月准レ之、若重延引時停止、不レ用二下丁一、寛治八年用二下丁一、正月十六日依二陽明門院薨去事一也(74)

といった何らかの故障が生じた場合の式日や儀式運営の変更に関する先例が目立つ。つまり中原氏流年中行事書の性格として、行事予定表としての利用を主としており、そうした行事の式日設定、開催運営のための先例が必要とされたのであろう。この時期はまた朝儀興行にともなう外記職掌の拡大が図られている時期でもあり、かつ朝廷社会全体を見ても儀式運営のあり方が変質を遂げつつある時期でもある。こういった変化の中で中原氏は歴代、年中行事書の編纂・改訂を行い、式日設定のマニュアルとした。そしてこの中原氏の台頭時期は、まさに中原氏型行事暦注の成立時期と重なる。すなわち儀式運営の変質、中原氏による外記局の官司請負、行事暦注の規格化が一連の流れとしてあったと考えられる。

おわりに

本章で述べてきたことをまとめる。行事暦注は一三世紀初頭を境に中原氏型が中心となった。それ以前は「年中行事御障子文」の影響を受けつつも、記主・年によって流動的なものであった。他方中原氏型は「師光年中行事」等の中原氏流年中行事書を規範テキストに、天皇を中心とした行事を主として、それと区別する形で院・摂関家系の行事が包含されていた。以降はほぼ規格化された形で継承されるが、時代や政治背景による増減も見られる。そしてその情報は局務中原氏によって、行事官に対して提供された。すなわち従来に比して、より集約化した形で情報共有が行われたと位置づけられる。

こうした中原氏型行事暦注成立の背景には、鎌倉初期の朝儀復興の動きと外記中原氏の台頭があった。院政期以降中原氏は氏をあげて外記局に進出していき、一三世紀初頭には清原氏に押されつつも局務としての地位を確立した(75)。この時期は朝儀興行に伴い外記職掌の拡大が図られ、かつ朝廷社会全体でも儀式運営のあり方が変質を遂げつつあった。院政期末期には年中行事書など知の集積が重んじられたこと、中原氏もその流れを利用したことが指摘されている(76)。こうした中で中原氏は代々年中行事書の編纂・改訂を行い、式日設定のマニュアルとした。その過程で中原氏はさらに「行事暦注」という慣習を利用することで、外記による朝廷儀式のタイムテーブル支配を明示化した。そのため付される暦注も狭義の朝廷行事が主となったと推測される。すなわち儀式運営の変質、中原氏による外記局局務の官司請負、行事暦注の規格化が一連の流れとしてあったのである。

注

（1）土田直鎮『奈良平安時代史研究』吉川弘文館、一九九二年。

（2）『玉葉』文治三年一二月二〇日条。建久四年二月八日条（国書刊行会、以下同）。『民経記』寛喜三年二月八日条（大日本古記録、以下同）など。
（3）『九条殿遺誡』（群書類従第二七輯、以下同）。
（4）本書では遠藤基郎氏による「行事暦注」という表現を使用する。
（5）桃裕行「暦」『暦法の研究』上、思文閣出版、一九九〇年、初出一九七九年。
（6）遠藤基郎「年中行事認識の転換と『行事暦注』」十世紀研究会編『中世成立期の政治文化』東京堂出版、一九九九年。
（7）『師守記』暦応二年一一月九日条。一〇日条。暦応三年二月五日条。暦応四年正月三日条（史料纂集、以下同）。『勘仲記』弘安七年四月一四日条（増補史料大成、以下同）。『康富記』応永二九年一二月五日条など（増補史料大成、以下同）。
（8）『小右記』長和二年二月二六日条。長元四年七月二四日条など（大日本古記録）。
（9）東京大学史料編纂所所蔵影写本三〇七三―八五。
（10）拙稿「中世における具注暦の性格と変遷」『明月記研究』八、二〇〇三年（本書第二部第一章）。
（11）酒井信彦「朝廷年中行事の転換」『東京大学史料編纂所報』一八、一九八三年。
（12）鎌倉後期の『実躬卿記』紙背具注暦は中原氏型とは異なる。ただし年による項目・表記の差が著しく、中原氏型とは別の行事暦注の体系に依拠したわけではないと考えられる。
（13）『延喜式』治部　国忌（新訂増補国史大系）。『続日本紀』延暦一〇年三月癸未条（新訂増補国史大系）。
（14）古瀬奈津子『日本古代王権と儀式』吉川弘文館、一九九八年。
（15）『平戸記』仁治三年五月七日条（増補史料大成、以下同）。『民経記』寛喜三年正月二五日条。『葉黄記』寛元四年七月二日条など（史料纂集）。近藤成一「鎌倉幕府の成立と天皇」永原慶二ほか編『講座前近代の天皇一　天皇権力の構造と展開』青木書店、一九九二年。長田郁子「鎌倉期における皇統の変化と菩提を弔う行事」『明治大学大学院文学研究科文学研究論集（文学・史学・地理学）』一五、二〇〇一年。
（16）遠藤基郎『中世王権と王朝儀礼』東京大学出版会、二〇〇八年。
（17）「師元年中行事」二月一八日条（続群書類従第一〇輯上、以下同）。『百錬抄』寛元二年二月一九日条（新訂増補国史大系、以下同）。『平戸記』寛元二年二月一九日条。
（18）『百錬抄』仁治三年七月一一日条。『平戸記』仁治三年五月七日条〜一八日条。

(19)『平戸記』寛元二年六月二七日条。「年中行事秘抄」六月二四日。
(20)菅真城「北京三会の成立」『史学研究』二〇六、一九九四年。
(21)『民経記』寛喜三年二月八日条。遠藤基郎「天皇家王権仏事の運営形態」『中世王権と王朝儀礼』東京大学出版会、二〇〇八年、初出一九九四年。
(22)『民経記』寛喜三年二月八日条。
(23)佐々木宗雄「王朝国家期の仏事について」『日本王朝国家論』名著出版、一九九四年、初出一九九三年。
(24)武光誠「建武年中行事に記された朝儀の特質」『風俗』第一八巻第二号、一九八〇年。
(25)岡田荘司「平安前期神社祭祀の「公祭」化」二十二社研究会編『平安時代の神社と祭祀』国書刊行会、一九八六年。
(26)『康富記』応永八年五月九日条。
(27)『師守記』暦応二年一一月九日条。一〇日条。
(28)「師光年中行事」一一月下酉日（続群書類従第一〇輯上、以下同）。
(29)『勘仲記』弘安七年四月一四日条。『師守記』暦応三年二月五日条。暦応四年正月三日条。『康富記』応永二九年一二月五日条など。
(30)『師守記』貞和二年正月五日暦注（国立国会図書館所蔵）。
(31)『深心院関白記』文永二年正月一日暦注（大日本古記録）。『民経記』安貞元年六月一日暦注。『勘仲記』文永一一年一二月一三日条暦注。『後深心院関白記』延文三年六月一日暦注（大日本古記録）など多数。
(32)『師守記』暦応四年正月三日条。
(33)『康富記』嘉吉二年八月二九日条。文安五年七月三〇日条。
(34)『師守記』貞治三年二月一〇日条。
(35)「職原鈔」外記（群書類従第五輯）。
(36)「師光年中行事」一二月上卯日。『民経記』仁治三年二月二七日条など。
(37)「師光年中行事」一二月上卯日。
(38)『玉葉』文治三年九月二七日条。二八日条。
(39)『明月記』建暦二年七月二四日条（国書刊行会、以下同）。

(40)『玉葉』文治三年一〇月二八日条。
(41) 建久二年三月二八日「後鳥羽天皇宣旨」(『鎌倉遺文』五二六号)。建暦二年三月二二日「順徳天皇宣旨」(『鎌倉遺文』一九二一号)など。
(42)『玉葉』文治三年一二月四日条。
(43) 山下克明「『承久三年具注暦』の考察」『東洋研究』一二七、一九九八年。
(44) 正安五年は実際には嘉元元年となる。これは暦の発行が前年一一月一日付であるのに対し、正安四年一一月二一日に乾元へ、さらに翌年八月五日に嘉元と改元されたための珍事である。
(45) 菊地大樹「『実躬卿記』紙背文書と鎌倉時代の羽林家」鎌倉遺文研究会編『鎌倉期社会と史料論』東京堂出版、二〇〇二年。
(46)『公卿補任』嘉元元年条藤原実躬項(新訂増補国史大系)。
(47)「年中行事秘抄」(群書類従第一〇輯上)。『帝王編年記』仁和元年五月二五日条など(新訂増補国史大系)。
(48)「師元年中行事」。『栄花物語』玉のむらきく(日本古典文学大系、以下同)。
(49)『台記』久安三年七月二六日条(増補史料大成)。『玉蘂』承元四年九月一日条(思文閣出版)。
(50)「師元年中行事」。『栄花物語』玉のむらきく。
(51)『古今著聞集』能書第八(日本古典文学大系)。『宣胤卿記』永正八年八月一九日条(増補史料大成)など。
(52) 古瀬奈津子『日本古代王権と儀式』吉川弘文館、一九九八年。
(53) 黒須利夫「『年中行事障子』の成立」『歴史人類』二一、一九九三年。
(54) 松薗斉『王朝日記論』法政大学出版局、二〇〇六年。
(55) 所功『平安朝儀式書成立史の研究』国書刊行会、一九八五年。五味文彦『書物の中世史』みすず書房、二〇〇三年。遠藤基郎「清家文庫史料所蔵の年中行事二点」科学研究費補助金(基盤研究(C)、研究代表厚谷和雄)研究成果報告書『具注暦を中心とする暦史料の集成とその史料学的研究』二〇〇八年。同「「外記の家」の年中行事書」『国史談話会雑誌』五〇、二〇一〇年など。
(56)「師光年中行事」三月。
(57)「年中行事秘抄」正月。

(58)　五味文彦『書物の中世史』みすず書房、二〇〇三年。
(59)　「年中行事抄」三月一七日条。
(60)　鎌倉初期の開催例としては以下のような日程がある。元暦元年一一月五日、文治二年一二月二五日、文治三年一〇月二七日、建仁三年一二月一五日、建暦二年一二月六日、寛喜二年一二月二五日、嘉禎三年一一月二二日、寛元四年一〇月一二日など。
(61)　「年中行事秘抄」正月。
(62)　『猪隈関白記』正治二年三月三〇日条（大日本古記録）。
(63)　「師光年中行事」奥書。
(64)　五味文彦『書物の中世史』みすず書房、二〇〇三年。
(65)　山本昌治「年中行事秘抄の作者及び成立年代」『皇學館論叢』第六巻第一号、一九七三年。所功『平安朝儀式書成立史の研究』国書刊行会、一九八五年。五味文彦『書物の中世史』みすず書房、二〇〇三年。
(66)　「師緒年中行事」の写本は東京大学史料編纂所、内閣文庫（六本）、東洋文庫等に所蔵されているが、本章では主に史料編纂所所蔵本（二〇五七―一三二）によって検討する。
(67)　『勘仲記』弘安一〇年二月一日条。
(68)　「外記補任」正応二年（群書類従第四輯上、以下同）。
(69)　「外記補任」弘安六年。
(70)　『勘仲記』弘安一〇年二月一日条。
(71)　「師緒年中行事」七月一八日。
(72)　遠藤基郎「「外記の家」の年中行事書」『国史談話会雑誌』五〇、二〇一〇年。
(73)　「師光年中行事」三月三日、七月二八日など。
(74)　「師遠年中行事」二月上丁。
(75)　『明月記』寛喜二年閏正月五日条。
(76)　遠藤基郎「年中行事認識の転換と『行事暦注』」十世紀研究会編『中世成立期の政治文化』東京堂出版、一九九九年。

第三章　官務「家」・局務「家」の成立

はじめに

弁官局、外記局は膨大な先例を蓄積し、その蓄積をもって儀式の運営など中世の朝廷運営の中で重要な役割を果たした官司である。また佐藤進一氏により「官司請負制」概念が提示されて以降、両局は朝廷諸官司の中でも、官司請負制の典型とされてきた。(1)したがってこの両局を再検討することは、当時の朝廷の運営状況を考察する上で有効であると考えられる。しかし、これまでの研究では請負がどの程度の範囲とレベルで行われているのかについてはあまり明確ではない。本書第一部第一章では、官司請負制官司の氏レベルでの独占の様相を追い、一三世紀初頭を一つの画期とした。しかし「官司請負」制を考えるにあたっては、さらに請負の主体となる「家」がどのようなものであったか、そしてその「家」によって官司がどのように運営されていたのか、という二段階にわけて考察することが必要となる。そこで本章では官司請負制の代表とされる弁官・外記両局を取り上げ、請負の前提となる「家」について考察を加えたい（第一節・第二節）。

両局における「家」を再検討することの重要性は、例えば次のような例からも窺える。官務家小槻氏はもと近江を本貫とした地方豪族であり、古来より史や算博士として活動してきた。(2)永承年間（一〇四六〜五三）以降は弁官局の首席左大史（官務）に代々任官するようになり、官司請負制が成立したとされる。この間の経過については橋本義彦氏・曾我良成氏・飯倉晴武氏等の詳細な研究があり、実態がかなりの程度まで解明されている。(3)そして鎌倉期には「壬生」「大宮」と称される「家」が成立する。さらに戦国期には大宮家が没落し、官務を相伝するのは壬生家のみになる。この大宮家の没落にあたっては、女房奉書で壬生家の官務職独占が認められており[4]、当時の官務職とその中での「両家」の重要性を窺うことができる[5]。すなわち、この間に小槻「氏」の中に「壬生家」「大宮家」と呼ばれる「家」が成立したといえる。これは鎌倉期に小槻氏で「家」の成立に至る一つの画期が存在したことを窺わせる。しかしながら官務家の中世的「家」の成立についてはこれまでほとんど論じられてこなかった。それは官務家小槻氏、さらに局務家中原氏・清原氏においても、氏の中での家の成立が、それぞれが官務・局務を占めるようになった時、あるいはそれらの氏族が系図上分裂した時とほぼ同一視されて考えられてきたためである。しかし、はたしてそう言えるであろうか。改めてそれぞれの家の成立と構成について検証してみたい。

なおここでは近年の高橋秀樹氏の研究に依拠して、「中世的家」を経営体としての「家」の成立と、その「家」の父―嫡子という嫡継承という特徴を持つものと考える[6]。かつそのメルクマールとしては嫡系による家産（文書記録類・家宝など）や家格相応の政治的地位の独占的継承があげられている。それらの点に留意しつつ、官務小槻氏、局務中原氏・清原氏における家の成立を考えることとする。またこれに対比されるものとして氏族的まとまりがある。平安中期以降、一定の父系親族集団が存在し、その親族集団中の最高官位者をもって長者の継承が行われていた。ただしこの二種類のあり方は対立するものではなく、しばしば共存して見られるものである。

他方、官司と家との関係においては、それぞれの局に属していた、より下級の官人達の動きは重要な問題となる。そこで第三節ではその点について考察することとする。その上で第四節では、両局内の業務運営の様相を追いたい。

一　官務家の分流と成立

1　官務家の分流

形骸化した律令制的国家機構が再編成される中で、弁官局は実務執行機関として拡大した。この機能拡大については、朝廷の意思決定や公事収取との関連のもとで幾多の見解が出されている(7)。ところが、弁と史の間には、貴姓氏族と卑姓氏族という深い身分的断絶が存在し、この「越ゆべからざる断層」(8)ゆえに、両者間に人事的な交流はなかった。すなわち『官職秘鈔』に「又外記史不レ任ニ四姓源平藤橘一」とあるように、局内の氏族構成においても、史の階層にいわゆる貴姓氏族の出身者は見られない。昇進ルートを見ても弁官がやがては公卿にまで至るのに対し、史は諸国の受領等に留まった。史が四位であり、弁が五位であるような逆転が生じるのも、この階層間の断絶によるものと思われる。局内の実務は左右の大少史各二名、計八名の中の最上首である首席左大史が中心となり、大きな権威を有した(9)。この首席左大史が後に「官務」「官長者」「官中執権」等と称された。永承年間には小槻氏による相伝が成立し、やがて「官務家」と称される存在となる(10)。

では小槻氏の中に壬生・大宮と称される二家が分立し、確立するのはいつなのであろうか。先述のように、その時期は請負の実態を考える上で極めて重要な画期となるであろう。

文治元年（一一八五）、⑪小槻隆職は源頼朝追討の宣旨を奉行した咎により解任され、後任には甥にあたる⑫小槻広房が任じられた(11)。それから六年後の建久二年（一一九一）、⑬隆職は復任を許される。その際、現官務広房の扱いが問題となり、結局、広房は官務を退いた(12)。先行研究ではこの時を画期に、隆職の子孫が壬生家、広房の子孫が大宮家として、ともに官務家として分立したと考えられてきている。確かに後世から遡って考えれば、この隆職・広房の頃が分岐点となっている。しかし、小槻氏も含め親族集団の内での継承・傍流継承は当時よく見られることである。はたして、この時点から壬生家・大宮家という中世的「家」が成立したといえるだろうか。(13)

そこでまず官務の地位の継承原理について、初期の大宮流の就任理由から考察する。大宮流官務の初代広房は前述の通り隆職解任の代理であった。その子息公尚は承久元年（一二一九）に五位左大史となったが、首席＝官務にはならず歴代官務の内には数えられていない。(14) それは公尚の就任の背景には多分に「広房有二糸惜一ハ、其子

小槻氏略系図

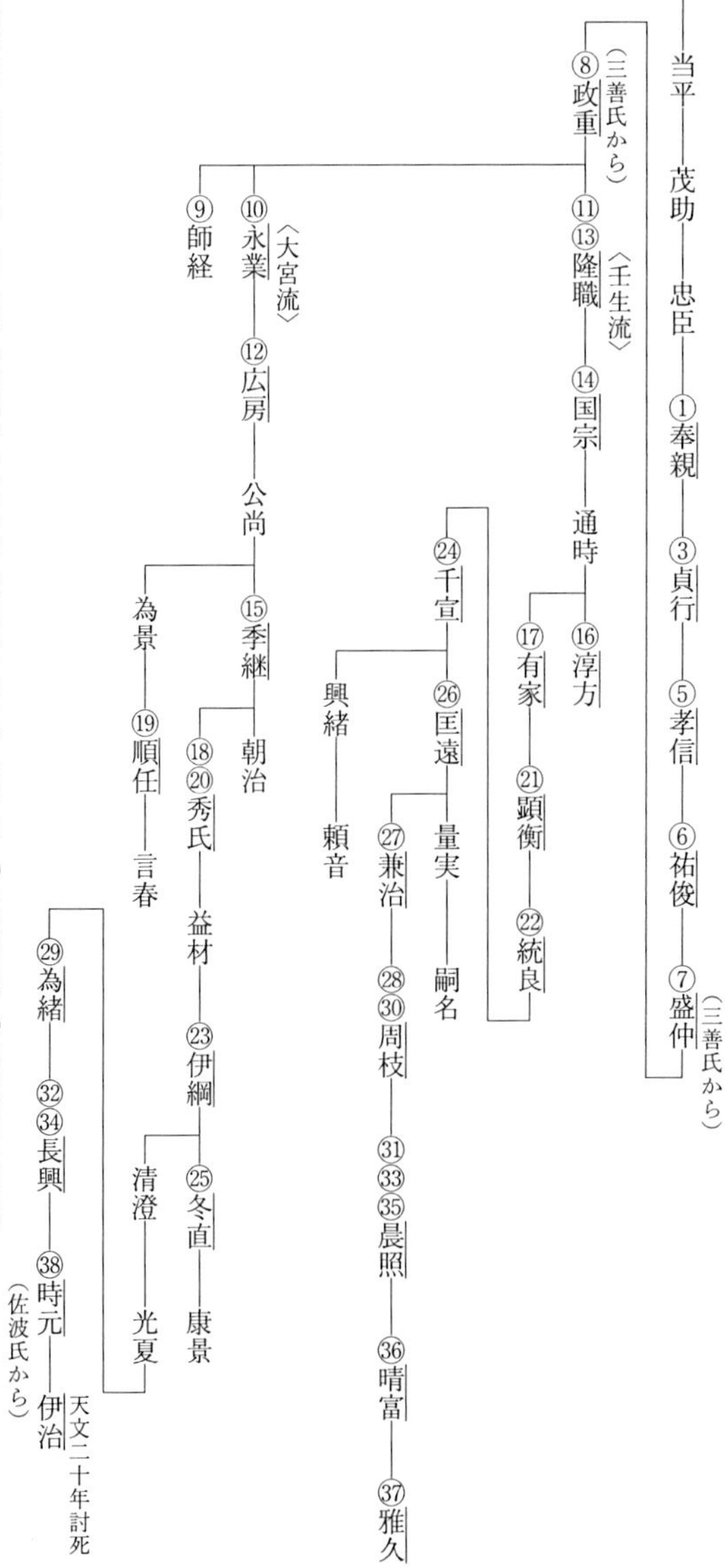

＊傍線は官務経験者。丸中数字は奉親からの歴代官務の順を示す。ただし、②丹波奉親、④惟宗義賢は他氏。

公尚可レ加二五位史一」という後白河院の意見に代表されるような、父広房の解任に対する見かえりの要素があったためと思われる。彼は父の退任時には藤原兼実の「今於二公尚一者、年僅廿四、雖レ為二奉公之器量一、忽難レ被レ授二極官一」という反対にあい、就任は果たされなかったが、後に改めて任じられたのであった(15)。寛喜二年（一二三〇）に提出された「小槻維任申状案」によれば、公尚の左大史就任は「近臣」との縁によるものであると、壬生流がみなしていたことが窺える(16)。また公尚の就任に伴い、弁官局の五位史は、当時としては異例なことに二名となった。一方、しばしば弁官局とともに語られる外記局においても当時五位外記が二名存在した。その結果、五位の外記・史が四人並ぶ例はないということで大外記中原行方は辞任させられる(17)。しかも公尚は、わずかな在任の後、病気を理由に辞任し、行方が復任した。こうした経過からも公尚が長期に渉って活動することが求められていたとは考えがたく、名誉的なものと推測される。また彼はこの間、承久三年（一二二一）には「殊有二其沙汰一」て石清水行幸の奉行史に任じられている(18)。公尚はおそらく有力な後ろ盾を得ていたのであろう。そうした関係から広房の解任時には若過ぎて見送られた左大史に、五〇代半ばとなってから改めて補任されたのではないだろうか。

　さらに公尚の子息⑮季継は壬生流の維任が若年であるとして左大史に任じられている(19)。彼もまた「貴所之御分」、「権臣之知行」を領していたようであり、やはり有力者とのつながりが窺える(20)。

　その子⑱⑳秀氏は、壬生・大宮両流で恒常的に左大史二名を占めるようになった初めてであり、歴代左大史の中ではじめて在任のまま四位に叙された人物である(21)。秀氏が五位史として官務壬生流有家と並ぶことになった理由ははっきりとはわからない。文永元年（一二六四）三月一四日の就任記事には短く「被レ加二任五位史一秀氏」とあるのみである(22)。このように壬生流に何らかの故障があるわけではなく大宮流が左大史に列するようになったのは弁官局の構成上の大きな変化であろう。以後大宮流は代々官務となり、位階も四位に昇っている。これに対し壬生流は貞和五年（一三四九）三月二五日に㉖匡遠が叙されたのが初例である。[23]

このように、大宮流は決して壬生流に比べ傍流の弱小な家系ではなかった。しかし少なくとも季継までの大宮流は官務を出しうる流ではあっても、独占的に官務を出すべき官務家ではなかったといえる。壬生流に故障があった時の補完的役割が数代に渉り続いたことから大きな存在としてクローズアップされてきたのではないだろうか。以上のような経過が分流へ至る契機となるであろうことは、中世の相続の特質として、他の家においても、つとに指摘されている。小槻氏内では、この後弘安年中にも同様の事態が見られる。ともあれこの結果、季継の次代秀氏からは壬生・大宮両流が並立して左大史の位を占めるという大きな変化が生じている。

ではこの時期の壬生流の状況はどうだったか。父国宗の死去時、二三歳で若過ぎるという理由で退けられた維任は、七年後の寛喜二年（一二三〇）に、父の「譲」と小槻氏八代の相伝を理由に五位史を所望する運動をおこしている。[24]また⑯淳方は季継が官務を勤めていた時期に石清水八幡宮に参詣し、官務になるという神託を受けたといい、そしてその時に公平の沙汰を行うことを学ぶため賀茂祐継に師事したという。[25]これらのエピソードは官務を出していたとはいえ相伝を確立していたわけではない当時の壬生流の人々の危機感を物語るものであろう。

このようにこの時点で、両流とも政治的地位の独占的継承は成立していないと考えられる。しかも公尚は二四歳、維任は二三歳という年齢が若過ぎるとして退けられているのである。「身生㆓其家㆒」、「欲㆑歩㆓家跡㆒」という意識とは別に、この頃の官務にはいまだ実務に堪え得るだけの十分な経験と能力が要求されていたといえる。[26]

次に家産の嫡継承、経営体としての家という点から見ていくと、文永一〇年（一二七三）の「小槻有家起請案」には次のように見える。

一、文書事

（中略）曾祖父大夫史暫退職之時、分㆓附河内前司㆒、広房宿禰還任之後如㆑元又可㆑有㆓分附㆒之処、河州抑留悉

不レ返レ之、[27]（後略）

隆職は広房に官務職を譲った折に、職務に関する文書を引き継いだ。しかし広房は退任後、それらの文書を返還しなかったという。所領については年未詳六月六日「小槻有家請文案」には「抑朝治知行三箇保者、依レ無二由緒一専官務分附之地候」とみえる。[28]この三箇保は文書と同じように隆職から広房に移譲された地である。壬生流としては、それは官務に付すべき地として一旦譲られたものであり、季継の次男であり、官務ではない朝治に知行権はない、と主張していたのである。

これらから、大宮流広房・季継に対してはその官務就任に伴い壬生流の先代官務から所領・文書の分与がなされたことがわかる。また壬生流側のこうした書き方からは文書、所領が官務職にある一族のメンバーに対して付されるという観念が存在したことを窺わせる。

つまりこの時点では個々の家での完結的な経営、その嫡継承も成立していないのである。

以上から、貞応二年（一二二三）の季継の就任時には小槻氏は未だ壬生家・大宮家という「中世的家」の分立は確立していなかったと考えられる。

2　壬生家・大宮家の成立

ではいつから分立したのか。私見では大宮流の小槻季継の官務期、一三世紀初頭から分立への動きが見られる。そしてひとまず確立したのが、一三世紀後半の文永年中であると考える。

その間、以下のような変化が分立へ至る階梯として看取できる。まず、史の重要な役割の一つである先例勘申の変化がある。この業務は文書収集・管理と深く関わるものであり、鎌倉初期までには官務一人に委ねられるようになっていた。[29]ところが大宮流⑮季継の官務期には、壬生流維任は弁官局に籍を置いていないにもかかわらず、壬生・大宮両者に問う例が見られるようになるのである(30)。

また壬生流⑭国宗は儀礼を好み、様々な作法を主張したが、国宗によって打ち立てられた流儀は、大宮流にとっては故実とはならなかったという(31)。芸能の家では、このように自らの家の流儀を主張するのはそれぞれの家の正統性を訴えるためであり、こうした現象は家の成立・分流の盛んな時期に見られると指摘されている(32)。それと同様の現象が、実務の家である小槻氏内部でもこの頃、起きているのである。また先述の壬生流維任の申文の中でも「維任若漏二其恩一、隆職之流可レ絶」と隆職の流れということが意識されている(33)。こうした積み重ねの結果、両流がそれぞれ独立の家として公的にも徐々に認識されるようになっていったのであろう。

加えて両家成立の大きな契機となったものに、両家の間での数次に渉る相論がある。一度目は壬生流官務国宗の死去直後の貞応年間、後継の官務大宮流の季継と壬生流の淳方の間で発生した。この一度目については、二度目の文永相論の関係史料から僅かに窺えるのみであるが、官務職を大宮流の季継が相続したことに付随する、国宗の遺跡をめぐる争いである。この貞応の訴訟で問題となるのは、訴訟を起こした壬生流の中心人物である。文永の壬生流有家の請文案には、貞応三年（一二二四）に「淳方知行所々訴申」、つまり国宗の孫淳方が訴訟を起こした、とある(34)。一方で、同じ貞応三年当時、国宗の子を名乗る維任が院に対して官務相続を願い出ている(35)。壬生流内部においてこの淳方と維任、両者の関係はどのようなものだったのだろうか。史料上の制約もあり、小槻氏の系譜はいまだ不明な点も多い。ゆえに、この二人の立場がどのようなものであるかを明らかにすることは、当時の壬生流の家のあり方を検討する上で意味があると思われる。

結論を先に述べれば、小槻維任と小槻淳方は同一人物であろう。「小槻維任申状」によれば、維任は国宗を「父」と称しており、かつ寛喜年中までは壬生流の長としての活動が認められる(36)。ところが後世編纂された『壬生家譜』、系図等には維任に該当する者が存在しないのである(37)。一方の淳方は国宗の孫にあたり、国宗の子息通時が早世したため子として跡を継いだとある。これまでの研究ではこの淳方を国宗の孫、維任を子息としてそのまま扱っている。

しかし経歴を比べてみると両者の間には類似した点が多い。淳方の左大史就任は寛元二年（一二四四）であるが、同時代の記録にその淳方の活動で明らかに寛喜三年（一二三一）を遡ることが確認できるものはない[38]。一方でこの時期には維任が壬生流の代表として先例勘申、史生の統轄あるいは官務相続の訴えなどに、活動している様子が窺える。また両者ともその後壬生流の嫡流が相伝していくことになる主殿頭を経歴している[39]。生年も維任が建仁元年（一二〇一）前後、淳方が建仁二年（一二〇二）と極めて近い[40]。このようにほぼ同年齢、同経歴の伯父・甥の間柄であればその間で家督争いが生じるであろうが、そのような痕跡は見られないのである。

むしろ、生年・経歴が類似していること、先述のように文永の壬生・大宮相論の中で、維任が父の譲りを得て官務に補任されるはずだった貞応年中の相論の主体が淳方と書かれていることなどは、両者が同一人物であることを物語るものであろう[41]。また貞応二年（一二二三）の維任の申請先を見ると、はじめは後高倉院であり、後高倉院の死後の寛喜二年（一二三〇）時には後高倉院妃の北白河院に訴えている[42]。これは後高倉院が当時治天の君であったからとも勿論考えられる。しかしまた淳方の母は「後高倉院丹後局」とされている[43]。さらに貞応元年（一二二二）には淳方自身も後高倉院の上北面に出仕したという[44]。維任＝淳方がこうした縁を通じて院に願い出たとも考えられるのではないだろうか。

これらを考えあわせると、両者は同一人物の可能性が高い。つまり国宗は嫡男通時の死後、その子維任と擬制的な親子関係を結び、嫡継承の形を取ったのではないだろうか。国宗の死後、維任は一旦は若年であるとして退けられたが、のち淳方と改名して官務となった。ゆえに、後代に記された弟有家の請文では後名である「淳方」の名が記されたのであろう。ここからは、壬生流の嫡継承への志向を読み取ることができると考えられる。

この一度目の訴訟の裁許の内容は不明だが、文永年中に同じ問題で再燃したことを考えると壬生流の訴えは通らなかったのであろう。

文永四年（一二六七）に至り、季継の次代大宮流⑱⑳秀氏と壬生流⑰有家の代に再燃したのが二度目の相論である。[45]有家は先代の弟にあたる。ここからも単純に系図上の分離と「家」の分離が一致しないことがわかる。ともあれ相論の発端は隆職の立庄した所領の相続問題にあった。壬生流隆職・国宗は数多くの庄園を開発・立庄しており、一部が国宗の卒去に際して大宮流季継に分与された。[46]それを季継が、宣旨を得てさらに次男朝治に譲与した。その譲与について、大宮流に相伝知行されるべき地ではなく、官務職に付されるべきであると壬生流から異議が唱えられ、相論となったのである。この相論についても裁許は残されていない。しかし係争地の一部についてはその後も大宮流の知行が確認されており、壬生流の訴えはやはり通らなかったようである。

この両度の相論を通観すると、相論の発端はいずれの場合も、大宮家の私領であるのか、小槻氏領・官務領であるのかという点が不明瞭であることにある。そしてこの相論が家の成立を考える上で画期となったと考えられるのは、相論の終結にあたり、小槻有家・秀氏連署起請文、[47]小槻有家起請[48]が出されたことにある。

まず連署起請文では、氏寺近江法光寺・常林寺とその寺領を「為二氏長者一進止」すること、すなわち官務渡領ともいうべき所領として定めている。また「大炊頭・伊賀前司両流後胤之中、互為二家督一伝二文書一、奉公之仁各随二位次一可二管領一也」とあるように、その所領を支配する氏長者を大炊頭永業と伊賀前司隆職両流後胤の内で文書を相伝し「顕職」（この場合は官務の事）についている者とし、位が上でも官務でない者には資格がないと定めている。つまり小槻「氏」の中で永業（広房父）流＝大宮家と隆職流＝壬生家の優越を宣言し、この両流に官務職・相伝文書の独占的継承を認めたのである。

同時に壬生有家は三箇条の「小槻有家起請」を書き置いた。が、これは壬生家の家の内においても文書・所領を有家の子孫に単独相続することを定めたものである。

一、文書事、於二官文書一者、子孫之中継レ家奉公之者進二退之一、（中略）於二文書相伝之仁一者、朝家殊可レ被レ重、全非レ被レ重二其身一、為レ令レ重二文書一也、匪二啻被レ重二文書一、偏是為二　朝家一也、

一、所領事（中略）有家子孫之中、伝二文書一仕二　朝廷一之者、為二其財主一可二惣領一、(49)（後略）

官務家として文書の重要性をまず謳い、壬生流の文書・所領の単独相続を定めている。文書の単独相続は一般に早い時期から見られるが、所領に関しては公家・武家とも鎌倉後期から進行している。その中でも壬生流は早くからそうした体制を築いていたといえる。一方の大宮流に関しては史料が残存しておらず、様子はわからない。かつ所領相論は、その後も繰り返し発生している。しかしこの両通の置文は両家が自家のあり方を明記したものであり、官務家としての自覚的宣言・確立として評価できよう。ゆえに文永一〇年（一二七三）が両家の分立の画期であると考えられる。

むろん、その後も純粋な意味での嫡継承がはたされたわけではない。弘安九年（一二八六）には所領争いの中で⑱⑳大宮流秀氏、㉑壬生流顕衡の両左大史が解任された。両者とも数カ月後には復職したが、この時に代わりに「不慮」に左大史に任じられたのは大宮流の傍系⑲順任であった。以後南北朝期まで順任の子孫も五位昇進、算博士就任、院文殿への参仕を果たし、先例勘申も行った。すなわち再分流の萌芽も見られたのである。(50)

また両家とも南北朝期にかけて大きな系統の変化が起きている。壬生家においては貞治五年（一三六六）五月四日、七日に㉖匡遠・量実父子が相次いで没した。(51)その後、量実の子嗣名が幼少であるとの理由により、弟㉗兼治が左大史職を継いだ。これにより壬生宗家は兼治流に代わってしまったのである。また一方の大宮家においても建武三年（一三三六）、「冬直出家、両息早世、康景幼稚之間、擬二冬直子一補二顕職一出二請文一、竟押二領一跡一了」という事件が起きている。(52)その結果、大宮宗家も㉕冬直の弟清澄の系統へ移動しているのである。つまり様々な

要素の結果としての建久以来の二家の並立であり、必ずしも固定化されたものではなく、常に再分流・系統交代の可能性をはらんでいた。その後、一四世紀には大宮家はやや危機を迎えていたようである。大宮家では㉕冬直が建武三年（一三三六）に官務を退いた後、応永二〇年（一四一三）の㉙為緒に至るまで八〇年近く官務となることができなかった。そのまま推移すれば、南北朝期以降の官務はあるいは壬生家一家に集約されたかもしれない。しかし応永二〇年、時の官務㉘壬生周枝は足利義満の勘気を蒙り、子息晨照とともに解官された。(53)その替りに官務に補されたのが大宮家為緒だった。好機を得て大宮家は復権し、次代の㉜㉞大宮長興・㊳時元は、㉛㉝㉟壬生晨照・㊱晴富らと激しい争いを繰り広げた。(54)室町期の官務については別稿を期したい。

しかし、ともあれ文永一〇年（一二七三）以降、官職・家産の上からは壬生・大宮家という二つの官務家という枠組を維持したまま継承されていくことになった。

二　局務家の分流と成立

1　局務中原氏の分流

次に外記局の実務を担った局務家について考察を行う。外記局は少納言を長とする太政官の事務部局であり、平安初期からその役割を拡大していった。(55)外記局の実務の長である首席大外記の座は一一世紀頃から中原氏・清原氏によって占められるようになり、局務家と称された。(56)その独占過程については、本書第一部第一章で検討した通りである。

ところが局務家の一つ中原氏は、系図を見ると小槻氏・清原氏に比して、大外記就任者、外記経験者が一族内

中原氏略系図

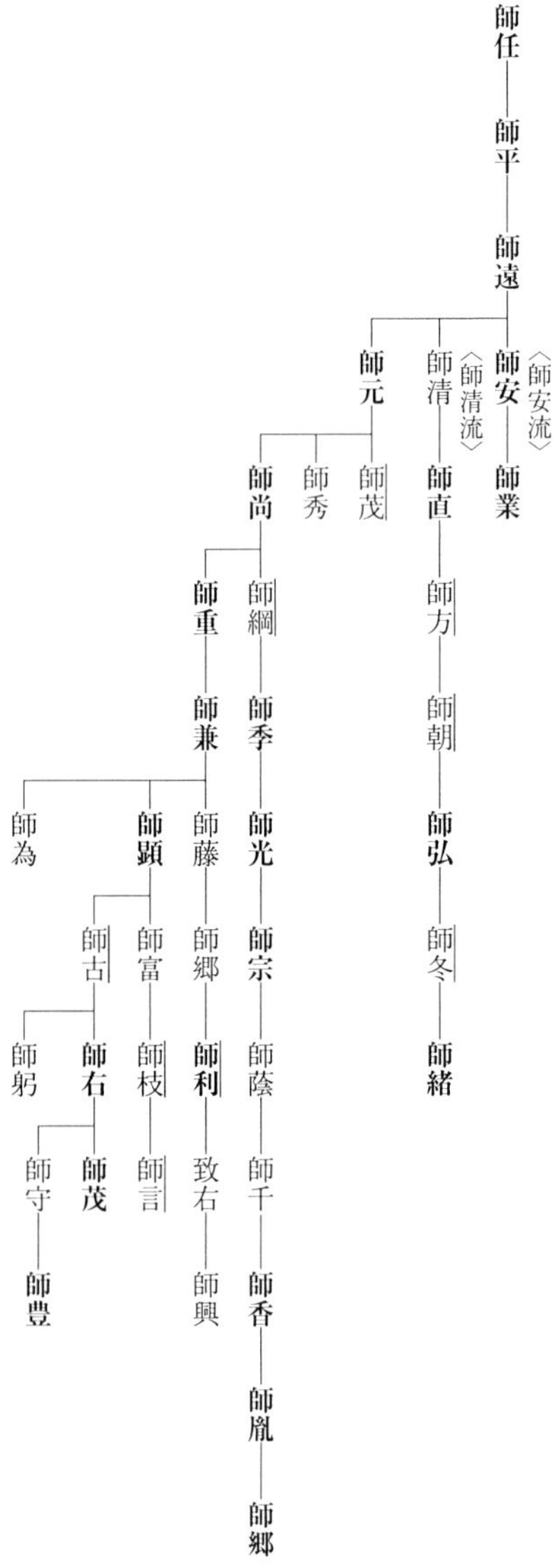

＊太字は局務経験者。傍線は次席大外記経験者。

で分散している様相が見受けられる（一八三頁系図も参照）。松薗斉氏はこうした広い範囲の中から局務家として三・四家が成立したと指摘し、その成立時期については弁官局と同じく両大外記に先例勘申を求めるようになった一二世紀半ば頃とされている(57)。しかし鎌倉期の大外記経験者の分散状況および仕事分担状況を見ると、一二世紀時点の請負状況は氏レベルの固定化ではあっても、個々の「家」としてのものとは考え難い。松薗氏の指摘された家相互の競合による活性化というメリットについても、小槻氏の二家に比べ、幅が広すぎ、かえって情報・先例の分散というデメリットさえ感じられるのである(58)。また松薗氏は幾つかの「家」を提示されたが、その分け方の根拠や成立過程は不明である。

2　南北朝期の中原氏

そこで改めて検討してみると、中原・清原氏における「中世的家」成立過程に関して、まず「吉田八講」の存在が注目される。これは毎年五月二〇日に中原師元の年忌法要として営まれた仏事である。このような氏族による八講として有名なものに、名家勧修寺流藤原氏の行っていた勧修寺八講がある。勧修寺八講は、高橋氏の分析によれば、氏的継承原理を持つ「一門」による祖先祭祀であり、共通の祖先（＝八講で供養される人物）を持つ一門の内で、特定の官職を経て最上位にある者が家君として采配を振るうが、費用に関しては一門の共同負担で執り行われているという(59)。

これに対して中原氏の吉田八講の詳細は不明である。また南北朝期には、中原師守の『師守記』に「今日嚢祖羽州遠忌也、吉田八講中絶之間家君於二樋口宝光院寺一（長老空一房）被レ修二小善一」とあるように、実施されていない(60)。しかし八講の中断は「近年」のことであり、中断しているとはいえ毎年忌日の前日には奥山田・今安保等の領地から八講のための人夫・伝馬料が届けられている(61)。こうした様子からは、吉田八講が途絶えたのはちょうど『師守記』の記された南北朝期の頃であると想像される。かつ中絶した吉田八講の代わりに、康永・貞和ころからは時の局務で師守の兄である師茂が、師茂家の氏寺と考えられる樋口寺で小善を執り行っている(62)。この小善に参加したのは弟師守、叔父師躬といった師茂の近親者である。ということは吉田八講の参仕者の範囲はより大規模だったのであろう。師元を嚢祖とする集まりであることからも、中原氏の内、師元の子孫が広範囲に参加していたと推測できる。費用も先述のように一族傍流である師守も負担している。おそらくは勧修寺流同様一門構成員全体に担われていたのであろう。その一族全体による八講が中絶し師茂家のみの法会となることに、「中世的家」の確立へ至る一階梯が窺えるのではないだろうか。

もうひとつ、文庫（家産）の嫡継承という観点からは、やはり同時期の次の記事が挙げられる。康永四年（一三四五）、局務・文殿開闔中原師右が死去した。そのため、師右の文庫にあった「御印外内・結政鑰」は後任の局務中原師利へ、また文殿文書・目録は後任の開闔中原師香にすぐに渡された[63]。そして後に師右の子息師茂が大外記となると、六角富小路に存在した「南北文庫」の鑰が師右の室の手から師茂へ渡された。その際、こうした文庫の継承について「延慶・正和度儀」は不分明であるが申請により渡すことにした、とある[64]。「延慶・正和度儀」とは、師茂の曾祖父師顕から祖父師古への大外記継承、師古の死去による師右への家督継承を示している。つまりこの文庫継承記事からは少なくとも師右家、師利家、師香家でそれぞれ文庫が分かれていたこと、またその中身が家ごとの家産と局務・開闔という職務に付されるべき財産とに分類されていたことがわかる。

さらに家産の継承に際して先例となるべき事例が延慶・正和の継承に求められていることから次の二点が指摘できる。一つには師茂家に嫡継承されるべき文庫は、師茂の曾祖父師顕の代に成立しつつあったこと[65]。今一つにはその中原師顕流において相続にあたっての「家」の儀式（文庫の鑰の受け渡し）がこの当時、成立過程にあったということである。すなわち、まさにこの時期に個々の中世的「家」が確立しつつあったといえる。

従来、後世から遡って系図の特徴・後人の意識から、「家」の起点が設定されている。しかし以上のように考えると、中原氏においてもその当初から「家」が成立していたわけではない。いくつかの有力な流の中から中原氏に「中世的家」が確立するのは小槻氏から遅れて、おそらくは一四世紀に入ってからであろう。第一章で触れたように、この「家」は南北朝期以降、特定の兼官官司およびそこからの収益と結びついていたと考えられる。そうした基盤の確立も重要な意味を持ったであろう。

3　局務清原氏

局務家清原氏の変遷については、第一部第一章で追った。鎌倉時代初頭に定俊・信俊流から頼業流へと系統の移動はあるものの、以後ほぼ直線的に家督が継承されている。ただし定俊の家記などは頼業流へと伝来せず、実質的には局務家清原氏は頼業からである(66)。鎌倉期には中原氏が優勢である中、自流の地位を築くべく努力をしていた(67)。そうした事情があるいは清原氏に早期に家を成立させる結果となったのであろうか。

以上に見てきたように弁官・外記両局の上首クラスでは鎌倉中期から南北朝期にかけてそれぞれ官務「家」、局務「家」を成立させてきた。そして、その「家」により独占的に上首の地位を継承するようになったのである。

三　弁官・外記局の構成員

1　弁官局六位史

ではそうした上首層と、弁官局の他の構成員の関係はいかなるものだったのだろうか。検証してみたい。弁官局の六位史の中で目立つのが「盛」を通字とする安倍氏、「職」・「俊」を通字とする高橋氏である。このことは局中に小槻を名乗る史はごく少ないことを意味している。安倍・高橋両氏の系譜については未だ不明な点が多いが(68)、鎌倉後期からは終身史を勤め右大史に昇るのが通例となり、室町期には安大史家・高大史家と称された。また「壬生殿政所」と称されたり、弁官局関係ではない文書で官務の奏者を勤めたりするなど、官務家の被官人と想定できる例が見える(69)。中島善久氏、永井晋氏はこれらの現象から六位史が小槻氏被官に請け負われるようになり、彼らは五位への昇進を望むことなく、終身勤務したとみる。すなわち、そこに官司請負制の進展・完成が見られると評価している(70)。

一見すると確かにその通りである。しかし幾つかの疑問も残る。一つには安倍氏、高橋氏のほかにも、少数ではあるが中原氏など他姓の史が存在することである。彼らの中にも中原景範や中原康綱のように長期に渉り弁官局に在任し、局内での役割分担からしても安倍・高橋氏出身の史に対して遜色ない者がいる。そこで彼らの出自について考えてみる。小槻氏被官とされる氏族以外の史にも中原俊秀と俊幸、あるいは康綱と康隆のように親子、あるいは通字から互いに一族であろうと思われる人物は多い。このことから一面では彼らも安倍氏等と同様に累代史の家柄であるといえるかもしれない。しかし、こうした安倍・高橋氏以外の六位史の中には、史としての活動より主に院司として活動したと考えられる一族や、外記の家柄の出身者などが多く見られるのである(71)。前者としては中原重俊、中原俊秀(72)、中原俊職、中原俊良、大江行重など、後者としては中原康綱の一族、紀定直兄弟などが挙げられる。

さらに特徴的なのは、彼らは史を勤め上げ五位に叙されて局外へ出るという昇進コースを辿るわけではないことである。例えば、延慶元年（一三〇八）から正和五年（一三一六）にかけて史に在任した中原康綱は六位左少史のまま弁官局を去った。その直前に権少外記に任じられ、二三年後の暦応二年（一三三九）に死去するまで、六位のまま外記局に勤務していたのである(73)。

二つ目としてあげたいのは壬生・大宮両流と安倍・高橋氏等の関係である。先述のように、先行研究において両氏は小槻氏の隷属関係の強い被官人と考えられている。ということは、例えば壬生家と安倍某の間に主従関係があって、官司請負制の進展により右大史の地位を占めているのであれば、官務の交代に伴い局内の構成員やあるいは職務分担に影響が出ると推測される。しかし実際には、官務の異動と局内の人事異動が直接的に連動するという傾向は確認できないのである。

三点目としては、二つ目と関連するが、これら六位史の兼官の問題がある。六位史は幾つかの兼官を持つが、それらの役職は完全に有名無実なものだったわけではない。例えば延慶元年（一三〇八）から文和元年（一三五二）という長期間活躍した六位史に安倍盛宣がいるが、彼は少内記や中務丞、図書頭を兼任している。[74] これらの兼官はみな、朝儀の現場において重要な役割を果たすものである。実際、彼は儀式の場においても史としての役割を果たす一方、それらの勤めも果たしている。[75] こうした兼官は小人数で儀式運営を円滑にする方策であろう。しかしその際、彼に対する指揮権は当然ながら、その官の上首が主張している。[76] すなわち彼らは官務の指揮権外の役割を日常的に果たしているのである。

2　外記局六位外記

同様に外記局についても見る。弁官局と異なり外記局の構成員の大半は中原姓、清原姓を称している。その中でも特徴的なのが「門生」と呼ばれる人々の存在である。「門生」とは元来は中原・清原姓ではなかったが、中原・清原氏に師事し、外記等に任じられるにあたって改姓した人々である。[77]

この中には親子代々門生外記を勤める人物も多い。また例えば、大外記中原師宗の門生に中原利延がいるが、その「前少外記利延法師子」である利顕は元徳三年（一三三一）には師宗の養子で孫である中原師千の門生とある。[78] つまり父子で同じ家に仕え、その死後は後継の門下に組みこまれていると考えられる。

では、その師はどの程度門生に対する支配権を有していたのだろうか。「外記補任」の嘉元二年（一三〇四）、新任の権少外記中原師音の尻付には「止㆓佐利㆒任㆑之、掃部頭師蔭男、但祖父師宗為㆑子」という注記がある。[79] 師音のために辞職した中原佐利は、師音の祖父大外記中原師宗の門生であった。[80] その後師音はごく短期間で嘉元三年（一三〇五）外記局を去り、同日、中原佐利が復任している。同様の異動が嘉元二年（一三〇四）に一時離職した中原資忠にも見られる。[81]

玉井力氏はこうした事例から、局務家に譜代の門生の層が成立していたこと、そして門生に対し主家が強力な統制権を有していたと指摘している(82)。また門生制度については、後述のように鈴木理恵氏、曾我氏等により博士家の教育機能との関係も指摘されている。

しかし一方で次のような記事もある。

抑鎌倉贈左府建武参議拝賀之儀、聊尋送事候、而家記皆以於二大炊御門文庫一紛失之間、不レ及二引見一候、（中略）故相国扶持事、康綱一向申沙汰之間、雖下相二尋康隆一候上、当時家門向背所存候歟之間、不レ及二是非一候(83)、

洞院実夏が足利尊氏の参議任官当時奉行した中原康綱の息子である康隆に尋ねた。しかし康隆は記録の提出を拒否したようである。この記事からは、同じく清原氏累代の門生中原康隆流にも独自に記録が集積し始めていること(84)、また中原康隆流が奉公していたのは清原氏だけではなかったことがわかる。貞治四年（一三六五）には、清原宗季に「振舞違」と批難されている。さらに一五世紀頃には一条・洞院・勧修寺・大炊御門等の諸家へ代々奉公していたと指摘されている(85)。このような主従関係は当時しばしば見られるところである。そうしたあり方は、玉井氏の指摘されたような青侍的な強固な主従関係とは性質を異にするのではないだろうか。

またもう一つ興味深いのは、門生としての立場と改姓した姓の問題である。中原康綱流は源氏より改姓した当初から清原氏の「門徒」と称される家であった(86)。正応元年（一二八八）には康綱の父源康顕が清原教宣の代理として御幸の供奉を勤めたこともある(87)。こうした事例からも、この一流は徳治元年に改姓する以前から既に清原氏の門下に入っていたと思われる。にもかかわらず、姓は「中原」と改めているのである。一方でさらに時代は下るが、その子孫の一人賢好について系図には、「右少史少外記、属二清家之門下一改二中原一為二清原姓一、天正十九年任二少外記一後出家」と注記がある(88)。彼は代々清原氏の門生の家系でありながら、中原姓から更に清原姓に改めたのである。すでに中世最末期でもあり、中世前期と性格が異なっている可能性も考えられるが、「門生」の師の

家に対する従属度に関して示唆にみちた事例であると思う。

では、そうした門生と局務の関係はどのようなものだったのか。次のような記事が参考になろう。康永三年（一三四四）の放生会に際して、宣命を取り次ぐ内記が参上できないことが判明した。そこで頭右大弁甘露寺藤長から局務中原師右に、先例に従い外記局から人手を出すよう要請があった。師右は六位外記たちに声をかけたが、彼らは所労や故障を申し立て、結局誰も参仕させることができなかったのである。頭右大弁への返書の最後に師右は「有限分配猶以不レ輒候之間、当局催促実不レ可二事行一候」と嘆いている[89]。このように局務大外記による動員の命令さえ、必ずしもたやすくはなかった。

またこの史料中、五臈外記の清原教澄は一族の主水正真性入道（清原良兼）の扶持下にあると記されている。そのほか、三臈中原師幸は兄掃部頭中原師香に、四臈佐伯為右は義祖父佐伯為助入道に扶持されていた[90]。すなわち外記局に籍を置いているか否かに関わらず、各流の家君がその支配下の六位外記を管掌していたのである。任官の申請・儀式への参不の連絡・局務との交渉等、あらゆる場面で「家君」が主導している[91]。そのため、局務大外記による他家の構成員の動員はことに難しかったようである。いきおい、現任の局務大外記の支配下にある六位外記に仕事が集中する傾向があった。次のような記事からもそのことが端的に窺える。康永三年（一三四四）、大外記中原師右は蔵人から祇園臨時祭に中原師躬を参仕させるようにと命じられた。これに対して「当局六位等面々公事固辞之間、大略師躬一身勤仕之体候」と免除を訴えている[92]。しかし代わりは見つからず、この時は師躬が参仕することになった。

他家の六位外記が参仕しないため、局務大外記から蔵人に、六位外記に対し参仕するよう直接命じてほしい、と頼んだ事例も多くみられる。「為上」、「直」の厳密な仰せ、また「別勅」により、動員がはかられたのである[93]。この時も蔵人が命令する先は「家君」であった。こうした状況は弁官局でも同様に見られる[94]。

以上から、次のようなことが指摘できる。一つは局務大外記の局内への支配権が限定されたものであり、局内の支配権は複数ある局務家がそれぞれの家に対して行使したものであること、しかしまた一方で、その「家君」の一族・門生に対する支配力は玉井氏が指摘されたような強い主従制的統制下ではなく、むしろ幾分、緩やかなものであった面もあること、である。すなわち六位外記たちはある程度独立した階層であったと考えられる。

また外記の補任状況からは、鎌倉期を通じて六位外記が短期在任者と長期在任者へと分離する様子が窺える。この中で短期在任者には比較的局務家に近い人物が多く、長期在任者には傍系・門生が多いこともわかる。短期在任者は若年のうちに外記となり、叙爵、諸司の長官ないし受領という経歴をたどる。(95)それに対し長期在任者は終身外記で終わるか、局務家傍流であっても、音博士・書博士などの比較的下級の職に留まるのである。つまり、局務家との関係など何らかの要因によって、長期間に渉り在任すべき人物と、短期間の人物が区分されていた。

3　六位官人の性格

こうした六位外記について、鈴木氏は、局務家は大学寮明経道の職を兼任しており、その教育が官人養成システムとなっていたと指摘している。(96)すなわち局務家では大学寮の教育機能が衰退するに従い、その一部を引き継ぎ、地方豪族出身者を養子形式の門生にしていった。その結果中原・清原姓等を名乗る地方豪族出身者が増大し、彼等がその知識を生かし官人として出身していったという。「門生」制度はこのほかに陰陽道・医道にも見られ、彼らは師の代理としてそれぞれ活動している。こうした各博士家の教育機能と地下官人の養成の関係については曾我氏、松薗氏も指摘しているところである。(97)

しかしその論拠となっている事例は平安後期のものが多い。はたして、鎌倉後期に至っても局務家にそうした役割は存在しているのだろうか。「外記補任」によれば、外記門生の初見は建久五年（一一九四）から建久九年

（一一九八）にかけて権少外記・少外記として活動した中原元貞である。彼は四年間外記として活動した後、叙爵し肥前権介となった。局務家以外の外記の経歴としては標準的なルートを経ている。しかし、彼以後の門生は大きく変質をみせている。六位史とあわせて以下で検討する。

平安時代末期に成立した『官職秘鈔』には、史の就任資格として諸司の二等官・三等官、文章生、検非違使などがあげられている。[98]他方、南北朝期に成立した『職原鈔』では「其余彼一族及門徒等、依二器量一任レ之」とされる。[99]実際にも右大史以下は安倍・高橋・中原・三善・紀氏等に限られていく様が看取できる。また在任期間も文永頃から際立って長期化した。それに伴い従来の昇進制度、すなわち右少史から年々座次をあげて首席左大史に達し、叙爵・宿官・史巡による受領補任というコースも有名無実化したようである。[100]一方で六位史の前職を追っていくと、衛府に籍を置く人物が多いことに気付く。そこで文章生・算挙など、学問系の経歴を持つ人々を抽出した結果が表5である。表6には衛門府・兵衛府を経歴した人々を抽出した。[101]

これらの表より、次のような傾向を読み取ることができる。弁官局では一二〇〇年頃を画期として大きな変化が生じた。つまり弁官局には、文章生等からの出身者が見られなくなっていくのである。例外は大宮流出身者であるが、彼らは算博士を相伝しているためであろう。この変化に伴い、衛府出身者は激増している。表6を見ると、一三世紀以前にも衛門府から出身してきた史が数人いることがわかる。しかし彼らは、明法家として使宣旨を蒙ったいわゆる道志であり、一三世紀以後の衛府出身の史とは性格が異なると思われる。すなわち実質、新たな昇進ルートが成立しているのである。

また外記も史同様、『官職秘鈔』『江家次第』では成業諸司三分や文章生からなるべき官とされている。そこで、これも同様に「外記補任」をもとに学問系の経歴を持つ外記と衛府系の経歴を持つ外記を抽出したのが表7・8である。[102]これによれば、外記局でも一三世紀から、大学寮の下級職員である音博士、書博士出身者は中原氏の嫡流と、清原氏に限られるようになっていったことがわかった。また激増する衛府出身者の中には大外記経験者は存在していない。

これらを勘案すると、一三世紀以降長期に渉り在任する六位史・外記のほとんどは衛府出身となっていったといえる。かつ弁官局の六位史の家柄、局務家の門生と思われる外記は、まさにこのカテゴリーに含まれるのである。すなわち一三世紀を境に明らかに、五位以上と六位以下の史・外記の間で階層変化が起きているといえる。繰り返せば六位史・外記はもはや学問生から出身してきてはいないのである。もっとも大宮流は算博士を、中原・清原氏は明経道の職をそれぞれ世襲している。ゆえに、学問生の余剰人員が実務官人社会に流れてきたと考えるならば、その配下の六位官人たちも、たとえ経歴にはあらわれなくとも学問的技能を一通り修めていると当

表5　学問系出身・兼帯の史（1）

名　前	史の在任期間	官
小槻奉親	正暦1(990)～寛弘8(1011)	算博士
惟宗貴重	長保1(999)～長保4(1002)	文章生
安倍義任	不詳	算生
内蔵為親	長保5(1003)～寛弘2(1005)	文章生
惟宗博愛	寛弘1(1004)～寛弘3(1006)	明法挙
惟宗孝親	長元4(1031)～長元7(1034)	文章生・算挙
小槻孝信	永承1(1046)～承保3(1076)	算博士
小槻祐俊	治暦3(1067)，承暦1(1077)～康和5(1103)	算博士
惟宗順助	永保3(1083)～寛治1(1087)	音博士
大江家国	応徳1(1084)～応徳3(1086)	文章生
小槻忠兼	寛治4(1090)～寛治5(1091)	算道挙
紀　有保	寛治4(1090)～嘉保2(1095)	文章生
中原惟兼	嘉保2(1095)～承徳1(1097)，長承1(1132)～長承2(1133)	文章生
紀　盛言	承徳2(1098)～長治1(1104)	明法挙
小槻盛仲	寛治1(1087)～寛治2(1088)，康和5(1103)～保安2(1121)	算博士
伴　広信	康和5(1103)～嘉承2(1107)	明法挙
中原良兼	康和5(1103)～天仁1(1108)	文章生
惟宗季忠	嘉承1(1106)～天永2(1111)	明経得業生
伊岐致遠	天仁1(1108)～天永2(1111)	文章生
三善兼仲	天永1(1110)～永久1(1113)	問者生
中原兼遠	元永1(1118)～保安1(1120)	文章生
中原行親	保安1(1120)～保安4(1123)	明法生
中原義盛	保安1(1120)～大治1(1126)	文章生
小槻政重	永久2(1114)，保安3(1122)～天養1(1144)	算博士
中原兼貞	長承1(1132)～保延3(1137)	算得業生
大江宗景	長承1(1132)	文章生
紀　親盛	長承3(1134)	文章生
小槻師経	天養1(1144)～保元2(1157)	算博士
小槻永業	天養1(1144)～久安2(1148)，保元2(1157)～長寛2(1164)	算博士
中原知親	久安2(1146)～久安3(1147)	文章生
中原師直	仁平2(1152)～久寿2(1155)	直講
伴　広重	仁平2(1152)～久寿2(1155)	算挙
三善為信	保元1(1156)～保元3(1158)	算挙
中原重兼	保元1(1156)	算生
惟宗孝資	保元2(1157)～保元3(1158)	文章生
清原祐定	保元3(1158)～平治1(1159)	問者生
中原清業	保元3(1158)	文章生
紀　時輔	永暦1(1160)	文章生
中原高重	永暦1(1160)	問者生
大江広康	応保1(1161)	文章生
中原季能	仁安3(1168)	算道挙
三善清信	承安1(1171)～安元2(1176)	算准得業生
中原成挙	承安3(1173)～治承4(1180)	文章生
三善有康	承安3(1173)	算道挙

時認識されていたとも考えうる。しかし、必ずしもそうではないと考えられる。以下に一例をあげる。

学問の知識がもっとも必要とされると指摘されてきた業務に、文書作成がある。例えば、祈雨・止雨奉幣の際の宣命に関して『江家次第』には「大内記不レ参者、仰二成業六位内記一、若又不レ参者、奏二事由一可レ令二大業弁若成業外記作一レ之」とある(103)。これによれば大内記が不参の時、六位の成業少内記、あるいは奏聞の上で外記が宣命の作成に携わることができるとされている。実際にも彼らによって作成されることがあったことは、寛喜三年(一二三一)に局務中原師兼によって提出された「非二大内記一人作二宣命一例事」という先例勘申からもわかる(104)。

表5　学問系出身・兼帯の史 (2)

名　前	史の在任期間	官
中原孝周	安元 2(1176)～治承 3(1179)	明法挙
惟宗宣仲	治承 3(1179)	明法生
大江国通	寿永 2(1183)～文治 2(1186)	文章生
小槻広房	文治 1(1185)～建久 2(1191)	算博士
中原以業	建久 1(1190)～建久 2(1191)	文章生
三善仲康	建久 3(1192)～正治 2(1200)	文章生
中原国経	建永 1(1206)～承元 4(1210)	明経得業生
小槻公尚	文治 3(1187)， 承久 1(1219)～貞応 1(1222)	算博士
小槻為景	承久 3(1221)	算博士
小槻朝治	寛喜 3(1231)，正応 1(1288)	算博士
小槻益材	文永 1(1264)	算博士
小槻秀氏	文永 1(1264)～正応 5(1292)	算博士
小槻順任	弘安 9(1286)～弘安 10(1287)	算博士
小槻言春	正応 5(1292)	算博士
中原景能	正安 3(1301)～応長 1(1311)	算道挙

表6　衛門府・兵衛府出身・兼帯の史

名　前	史としての任官期間	官	備　考
美努伊遠	長保 2(1000)～寛弘 1(1004)	右衛門志	検非違使
坂本忠国	長保 3(1001)～寛弘 1(1004)	右衛門志	検非違使
惟宗博愛	寛弘 1(1004)～寛弘 3(1006)	左衛門少志	検非違使
伴　惟信	長和 4(1015)～寛仁 1(1017)	右衛門志	検非違使
小野奉政	万寿 1(1024)～長元 4(1031)	右近将曹	
坂合国宣	万寿 4(1027)～長元 4(1031)	衛門志	検非違使
惟宗盛親	承徳 1(1097)～康和 1(1099)	左衛門志	
菅野頼仲	応保 1(1161)～長寛 1(1163)		検非違使
中原俊兼	建久 5(1194)～建久 7(1196)	右近将監	
中原有親	建久 7(1196)～建久 9(1198)	左衛門尉	
中原成弘	建仁 3(1203)～建永 1(1206)	左衛門尉	
紀　信兼	承久 2(1220)～寛喜 3(1231)	左衛門少志	
中原成村	貞永 1(1232)～寛元 3(1245)	左近将監	
中原俊秀	寛元 4(1246)～文応 1(1260)	右衛門少志	
紀　国直	宝治 1(1247)～宝治 2(1248)	右衛門大志	
高橋尚職	建長 7(1255)	左衛門権少尉	
中原尚成	康元 1(1256)～正元 1(1259)	近衛将監	
中原景範	弘安 7(1284)～応長 1(1311)	左衛門少尉	
康　　有	弘安 7(1284)～永仁 2(1294)	左衛門少尉	
紀　定直	弘安 9(1286)～正応 2(1289)	左衛門少尉	
三善久広	正応 4(1291)～永仁 5(1297)	左衛門尉	
中原俊有	正応 5(1292)～永仁 2(1294)	左衛門少尉	
中原景能	正安 3(1301)～応長 1(1311)	左衛門少尉	
安倍盛宣	延慶 1(1308)～文和 1(1352)	左衛門少尉	
高橋俊春	文保 2(1318)～観応 1(1350)	左衛門少尉	

この勘申内容からは、平安期には六位史、六位外記、少内記が大内記に代わり宣命を草していたことがわかり、『江家次第』の記載を裏付けることができる。かつ、この勘申では成業のみならず非成業の例もあげられている。つまり六位層は平安期には非成業であっても文書に携わる職として認められていたといえる。

しかし、管見の限りこれ以後に六位外記・六位史、あるいは彼らの兼官することの多い少内記が宣命草に携わった事例は見うけられない。たとえ儀式の場に出仕していなくとも、大内記、または儒弁が草進を行っているの

表7　学問系出身・兼帯の外記（1）

名　前	外記の在任	前　官
賀陽宣政	長保2(1000)～長保3(1001)	明経得業生
大江清言	長保3(1001)～寛弘1(1004)	文章生
小野五倫	長保3(1001)～寛弘1(1004)	明法得業生
伴　為利	長保5(1003)～寛弘2(1005)	文章生
宗岳行利	長保6(1004)～寛弘4(1007)	明経得業生
大江時棟	長保6(1004)～寛弘5(1008)	文章生
文室清忠	寛弘2(1005)～寛弘6(1009)	文章生
小野文義	寛弘4(1007)～寛弘7(1010)ほか	明法得業生
紀　兼輔	寛弘6(1009)～寛弘8(1011)	文章生
大江為清	寛弘8(1011)	文章生
中原貞清	長和2(1013)	明法得業生
中原広安	元永1(1118)～保安1(1120)	直講
文室相親	長元3(1030)～長元4(1031)	文章生
中原師平	永承5(1050)ほか	助教
中原広宗	延久1(1069)	直講
中原章貞	承暦1(1077)	直講
紀　宣輔	承暦4(1080)～永保1(1081)	文章生
三善雅仲	寛治1(1087)～寛治2(1088)	算博士
中原広忠	嘉保1(1094)～承徳1(1097)	明経得業生・助教・直講
三善行貞	永長1(1096)～康和1(1099)	明法博士
清原祐隆	嘉祥2(1107)～嘉祥3(1108)	書博士
大江佐国	不詳	文章生
大江師季	不詳	文章生
大江通景	嘉保1(1094)～承徳1(1097)	文章生
中原師清	天永1(1110)～天永3(1112)	直講
中原宗房	天永2(1111)～天永3(1112)	文章生
紀　有貞	大治4(1129)～天承1(1131)	文章生
中原師業	長承1(1132)～保延1(1135)ほか	助教
清原信憲	長承3(1134)～保延3(1137)	直講
中原広季	長承3(1134)～保延3(1137)	直講
三善行康	保延3(1137)	算博士
中原師直	久安5(1149)～仁平1(1151)	助教
中原景良	仁平3(1153)～久寿1(1154)	文章生
三善行衡	平治2(1160)	算博士
中原俊光	平治2(1160)～応保1(1161)	文章生
中原景盛	平治2(1160)～応保1(1161)	文章生
中原政泰	応保1(1161)	文章生
清原隆信	応保2(1162)～長寛2(1164)	音博士
紀　清国	永万1(1165)～仁安1(1166)	文章生
中原長茂	永万2(1166)	文章生
中原師高	永万2(1166)～仁安3(1168)	音博士
三善為長	仁安2(1167)	算博士
大江景良	仁安2(1167)	文章生
中原宗頼	仁安3(1168)～嘉応1(1169)	文章生
清原近業	仁安3(1168)	直講
惟宗清忠	嘉応3(1171)	文章生
中原為経	承安2(1172)～承安3(1173)	文章生
中原俊康	承安2(1172)～承安3(1173)	文章生
中原為清	承安4(1174)	音博士
中原忠弘	承安4(1174)～安元2(1176)	文章生
中原資弘	承安5(1175)	書博士
清原隆業	安元2(1176)～治承2(1178)	書博士
○中原師重	養和2(1182)ほか	音博士

である。

室町時代の中原康富は、鎌倉後期徳治年中に清原氏の門生として源姓から改姓し、以後代々六位外記や史を勤めた家柄の人物である。彼に関して嘉吉三年（一四四三）、祈雨奉幣の際の次のようなエピソードがある。

宣命事、大内記在豊朝臣可㆓草進㆒之処、依㆓遠所㆒（在㆓九条㆒、無㆓使者㆒云々）、不㆑遣㆓得御教書㆒（私雑色方々奔走、蔵人所仕人称㆑無㆓朝恩㆒、不㆑応㆑召云々）少内記中原康富、（六位外記兼任者也、非㆓儒者㆒也）令㆑草㆓進之㆒、俊秀遣㆓内々状㆒、追書㆓載参陣事㆒云々、大内記有㆑隙者、可㆑被㆑仰㆓儒弁㆒也、

表7　学問系出身・兼帯の外記（2）

名　前	外　記　の　在　任	前　官
中原師親	養和 2(1182)～寿永 2(1183)	明経得業生
清原業貞	養和 2(1182)～元暦 2(1184)	明経得業生
清原信安	寿永 2(1182)～元暦 1(1184)	音博士
三善長衡	寿永 2(1182)～元暦 1(1184)	算博士
中原景賢	元暦 1(1184)～文治 3(1187)	文章生
中原師隣	文治 4(1188)～建久 1(1190)	音博士
清原業綱	文治 5(1189)	音博士
中原師行	文治 5(1189)～建久 2(1191)	音博士
中原師公	文治 6(1190)～建久 4(1193)	明経得業生
清原仲基	建久 7(1196)～建久 9(1198)	明経得業生
○中原師員	建久 8(1197)～建久 9(1198)ほか	明経得業生
中原尹光	建久 9(1198)～正治 1(1199)	文章生
中原行永	建久 9(1198)～建仁 1(1201)	文章生
清原弘高	正治 2(1200)	書博士
中原師良	建仁 2(1202)～建仁 3(1203)	明経得業生
○中原師朝	建仁 2(1202)～元久 2(1205)ほか	明経准得業生
中原季親	建仁 4(1204)	文章生
清原仲宣	承元 1(1207)～建暦 1(1211)	書博士
○中原師兼	承元 4(1210)ほか	音博士
中原師世	承久 3(1221)	音博士
清原教隆	安貞 1(1227)～安貞 3(1229)	明経得業生・関東
中原師為	寛喜 1(1229)	助教
中原師連	嘉禎 2(1236)～嘉禎 3(1237)	明経得業生・関東
中原師種	仁治 3(1242)	音博士・助教
清原俊隆	正嘉 1(1257)	音博士・直講
清原秀隆	文永 2(1265)	書博士
清原俊宣	建治 3(1277)～弘安 1(1278)	音博士・助教・直講
○中原師古	弘安 4(1281)～弘安 5(1282)	助教
清原教宣	弘安 5(1282)～弘安 6(1283)	書博士
清原頼秀	弘安 6(1283)～弘安 9(1286)	書博士
○中原師緒	弘安 6(1283)ほか	直講・助教
清原業尚	弘安 8(1285)～正応 1(1288)	書博士
清原教俊	正応 1(1288)	助教
○中原師名	正応 1(1288)～正応 2(1289)	直講
中原師夏	正応 2(1289)～永仁 2(1294)	助教・直講
○中原師冬	正応 2(1289)～正応 3(1290)	直講
○中原師枝	正応 4(1291)～正応 5(1292)ほか	音博士
清原教宗	正応 4(1291)ほか	助教・直講
○清原頼元	徳治 1(1306)～応長 1(1311)ほか	音博士
清原元隆	延慶 2(1309)	助教・直講
清原教秀	延慶 2(1309)	直講
清原元宣	延慶 4(1311)～正和 3(1314)	書博士
○中原師右	延慶 4(1311)～正和 2(1313)	直講
清原種宣	正和 5(1316)～文保 1(1317)	音博士
清原元尚	正和 6(1317)	書博士
○中原師茂	文保 1(1317)ほか	助教・直講
○中原師利	元応 1(1319)～元応 2(1320)ほか	直講
清原教氏	嘉暦 1(1326)～嘉暦 2(1327)	直講
清原宗元	嘉暦 2(1327)～嘉暦 3(1328)	音博士
清原直方	元徳 2(1330)	音博士

＊11 世紀～14 世紀初頭．明経博士は除く．大外記経験者に○を付した．

表8　衛門府・兵衛府出身・兼帯の外記

名　前	外記としての在任		備　考
惟宗宣光	元久1(1204)～承元3(1209)	右兵衛尉	
中原有康	承元2(1208)～3(1209)	右近将監	
中原成家	貞永1(1232)	右近将監	現任
中原為真	仁治3(1242)～宝治2(1248)	左衛門尉	
中原範基	仁治3(1242)～康元1(1256)	右衛門尉	
大江有保	文永3(1266)～正応2(1289)	右衛門尉	
中原利重	文永11(1274)～延慶2(1309), 正和1(1312)～5(1316)	左兵衛尉	
中原佐能	建治1(1275)～弘安4(1281)	左兵衛尉	佐利の父
中原利義	弘安10(1287)～永仁4(1296)	左兵衛尉	大外記師宗門生
中原宗光	正応1(1288)～正和1(1312)	右兵衛尉	大外記師顕門生
中原佐利	永仁4(1296)～徳治1(1306)	右兵衛尉	佐能の子．大外記師宗門生
中原資忠	永仁6(1298)～延慶2(1309)	左兵衛尉	
中原利康	徳治1(1306)～正和5(1316)	左衛門尉	
中原師貫	延慶2(1309)	右近将監	
清原元隆	延慶2(1309)～	左近将監	
中原利延	延慶2(1309)～正和5(1316)	左兵衛尉	大外記師宗門生．利顕の父
大江久秀	延慶3(1310)～4(1311)	左衛門尉	
清原元宣	延慶4(1311)～正和3(1314)	右近将監	
中原康綱	正和5(1316)～暦応2(1339)	左衛門尉	元平姓．左少史
大江有尚	文保3(1319)～嘉暦1(1326)	右近将監	
中原重尚	元亨3(1323)～建武2(1335)	左兵衛尉	
清原教氏	嘉暦1(1326)～嘉暦2(1327)	右近将監	
中原利顕	元弘1(1331)～正慶2(1333), 建武3(1336)～延文2(1357)	左兵衛尉	掃部頭中原師千門生．前少外記利延法師子

雖二少内記一非儒人作進、定可レ有二巨難一歟、(105)

すなわち祈雨奉幣にあたり、大内記に宣命草を命じようとするが、連絡がとれず、康富が作成した。ところが中原康富は、清原氏の門生として当時少内記兼六位外記でありながら、「非儒者」が宣命を草進するのは如何か、と非難されている。彼は個人的には学問の道にも造詣の深い人物であった(106)。しかし、先の批判は必ずしも他者からのゆえなき誹謗ではなく、本人の自覚でもあった。前年嘉吉二年（一四四二）、美濃国衣斐寺の塔供養の表白文の草進を求められた康富は、「予非二儒流一、又非二天性一」として固辞するが、菩提寺の僧である叔父に請われ筆をとっている(107)。

このように見ていくと、鎌倉後期以後の六位外記・史は前代とは異なり、大学寮の学問を修め、その知識を基に文書作成にあたるべき人物であるとは、少なくとも公的にはみなされていなかったことがわかる。弁官局・外記局の六位官人たちは勿論文筆能力には長けていたであろう。[108] また個人的には教養の深い人物もいたであろう。しかし六位官人に求められたのは、これまで指摘されてきたように明経道の教養に裏打ちされた美文を作成・読解するためのものではなく、いわば現場の実務的な文筆能力であったと思われる。局務家は局務を家業とし、同時に明経道を家業としていた。しかし「門生」たちが受けついだのは基本的に外記局の業だったのであろう。

以上を考え合わせると、中世の国政運営に家政的要素が含まれて行くのは確かであろうが、官務家・局務家と六位官人の間の強固な主従関係を前提とした請負制が成立したとはいえないことが指摘できる。

四　弁官局・外記局における業務分担

1　文書行政

本節では両局内の業務運営の様相を簡単にまとめる。両局の主な業務として、文殿管理・先例勘申・文書発給・行事奉行等がある。まず前三者、文書と関連した業務に触れる。

(1) 文殿管理

史・外記にとって文庫およびその中の記録管理は、その他の業務の前提となる重大な責務である。その責務が強く自覚されていたことは、「壬生有家起請案」において「於㆓文書相伝之仁㆒者、朝家殊可㆑被㆑重、全非㆑被㆑重㆓其身㆒、為㆑令㆑重㆓文書㆒也、匪㆓啻被㆑重㆓文書㆒、偏是為㆓朝家㆒也」と強調していることからも窺える。[109] 令では文書管理のために官文殿が設置され、別当史と史生が配されていた。しかし中世には、官文殿は衰退し、小槻氏の私文庫がそれに代わり記録収集・保管の役割を果たした。史・外記に限らず、中世において「家記」は家の根幹であり、家君が厳重に保管したと指摘されている。[110] 他家と比しても文書の量・重要性が高かったであろう両局においても同様である。例えば官務壬生匡遠の次のような書状がある。

明旦可二進発仕一之由存候、量実可二召具一候、興緒可二在京一候、文庫以下事仰含了、御要事候者、可レ被二仰下一候歟、[111]

匡遠の留守中、文庫のことを弟興緒に命じておいたという記事である。不在時の代理を届け出ていることも興味深いが、ここからは弟であっても官務からの指示と許可がなければ記録が扱えなかったこと、官務の代理を他の史ではなく、弁官局に籍のない子息量実、弟興緒が勤めたことが窺える。さらに応仁・文明の乱中には官務壬生晴富が乱に巻き込まれ一時不在となった。[112] 子息雅久が代理に任じられたが、業務が滞ってしまう。[113] 晴富は帰宅の後、このことを憂えて文書の所在を詳細に記した『官務文庫記』を著した。[114] つまり嫡子雅久さえ記録の扱いには携わっていなかった。官務の専権とされていたのである。

外記局でも同様に院政期以降、外記文殿が衰退し、局務の私的文庫に記録機能が担われた。そして各局務家は文庫を整備し、家君が管理した。先述のように中原師茂は父の死後、自身の大外記就任に伴って、母禅尼御方から文庫の鍵を渡され、相続したのである。[115]

こうした官務家・局務家の文庫の維持には、朝廷をはじめ権力者による保護が加えられた。[116] 公的な役割を果たす文庫と認識されていたことが窺える。

(2) 文書発給

両局では宣旨など様々な文書を発給している。ではその発給はどこで行われたのだろうか。『師守記』には次のような記事が散見される。

侍従藤原実長禁色宣下到来、上卿一条中納言公有卿、即成二宣旨一被レ遣二文殿助豊許一了、[117]

こうした書き方からは文書の執筆が局務の家で行われていたことが窺える。

また弁官局については、宮崎肇氏の検討が参考となる。宮崎氏は小槻隆職から季継までの各官務の代に発給された太政官符を書風の面から検討し、官務が壬生流の時と大宮流の時では書風が異なると指摘している。[118]先述のように、官務の交替に伴う右大史以下の人事異動は確認できない。つまりこの変化は発給を請け負うべき官務の交代に伴い、官符執筆にあたる人物、おそらくは各官務家の構成員、が変化したことによるものであろう。

これらから、文書執筆業務は官務・局務の家内で担われていたと考えられる。

（3）先例勘申

両局には様々な場面で先例の勘申が求められた。鎌倉時代、史の中で勘申を行ったのは、管見の限り小槻氏の両流のみである。小槻氏が分流への動きを見せていた鎌倉初期、一時的に史でないにも関わらず両流に勘申を求めた例があった。[119]しかし、文永年中に左大史を両家で独占して以降は、小槻氏＝弁官局に限定された。また弘安年中に両左大史が解任され、傍流の大宮順任が一時的に左大史となった。[120]結果的には、一代限りの官務就任ではあるが、その後暫くは順任流小槻氏も記録所に名を連ね、先例を勘申することもあった。[121]小槻氏の先例勘申は家の分立の問題と深く関わっているといえる。

外記局においても一一世紀前半以前には、大外記に限らず各外記が先例を勘申している。[122]しかし五位大外記二名制が定着するにつれ、先例勘申は両大外記に限定された。すなわち、外記局でも弁官局と同じく先例勘申は局務家の専権となり、大外記とそれ以下の分離が生じた。[123]同時にこの結果、各局務家に文庫設置の需要が高まり、相互間でも分裂傾向が強まったといえるのではないだろうか。

なおこれらの勘申は元来、職掌の範囲内で問題が生じた時に求められる。すなわち、それぞれの業務を反映したものであると思われる。しかし鎌倉期以降、多くの勘申は「問官・外記」とされ、両局に同時に求められるようになる。実際、両局からの勘文は先例の年代は異なれども、質としては差がないように見えるものもある。[124]こうした先例勘申に求められる情報の質の変化、伝播、共有に関しては今後の課題としたい。

2　行事の運営

以上述べたように文書に密接に関係した三業務は両左大史、大外記によって独占的に担われていた。では、もう一つ重要な業務である行事運営についてはどうだったのか。史の動員方法については、次に掲げる『匡遠宿禰記』から窺うことができる。

自二十三日一可レ被レ始二行最勝講一、可二存知一之由、冬直宿禰与二奪新少史一了、可二存知一之由、出二請文一了、以二廻文一即相二催局中一也、[125]

この記事からは官務（大宮冬直）→分配史（壬生量実）→局中という指揮系統が見える。外記局内の指揮系統は先述の通りである。

また各年中行事は毎月分配が作成され、史や外記に配布された。こうした分配制度は公卿・弁官等にも見られる。しかし公卿達の分配が年単位で作成されるのに比べると、月単位で作成された両局の分配はより融通性に富んでいたであろう。[126]分配の対象となる行事も公卿・弁官は恒例の諸祭・大祓等限られたものであった。他方両局の分配はそれらに加えて、平座・政・除目・日時定・行幸・官奏・宣下・着陣・奉幣など多岐に渉っており、重要な資料として文庫に保管された。[127]実務に即した文書であったといえる。このような分配制は鎌倉期から存在した。実例としては一四世紀のものが数通『壬生家文書』『師守記』中に見える。[128]これらからまず気付くのは、五位以上の両左大史・大外記が含まれていないことである。公卿分配や弁官分配からも最上首が除かれていることは既に指摘されている。[129]しかし何故、両局においては、次席も除かれているのか。これは一つには第一章でも述べた五位と六位の懸隔があろう。

まず次席左大史の役割を追う。五位左大史二人制が成立して間もない弘安九年（一二八六）二月、春日行幸日時定の記事には次のような記事がある。

　大外記良季真人、大夫史顕泰等参陣、（秀氏宿禰軽服之間、有二沙汰一被レ置二加任史一者、如レ此時料也、仍被レ仰二顕泰一了、建長・文永父有家奉行、旁可レ然人歟云々）已上兼所二相催一也、[130]

ここからは、次席左大史が官務に故障のあった時の交代要員として置かれたことがわかる。同時に代々、その行事を担当した前例が官務家の権威の所以となる以上、時の官務は他流の人間である次席左大史に奉行を担当させたくない様子も窺える。[131] ということは、次席左大史は官務に比して参仕が少ない可能性が考えられる。そこで比較的一年を通しての記事の豊富な寛喜三年（一二三一）、貞和三年（一三四七）を取り上げ、参仕状況を表9にまとめた。下級官人の参加者まで書いてある記録は少ないが、左大史・大外記レベルは比較的記録されており、一応の傾向は捉えられよう。この表からも、官務に比して次席左大史の行事参加、ことに単独での参加が少ないということがわかる。

官務に故障があり、他家には奉行させたくなく、かつ六位史が官務の家人により編成されているとするならば、六位史が代理を勤めると推測される。しかし、例えば後宇多天皇即位時には「主殿助顕泰（大夫史有家息也、代レ父致二細々沙汰一歟）」と見え、弁官局に籍のない子息が沙汰している。[132] こうした代理業務はまさに官務家による官司請負制と捉えられる。官務・局務の子息たちは、このようにして両局に籍を置かないながらも経験を重ねたのであろう。小槻公尚や維任、後の大宮康景、壬生嗣名などは若年を理由に大夫史に就任できなかった。鎌倉期までの官務・局務には家の相続の論理だけでなく、経験の蓄積・実務能力が求められたといえよう。また複数の家で競合することにより、そのレベル維持がはかられた側面は存在すると推測される。

ところで五位以上の層の現場への参仕状況には徐々に変化が見られる。表9を見ると、鎌倉期の官務は、陣定

表9-1　寛喜3年の外記・史の勤仕状況（『民経記』より）

外記局

階級	名前	回数	内容	
局務	中原師季	3	拝礼・殿上淵酔・白馬節会	1/29辞
	中原師兼	11	祈年穀奉幣・入内・着陣2・季御読経・御八講僧名定2・月奏・行幸2・東宮庁始	1/29任
大外記	中原師方	1	県召除目	1/29辞
	中原師員	1	着陣	1/29任.6/6辞.関東.
	清原頼尚	5	季御読経・行幸・日時定(師兼所労による)・伊勢公卿勅使発遣(師兼所労による)・着陣	6/6任
権少外記	清原信秀			
少外記	某	3	入内・行啓・春日祭使発遣	

弁官局

階級	名前	回数	内容	
官務	小槻季継	8	拝礼・殿上淵酔・白馬節会・祈年穀奉幣・着陣・季御読経・行幸・伊勢公卿勅使発遣	

表9-2　貞和3年正月～6月，9月～12月の外記・史の勤仕状況（『師守記』より）

外記局

階級	名前	回数	内容	
局務	中原師利	8	叙位・小除目・踏歌節会・行幸2・任大臣節会・大将還宣旨・釈奠	
大外記	中原師茂	12	叙位・白馬節会・踏歌節会・県召除目(師利病のため)3・行幸2・平座3・任大臣節会	
六位外記	佐伯為右	9	叙位・御斎会竟・踏歌節会・射礼・県召除目2・平野祭・大原野祭・新嘗祭	
	三善時能	0		
	中原利顕	27	叙位・小除目3・祈年祭・釈奠・県召除目3・吉田祭・日吉祭・止雨奉幣・行幸2・宣下2・梅宮祭・任大臣節会・鎮魂祭・薗韓神祭・春宮鎮魂祭・月次神今食・拝賀・荷前・御体御卜・平座2	
	中原康隆	12	白馬節会・踏歌節会・大原野祭・春日祭・県召除目3・賀茂祭・行幸・大祓・例幣・平座	
	清原熙隆	1	踏歌節会(新任拝賀)	

弁官局

階級	名前	回数	内容	
官務 左大史	小槻匡遠	6	白馬節会・踏歌節会・県召除目・行幸・任大臣節会・大将還宣旨	
右大史	小槻清澄	8	県召除目・行幸2・平座3・任大臣節会・着陣	
右大史	安倍盛宣	15	叙位・白馬節会・御斎会始竟・踏歌節会・県召除目・平野祭・止雨奉幣・行幸・小除目・宣下2・例幣・大将還宣旨・任大臣節会・薗韓神祭	
右大史	高橋景職	0		
左少史	高橋俊春	8	御体御卜・吉田祭2・平座2・任大臣節会・行幸・小除目	
右少史	小槻為時	6	大祓・平座・任大臣節会・大原野祭・新嘗祭・月次神今食	
右少史	小槻康景	1	踏歌節会	清澄甥
右少史	高橋秀職	13	踏歌節会・祈年祭・春日祭・釈奠・県召除目・下名・免者・行幸・平野祭・拝賀・小除目・荷前・追な	

などのいわば日常的な場にも参仕している。しかし、詳細に参仕状況のわかる貞和年中では、むしろ大半の行事に参仕が確認できない。官務が参仕するのは任大臣節会など、とりわけ重要と思われる行事のみである。またそれ以前、鎌倉後期からは左大史の儀礼的な儀式参加が目立つ。例えば、新任者の初参の時に父祖の「佳例」を存じ参陣する、という形である(133)。これも非日常的な参仕といえる。すなわち鎌倉後期から、徐々に五位史が日常的な朝儀の場に参入しなくなっていったと推測される。

この傾向は外記局においても看取できる。外記分配は『師守記』に数多く残されている。これらを見ると、両大外記および三善（布施）氏が除外されている。このうち三善氏は「武家仁也、未二拝賀一、細々不レ可二出仕一之間、不レ載二分配一」と注記されている(134)。すなわち室町幕府の奉行人であり、実際の役割は果たさない名目的外記だった。次に大外記の参仕状況を確認する。五位外記二人制の成立以降、外記局においても次席大外記は首席に故障があった場合の代理が主となったという(135)。朝儀に関しては、多く「両大外記」として二人とも同種の朝儀に参仕している。ただし局務も参仕が確認できるのは、鎌倉期と比べ限られた行事のみであり、それは官務とほぼ同じである。官務・局務の参仕すべき朝儀がある程度確立していたと推測される。こうした傾向は鎌倉期から芽生えている。文永二年（一二六五）、局務清原良枝が請印政に参仕した。この時、『外記日記（新抄）』では「珍敷」と記している。[136] また吉書奏への参仕を求められた官務壬生匡遠は、「近代強無㆓参承候儀㆒」と渋っている。[137]

何故、五位以上の史・外記は日常の儀式に参仕しなくなったのか。理由としては二つ考えられる。一つ目は朝廷内の秩序の問題である。第一章で述べたように弁・蔵人の貴族層と、卑姓実務官人層の間には身分的断絶があった。しかし位階において両左大史・大外記は四位・五位に昇る。一方の弁や蔵人の中には五位・六位も存在する。また実務における経験や知識でも左大史の方が勝っている場合もあろう。[138] こうした複雑な関係から鎌倉中期から後期にかけて両者の間では儀礼上のトラブルが頻発した。[139] それを解消する一つの手段は意識的にそうした場から遠ざかることであるかもしれない。今一つ朝廷内における各儀式・行事の位置づけの変化も考えられる。外記局も含め、儀式の参仕状況・分配の配分には一定の傾向が見られる。こうした傾向から当時の行事・儀式の重要度の軽重を窺うことも可能なのではないだろうか。この点は今後の課題としたい。

次に表9の六位史の項を見る。貞和三年（一三四七）には大宮清澄の甥康景が在籍している。しかし彼は踏歌節会しか参仕していない。その他の史を見ると、安倍盛宣、高橋秀職といった後の安大史家・高大史家へつながる一族が中心に活動している。また康永四年（一三四五）を題材に同様の作業を行うと、弁官局プロパーではない、局務清原氏の門生である中原康隆も相当数（一〇回以上）の勤仕をしている。ここから少なくともプロパーでない史が名前ばかりの史ではないことが指摘できる。左大史の参仕が減少するに従い、儀式の現場での史の役割が右大史以下で担われていく体制が築かれていった。[140] それゆえ小槻氏以外の六位史が長期在任し、熟練の官人として活動するようになったのではないか。この年、壬生匡遠は除目の前に執筆に密かに訴えている。

此間任顕官、抑右少史高橋秀職雖㆑載㆓転任勘文㆒、今度令㆑転者官中聊可㆑有㆓難義㆒、内々可㆑申㆓執筆㆒之由官匡遠申旨、師茂一昨日来示㆑之、[141]

右少史高橋秀職はこの時昇進の順にあたっていたが、彼を失うと弁官局の運営に支障をきたす。そのために彼の昇進は止められてしまったのである。

一方の外記の状況はどうだったか。外記の行事に際しての業務は二種類存在する。一つは上卿・蔵人らの催しを受けて局内外の参仕すべき人々に連絡をし、かつその出席状況を確認すること。今一つは実際にその儀式・行事の場に参仕することである。

参仕者の把握状況を見る。一〇〜一一世紀初頭の『小右記』では、様々な外記が記主藤原実資の許へ催しの連絡を行っている(142)。個々の朝儀の分配外記がその担当職務の一環として連絡を行っていたのであろう。ただし、このような催しの方式は、院政期には衰退していたとする指摘もある(143)。これに対し、南北朝期の『師守記』を見ると、まず蔵人から局務の許へ催しが行く。それを受けて、局務は外記文殿の召使を局内外へ遣わし、局務に請文が出される。局務の権威を示すかのような体制ではあるが、その威令がそのまま果たされたわけではないということは、前述の通りである。また儀式の後には分配六位外記から参仕状況等の報告があったようである。除目の結果等の報告についても同様である(144)。そしてこの場合にも局務は直接当人にではなく、あくまで家君を介して報告を求めていた。

おわりに

以上述べてきたことをまとめると次の四点に集約できる。

一、官務小槻氏がそれぞれ「中世的家」を確立し、壬生と大宮に分立したのは、従来考えられてきたような系図上の分岐時点である建久年間ではない。様々な要因の絡み合った結果、徐々に形成されていき、一三世紀

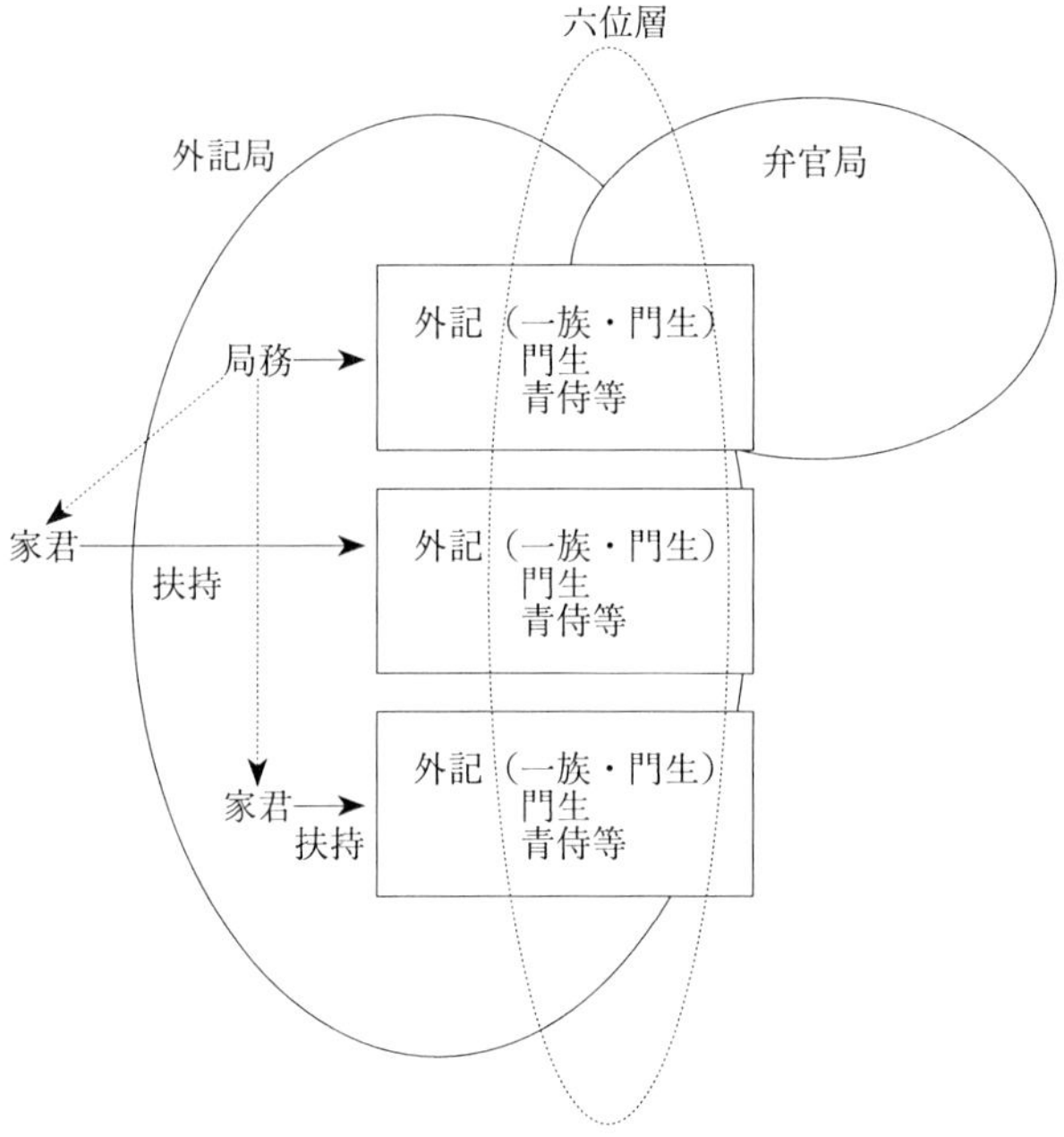

図5　外務局模式図

後半、文永一〇年頃を一つの画期として自覚的に成立したと考えられる。

二、局務中原氏の「中世的家」も同様に鎌倉期を通じて徐々に形成され、一四世紀になっていくつかの家が確立されていった。

三、両局の下級役人を勤める六位官人層においては、一三世紀を画期に変質を見せはじめた。そして一面では必ずしも官務家・局務家との強固な主従関係下にはない、独立の、より実務的な能力を有する階層として独自に確立していった。

四、同時に両局の業務内容も分離していった。そして六位官人は主に朝儀の現場での実務に携わるようになっていった。

すなわち鎌倉後期の下級官人層は四・五位層と六位層という重層的な構造が存在しており、それぞれが官司の枠を越えた広い範囲で業務を請け負った。外記局を例に、これらの関係を模式化してみたのが図5である。一方で第一章でも検討したように、それぞれの地位保持のためには他家との差別化が必要であった。そのため、それぞれの氏族のうちにも特定の官職を受け継ぐ「家」を成立させていったのであろう。中世前期におけるこのような卑姓下級官人による各家の特殊化の主張こそが、「官司請負制」＝家による官職の相伝と捉えることができるのではないだろうか。

結果、両局とも程度の差はあれ、四・五位層と六位層の間に階層・業務の差が生じた。そして、この四・五位層である官務家小槻氏、局務家中原氏・清原氏は局全体の機能を請け負っていたわけではなかった。彼等が請け負っていたのはあくまで「官務」「局務」業務である。各家君は記録収集・先例勘申など主に文書・記録に関わる諸業務を果たし、その範囲内ではそれぞれ官司内・家内での完結性を志向した。ただし先例勘申などに求められる記録の質等が変化するにつれ、官司ごとの完結性も幾分曖昧なものとなることは免れえなかった。

また、当時こうした「家」の分立、成立は彼らだけではなく、公家社会一般で見られた現象である。上は天皇家、摂関家から芸能の家まで様々なレベルで、多くの家が一三世紀後半を中心とした時期に成立している(145)。

つまり、いわゆる「官司請負制」の請負の主体とされる氏族は鎌倉期を通じて「中世的家」を確立していったのである。そしてそうした変化は、必然的にそれぞれの「請負」の形態にも相互に大きな影響を及ぼしていた。

こうした意味で鎌倉後期は両局に代表される朝廷の実務官人層にとって大きな画期となったといえるだろう。

注

(1) 佐藤進一『日本の中世国家』岩波書店、一九八三年、二〇〇七年岩波現代文庫。
(2) 『三代実録』貞観一五年一二月二日条(新訂増補国史大系)。
(3) 橋本義彦「官務家小槻氏の成立とその性格」『平安貴族社会の研究』吉川弘文館、一九七六年、初出一九五九年。曾我良成「官務家成立の歴史的背景」『史学雑誌』九二―三、一九八三年。飯倉晴武「解題」図書寮叢刊『壬生家文書』一、宮内庁書陵部、一九七九年。
(4) 元亀三年一二月九日「正親町天皇女房奉書」『壬生家文書』一六三〇号(図書寮叢刊、以下『壬生』と略記)。
(5) 飯倉晴武「大永七年壬生・大宮両家和睦状の成立と大宮家の没落」『日本中世の政治と史料』吉川弘文館、二〇〇三年、初出一九九一年。
(6) 高橋秀樹『日本中世の家と親族』吉川弘文館、一九九六年。

（7）例えば、下向井龍彦「王朝国家体制下における権門間相論裁定手続について」（『史学研究』一四八、一九八〇年）、棚橋光男「院政期の訴訟制度」（『中世成立期の法と国家』塙書房、一九八三年）、福島正樹「中世成立期の国家と勘会制」（『歴史学研究』五六〇、一九八六年）、中原俊章「弁官局の変革」（『中世王権と支配構造』吉川弘文館、二〇〇五年、初出一九九〇年）、曾我良成「王朝国家期弁官局の機能と官宣旨」（古代学協会編『後期摂関時代史の研究』吉川弘文館、一九九〇年）、大隅清陽「弁官の変質と律令太政官制」（『史学雑誌』一〇〇―一一、一九九一年）。

（8）橋本義彦「官務家小槻氏の成立とその性格」『平安貴族社会の研究』吉川弘文館、一九七六年、初出一九五九年。

（9）本来左弁官は中務・式部・治部・民部省を、右弁官は兵部・刑部・大蔵・宮内の各省を管領した。しかし後には左右弁官局においては、左右の職掌の別が実質的にはなくなり、左大史が史の上首となっていった（橋本義彦「官務家小槻氏の成立とその性格」『平安貴族社会の研究』吉川弘文館、一九七六年）。この曖昧な左右の別について、大隅氏は令制以前の大弁官を左右大臣に合わせて分けたため、その区別が厳格ではなかったことによると指摘している（大隅清陽「弁官の変質と律令太政官制」『史学雑誌』一〇〇―一一、一九九一年）。また井原今朝男氏は弁官局が弁官部門・大少史部門の二重構造であると指摘する。すなわち弁官部門では天皇・摂関・院と太政官機構の連絡調整や政策決定にあたる。大少史部門ではその執行にあたるという分担がなされているという（井原今朝男『日本中世の国政と家政』校倉書房、一九九五年）。

（10）曾我良成「官務家成立の歴史的背景」『史学雑誌』九二―三、一九八三年。

（11）『玉葉』文治元年一二月二七日条（国書刊行会、以下同）。『吉記』文治元年一二月二九日条（和泉書院、以下同）など。

（12）『玉葉』建久二年四月二一日条。二二日条。二三日条。五月二日条。

（13）鎌倉期には様々な形で「家」の再生産が進められた。これに関しては市沢哲「鎌倉後期公家社会の構造と「治天の君」」『日本史研究』三一四、一九八八年。

（14）年月日未詳「官務職相続次第案」（『壬生』一六号）など。

（15）『玉葉』建久二年四月二三日条。

（16）『壬生』二三号。

（17）『承久三年四年日次記』貞応元年三月一日条（大日本史料第五編一）。

（18）「承久日時定記」承久三年三月一五日条（『壬生新写古文書』）。

（19）寛喜二年「小槻維任申状案」（『壬生』二三号）。

(20) 寛喜二年「小槻維任申状案」（『壬生』二三号）。
(21) 『勘仲記』正応二年二月二四日条（増補史料大成、以下同）。
(22) 『新抄』文永元年三月一四日条。
(23) 『師守記』貞和五年三月二六日条（史料纂集、以下同）など。
(24) 寛喜二年「小槻維任申状案」（『壬生』二三号）。維任は申状の中で「当家八代所㆓任来㆒之官也」と述べているが、隆職は長男ではない。また盛仲・政重は三善氏出身である（「小槻氏（壬生）系図」『系図纂要』、『壬生家譜』）。厳密に壬生家による相伝ではない。
(25) 『古今著聞集』神祇第一（日本古典文学大系）。
(26) 『玉葉』建久二年四月二三日条。寛喜二年「小槻維任申状案」（『壬生』二三号）。
(27) 『壬生』三九号。
(28) 『壬生』三一一号。
(29) 曾我良成「官務家成立の歴史的背景」『史学雑誌』九二―三、一九八三年。
(30) 『明月記』寛喜二年四月六日条（国書刊行会、以下同）など。なお国宗が官務を隆職に譲った後にも一時両者による勘申の例が見られる（『玉葉』建久二年一二月一二日条）。しかしこれは国宗の辞任理由によるもので、独立した流とみなされていたわけではないと考えられる。
(31) 『小槻季継記』（『歴代残欠日記』、以下同）。
(32) 五味文彦「序」五味文彦編『芸能の中世』吉川弘文館、二〇〇〇年。
(33) 寛喜二年「小槻維任申状案」（『壬生』二三号）。
(34) 年未詳六月六日「小槻有家請文案」（『壬生』三一一号）。
(35) 寛喜二年「小槻維任申状案」（『壬生』二三号）。
(36) 『明月記』寛喜三年八月二日条。
(37) 『尊卑分脈』（新訂増補国史大系、以下同）。「壬生家譜」（東京大学史料編纂所所蔵写本）。「小槻（壬生）氏」『系図纂要』。
(38) 『平戸記』寛元二年一〇月四日条。管見の限り淳方の初出は（寛喜三年）八月二八日「小槻淳方書状」（『民経記』貞永元年一〇月記紙背、大日本古記録）である。

(39) 淳方については『小槻季継記』嘉禎元年一二月一八日条など。維任については『民経記』安貞元年九月記・安貞二年一〇月記・寛喜三年三月記紙背などに見られる。
(40) 維任の生年は「維任申状」(『壬生』二三号)の記述からの逆算による。淳方については『地下家伝』による。
(41) 年月日未詳「小槻朝治書状案断簡」(『壬生』三一〇号)、年未詳六月六日「小槻有家請文案」(『壬生』三一一号)。
(42) 寛喜二年「小槻維任申状案」(『壬生』二三号)。
(43) 『地下家伝』、『系図纂要』。『壬生』二六号。
(44) 『壬生家譜』。
(45) この相論については中島善久「大宮流官務家の経済的基盤について」(『社会文化史学』三八、一九九八年)で触れられている。
(46) 竹内理三「小貴族の開発領主小槻隆職」『鎌倉遺文月報』五、一九八三年。文永五年月日「官中便補地別相伝幷由緒注文案」(『壬生』三一四号)。
(47) 『壬生』一三二一号。図書寮叢刊『壬生家文書』ではこの文書の署名のうち前者を小槻朝治と比定しているが、当時左大史は朝治の兄秀氏である。また主計頭という経歴も秀氏は確認できるが(『地下家伝』『系図纂要』)、朝治には確認できない。問題になったのは朝治に相伝された領であるが、家君である秀氏が大宮流の主体となって相論をしている(年月日未詳「小槻有家重奏聞状」『壬生』三一三号)。ゆえにこの起請文も「小槻有家・秀氏連署起請文」ととるべきであろう。
(48) 『壬生』三九号。
(49) 文永一〇年七月日「小槻有家起請案」(『壬生』三九号)。
(50) 『勘仲記』弘安九年一二月一四日条。弘安一〇年二月一日条。ただし順任は後年歴代官務には数えられていない(『壬生』二六号)。
(51) 『後愚昧記』貞治五年五月四日条。七日条。一〇日条(大日本古記録、以下同)。
(52) 「小槻氏(大宮)」『系図纂要』。「小槻氏」『尊卑分脈』。
(53) 『壬生』三一号。三六号。
(54) 一六世紀の両氏の争いについては、飯倉晴武「大永七年壬生・大宮両家和睦状の成立と大宮家の没落」『日本中世の政治と史料』吉川弘文館、二〇〇三年、初出一九九一年で考察されている。

(55) 橋本義則「外記政の成立」『史林』六四—六、一九八一年。黒滝哲哉「8世紀から「摂関期」にかけての外記職掌の変遷」『史叢』五四・五五合併号、一九九五年。
(56) 松薗斉『日記の家』吉川弘文館、一九九七年。鈴木理恵「明経博士家中原・清原氏による局務請負と教育」『日本の教育史学』三〇、一九八七年。
(57) 松薗斉『日記の家』吉川弘文館、一九九七年。
(58) 例えば『師守記』康永四年六月二〇日条など。
(59) 高橋秀樹「祖先祭祀に見る一門と「家」」『日本中世の家と親族』吉川弘文館、一九九六年。
(60) 『師守記』康永四年五月二〇日条。
(61) 『師守記』暦応三年五月二〇日条。
(62) 『師守記』貞和二年五月一九日条。
(63) 『師守記』康永四年二月二三日条。三月二七日条。三〇日条。
(64) 『師守記』康永四年四月二六日条。
(65) 文永二年から延慶二年まで大外記を勤める。
(66) 松薗斉『日記の家』吉川弘文館、一九九七年。
(67) 『明月記』寛喜二年閏正月五日条。
(68) 両氏の系譜はよくわかっていない。高橋氏に関しては、鎌倉初期に左史生高橋資職（『平戸記』寛元二年一〇月一四日条）、右史生高橋貞職（『山槐記』元暦元年八月二二日条）等が見えることから史の下僚である史生の家柄と考えられている。
(69) 観応二年四月二二日「右衛門府生職村奉書案」（『壬生』三八一号）など。
(70) 中島善久「「史大夫」小考」『国史学』一七〇、二〇〇〇年。永井晋「解説」『官史補任』続群書類従完成会、一九九八年。
(71) 本郷恵子氏は「俊」という通字を持つ中原氏、「資」という通字を持つ安倍氏が院司として活動してきた家柄であることを明らかにした（『中世公家政権の研究』東京大学出版会、一九九八年）。この通字に注目するとこのほかさらに多くの人物が該当する。また「康」を通字とする中原氏は、外記局清原氏の門生として知られる。
(72) 前出の人物とは別人。寛元四年から文応元年まで在任が確認できる。
(73) 「外記補任」正和五年条（続群書類従第四輯上、以下同）。「中原康富家系図幷康雄以来口宣案」（史料編纂所所蔵写真帳

『押小路文書』八四、以下同)。
(74)『師守記』康永四年四月一日条。
(75)『師守記』貞和五年九月一三日条など。
(76)『師守記』康永三年六月一一日条。
(77)例えば「外記補任」弘安一〇年の権少外記中原利義の尻付には「元平也、改姓任レ之、大外記師宗門生」とある。
(78)「外記補任」延慶二年条。元徳三年条。
(79)「外記補任」嘉元元年条。
(80)「外記補任」永仁四年。佐利の父中原佐能も建治元年から権少外記を勤めている。
(81)「外記補任」嘉元二年条。
(82)玉井力「官司請負制」『朝日百科日本の歴史別冊　日本の歴史を読み直す三』朝日新聞社、一九九四年。
(83)『師守記』貞治二年閏正月一六日条。
(84)康隆家はその後も独自に記録を集積して行き、宝徳三年には自家に朝廷・武家の援助による文庫の創設を求めている(『康富記』宝徳三年七月五日条)。
(85)『師守記』貞治四年六月二二日条。橋口裕子「中原康富と清原家との関わり」『国文学攷』一一九、一九八八年。
(86)『師守記』貞治二年閏正月一六日条。貞治三年八月二〇日条。
(87)『勘仲記』正応元年三月一五日条。「中原康富家系図幷康雄以来口宣案」。
(88)「中原康富家系図幷康雄以来口宣案」。
(89)『師守記』康永三年八月一五日条。
(90)中原師香は『師守記』康永三年九月二九日条など。佐伯為右は『師守記』暦応三年二月三〇日条などからわかる。この扶持者は系図を見るとみな、直系の父ではない。ここからも局務家の「家」のあり方が窺える。
(91)『師守記』暦応三年二月三〇日条。三月一日条。四月一一日条。康永三年六月一一日条など。
(92)『師守記』康永三年六月一一日条。
(93)『師守記』康永三年四月一一日条。貞治三年八月二〇日条、貞治三年九月六日条、貞治四年五月二〇日条など。
(94)『師守記』貞治元年一一月三〇日条など。

(95) ただし血縁関係のある中原姓外記のなかには局務家との血縁の遠近に関わらず、短期・長期の差が生じている例も見られる。しかしその場合にも経歴的には幾分差が見られる。中原師光は一三歳、中原師宗は一〇歳、中原師蔭一〇歳など、ごく若年のうちに権少外記となり、一年足らずで辞任している（『地下家伝』）。

(96) 鈴木理恵「明経博士家中原・清原氏による局務請負と教育」『日本の教育史学』三〇、一九八七年。

(97) 曾我良成「官司請負制下の実務官人と家業の継承」『古代文化』三七―一二、一九八五年。松薗斉『日記の家』吉川弘文館、一九九七年。

(98) 『官職秘鈔』（群書類従第五輯）。

(99) 『職原鈔』（群書類従第五輯）。

(100) 『二中歴』第一九当任条からは大治三年時点で史の恩典として受領に補された国が四カ国見られる（改定史籍集覧）。中島善久「「史大夫」小考」『国史学』一七〇、二〇〇〇年。永井晋「解説」『官史補任』続群書類従完成会、一九九八年。

(101) 表5、6は永井晋編『官史補任』による。

(102) 表7、8は井上幸治編『外記補任』続群書類従完成会、二〇〇四年による。

(103) 「祈雨・止雨奉幣」『江家次第』（神道大系）。

(104) 『民経記』寛喜三年七月一〇日条。

(105) 『建内記』嘉吉三年五月一〇日条（大日本古記録）。

(106) 橋口裕子「中原康富と清原家との関わり」『国文学攷』一一九、一九八八年。

(107) 『康富記』嘉吉二年九月一七日条。

(108) 宣命草に携わらなくとも、例えば内記不参の時その代として清書の役割は果たしている。

(109) 文永一〇年七月日「壬生有家起請文案」（『壬生』三九号）。

(110) 松薗斉『日記の家』吉川弘文館、一九九七年。高橋秀樹『日本中世の家と親族』吉川弘文館、一九九六年。

(111) 『園太暦』文和元年二月二〇日条（史料纂集、以下同）。

(112) 『親長卿記』文明四年五月二九日条（増補史料大成、以下同）に「外記師富、官晴富宿禰在二敵陣一、其代雅久在二当陣一、官方事奉行無レ例事歟」とある。

(113) 『親長卿記』文明六年六月一九日条。文明一六年・一七年「官務文庫記」（『壬生』五五八号）など。

(114) 飯倉晴武氏の御教示による。

(115) 『師守記』康永四年四月二六日条。

(116) 文庫の補修にあたって、壬生晴富は朝廷、幕府、五山等の援助を請うている（図書寮叢刊『晴富宿禰記』明応四年八月一三日条）。応仁・文明の乱時には東軍・西軍双方から「於二官文庫一者納二置古今之文書一、為二天下亀鏡一之間可レ専二警固一」と、官文庫に対する禁制が出される（小野則秋「左大史小槻宿禰家と官務文庫」『小野則秋図書館学論文集』古稀記念小野則秋先生論文集刊行会、一九七八年、初出一九七一年）など、その存在には敬意が払われていた。

(117) 『師守記』暦応三年一月一八日条。

(118) 宮崎肇「中世書流の成立」（鎌倉遺文研究会第六〇回例会報告　二〇〇〇年四月二八日）。

(119) 『明月記』寛喜二年四月六日条など。

(120) 『勘仲記』弘安九年一二月一四日条。

(121) 順任流は壬生・大宮の両家からも分流して一家をなしていたと思われる。南北朝期の小槻文明の頃には、記録所に官務両家と並び名を連ねていた。私的交際の面でも中原師利の大外記就任祝（『師守記』康永四年四月一八日条）や中原師右の弔問にあたり、小槻氏は三家から使者が来ている。

(122) 例えば『小右記』長和四年四月一九日条（大日本古記録、以下同）では紀行信に先例を尋ねている。しかし翌長和五年二月二六日条では実資は大外記小野文義に尋ねている。さらに同年四月三日条では清原頼隆に尋ねている。

(123) 松薗氏は『清原重憲記』康治三年正月一〇日条（『歴代残闕日記』二）から、一般の外記の名で提出された勘文でも実際は局務の手によるものであったと指摘している（『日記の家』吉川弘文館、一九九七年）。

(124) 例えば、康永三年に大外記中原師右、左大史大宮清澄が「東大寺八幡宮神輿入洛例」を勘申した。『園太暦』では「清澄注進続レ之、師右例同物也、但少々有二漏脱事一、仍続清澄注進也」と書かれており、ほぼ同じような内容であったことがわかる（『園太暦』康永三年八月一五日条）。

(125) 『匡遠宿禰記』建武二年五月七日条（橋本義彦「小槻匡遠記の紹介」『平安貴族社会の研究』吉川弘文館、一九七六年、初出一九五九年）。

(126) 今江広道「公事の分配について」『国史学』一二三、一九八四年。

(127) 文明一七年五月一日「官務文庫記」（『壬生』五五八号）に「其南公事分配ノ櫃有レ之、天庭・一翁御代殊明鏡也、其年月

公事何事被レ行哉、此分配ニ分明ナリ、公事ナラス何事モ一端被レ遊レ載レ之」とある。

(128) 年不詳六月二四日「小槻国宗書状」『民経記』天福元年四月記紙背文書。『壬生家文書』一五九二号―一五九六号。

(129) 今江広道「公事の分配について」『国史学』一二三、一九八四年。

(130) 『勘仲記』弘安九年二月三日条。

(131) 『勘仲記』弘安七年二月二八日条。

(132) 『妙槐記』所引「文永一一年三月二六日花山院内大臣記」（増補史料大成）。

(133) 『吉続記』文永八年一〇月二五日条（増補史料大成）など。

(134) 『師守記』貞和五年一一月一日条。

(135) 松薗斉『日記の家』吉川弘文館、一九九七年。

(136) 『新抄』文永二年一二月一日条。

(137) 『園太暦』貞和二年閏九月二〇日条。

(138) 『勘仲記』弘安九年五月三日条。永仁元年一二月一四日条など。中級貴族がその任を果たすにあたって実務官人の権威が大きかったことがわかる。

(139) ことに多く見られるのは左大史が上位者である弁・蔵人らに対して「動座」をするか否かと言う悶着である。本書第一部第一章参照。

(140) 『師守記』貞和五年一〇月一日条など。

(141) 『園太暦』貞和三年三月二九日条。

(142) 『小右記』長和四年一二月二一日には清原頼隆、同年一二月一〇日には源元矩、同年一二月二七日には小野文義というように、様々な外記から連絡がもたらされている。

(143) 曾我良成「外記局の停滞」『名古屋学院大学論集』言語・文化編一六―二、二〇〇五年。

(144) 『師守記』貞治六年五月一六日条。

(145) 市沢哲「鎌倉後期公家社会の構造と「治天の君」」『日本史研究』三一四、一九八八年。中村直勝「勧修寺家領に就いて」『中村直勝著作集』第四巻、淡交社、一九七八年、初出一九三九年。三田武繁「摂関家九条家の確立」『鎌倉幕府体制成立史の研究』吉川弘文館、二〇〇七年、初出二〇〇〇年。

補論　鎌倉中後期の中原氏西大路流
――尊経閣文庫所蔵『外記日記（新抄）』を通して――

はじめに

加賀藩前田家の尊経閣文庫に『外記日記（新抄）』と称される五巻の史料が存在し、鎌倉後期文永元年（一二六四）～四年（一二六七）、弘安一〇年（一二八七）の五年分の日記がほぼ通年で収められている。(1)『尊経閣文庫貴重目録』『国書総目録』等には中原師栄の自筆とされ、その比定が現在に至るまで継承されているようである。(2)鎌倉期の中原氏の手になるとされる日記は、部類記の形でいくつか残存するが、まとまった分量が残っており、当該期の中原氏の様相を探るのに貴重である。

現存は五カ年分であるが、巻一の冒頭には「亀山院五」と見え、一連の日記がこれ以前から記されていたことが窺える。またほぼ全紙に渉って紙背文書が存在し、一部は『大日本史料』第六編に収録されている。刊本としては『続史籍集覧』に「新抄」として収載される。(3)また写本は国立国会図書館・宮内庁書陵部・東京大学史料編纂所・無窮会などに存するが、いずれも明治期に邨岡良弼が尊経閣本を書写したものを基としており、尊経閣文庫本が孤本といえる。

他の朝廷関係の記録の多くはない時期にあって、将軍宗尊親王の追放、様々な鎌倉とのやりとり、モンゴルからの牒状の到来、南禅寺の創建、続古今和歌集選集など興味深い記事が多く見え、しばしば利用される史料である。しかしながら本史料自体、そこに見える中原氏の活動についてはいまだ検討がなされていない。そこで本補論では、この『外記日記』の検討を行いつつ、鎌倉中後期の中原氏の特色を見いだしていきたい。

一　中原師栄自筆説

まず記主について検討する。先述のように記主は中原師栄とされている。この説の根拠は、巻一～四の冒頭に「正五位下中原師栄相㆓伝之㆒」「中　師栄」と見えることに拠るものであろう（巻五は冒頭欠）。しかし紙背文書を見ると、年号のはっきりしたものは、暦応二年（一三三九）～貞和二年（一三四六）の文書を中心に確認でき、ことに康永年中の文書が多く見える。常識的に考えて、この日記が記されたのはそれ以降ということになる。また本文中には棒引きがされ、「虫損」と注記されている箇所が数カ所存在する。[4]これは原本が既に傷んでおり、判読不能だったことを示すものであろう。さらに文永四年二月一四日条では、松殿僧正良基の死去の記事に続けて、「其後経㆓年序㆒風聞云」として、良基の死が虚言であったこと、そのため良基と密通していた宗尊親王御息所藤原（近衛）宰子の越前国坂北庄が召し上げられたことが記される。この風聞の時期ははっきりしないが、坂北庄は弘安四年（一二八一）に関東から後深草院に奉られている。[5]おそらくその頃発覚し、この日条に追筆されたのであろう。しかし現『外記日記』中ではそのまま続けて記されている。「後日聞㆑之」として、該当の日条に懸けた記事はほかにも見え、追筆された文を書写時に地の文に追い込んだものと推測される。こうした徴証からも尊経閣文庫所蔵『外記日記』が写本であることは明らかである。蛇足ながら、文永～弘安年中の外記局構成員に「中原師栄」なる人物は知られていない。すなわちまず『外記日記』の本来の記主について検討を行うことが、この史料を有効に利用するためにも絶対的に必要であろう。

また紙背文書中には勘返状も多く含まれる。その中で往状の差出が確認できる八通のうち、後述する一通を除いては「師栄」と見える（巻二第一〇紙、三八紙など）。すなわち紙背文書は、一四世紀半ばに中原師栄の手許にあったものと考えられる。かつその署名は、冒頭の「正五位下中原師栄相ニ伝之一」と同筆であるように見受けられる。紙背文書の年代が集中していることからは、あるいはこの書写は一時に成されたものかもしれない。中原師栄は、中原師夏の子で、外記を輩出した中原氏の一流西大路流の傍流の出身である。文保二年（一三一八）から元亨三年（一三二三）まで権少外記を勤め、元亨二年に従五位下に叙されて外記局を離れた。(6) また系図によれば極官は伊豆守だったようである。父師夏、叔父師国の活動期間を合わせ考えても、師栄自身が文永年中に日記を記していたとは考えがたい。やはり巻一・二冒頭に「正五位下中原師栄相ニ伝之一」と見えるように、某人の日記を師栄が相伝・書写したものと捉えるのが自然であろう。

ところで紙背文書にはこのほか「造酒正殿」宛（巻三第二一紙、貞和二年）、「掃部頭殿」宛（巻一第一紙）、「師利」発の勘返状（巻五第三四紙）、また「師利申入候直会事」に対する返事を伝えるよう求める書状（巻五第四五紙）などが見える。造酒正は中原氏が補任されることが多く、文和三年（一三五四）には師連が子息師説に譲任しており、この時期師連が勤めていたことがわかる。(7) 師利はその師連の兄弟である。掃部頭も正中元年（一三二四）から延元二年（一三三七）頃までやはり兄弟の師治が勤めていた。この兄弟は中原氏西大路流と称され、師栄はその傍流筋にあたる（「局務中原氏略系図」参照）。このほか「西大路殿」宛書状も同様にこの兄弟、中でも師利を指すのであろう（巻三第七紙など）。(8) これらの文書を使用していることからは、師栄の書写に際し西大路流嫡流の関与、更には師栄との間の主従関係が想定できる。そこでこの時期の同流を見ると、貞和元年（一三四五）に師利が局務に就任していることが注目される。(9) あるいはその在任中、利用に便宜があるようにと、師栄に命じ書写させた可能性も考えられる。しかし西大路流はこの後、大炊御門に所持していた文庫と文書の炎上、流行病による師利の妻子の死去、師利の出家と不運が続く(10)。さらに応仁・文明の乱でも文庫が焼け、ついに断絶したという(11)。

なお巻一の末尾には、寛永二一年（一六四四）大外記中原（押小路）師生による修補奥書がある。断絶の後、同じく大外記を勤める家柄であった中原氏の押小路家に伝わったのであろうか。また郇岡良弼写本巻三には、閏正月付けで後藤演乗から前田家家臣の書物奉行藤田平兵衛安藤・永井伝七郎正良に宛てた書状、「大外記」から演乗に宛てた書状、錦里先生（木下順庵）書状が付されている。金工後藤演乗は、松雲公前田綱紀の扶持を受け、京都で古書蒐集に奔走していた(12)。その活動期間からすると、この閏正月付けの書状は元禄二年（一六八九）のものと推定される。内容は『外記日記』の素性をめぐるやりとりであり、大外記師生からの書状にも「日外《いつぞや》之新抄」と見えることから、これよりやや以前に押小路家から献上され、前田家に入ったのであろう。押小路家も近

局務中原氏略系図

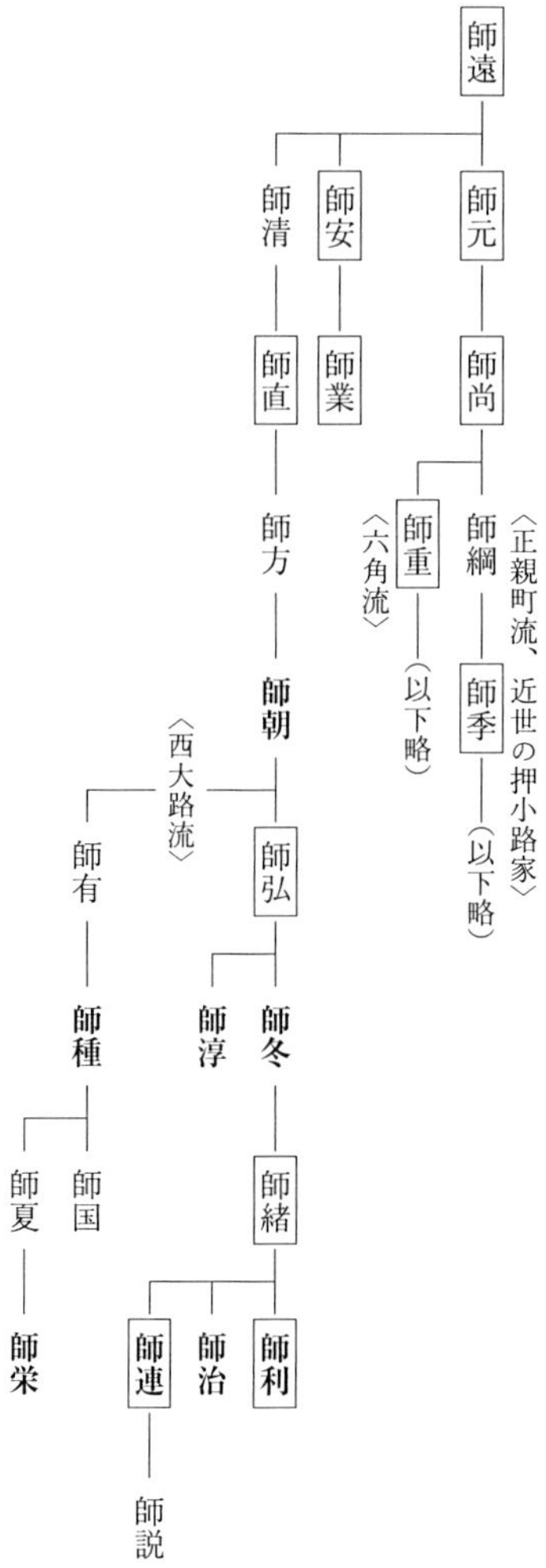

＊□は局務大外記経験者。太字は本補論に関係する人物。

世には前田家より俸禄を受けていたといい、やはり外記局中原氏による『師守記』『師郷記』『康富記』『師象記』あるいは『年中行事秘抄』なども前田家が所蔵していたと指摘されている(13)。

原本を確認したところ、紙継ぎ目とはややずれた位置に折り線があり、現在そこで紙が切れているものもあった。おそらくいずれかの段階では折本様になっていたものであろう。

二　記主の検討

では本来の記主は誰であろうか。「外記日記」という名称は前田家で付されたであろう外題に見える。先述のように元禄年中に前田家が入手した折に、史料の性格を調査しており、その結果付された題であろう。なお内題には「新抄」と記されている。この内題は前田家が入手した折には既に付されている。おそらく中原師栄の手になると推測され、師栄による抄物であることを裏付ける。記主が従来言われてきた中原師栄ではないとすると、まず『外記日記』という名称が適当かどうかも検討しなければならない。そこで外記に関する記事を見ると、外記庁に祀られた守君神への祭祀、外記庁文殿修理、納物の新調、正月の上官殿原廻、新任外記による公人の饗応など日常の具体的な行動が記される(14)。外記局に深く関与していた人物による日記であることは、確かであろう。

この時期の外記局は主に中原・清原氏により請け負われていたと指摘されている。ところでこの両氏は一方で、明経道を家学としている。そこで次に学問に関する記事に注目する。亀山院は、儒学を重んじたことで知られるが、『外記日記』中にも禁中や院での論義・談義に関する記事、芸閣作文の記事がしばしば見える(15)。また文永三年（一二六六）には「毎月上丁於二禁裏一可レ被レ講二論語一」と定められ、弘安一〇年夏には「公卿・殿上人・紀伝・明経・明法・医・陰道等、皆悉」を結番して全経供養が行われた(16)。毎月朔日の大学寮朔幣、献策・学問料、大学寮廟蔵への盗賊の進入、大学寮の四壁・門の修造等の大学寮に関する記事も豊富である(17)。さらに同じく学問の家である菅原氏の一門、藤原俊国・藤原経業といった儒者に関する記事も見える(18)。

すなわち本記は現在の題名の通り、外記局に関係する中原氏ないしは清原氏の手になる記録と推測できる。しかしながら両氏とも多くの一族を抱え、特に中原氏は大きく三・四の流が競合していた(19)。本記はその中のどの人物によって記されたのだろうか。

中原師朝流と閑院流・園流略系図

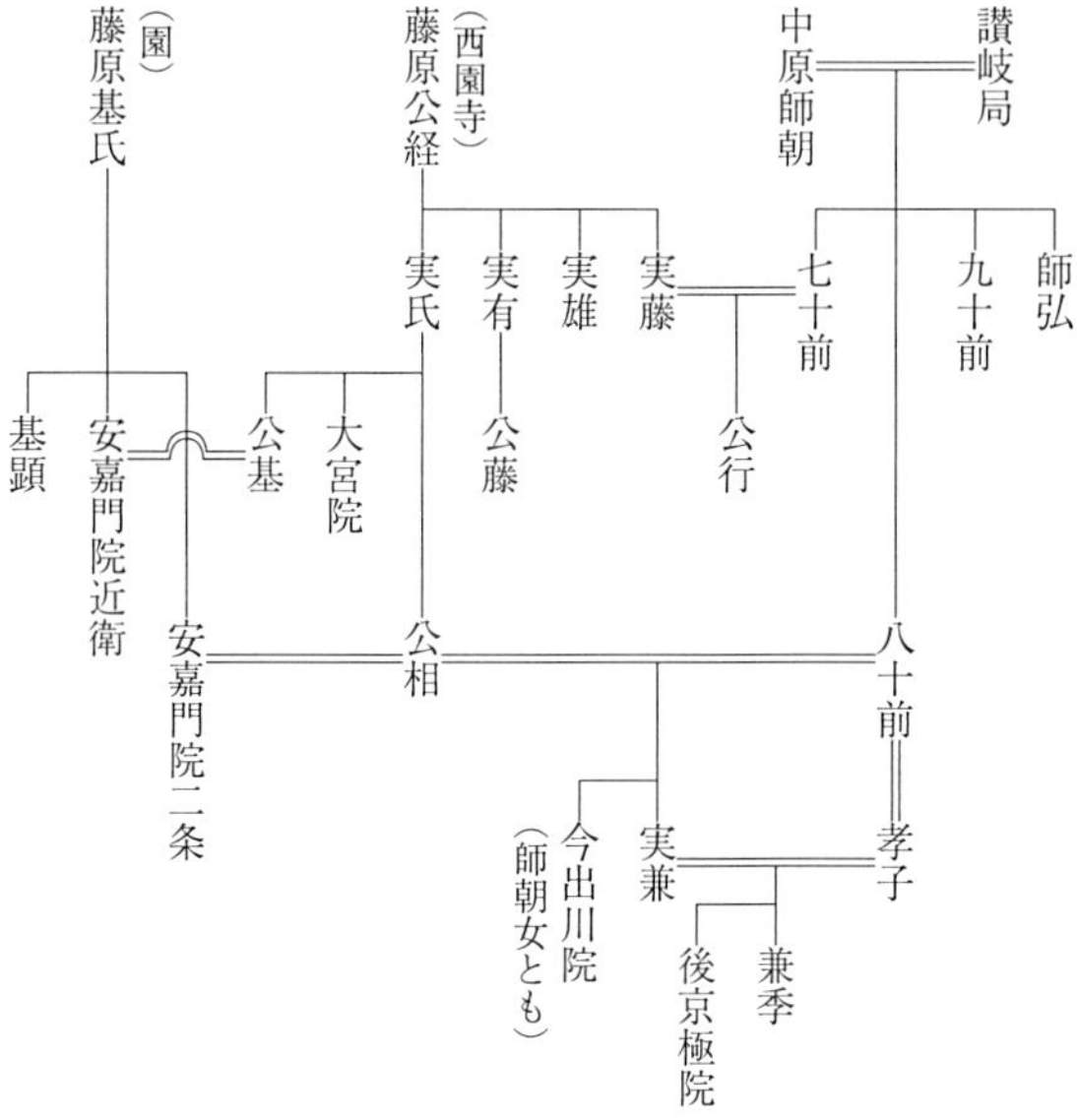

『外記日記』の記事は、単文かつ散文的で、内容も主にその日の朝廷の儀式、その参仕者の事務的な記載、あるいは世上の噂であり、記主の行動、感情が明記されている部分は少ない。しかしその中に朝廷の儀式とは関わりのない人物の動向、また様々な人物の死没記事、拝賀記事などが端的ながら記されている。こうした記載は、おそらく記主と交際のある人物に関するものと考えることができよう。そこで次にこうした記載に注目していきたい。

まず目立つ記事に、藤原氏閑院流に関する記載がある。西園寺八講・西園寺修二月会や、一門の拝賀・着陣記事が多く見える(20)。中でも実氏・公相・実雄という、のちの西園寺家に関する記事は多い（「中原師朝流と閑院流・園流略系図」参照）。有馬や木崎・勝間田湯などでの湯治や移徙、家内の仏事、家領に関する記載など、極めて私的な行動まで記されているのはこの一流のみである。[21]また人名の表記法を見ても、前太政大臣該当者が鷹司兼平、徳大寺実基、西園寺公相と三人を数える中にあって、実基は「徳大寺相国」と記されている。一方で、公相は「前太政大臣」「前相国」とのみ記している。こうした点からも西園寺との近しい関係が窺える。

そこで西園寺と縁の深い外記の一族を探すと、中原師朝の一流（西大路流）が挙げられる。[22]師朝の室は、楽の名手藤原孝道の子で、孝時の姉妹の讃岐局である。讃岐局は妙音院師長、その室にかわいがられ、また七条院に女房として仕え、「箏にとりては古今ならびなき達者也」「みちをもふかくしり、すべて心ある人にて侍りけり」と評される人物だった。[23]師朝との間に、子息のほか三女を産んでいる。[24]長女は九十前といい、藤原道嗣の室となり、道平らを産んだ。[25]また二女の八十前は、西園寺公相の室として、実兼、今出川院等の母となる。さらに従姉妹で養子の従二位藤原孝子は実兼との間に兼季・後京極院を産んだ。「後にはおもき人にてわたらせ給ひき」とされている。[26]また三女七十前は、室町大納言実藤との間に、公行を産んだほか「後には公達あまたうみたてまつらせ給ふ」という。[27]『外記日記』中にも「三品公行卿母儀禅尼」として死去の記事が見える。[28]姉妹はいずれも箏の名手であり、『伏見宮旧蔵楽書集成』所収の「箏系図　讃岐局以来」「箏相承系図」などからは箏を通じた幅広い人脈が看取できる。讃岐局の弟子には持明院家定、山階実雄の室で京極院の母栄子、源師季、大炊御門経宗室新大納言局などがいる。早世した九十前の弟子には藤原道嗣・道平、八十前の弟子には従二位教子（徳大寺実基女。西園寺公相室。八十前所生実兼の養母）、今出川院、従姉妹に当たる今出川院女房小兵衛督局。七十前の弟子には室町実藤、公行、孫の永福門院女房新大納言局、尾張内侍局、藤原孝子などが見える。更にその弟子、母方の孝時に列なる弟子を数えると極めて多数に及ぶ。中でも閑院流の一門、また女子には大宮院・今出川院・永福門院をはじめとして同流出身の女院に仕える者が多い。[29]閑院流は琵琶など楽に秀でた一族であり、西園寺実相・公経父子らは妙音院師長から伝授を受けている。中原師朝・師弘と続く西大路流がこうした縁を通じて閑院流と深いつながりを持っていたであろうことは想像に難くない。そして『外記日記』を書写した師栄もこの一流に列なっており、この流の人物が記主の候補として第一に挙げられる。

今ひとつ注意を引かれる日条に弘安一〇年八月一七日条「右衛門督基顕卿以下下二向賀州山代庄一云々」という記事がある。園（持明院流）基顕の加賀国山代庄への下向が、何故わざわざ記されたのだろうか。園家に関する記載ではほかに、基顕の祖母に当たる「別当入道（園基氏）円空母堂入滅九十二」、「東中納言入道基保北方西面死去」、さらには「園中将基顕朝臣青侍兵衛入道唯念乗二揚馬一、落馬即死去」という家中に関わる記載も見える。(30) 加えて紙背文書中にも、この山代庄に関する文書が複数見いだせる（巻二第四紙、第五紙、巻五第二五紙、第四六紙など）。一例をあげる。

（巻五第二紙紙背）

山代庄役元三替物事、庁数目六如レ此、任レ例可下令二下知一給上之由、被二仰下一候也、恐々謹言、

十二月七日　俊冬

園中将（基隆カ）殿

このように山代庄の課役・預所職補任に関する文書や、巻数進上のついでに地頭の横暴を訴える内容となっている。すなわち師栄は山代庄に何らかの権益を有していたのであろう。また紙背文書中には、やはり園家領の近江国吉満保・池原杣・龍門庄などに関係する文書（巻一第二九紙、巻四第一七紙）、園基隆の仰を受けた奉書の草案（巻二第六紙）、園基氏の経歴を確認する文書（巻二第三三紙）なども存在し、園家と師栄の関係を窺わせる。この一族は北白河院陳子の実家であり（基顕の伯母）、閑院流とも幾重にも渉る姻戚関係がある。基顕の同母姉妹も北白河院の娘安嘉門院に仕え、西園寺公相・公基の室となっている（『尊卑分脈』）。また一族家定が師朝室讃岐局の弟子であるなど楽にも長けている。このような関係から『外記日記』の記主、また師栄も園家に仕え、山代

庄を始めとする園家領と関わりを持っていたのではないか。そのため基顕の山代庄下向という一見何でもない記事が記されたのであろう。こうした記事からも記主が師栄に列なる一流と推測できる。

その他、記主の性格を窺える記事として、文永元年一〇月一七日条「今日記六所起請事廻覧」、弘安一〇年三月一三日条「今日文殿評定也、撫民事可㆓注進㆒之由被㆓仰下㆒之」、同二三日条「撫民事注進状」といった記載が注目される。これらは端的な書き方であるが、記主が亀山天皇の記録所、のちに訴訟機関として整備された院文殿に祗候していたことを示すものではないだろうか。[31] 実際に西大路流の内、師冬・師淳・師種は弘安年中、院文殿に参候していたことが知られる。また『外記日記』弘安一〇年一一月二七日の伏見天皇の記録所始の記事には、「勾当・寄人等如㆑旧之由被㆓仰下㆒畢」と見える。『伏見天皇宸記』同日条を見ると、この時の記録所メンバーには局務家中原氏からは師冬・師種が存在したことがわかる。[32] この時期、局務家中原氏の中でも西大路流の割合は高く、その隆盛が窺える。さらにこれらの人物のうち師冬・師淳等は日記を記していたことも確認できる。[33]

そこでこの三人の経歴を追う。まず師朝の孫師冬は、康元元年（一二五六）直講に任じられ、正応二年〜三年（一二九〇）大外記を勤め、在任中に死去している。またこの間弘安一〇年二月には、中原師宗と大外記職を争い、敗れたが明経博士に任じられた。[34] この時、「師宗者位次上臈、師冬者下臈、但稽古之誉、近日当㆓文学之紹隆㆒、尤可㆑被㆓抽任㆒之由論㆑之」と見え、亀山院の儒学振興の中で、学問に優れた人物だったようである。ただし『外記日記』中には、この間の記事は「今日小除目、権中納言経長、頭弁俊定奉㆓行之㆒」（二月一日条）、「大外記師宗申㆓拝賀㆒」（同二二日条）、「大博士師冬初参㆓本道㆒也」（同二八日条）とのみある。相論の本人の記録とすればやや違和感が残る淡泊さである。

師淳は師冬の弟で、弘安二年（一二七九）頃から活動が確認され、[35] 延慶二年〜三年（一三一〇）には大外記を勤めた。このような経歴からすると現存『外記日記』最初の文永元年（一二六四）、あるいは『外記日記』の存在が推測される文応元年（一二六〇）にはいまだ若年だった可能性も存在する。

いずれとも、あるいは同流の他の人物とも判じがたいが、本補論ではその中でも師栄の祖父に当たる師種に注目したい。理由としては『外記日記』が師栄に「相伝」されていること、先述の山代庄など紙背文書との相互関係がある。師冬・師淳は、西大路流の嫡流すなわち師利らの流れに列なる。彼らの日記であれば、師栄ではなく師利等の許に相伝されたのではないだろうか。師種の経歴を追うと、外記を勤め仁治三年（一二四二）に叙爵、建長六年（一二五四）外記巡により正五位下に叙された(36)。文永初年頃には壮年に達していたであろうし、記録所に所属していても不思議はないと推測される。また『系図纂要』所収系図によればこのほか音博士、明経博士といった明経道の官も経歴している。文永一〇年（一二七三）～正応三年（一二九〇）の間には助教・兵庫頭の地位にあって院文殿に祗候し、さまざまな勘申などを行っていた(37)。師種の父、師有は大学権助だった寛元元年（一二四三）、論語の「累祖之秘説」を記し閑院流藤原実任に献じており(38)、のち兄師弘の推挙によって助教に任じられている(39)。外記局の構成員としては傍流であるが、明経道との深い関わり、閑院流との縁が強い一流といえよう。

以上の検討により、本記の記主は、中原師朝の一流、中でも師種の可能性がある、と推測したい。また現存の『外記日記』五巻中、弘安一〇年記のみやや年代が離れている。あるいは別の記主の手になる日記の可能性もあるが、基本的な性格は同一と捉えられ、やはり文永記と同一の流れに属する日記と推測する。

今ひとつ、この『外記日記』の特徴として、「本記」という表現が見える。すなわち「今日彗星御祈外法等目六見㆓本記㆒」（文永元年七月二七日条）、「白鷺居㆓内裏棟㆒事、被㆑問㆓先例㆒、被㆑行㆓御卜㆒云々、見㆓本記㆒」（文永四年八月一二日条）、「次第沙汰見㆓本記㆒」（文永四年九月一五日条）等の記事である。いずれもより詳しい情報を本記に譲った表現である。このような「本記」という表現は、管見の限りほかに『民経記』別記の「経光卿維摩会参向記」嘉禎元年一〇月一二日条に見える。ここでは「僧正御物語条々在㆓本記㆒」と記されている。『民経記』に、該当する「本記」は現存しないが、おそらく別記に対して、通常の日次記に、維摩会と直接関係しない僧正との世間話を記したのではないかと推測される。また例えば『外記日記』中では「今日山門蜂起条々訴二中天王寺別当一被レ付レ寺事」（文永元年正月一五日条）などのように文末が「〜事」あるいは「云々」とされていることも多い。このような特徴からは、師種も他に「本記」に相当する日記を記していたか、現存『外記日記』が師栄によって作成された記事目録のような性格を有している可能性があると考えられる(40)。

三　下級官人層のネットワーク

先述のように『外記日記』には多数の下級官人の動向がかいま見える。最後にそうしたネットワークに注目したい。例えば文永二年二月九日には、備中前司中原行範の出家記事が見える。この行範は、後嵯峨天皇の即位を知らせる関東からの使者を迎え、御所の造営を負担するなどした裕福な官人で、後嵯峨院下北面、一条実経、九条道家、西園寺公経の侍などとして活躍した人物である。また、文永四年には院細工所奉行を務め、後高倉院・北白河院とも縁の深い有力官人備中入道信阿（平信繁）の娘の死去が見える(41)。信繁の父繁雅は、師種の曾祖父師方の大外記拝任を夢見たという説話もあり、親交があったと推測される(42)。同じく裕福な官人として院細工所を統括していた伊賀入道源仲遠、その甥で亀山院北面、非蔵人の仲資、西園寺家司として著名な三善一族の動向なども注目される(43)。その他の官人についても、相互の関係を辿ることで、当該期の下級官人層の人的ネットワークを探ることが可能なのではないだろうか。

また弘安一〇年四月一六日条では「今日聞」として、右近大夫親祐が七日に加賀国倉月庄において二三歳で早世したこと、続けて関東評定衆・得宗被官の佐藤業連の死去を記している。親祐なる人物は不明だが、倉月庄はやはり明経道中原氏の一流で、鎌倉に下って幕府奉行人となった師員の子孫摂津氏の所領である(44)。やがて藤原姓に改めた摂津氏は「親」を通字とする。この親祐も摂津氏の一員で、庄園現地で差配をしていた人物とも推測できる。旧知の人物だったのだろうか、その死亡記事が先に記されていることからは、あるいは鎌倉からの情報源として、同族の摂津氏との交流が想定できるのではないだろうか。

本記中には閑院流に比して摂関家に関する私的記事は少ない。しかしその中に「右衛門大夫忠長入道死去近衛殿下家司」、「近衛殿下家司左衛門大夫尚高出家」「中務大夫□澄近衛殿下家司逝去」など五位クラスの近衛下家司の動向を示す記事は散見される(45)。また近衛基平邸の所宛という家内行事の記載も見える(46)。先述の通り、九十前は藤原道嗣室、道平母であり、道平は七十前の孫道景を養子としている。こうした関係から、記主も近衛流に仕え、また身分的に近いその下家司と親しく、こうした記事が書かれることになったのであろう。

おわりに

以上、本補論では『外記日記（新抄）』を検討し、尊経閣文庫本は、一四世紀半ば中原師栄によって書写された古写本であることを指摘した。そして本来の記主は、師栄の祖父に当たる中原師種、あるいはその周辺の人物と推測した。師種はこの日記の記された文永〜弘安年中に現任ではなく、その意味で『外記日記』という名称が適当かどうかは疑問が残る。ただし外記を務める一族の一員であり、院文殿にも属していた。本記の内には外記の職務に関する記載、そのルートを通して得たであろう種々の情報が記されている。さらに明経道を家学とし、大学寮の教官職を務めており、そうした大学寮・明経道に関する記載も多い。また師種の一流は、閑院流や園家と縁が深く、近仕していた。そのため鎌倉中後期には中原氏の中でも隆盛を誇った。こうした記事からは院・西園寺を中心とした人的ネットワーク、ことに下級官人層・家司層のネットワークを窺うことができよう。紙背文書にも興味深い文書が多いが、その検討は別稿を期したい。

注

（1）東京大学史料編纂所所蔵写真帳『外記日記』乾・坤（六一七三―一三〇）。
（2）高橋秀樹『古記録入門』東京堂出版、二〇〇五年など。
（3）ただし底本には尊経閣文庫本ではなく、明治一五年に郡岡良弼が尊経閣本を書写した国会図書館本を使用。
（4）『外記日記』文永三年六月六日条。文永四年一一月一五日条など。以下『外記日記』の記事は日条のみで示す。
（5）『勘仲記』弘安四年閏七月八日条（増補史料大成、以下同）。
（6）『外記補任』（続群書類従第四輯上、以下同）。
（7）『外記補任』。
（8）中原師利宛の書状の宛所に「西大路殿」と記されることは、例えば『師守記』康永四年三月二六日条、二九日条などに見える（史料纂集、以下同）。
（9）『師守記』貞和元年二月一二日条。『園太暦』貞和元年二月九日条（史料纂集、以下同）など。
（10）『園太暦』観応二年七月一六日条。『師守記』貞治二年閏正月一一日条。
（11）『続史愚抄』応仁元年九月一日条（新訂増補国史大系）。井上幸治「解説」『外記補任』続群書類従完成会、二〇〇四年。
（12）藤岡作太郎『松雲公小伝』高木亥三郎、一九〇九年。
（13）吉岡眞之「前田綱紀の典籍収集」科学研究費補助金（基盤研究（C）、研究代表吉岡眞之）研究成果報告書『高松宮家蔵書群の形成とその性格に関する総合的研究』二〇〇八年。近藤磐雄編『加賀松雲公』中、前田家、一九〇九年。所功『平安朝儀式書成立史の研究』国書刊行会、一九八五年。
（14）文永元年三月一三日条。一二月二五日条。文永二年四月二五日条。八月四日条。文永三年正月三日条など。
（15）文永二年一二月二〇日条。文永三年二月六日条。九月一八日条など。
（16）文永三年一一月一九日条。弘安一〇年二月二一日条。三月六日条。七日条など。
（17）それぞれ文永四年八月一日条など。文永元年六月二二日条。文永二年一〇月八日条。文永三年正月九日条など。文永四年

五月一五日〜七月二七日条。弘安一〇年三月一九日条など。
(18) 文永元年三月一三日条。文永二年一二月二四日条など。
(19) 松薗斉『日記の家』吉川弘文館、一九九七年。拙稿「官務家・局務家の分立と官司請負制」『史学雑誌』一一一―三、二〇〇二年（本書第一部第三章）。
(20) 文永元年八月二九日条。一二月九日条。文永四年二月一八日条など。
(21) 文永元年三月四日条。八月二三日条。九月二二日条。文永三年二月一八日条。一〇月二一日条。一二月二三日条。文永四年二月二五日条など。
(22) 岩佐美代子「音楽史の中の京極派歌人達」『京極派和歌の研究』笠間書院、二〇〇七年増補改訂版。相馬万里子「琵琶における西園寺実兼」福島和夫編『中世音楽史論叢』和泉書院、二〇〇一年。
(23) 『文机談』第三（岩佐美代子『文机談　全注釈』笠間書院、二〇〇七年、以下同）。
(24) 『文机談』第三。「箏系図　讃岐局以来」「箏相承系図」「秦箏相承系図」（図書寮叢刊『伏見宮旧蔵楽書集成』二、以下同）。
(25) 「箏系図　讃岐局以来」「箏相承系図」「秦箏相承系図」。
(26) 『文机談』第三。
(27) 「箏系図　讃岐局以来」「箏相承系図」「秦箏相承系図」。『文机談』第三。
(28) 弘安一〇年一〇月二四日条。
(29) 『尊卑分脈』。「箏系図　讃岐局以来」「箏相承系図」「秦箏相承系図」。
(30) 文永二年七月二三日。八月一八日条。文永三年正月一六日条。
(31) 『勘仲記』弘安九年一二月二四日条。森茂暁『鎌倉時代の朝幕関係』思文閣出版、一九九一年。本郷和人『中世朝廷訴訟の研究』東京大学出版会、一九九五年。
(32) 『伏見天皇宸記』弘安一〇年一一月二七日条（増補史料大成）。
(33) 仙洞御移徙部類記」所収記録など。
(34) 『勘仲記』弘安一〇年二月一日条。
(35) 『吉続記』弘安二年四月一一日条（増補史料大成）。
(36) 『民経記』仁治三年正月五日条（大日本古記録）。『経俊卿記』建長六年八月五日条（図書寮叢刊、以下同）。

(37) 文永一〇年一二月三日「御修法中内裏焼亡例」(『壬生新写古文書』三)。森茂暁『鎌倉時代の朝幕関係』思文閣出版、一九九一年。本郷和人『中世朝廷訴訟の研究』東京大学出版会、一九九五年。
(38) 『大日本史料』第五編一七、寛元元年雑載。
(39) 『経俊卿記』建長八年四月記紙背文書。
(40) 複数の日記を併用する事例は、尾上陽介「『民経記』と暦記・日次記」五味文彦編『日記に中世を読む』吉川弘文館、一九九八年。拙稿「『勘仲記』に見る暦記と日次記の併用」科学研究費補助金(基盤研究(C)、研究代表厚谷和雄)研究成果報告書『具注暦を中心とする暦史料の集成とその史料学的研究』二〇〇八年(本書第二部第二章)参照。
(41) 本郷和人『中世朝廷訴訟の研究』東京大学出版会、一九九五年。文永四年六月二日条。
(42) 『古今著聞集』神祇第一(日本古典文学大系)。『古今著聞集』の著者橘成季は、讃岐局の父孝時の琵琶の弟子で西園寺に仕えており(五味文彦『平家物語、史と説話』平凡社、一九八七年)、局務中原氏関係では西大路流を顕彰する話が複数見られる。
(43) 本郷恵子『中世公家政権の研究』東京大学出版会、一九九八年。文永三年五月二六日条。一門仲章は源実朝の侍読として鎌倉で勢力を振るった。弘安一〇年九月二日条。
(44) 建武二年一〇月四日「太政官符」『色々証文』(大日本史料第六編二)。倉月庄については近藤成一「中家相伝の所帯、他人知行の号を残さず」『遙かなる中世』一〇、一九八九年参照。
(45) 文永二年四月一一日条、五月一一日条。文永四年一二月一五日条。
(46) 文永四年八月一一日条、一二月一四日条。

第四章　「非官司請負制的」経済官司の運営体制

はじめに

律令制が変質するにつれ、官司の統廃合や内部構造の変質も進んだ。その中でもことに「要劇諸司」と称された重要な官司ではより集約的な運営が必要とされ、様々な変遷を辿った。一〇世紀以降には、所別当や年預による差配が行われ、また院政期には院近臣層の運営への関与も見られる。さらに中世にはより合理化された運営体制として、幾つかの官司で「官司請負制」システムの存在が指摘されている。(1)

これに対し「非官司請負制」的官司の存在が、桜井英治氏、今正秀氏等によって指摘されている。(2)その代表とされるのが本章で取り上げる修理職を始め内蔵寮、木工寮、大蔵省等であるが、これらは内廷経済に関わる「最重要官司」であり「天皇支配権の強力な」官司である。それゆえいわゆる官司請負制的官司のような世襲化は遅れたものと指摘されている。(3)その運営は、長官―年預という中級官人を排除した合理化された形をとり、長官・年預には様々な人物が任じられる「遷代の職」だったという。

ところで従来は長官―年預体制とされる運営体制のうち主に年預の活動を中心に検討が進められており、長官層の性格についてはあまり注目されていない。そこで本章では主に修理職、内蔵寮を取り上げ、第一節では鎌倉前中期の、第二節では一四世紀以降の修理職の運営体制とその変遷を探る。さらに第三節では鎌倉期には「非官司請負制」的でありながら、室町期以降「官司請負制」が成立したと指摘される内蔵寮を展望することで、鎌倉期の官司運営の一側面を明らかにしたい。

一　鎌倉前中期の修理職

1　先行研究

まず修理職、修理大夫の性格を先行研究によりまとめておく。修理職はその名の通り造営や修理を担当した令外官である。宮中の修理という面からも天皇の日常生活と切り離せない職務であり、また造営事業を支える経済力が要求される官司でもあった。古代には同様に造営を担当する諸官司との間で機構の再編が繰り返された(4)。そして長官である修理大夫には蔵人、また院政期には院近臣の受領層が多く任じられ、その経済力によって支えられていたという(5)。

中世の修理職については桜井英治氏、本郷恵子氏による研究がある(6)。桜井氏は中世の修理職の運営体制の変化を三段階に分類する。まず鎌倉期には長官―年預によって支えられていたが、南北朝期には木工頭により管掌され、さらに「修理職両人」＝山国奉行と称されるコンパクトな形態にまで合理化されていくとする。そしてこの変化を「官司としての自律性を失って、天皇支配権をより直接的な形で受容する方向へと変化した」と位置づける。その後、本郷氏が主に鎌倉期の運営について詳細に検討し、以下のような変遷を指摘した。すなわち鎌倉初期の修理職は桜井氏の指摘のように長官―年預体制下にあった。ただし当時の修理職は権益の少ない官であり、長官、あるいは年預の私財の持ち出しによって運営が支えられていた。そのためポストとしては人気がなかったという。建長から弘安年中にかけて四条流関係者がその経済力を買われ、長期に渉って修理大夫を勤めると、その間に修理職の利権が確立され、また業務が拡大していった。さらにそうした変化に伴い洞院などの有力上級貴族の関与が見られるようになり、彼らは子息等を修理大夫に据え、実権を握ったという。修理職ではこうした長官とは別の統括者は「職務」と称された。

このような官司運営体制＝「知行官司制」については、五味文彦氏、網野善彦氏の指摘がある。五味氏は院政期の馬寮の発給文書の検討から早く白河院政末期に、知行国制の発達とともにこのような体制が進展したとする。(7)また網野善彦氏は西園寺家と左馬寮の密接な関係から、西園寺家が左馬頭とは別に、左馬寮の実質的な権限を握っていたと指摘した。網野氏はこれを上級貴族による官司請負の一形態であると位置づけ、鎌倉後期から南北朝期にかけての特質と捉える。(8)

鎌倉期の修理職については以上のような指摘がなされてきたが、次項ではその検討に当たって、まず修理大夫の任官状況を探ることとする。

2　鎌倉期の修理大夫

表10に院政期から南北朝期の修理大夫の任官状況を示した。ここから鎌倉期の修理大夫の特徴として以下の三点が認められる。

まず相当位について、平安末期の『官職秘鈔』には「参議・散三位・殿上四位等任〻之」と記され、南北朝期の『職原鈔』にも「四位已上任〻之、或公卿任〻之」と見える。(9)すなわち鎌倉期を通じて四位、三位、参議クラスの官と認識されていたことがわかる。そのことは実際の補任状況からも確認できる。

次に補任状況を見ると、一三世紀までの在任期間が相当に長期に及んでいることに気付く。これは個々人の在任期間についてもいえるが、さらに近い一族の任官期間を考えるとより顕著である。例えば寛治八年（一〇九

表 10　修理大夫補任表

西暦	和暦	天　皇	修理大夫	備　考
1108	天仁	鳥羽	藤原顕季	非参議三位．寛治 8 年～．
1109				
1110	天永			
1111				
1112				
1113	永久			
1114				
1115				
1116				
1117				
1118	元永			
1119				
1120	保安			
1121				
1122			藤原顕季	～12/21．翌年死去．
			藤原長実	12/21～．非参議三位．顕季子．父卿譲之．
1123		崇徳		
1124	天治			
1125				
1126	大治			
1127			藤原長実	～1/19．譲男顕盛．
			藤原顕盛	1/19～．長実子．
1128				
1129				
1130			藤原顕盛	
			藤原基隆	10/5～．非参議三位．
1131	天承		藤原基隆	～12/24
			藤原家保	12/24～．正四位下．顕季子．
1132	長承			非参議三位．
1133				
1134				参議．
1135	保延			
1136			藤原家保	死去．
1137				
1138				
1139				
1140				
1141	永治	近衛		
1142	康治			
1143			藤原忠能	この年以前に任．
1144	天養			非参議三位．
1145	久安			
1146				
1147				

西暦	和暦	天　皇	修理大夫	備　　考
1148	久安			
1149				
1150				
1151	仁平			
1152				
1153				
1154	久寿			
1155		後白河		
1156	保元			参議.
1157			↓	正三位.
1158		二条	藤原忠能	3/6 死去.
			源資賢	3/13～. 正四位下.
1159	平治			
1160	永暦			
1161	応保		↓	非参議三位.
1162			源資賢	6/2 解官. 配流.
			平頼盛	7/17～. 正四位下.
1163	長寛			
1164				
1165	永万	六条		
1166	仁安			非参議三位.
1167			↓	
1168		高倉	平頼盛	～10/18. 相博三木成頼.
			藤原成頼	10/18～. 非参議三位. 参議.
1169	嘉応			
1170			↓	
1171	承安		藤原成頼	～12/8.
			藤原信隆	12/8～. 非参議三位.
1172				
1173				
1174				
1175	安元			
1176				
1177	治承			
1178			↓	
1179			藤原信隆	～10 月. 死去.
			平経盛	11/17～. 非参議三位.
1180		安徳		
1181	養和			参議.
1182	寿永		↓	
1183		後鳥羽	平経盛	～8/6. 西国へ.
			藤原親信	8/16～. 参議. 経忠孫.
1184	元暦			
1185	文治			
1186			↓	
1187			藤原親信	～5/4. 辞大夫申任男左少将定輔.

西暦	和暦	天　皇	修理大夫	備　考
1187	文治		藤原定輔	5/4～. 正四位下. 父卿(親信)譲之.
1188				
1189				
1190	建久			
1191				非参議三位.
1192				
1193				
1194				
1195				
1196				
1197				父親信死去.
1198		土御門		正三位.
1199	正治			
1200				参議.
1201	建仁			
1202			藤原定輔	～7/23. 権中納言に.
1203				
1204	元久			
1205			藤原仲経	1/29～. 非参議三位. 参議. 親信男.
1206	建永			
1207	承元			
1208			藤原仲経	～7/9. 相博越中国.
			藤原公頼	7/9～. 非参議三位. 父卿(実教)以越中国相博.
1209				
1210		順徳		
1211	建暦			
1212				
1213	建保			
1214				
1215				
1216				
1217				
1218			藤原公頼	～12/9. 以公広任右馬頭.
			藤原親忠	12/9～. 従四位上.
1219	承久			
1220				
1221		仲恭・後堀河	藤原親忠	～8/29.
			藤原公頼	8/29 更任. 前参議.
1222	貞応			従二位.
1223				
1224	元仁			
1225	嘉禄			
1226				
1227	安貞		藤原公頼	～10/4.
			藤原基定	10/4～. 正四位下. 左大臣良平令拝領職.
1228				非参議三位. 行幸左大臣譲.

西暦	和暦	天　皇	修理大夫	備　考
1229	寛喜			
1230				
1231			藤原基定	～4/14. 前左大臣（良平）以修理職下総国等相博伯耆日向国等之故也.
			葉室資頼	4/14～. 正四位下.
1232	貞永	四条		参議.
1233	天福			
1234	文暦			
1235	嘉禎		葉室資頼	～8/30. 任権中納言.
			高階経時	8/30～. 非参議三位.
1236				
1237				
1238	暦仁			従二位.
1239	延応			
1240	仁治			
1241				
1242		後嵯峨	（高階経雅）	改経雅. 関東左近将監同名故也.
1243	寛元			
1244				
1245				
1246		後深草		
1247	宝治			
1248				
1249	建長			
1250				
1251				
1252				
1253			高階経雅	～12/5.
			四条隆行	12/5～. 従三位参議.
1254				
1255				
1256	康元			
1257	正嘉			権中納言.
1258				従二位.
1259	正元	亀山		前権中納言.
1260	文応			
1261	弘長			権中納言.
1262				正二位前権中納言.
1263				
1264	文永			
1265				
1266			四条隆行	～2/1. 譲大夫於男隆保.
			四条隆康	2/1～. 従四位上正四位下. 父隆行卿譲.
1267				
1268				
1269				

西暦	和暦	天　皇	修理大夫	備　考
1270	文永		↓	
1271				
1272				
1273				
1274		後宇多		非参議三位.
1275	建治			
1276				
1277				正三位.
1278	弘安			参議.
1279				
1280				
1281				
1282				
1283				従二位.
1284			四条隆康	～1/13.
			高階邦経	1/13～. 非参議従二位.
1285			↓	
1286				
1287		伏見		
1288	正応			
1289			高階邦経	～4/2.
			三条実時	4/2～. 正四位下. 非参議三位.
1290			↓	
1291				
1292				正三位.
1293	永仁			
1294				従二位.
1295				
1296			三条実時	～5/15.
			日野俊光	8/21～. 従三位参議.
1297			↓	権中納言.
1298		後伏見		
1299	正安		日野俊光	～1/13.
			綾小路信有	1/23～. 非参議三位.
1300			↓	
1301		後二条		職家事前相国管領(吉口伝).
1302	乾元			
1303	嘉元			
1304				
1305			綾小路信有	～12/30.
			坊城定資	12/30～. 参議. 職務坊城資定に改替（実躬卿記）.
1306	徳治		↓	権中納言.
1307				
1308	延慶	花園	坊城定資	～2/7.
			綾小路信有	2/7～. 非参議三位. 従二位.
1309			│	参議. 正二位.

西暦	和暦	天　皇	修理大夫	備　考
1310	延慶		↓	前参議.
1311	応長		綾小路信有	～5/26.
			洞院公敏	7/20～. 正四位下参議.
1312	正和		↓	
1313				
1314				
1315			↓	正三位.
1316			洞院公敏	～9/12. 権中納言に.
			三条公明	9/24～. 正四位下.
1317	文保		↓	
1318		後醍醐		
1319	元応			参議.
1320				従三位.
1321	元亨			正三位.
1322			↓	
1323			三条公明	～8/5.
1324	正中		(菅原在登カ)	非参議三位.
1325				
1326	嘉暦		平惟貞	武家任権大夫, 正官今度始例也(継塵記).
1327			菅原在登	9/21～. 非参議三位.
1328			↓	
1329	元徳		菅原在登	～12/24.
			勧修寺経顕	12/24～25. 正四位下.
1330			三条実治	6/7～7/27. 参議.
			平宗経	7/20～. 正四位下.
1331	(元弘)	光厳(後醍醐)	平宗経	～1/13.
			三条実任	1/13～. 正二位前中納言. 中納言.
1332	正慶		菅原長冬	10/25～. 非参議三位.
1333			菅原長冬	～5/17.
			洞院実世	9/23～. 正三位権中納言.
1334	(建武)		洞院実世	～10/9.
			四条隆資	10/9～. 正三位前権中納言.
1335			四条隆資	～11/26.
			正親町忠兼	11/26～. 非参議三位.
1336	(延元)	光明	(正親町実寛)	忠兼改名.
1337			(正親町公蔭)	実寛改名. 参議.
1338	暦応		八条清季	2/17～. 非参議三位.
1339		(後村上)	↓	
1340	(興国)			
1341			↓	
1342	康永		八条清季	～1/15.
			斯波高経	

＊主に『公卿補任』による. 備考欄も特に断りのない場合は『公卿補任』より.
便宜上『公卿補任』に付された家名を付した.

表11　一族・家司が複数の経済的官司の長官職を占めている例

就任年代				関　係
1240 s	大蔵卿菅原為長	修理権大夫菅原在章		従兄弟
1240 s	修理大夫高階経雅	内蔵頭平維忠		姻戚
1250 s	大蔵卿平維忠	内蔵頭平親継		親子
1260 s	修理大夫四条隆行	内蔵頭四条隆康		親子
1270 s	修理大夫四条隆康	内蔵頭四条隆康		兼任
1270 s	修理大夫四条隆康	内蔵頭四条隆良		従兄弟
1280 s	大蔵卿平忠世	修理大夫高階邦経	修理権大夫高階経茂	兄弟．忠世は姉妹の夫
1280 s	大蔵卿藤原経業	内蔵頭藤原親業		親子
1310 s	修理大夫洞院公敏	木工権頭藤原孝重		姻戚
1310 s	大蔵卿菅原季長	木工頭菅原茂長		兄弟
1310 s	修理大夫三条公明	修理権大夫三善宣衡	内蔵頭三条実治	公明，実治は親子．宣衡は家司．
1320 s	大蔵卿吉田冬方	木工頭吉田為治		従兄弟
1330 s	修理大夫三条公蔭	木工頭橘知任		知任は家司

四）から保延二年（一一三六）まで長官を勤めた顕季・長実・顕盛・家保、同じく寿永元年（一一八三）から承元二年（一二〇八）までの坊門流藤原親信・定輔・仲経、建保六年（一二一八）〜承久三年（一二二一）の親忠は親子孫である。また嘉禎元年（一二三五）から正応二年（一二八九）までは高階経時、邦経、四条流の隆行、隆康が長官を勤めている。隆行、隆康は親子、経時は隆行の大叔父で邦経の父にあたる。鎌倉期にはこのように実質一つの一族で長期間修理職を占めている事例が多く見られる。その結果、修理大夫に任官する人物はごく狭い範囲の家に限られ、院政期から高階氏、四条流、閑院流などの院近臣層が目立ち、代々修理大夫に任官している家柄の存在が窺える。ただし少数ではあるが藤原基定、綾小路信有などほかに任官例の見られない一族の出身者も存在する。ところがその後一四世紀に入ると、修理大夫は短期間で交替するようになる。

第三に大夫任官者の経歴の特徴として、多くが同じく非官司請負制とされ、経済力を必要としたといわれる内蔵寮・大蔵省・木工寮などの官を経歴していることがあげられる。こうした経歴は院政期から見え、院近臣、乳母関係者の任官が多いことが指摘されている。(10)またそのような出身ルートの関係とも考えられるが、同時期に一族でこれらの官司の長官職を占めている例も多く見られる。その鎌倉期の主な例を表11に掲げた。

3　寛喜の修理大夫改替

本項では比較的詳細に状況の窺える寛喜年中における修理大夫交替の経過を追い、この時期の修理職の性格について考える。安貞元年（一二二七）一〇月、非参議三位藤原基定は修理大夫に任官した。その就任を記す『民経記』の除目聞書には「左大臣令㆑拝㆓領職㆒給、仍被㆑補云々」と見える。[11]ここから修理職を左大臣九条流良平が拝領し、良平の推挙によって基定が補任されたことがわかる。すなわちこの時期既に修理大夫の上に知行者（「職務」）が存在していた。

こうして修理大夫に就任した基定であったが、早くも寛喜元年（一二二九）秋には右兵衛督藤原光俊（非参議三位）が修理職を所望している。[12]さらに寛喜二年（一二三〇）二月には「職務」良平が修理職を辞して、知行国を給わりたいと申請し、以後改替への動きが進んだ。[13]この申請から知行国一国と修理職がほぼ等価のものと見なされていたことがわかる。良平の辞退に関して藤原定家は修理職の磨滅のためかと推測しており、この時期修理職には衰退が見られたようである。ただしその欠員に対して権大納言の閑院流藤原実氏、非参議三位藤原光俊等からそれぞれ所帯の知行国との相博（交換）希望が出されており、決して衰微しきった官ではなく、就任によるメリットはあったと思われる。

修理職の利権については建久七年（一一九六）の『三長記』の記事からも窺える。内蔵頭藤原仲経（親信三男）が伯耆国を知行国として得たことを聞いた記主藤原長兼は、父坊門中納言親信が一国を知行し、嫡男定輔が修理大夫であり、次男親兼は丹後に任じられており、「一家以㆓素餐㆒為㆑生」と指摘している。[14]ここでも修理職が知行国と並ぶ権益とされている。こうした事例を鑑みると、鎌倉初期時点にも修理職に利権としての性格が一定程度存在したことが窺える。

さて寛喜二年時の修理大夫候補について、関白藤原道家の諮問を受けた藤原定家の『明月記』には次のように見える。

参二殿下一、（中略）依レ召参二御前一之次、仰云、如二中将・侍従・参議一、兼二修理大夫一有レ例歟、申云、一昨日聊有二承及事一、其身未レ申二此事一、只如二基定・公兼一挙二其代一乎由、右幕下被レ申由承レ之、参議給二其職一、更不レ可レ及二代官之沙汰一由、注進了由申レ之、入道法師所レ告也、非二其身示合一 資平、侍従経任、侍従良頼、中将忠文、経成、資仲、頼盛、定輔、衛府督諳所二覚悟一如レ斯、猶其例多歟、左府平辞二修理一被レ申レ国、如レ被二奏申一 大将聞二此事一、被レ申二能登事一、仍今日示送了、返事未レ到云々、（後略）(15)

定家は中将・侍従・参議と修理大夫の兼官の例を問われて、資平以下の例を挙げている。『官職秘鈔』には参議・散三位・殿上の四位などが修理大夫に適当と見え、一見相当する官位は同様と考えられる。ところが右大将藤原実氏（権大納言）は知行国能登と修理職の交換を申し出、基定や公兼のような代官による「代官之沙汰」を主張している。すなわち自らは知行者として、代官を推挙し修理大夫に据えるという。

実氏が代官の先例として挙げた二人のうち基定は、既に見たように現任の修理大夫であり、安貞元年（一二二七）に良平の代官として任じられている。今一人の藤原公兼は建仁元年（一二〇一）八月に修理大夫に任じられたことが『三長記』に見える(16)。ところが『公卿補任』等からは文治三年（一一八七）から建仁二年（一二〇二）まで藤原定輔が「修理大夫」であったと見える。そしてその後、二年の不明期間があり、定輔の弟仲経の任官が確認できる。ここから公兼は定輔の代官であったと推測できる。定輔は正治二年（一二〇〇）に参議に昇進しており、あるいはそのために修理大夫を兼官できず、公兼を代官に任じたのであろうか(17)。

参議の修理大夫就任については寛喜にも問題となっている。前掲『明月記』寛喜二年二月一〇日条で、定家は

表12　修理職知行者（職務）の変遷

年	大夫	知行者	典拠
建仁1(1201)	藤原公兼	藤原定輔	如基定公兼挙其代(『明月記』)
承元2(1208)	藤原公頼	藤原実教(父)	父卿相博越中国(『公卿補任』)
安貞1(1227)	藤原基定	九条良平	左大臣令拝領職(『民経記』)
寛喜3(1231)	葉室資頼		前左大臣以修理職下総国等相博伯耆日向等之故也(『公卿補任』『民経記』)
弘安6(1283)	四条隆康	四条隆行(父)	四条前中納言〈修理職・右馬寮・豊原庄等所課〉(『勘仲記』)
正応2(1289)～永仁4(1296)	三条実時	洞院公守(舅)	権大納言公守卿職務(『尊卑分脈』), 修理大夫公守卿(『実躬卿記』)
正安3(1301)～嘉元3(1305)	綾小路信有	洞院公守	職家事前相国管領之故(『吉口伝』)
嘉元3(1305)～延慶1(1308)	坊城定資	坊城俊定(父)	去比被改修理職務, 被仰坊城前中納言俊定卿(『実躬卿記』)
延慶1(1308)～文保1(1317)?	洞院公敏・三条公明	洞院公守(孫・一族)	以修理職幷上総等為自身幷両息拝趨之羽翼(『俊光卿記』)
文保1(1317)	三条公明	洞院実泰(一族)	同上

＊知行者欄(　)内は大夫との関係.

参議が職を給わる場合には代官の沙汰には及ばないと注進している。また三月になって、参議平経高が修理大夫候補に挙げられると、経高が任官すれば参議の職を辞するだろうから、その欠員に藤原基氏を任じようとの動きも出ている。(18)これらからは現任参議がそのまま修理大夫に任官する場合には、その参議の官を辞して散位として任じられる風潮が見てとれる。すなわち鎌倉前期の段階では散三位以下が修理大夫相当の官職であったといえ、修理職の知行者と修理大夫の齟齬は、元来このような官位の問題から代官が立てられたことによるのであろう。

最終的に寛喜三年（一二三一）四月、良平は修理職と知行国下総国を日向・伯耆の二国と相博し、修理大夫基定は辞任する。(19)そして後任には関白道家の近臣、正四位下蔵人頭藤原資頼が任じられた。

以上が寛喜の修理大夫改替に関する顚末であるが、この一連の経過からは以下の特徴が指摘できる。すなわち元来現任参議以上が修理職を入手した場合には代官として修理大夫を推挙し、ここに長官とは別の知行者（「職務」）が現れることとなったのである。表12に「修理職知行者（職務）の変遷」

として、管見の及んだ範囲でこのような知行者と時の修理大夫との関係、その典拠とした史料の一部をまとめたが、この表からは代官の修理大夫には、知行者の子供や婿などの近親、あるいは家司と考えられる人物が任じられることがわかる。先述の修理大夫の特徴のうち、代々の修理大夫の家柄がある中で、例外もあると指摘したが、その例外的な人物はこうした近臣層であると考えられる。そしてその先例が基定・公兼とされていることからも一三世紀初頭のこの時期が修理職知行者成立の一つの画期となっていたと見られる。

またこのように修理職知行者の存在に注目すると、修理職運営の主導権が大きく坊門流から四条流、閑院流諸家へと移っていく様相が明確に認められる。かつ、これら修理大夫の家は相互に姻戚関係を結んでいたのであった。

4　その他の官司の事例

修理職と同様に、鎌倉期に官制上の長官とは別に知行者の存在が推測される官司には、左右馬寮、木工寮、検非違使庁、大膳職などが存在する。

例として右馬寮の事例を見る。建久六年（一一九五）、馬寮役の欠如によって関係者が処罰された。ところがその記事には、

右馬頭隆衡被ㇾ召二怠状一、幣馬欠如之故云々、信清朝臣亦恐懼、雖ㇾ譲二所職一、本寮事猶致二其沙汰一、(20)

とある。この時は現任の右馬頭四条流隆衡が怠状を召されただけでなく、坊門流信清も所職を譲ったとはいえ、なお寮務の沙汰をしていたという理由で恐懼を命じられているのである。この両者は婿と舅という関係であり、『公卿補任』によれば、信清は婿を右馬頭に推任して寮の実権を握っていたのであろう。(21)つまり右馬寮でも知行者が近親を長官に補任していること、寮役負担の責任を共同で負っていることが確認できる。すなわち知行官司

体制は決して修理職の特殊事情ではなくある程度一般的に存在するシステムと考えられる。

これらの官司を見ると、室町期以降、いわゆる四職大夫、左馬頭など武家官途として発展した官が目立つ。鎌倉期まで重要な官司とされている官が、このように武家官途となったのは何故か。官司運営体制とどのように関わっているのか。次の節では鎌倉後期から南北朝期の運営状況について追いたい。

二　鎌倉後期から南北朝期の修理職

1　一四世紀の修理大夫補任状況

一四世紀の修理大夫の補任状況を追うと、この時期の修理大夫の任官期間が、前代に比して短期になっていること、相当官位があがっていることに気づく（表10）。ただしその変遷の中にも三条・洞院など閑院流の断続的な任官が目立つ。他方、職務知行権は洞院公守がおおよそ正応三年（一二九〇）頃から文保元年（一三一七）の死去まで保持し、その後も子息実泰が相続しており、長期にわたって洞院家が保持している。そうした中で正安三年（一三〇一）の後二条天皇即位時には、次のような記事が見える。

修理職役事、経継朝臣召二年預一問答、権大夫令二祗候一被レ致二沙汰一、職家事前相国管領之故也、(22)

当時修理大夫は綾小路信有であったが、職役の沙汰は信有ではなく東宮権大夫実泰が行っており、それは当時職を管領していたのがその父公守であるためという。すなわちこの記事からは修理大夫が職の運営と乖離して行く一方で、その背後にいた知行者（職務）の影響力が拡大していた様子が窺える。しかし他の官司同様、この体制は必ずしも相伝を認められた安定的なものではない。嘉元三年（一三〇五）一二月の内侍所御神楽に当たって、次のような記事が見える。

今夜内侍所御神楽事、公秀朝臣申沙汰之処、去比被レ改二修理職務一、被レ仰二坊城前中納言《俊定卿》一而未レ補二年預一、仍職役等難治、可二申延一之由申二請之一、仍被二延引一了、(23)

この少し前に、修理職務が洞院公守から召し上げられ、前権中納言坊城俊定に与えられた。そしてこの改替に伴い、長官は綾小路信有から俊定の子息定資に代わり、年預も白紙に戻った。このため修理職の業務も滞ったのである。なお延慶元年には、公守が再び職務となったようで、長官にも前任の綾小路信有が返り咲いている。

2　修理職と橘氏

さらに南北朝期に入ると、先述のように木工頭橘氏が修理職を「管掌」したと指摘されている。(24)それを端的に示す史料が以下の『師守記』の記事である。

修理職《修理職木工頭知繁朝臣》・木工寮《木工寮年預親弘》致二沙汰一御座幷処々畳・張莚等、掃部寮《年預親弘》御帳幌幷南面幌二ヶ間、御几帳帷、内蔵寮年預明胤、(25)

光厳院の死去に伴う様々な調度の諸司への配分を定めているが、それぞれ責任者として年預が注記されている。その中で修理職は「修理職木工頭知繁朝臣」とされており、木工頭橘知繁が責任者だったと考えられる。『橘氏系図』には知繁およびその父知任、父の甥知国にそれぞれ「修理職」と付記されており、一族に多くの木工頭経歴者が存在することも確認できる。(26)これらから、桜井氏は修理職を木工頭が代行していたという図式を見いだしている。そしてその背景には修理職と木工寮の業務の類似性を指摘している。

ところで、この「知」を通字とする橘氏の一流は鎌倉期は四・五位の侍層であり、代々院司また西園寺家司として所領支配や様々な造営に関与し、富裕を謳われる一族である。(27)鎌倉後期の知嗣は「雑掌之器」と賞された。

一四世紀前半には非参議三位に昇る人物も見られるようになり、また娘が光厳院の寵愛を受けていたりと、武家とのつながりも窺える。[28]このように修理職を支える実力も経済力も十分に有した一族といえる。[29]しかし鎌倉期の職務や、あるいは室町期の山国奉行が共に納言クラス以上の上級貴族であるのに比して、橘氏の家格はあまりに低い。しかもその修理職業務への登場は突然である。前掲『師守記』を見ても他の官司では年預があげられているのに対して、修理職のみ木工頭という他官司の長官職があげられているのもいかにも不審ではないだろうか。この時期、橘氏が修理職を管掌していたことは確かであるとしても、その差配は果たしていかなる立場によるものだろうか。木工頭としての立場によるものか、橘氏としての差配なのであろうか。

その検証のため、まず修理職と木工寮との関係を追う。なお南北朝期の橘氏が名ばかりの木工頭ではなく、その業務に何らかの関与をしていたことは確認できる。[30]両官司は業務内容も近く、先述のように奈良期には統合・分離が数度にわたって行われた官である。

永仁四年（一二九六）一一月二日「修理職官等申状」が提出された。[31]その内容は「当職木工寮工等」の不足によって内裏等の修理が滞っている事情を注進したものである。これによれば「修理職官等」による注進内容は修理職のみならず木工寮にも及んでおり、木工寮役を修理職年預景長が肩代わりしている様子も見える。[32]この景長は、同時期に西園寺妙音堂公文を勤め、西園寺流出身の昭訓門院、広義門院に仕えている大江景長であろう。「景」を通字とする大江氏は、代々閑院流に仕えていた一族であり、鎌倉期の有力な修理職年預の家柄としての活動も目立つ。[33]そしてこの申状でもう一つ注目されるのは、数少ない動員可能な工の中に「西園寺工」がいたことである。この西園寺工は「公家大工等兼行之間、随二公役一」っていたが、当時の修理大夫は三条実時、職務は洞院公守である。[34]こうした関係から「西園寺工」の中に公家工が居り、またその工を動員することが可能だったのであろう。

つまり鎌倉後期永仁年中には閑院流を通じて、修理職と木工寮の業務の連携が生じていることがわかる。なお一三三〇年代には三条公蔭、橘知任がそれぞれ修理大夫、木工頭となっている時期もある（表11参照）。このような状況を見ると両官司の運営における修理職職務の存在の大きさが窺える。

先述のように、修理職運営と縁の深い一族に橘氏、大江氏がいる。本郷氏は、南北朝期に貴族化の道を進んだ橘氏と武家被官化した大江氏とを対比し、侍層の辿った二つのルートを提示した。この大江氏は、木工頭橘氏が修理職を管掌していたとされる時期にも、修理職の運営への関与が認められる。例えば元弘二年（一三三二）光厳天皇の即位時には大江景繁が職役を差配し、応安二年（一三六九）には勅定により中門廊の新造を担当している[35]。そしてこの時期景繁は「山国庄修理職領知行之人」と称されていた。すなわち大江氏も、ある程度修理職の役を果たしていたと考えられる。また永徳二年（一三八二）、「丹州山国庄修理職領」は、武家の推挙により木工頭橘知之から取り上げられ、その弟知季に与えられた[36]。ここからも修理職と木工頭が必ずしも一体でないことが窺える。

先に修理大夫の特徴の一つに、経歴の問題をあげ、一族で同時期に多く経歴していることを指摘した（表11）。これは元来的には橋本氏の指摘のように院近臣受領がその経済力で運営を支えていたためと考えられよう[37]。しかし諸官司に官制上の長官とは別の知行者の存在を想定すると、このような傾向は新たな意味を持ってくるのではないか。弘安六年（一二八三）、二条殿造営にあたり四条前中納言隆行は「修理職、右馬寮、豊原庄等所課」として寝殿以下を請け負っている[38]。時に修理大夫は隆行の子息隆康、右馬頭も同じく子息の隆政である[39]。つまり隆行は長官職にある子息たちを通じて両官司を知行していたのである。この史料からは修理職・右馬寮の知行者の存在、そして複数の官司が同時に一人の人物の知行下にあったことを示すものと評価できる。すなわち一族・近臣でこれらの官司の長官を占めていた場合、実質的な知行者は全て同一であり、同時にその相互の官司の間にも関連が生じる可能性があった。知行官司制は一族や姻戚を通じて影響力を広げるシステムと捉えうるものであり、さらに長官の下で実務を担当した年預層もまた様々な官司の年預を勤めている例が多く見られる。[40] 南北朝期の修理職と木工寮の運営もそうした関係が想定できよう。

上記のような関係を考えると、南北朝期橘氏が修理職を管掌する背景には、鎌倉期以来修理職・木工寮を知行した職務閑院流との関わりがあったと考えられる。[41] すなわち木工頭による修理職の差配は、天皇への直属化というより、鎌倉期以来の職務と官司運営の関係が深まっていった一つの現れと捉えられる。

3　室町期の「修理大夫」展望

修理大夫は一三四〇年代の斯波高経以降、主に武家官途として相続された。公家の任官も見えるが、もはや公卿の兼官は見えず、ほぼ諸大夫層の官となっている。[42] その要因はともかく、運営面の背景としては本章で述べてきたような「職務」（知行者）の存在、そして「職務」と長官職の乖離があったのではないか。修理職は「職務」が知行しており、長官職に就任した武家が直接関与しなくとも官司運営には支障が生じない。ならば知行制が見られる官の多くが武家官途へ変化する一つの要因は、知行者による官司の直接掌握だったと考えられる。

知行官司制の室町期の在り方を示す一つの例として次に左右京職を見る。左右京大夫は修理大夫同様、南北朝期以降有力な武家官途とされた。他方京職及び京職領は、室町期には左京職を坊城家が、右京職を中御門家が有したと指摘されている。[43] その知行はどのような性格のものだったのか。

応永三三年（一四二六）、禁裏御修法への人夫役の徴収のため左右京職へ御教書が下された。その御教書を日記に転写した中山定親は宛所に次のような注記を加えている。

謹上　左京大夫殿件御教書遣二俊国許一云々、依レ知二行年預一也

右京大夫殿件御教書遣二中御門中納言許一、子細同前[44]

この記載から、坊城・中御門両家は年預職の「知行」という形で職・職領の差配を行っていたことがわかる。以上のような変化を考え合わせると、これらの官司では、長官の上位としての知行者でなく、年預職の知行者が出現していたことがわかる。次官以下の中級官人職が、早くから成功により武士・諸道輩等が任じられる官となっていたことも、このような性格を強める基となったであろう。

では室町期の修理職の運営はどうなっていたのか。応永二六年（一四一九）、御懺法にあたり修理職に職役を勤めるよう御教書が出された。その宛所は「修理大夫殿」であるが、実際には「雖レ非二官職一依二知行一」橘知興の許へ送られる。[45]ここからこの時期まで橘氏による修理職の差配が確認できる。しかしこの知興は応永三一年（一四二四）女房との密通が露顕し、逐電する。[46]そして永享年中からは次に述べる山国奉行の活動が見えており、あるいはこの事件を契機として、修理職には橘氏の知行から更なる変化がおきたのであろうか。

この後の修理職について桜井氏は、修理職領山国庄を知行した山国奉行がその朝恩により禁裏修理等の任にあたったと指摘している。[47]実際、山国奉行が修理職を差配する立場にあったことは『二水記』に「修理職事、依レ為二奉行一四辻殿令二申付一了」とあることなどからも裏付けられる。[48]なお当初一名だった山国奉行は、文明一二年（一四八〇）、烏丸資任が職役の緩怠によって解任されて以降、二人に増員されたという。さらに近世初頭の様子を示す『諸司職掌』には「修理職両人」の存在が見える。桜井氏はこの修理職両人を山国奉行と等号で結ばれる存在としている。しかし『諸司職掌』は地下官人の職掌を記したものであり、公卿の山国奉行と直接に等号で結ぶことはできない。ただし『諸司職掌』中で「修理職両人」の役とされる禁中三毬打に「山国奉行両青侍」「両奉行青侍」が参仕している記事が見える。[49]山国奉行配下の彼らがのちに「修理職両人」と称される存在につながったのであろう。また山国奉行二名の官位を比較してみると一名は権大納言から大臣クラス、一名は非参議から権中納言程度となっている。あるいは両者の立場に違いがあるのではないだろうか。こうした室町期の修理職については後考を期したい。

三　内蔵寮における「官司請負」の成立

1　内蔵寮の変遷

ここまで主に修理職を取り上げ、「非官司請負制」官司の運営状況を追ってきたが、そこで指摘したような性格を考えた場合、注目すべき官司に内蔵寮がある。本節ではその内蔵寮の変化を追う。内蔵寮もまた修理職同様内廷経済に大きな役割を果たした官司であり、同寮の中世の在り方を検討された今正秀氏は、「官司機構再編の特質を集中的に表現する官司の一つ」と評価している。鎌倉期には「非官司請負制」的運営が行われたが、室町期以降は山科家に相伝され、官司請負制的運営となったとされる点でも特徴的である。(50)

まずその変遷を先行研究によってまとめる。平安期から院政期の内蔵寮については森田悌氏、玉井力氏、河野房雄氏等による検討がある。(51)長官（寮頭）は院政期以前には蔵人頭、弁官、近衛将等や、天皇の「親昵」の近臣が任じられてきたが、やがて御服調進の経済的負担の大きさから富裕な受領が多くなったという。(52)しかし院政期から鎌倉期にかけてはこうした受領による調進も困難となっていった。

鎌倉期の内蔵寮については今氏により検討されている。今氏は鎌倉期の内蔵頭には四条流藤原氏出身者が多いとはいえ世襲的運営には程遠かったこと、その中で世襲化＝「永代の職」化を目指す寮頭側と、非世襲的運営による求心性強化を目指す院・天皇とのせめぎあいがあったことなどを指摘している[53]。従うべき見解であろう。ただし鎌倉期の内蔵寮もまた先述の寮務―年預体制の下にあったと推測でき、その前提のもとで見ると、四条流関係者はより多くの比重を占めている[54]。

2　室町期の内蔵寮

貞和二年（一三四六）に、山科教言が内蔵頭に就任し、以降江戸時代まで、代々山科家が内蔵頭を世襲するようになり、内蔵寮は室町期の官司請負制の代表例と評価されている[55]。しかし上述のような経過を考えると、鎌倉期以前と以後で大きく性格が転換したわけではない。修理職や他の官司同様、基本的には遷代の職であるが、徐々に特定の家格から特定の家へ固定化が進行したのであろう。

室町期の官司運営について、中原俊章氏は一般に「寮頭が世襲されるようになると年預も寮頭の家の侍等が補され、寮の実務、寮領の運営がその家政に組み込まれる」とし、「年預の侍・雑色化」を指摘している[56]。そしてその代表例として、内蔵寮の山科家と目代大沢氏の関係がしばしばあげられている。このようにこの時期の内蔵寮の運営は従来、山科家の家政に収斂したと評価されており、室町期の内蔵寮については同家との関係から寮領、供御人等の研究が進められている[57]。山科家および大沢氏は大部の史料を残しており、その運営状況を詳細に知ることが出来る点、諸官司の中でも希有である。しかしながらそこで窺い知ることが出来るのは天皇の御服調進に関する業務のみである。内蔵寮の業務としては、このほか金銀他の珍奇の物の保管出納、諸社祭・陵墓の幣物、祭使の装束、御斎会以下の布施、灯油の調進、内侍所供神物、供御・饗饌の調進などがある。これらの業務は廃絶したのであろうか。この点について今氏は内蔵寮業務のうち御服調進が重要業務として寮頭に委ねられるとともに、その他の年中行事に関する部分は蔵人所によって担われたと指摘している。

ところで近世に成立した『地下家伝』の内蔵寮官人の項には「内蔵寮官人御役、天正年中迄中山殿御抱、出納職忠依二申請一附二属家記一」と見え、「内蔵寮官人御役」が天正年中以前には中山家に請け負われていたという。この記載は従来注目されてこなかったが、どのような状況を示すものであろうか。例えば中山定親の『薩戒記』の次のような記載が注目される。

　公家御誦経已下事、誰人可二奉行一哉之由以レ状尋二万里小路中納言一、是予内蔵寮年預知行、御誦経物等可二奉行一之故也、[58]

宸筆御八講の御誦経物等についてのやり取りであるが、この史料から定親が「内蔵寮年預知行」だったことがわかる。『薩戒記』には同様に定親が「内蔵寮年預」を知行しているという記事が複数見える。[59]他方で同年の泉涌寺御幸に際しては、

　右衛門督教豊、非参議送二書状一云、（中略）御服已下計会、彼人知二行内蔵寮一[60]

と見え、御服沙汰は「知行内蔵寮」の山科教豊の役目であったという。この時教豊は内蔵寮頭ではなく、代々の長官職相伝による知行であった。[61]これらから「知行内蔵寮」の長官職とは別に年預知行者が存在したことがわかる。表13に管見の限りの年預知行者、その時の長官をまとめた。この表を見ると、『地下家伝』に見えるように「内蔵寮官人役」＝年預職が、中山家に管領され、中山家の雑掌が年預を勤めていたことが確認できる。

では内蔵寮業務の分担はどうなっていたのか。内蔵寮の最も大きな職掌であろう「御服奉行事」は一貫して長官山科家が沙汰している。[62]他方年預の仕事は、近世初頭に編纂された『諸司職掌』には公卿饗、内侍所御神楽や遷座の時の神饌供御、春日祭官幣、布毯の鋪設、御誦経物の差配などが見える。また表13をはじめとする記録類からも殿上畳や、公家御誦経物の差配、御修法や譲位・即位時の場の設えなどを差配している様子が見える。[63]このように長官職と年預職の間では職掌の分掌が成立していたのである。さらに内蔵寮史生が知行地について訴え

表 13　室町期の内蔵寮寮頭職，年預職一覧

年	寮頭職	年預知行職	年　預	出　典
応永 12(1405)	山科教興	中山満親	中山代官富田	『教言卿記』
応永 31(1424)	山科教豊	中山定親	藤井行富	『薩戒記』
応永 32(1425)	山科教豊	中山定親	藤井行富	『薩戒記』
応永 33(1426)	山科教豊	中山定親		『薩戒記』
正長 1(1428)	山科教豊	中山定親		『薩戒記』
永享 1(1429)	山科教豊	中山定親	藤井行富	『薩戒記』
永享 4(1432)	山科教豊	中山定親		『薩戒記』
康正 3(1457)	山科顕言	中山親通		『山科家礼記』
寛正 5(1464)	山科言国	中山宣親	中山雑掌	『後花園院御譲位下書注文』
文明 12(1480)	山科言国	中山宣親		『山科家礼記』
永正 2(1505)	山科言綱	中山宣親		『実隆公記』
永正 15(1518)	山科言綱	中山康親	中山雑掌	『永正十五年即位下行帳』『宣胤卿記』
元亀 1(1570)	山科言継	中山孝親		『中山家記』
天正 1(1573)	山科言継	中山孝親		『中原文書』
慶長 3(1598)	山科言経	中山親綱		『中原文書』

てきた時、定親は「於二史生一者年預下者」であり「予知二行年預一」と述べている。[64] ここから内蔵寮の官人組織が長官配下と年預配下に分離していたことが窺える。

さらに内蔵寮の職務としてそのほかに供御・饗餞の弁備があり、また下部組織として天皇や節会の折の食事を担当する御厨子所がある。この供御・饗餞の弁備は、第五章で委しく述べるが、大膳職小野氏が担当した。また御厨子所はやはり中級貴族の万里小路家が権益を主張している。このうち御厨子所は鎌倉期から「謂二寮官一者、御服沙汰人也、御厨子所供御者、瓶原催二促之一、為二各別一」[65]「御厨子所被管等重言上、欲下被レ棄二捐内蔵寮雑掌無窮謀陳状一、任二先例一、被上止二長官直御沙汰幷寮官等非分綺一、当所供御人間事」[66]と主張している。すなわち御服沙汰人である長官からの独立を主張しており、長官側とのせめぎ合いが存在していたようである。

以上のように室町期の内蔵寮は長官と年預、その他の職掌・収益が分離し、それぞれ山科家・中山家等が、目代・年預を通じて運営にあたっていた。さらに天正年中頃になると蔵人所出納中原氏が中山家から「家記」を付属され、内蔵寮年預を兼ねることになったのであろう。[67] 室町期以降も年預は決して消滅し

てはいなかったのである。

3　内蔵寮長官と年預

ではこうした両職の分離はいつ頃から見られるのであろうか。以下に長官と年預の関係を物語る代表的な史料を幾つか検討する。

嘉禄二年（一二二六）、内蔵寮年預中原職景が死去した。そのため寮務に支障をきたした長官源顕平からの相談が、前内蔵頭藤原定家の『明月記』に見える(68)。この時定家は、目代・下部と協力し寮務を果たすべきことや、職景の近親と推測される明景の子の年預補任を進言している。ここからは年預の重要性、年預業務に長けた家柄が存在すること、一方で補任権は寮頭にあったことなどがわかる。なお顕平は後に寮務を支えきれず退任する(69)。

そして半世紀ほど後の文永九年（一二七二）には年預職の相伝をめぐって相論がおきた。

内蔵寮年預職隆、可二相伝一之旨、雖レ被レ下二宣旨一、依二寮頭訴一被二召返一、件宣旨為二蔵人大進奉行一被二宣下一、物忩之儀歟(70)、

中原職隆が年預職相伝の宣旨を得たが、内蔵頭藤原頼親の反対により撤回されたという。この史料からは、長官が年預補任権を握っていたこと、また長官と年預の間で権益の奪い合いが行われていたことが指摘されている(71)。実際この事件によって職隆の一流が年預職を手放したわけではなく、鎌倉期の有力な年預の一族として以後も活動していた(72)。この一件では、長官の同意を得ることなく、年預が直接宣旨を得て既得権化しようとしていた。長官の反対により取り消されたとはいえ、その独立性は注目される。この頃は他の官司でも年預職の相伝が認定されている(73)。

次に内蔵寮役負担を示す記事を見ると、弘安七年（一二八四）の春日祭の折、内蔵寮役は年預が領状してい

るが[74]、暫く後、弘安一〇年（一二八七）の灌仏では内蔵寮役は、「寮頭沙汰」だったという[75]。先述のようにこれらの役は室町期には年預の仕事とされており、ここで敢えて年預沙汰、寮頭沙汰と注記されるのは命令系統の差異を示すものであろう。

さらに元弘三年（一三三三）五月二四日には「内蔵寮内侍所供神物月充国々等注進状」が作成されている[76]。この注進状は、内蔵寮領を書き上げ、当時の状況、その得分の長官、目代、奉行寮官等への配分等を詳細に記したものである。作成者は末尾に「貞有」との署名がある。これは中原貞有で、内蔵寮年預であろうと指摘されている[77]。このほか史料中には貞有と同様の立場にあると思われる中原職政が登場する。この職政は文永年間に年預職の相伝を図った中原氏の一族である。元弘三年五月といえば二二日に鎌倉幕府が滅亡し、六月には後醍醐天皇が再び即位する、まさに動乱のさなかであった。そのためこの文書を紹介された森茂暁氏は、後醍醐天皇が内廷経済の再編を推し進めるにあたり、内蔵寮から提出させたものと指摘する[78]。

ところで、この目録の末尾にはとりわけて「可レ有二長官御勤仕一寮役事」とあり、長官の仕事六項目が連ねられ、南北朝期の山科教言によると思われる合点が付されている[79]。一方で、この「長官御勤仕寮役」と対比すべき他の業務、おそらく貞有や職政が請け負う業務については明記されていない。ここから当時長官と年預層の業務に分掌が生じていると推測できる。かつ長官に対しては敬語が付されている。また内容をみると、年預貞有、職政については知行地やその状況が詳細に記されているのに対し、目代等は得分の記載のみで名前も知行地も見えない。こうした記載からは年預の主張が強く窺え、あるいは新政に伴い予想される長官の交代にあたって、年預が自分たちの権益を新長官に示した。そのために後に長官職を世襲した山科家に伝えられたのではないかと考えられよう。

また寮領のうち河内国大江御厨には次のような説明がある。

河内国大江御厨田代二百余町、可レ為二寮家一円進止一之処、（中略）爰伺二長官御遷替之隙一、或地下土民等募二武威一掠レ之、或隣郷地頭押領之間、（中略）徳治年中大覚寺御治世之時、如レ此寮領等、遷替寮務家人等就レ令二知行一、令二顚倒一者也、奉行寮官令二知行一、可レ致二興行沙汰一之由、被レ下二院宣一畢、仍於二公家武家一致二其沙汰一最中也、（後略）

長官の交替の狭間に、「地下土民等」「隣郷地頭」により押領された。そのため徳治年中、後宇多院の院宣が出されたが、その内容は寮領等を「遷替寮務家人等」が知行するために顚倒することになるのだから、「奉行寮官」が知行して興行するようというものであった。ここには「遷替寮務家人」、そして対比されるものとして「奉行寮官」が登場する。この「遷替寮務家人」には目代等、「奉行寮官」には貞有に代表される年預が想定されよう。[80]また安芸国多治比保は「寮官景親」によって四条流へ、大江御厨内の津村郷は四条流隆政によって山門へ寄進されたことが見える。今氏はこれらの史料を、内蔵頭が非官司請負制的な「遷代の職」であったため、家人に寮領を知行させることで、寮領を私領化し「永代の職」としようとする動きと位置づけている。[81]

一方でこの記事は年預の自己主張としても興味深い。すなわち大江御厨等に対する宣旨の内容を、寮務の家人と対比させる形で目録に記すのは、年預の権益の主張にほかなるまい。また寮官大江景親が多治比保を旧長官の許へ寄進していることからは、有力な長官の家と年預が結びついている様がわかる。

さらに南北朝期の様相を見ると、観応二年（一三五一）南朝が一時京都を奪取した。南朝体制下になった一日、高階雅仲が洞院公賢の許へきて新政権下での院領や一上、諸公事等の差配について語っている。その中に「要劇諸司」についての項目も見える。

一、要劇諸司事

大外記師言本自祇候、官務匡遠近日参之由申レ之、主殿寮匡遠被官也、内蔵寮々頭祇候之上、年預明清又

参上、此上依レ仰可二参仕一之由可二下知一之由申レ之、(82)

新政権が掌握すべき重要な官司として外記局局務、弁官局官務、主殿寮、内蔵寮頭、年預の動向が問題とされている。つまりここに挙げられている人物はそれぞれの官司の実質的な担い手であろう。この記事から内蔵寮の当時の重要性がわかるとともに、内蔵寮のみ寮頭と年預坂上明清が別個に記されることからは、両者の職掌がすでに別のものと認識されていることが窺える。なお明清は、先の元弘三年の「内蔵寮内侍所供神物月充国々等注進状」に職政あるいは貞有の知行分と見える所領を得ていたことが、東山御文庫所蔵「雑々文書写」から窺える。

このように辿ってくると、内蔵寮における長官職と年預職の分化の萌芽も、修理職同様鎌倉中〜後期にあったと考えられる。そして元弘三年「内蔵寮内侍所供神物月充国々等注進状」に見えるように、年預が独自の動向を見せる背景には、多年にわたって内蔵寮と関係を持っていた一族である四条流、菅原氏等と年預の個人的関係が窺える。

おわりに

鎌倉期の修理職運営には「知行官司制」システムが存在した。すなわち修理大夫の上位に知行者（職務）が存在し、知行者—長官—年預という体制で運営がなされていたのである。こうしたシステムは修理職のほかに馬寮など複数の官司でも確認できる。

そこでは知行者が近親・家司を長官に補任し、官司の役負担に共同責任を負う一方で、官司を一種の利権としていた。そうした体制は、修理職においては遅くとも一三世紀初頭までには成立したと考えられる。官司の知行者については従来あまり注目されていないが、その存在を踏まえて改めて鎌倉期の官司運営を考える必要がある。

また一方で、複数の官司が同一の知行者・年預に掌握され、それらの官司が相互に関係を持って運営される側面もあった。このような相互性、横断性が以降の官司の再編成に影響を与えたと考えられる。

鎌倉後期以降こうした知行官司制が進展し、修理職では閑院流が知行者として台頭する。この知行者台頭の過程で、知行者と長官職の乖離が進み、実務は知行者の手に握られるようになった。修理職をはじめ知行官司制の官司の長官職が武家官途となった一つの要因には、このような変質があった。例えば左右京職では、長官職が武家官途として発展する一方、実務は年預職知行を相伝した坊城、中御門家が握っている。また内蔵寮では、鎌倉後期から長官職と年預職の乖離が進み、室町期には寮頭職を山科家が、年預知行職を中山家がそれぞれ相続した。このように鎌倉期以降の知行官司では、官司内での職の分化が進んでいった。そしてその職をそれぞれ特定の家で相伝することも見られるようになった。

ところで鎌倉期にはこれらの官司の運営には有力な家柄が存在するものの、基本的には「遷代の職」であり、網野氏の指摘する「上級貴族による官司請負制（「永代の職」）」とは必ずしも捉えられない。新田一郎氏はこうした「永代の職」と「遷代の職」の差異を補任に当たっての選択肢の幅による相対的なものと指摘する。(83)本郷氏も諸官司の知行者の任命はそれぞれの事情を勘案して特定の家の中から選ぶものだったろうとされ、対する「官司請負制」を文書行政の基幹を担う実務官人層に特徴的なものと喝破する。(84)筆者もまた第一部第一章において弁官局、外記局を検討し、官司請負の典型とされる両司においても実際の請負はその業務中で分離した長官職部分であること、他方の六位官人の横断性を指摘した。こうした性格は本章で検討した諸官司でも同様である。すなわち鎌倉期には多くの官司でその業務・組織が解体され、それぞれの階層の中で横断的に融合して行くという変化が起きていたと考えられる。そして室町期にはさらに実務官人以外の層でも、それらの業務が特定の家に委ねられることになった。その具体的な過程については次の課題としたい。

注

（1）佐藤進一『日本の中世国家』岩波書店、一九八三年、二〇〇七年岩波現代文庫。
（2）桜井英治「三つの修理職」『遙かなる中世』八、一九八七年。今正秀「平安中・後期から鎌倉期における官司運営の特質」『史学雑誌』九九―一、一九九〇年。本郷恵子『中世公家政権の研究』東京大学出版会、一九九八年。
（3）市沢哲「鎌倉後期の公家政権の構造と展開」『日本史研究』三五五、一九九二年。中原俊章『中世王権と支配構造』吉川弘文館、二〇〇五年。
（4）松原弘宣「修理職についての一研究」『ヒストリア』七八、一九七八年。
（5）橋本義彦『平安貴族社会の研究』吉川弘文館、一九七六年。玉井力『平安時代の貴族と天皇』岩波書店、二〇〇〇年。
（6）桜井英治「三つの修理職」『遙かなる中世』八、一九八七年。本郷恵子『中世公家政権の研究』東京大学出版会、一九九八年。
（7）五味文彦『院政期社会の研究』山川出版社、一九八四年。
（8）網野善彦「西園寺家とその所領」『国史学』一四六、一九九二年。
（9）『官職秘鈔』『職原鈔』（群書類従第五輯）。
（10）河野房雄『平安末期政治史研究』東京堂出版、一九七九年。
（11）『民経記』安貞元年一〇月四日条（大日本古記録、以下同）。『公卿補任』安貞二年条藤原基定項（新訂増補国史大系、以下同）。
（12）『明月記』寛喜元年一〇月五日。一〇日。三〇日条（国書刊行会、以下同。適宜冷泉家時雨亭叢書により改めた）。
（13）『明月記』寛喜二年二月八日。一〇日条。
（14）『三長記』建久七年一二月二六日条（増補史料大成、以下同）。
（15）『明月記』寛喜二年二月一〇日条。
（16）『三長記』建仁元年八月一九日条。
（17）『公卿補任』の記載の中には他にも修理大夫を兼官していたのではなく、職所有を示している可能性があり、検討が必要である。
（18）『明月記』寛喜三年三月二二日条。

(19)『民経記』寛喜三年四月一四日条。『公卿補任』寛喜三年条藤原基定項。
(20)『三長記』建久六年九月一三日条。
(21)『公卿補任』建久八年条藤原信清項。
(22)『吉口伝』正安三年正月一九日条（続群書類従第一一輯下）。
(23)『実躬卿記』嘉元三年一二月一九日条（大日本古記録）。
(24)桜井英治「三つの修理職」『遙かなる中世』八、一九八七年。本郷恵子『中世公家政権の研究』東京大学出版会、一九九八年。『師守記』貞治三年七月二六日条（史料纂集、以下同）。
(25)『師守記』貞治三年七月二六日条。
(26)『群書類従』第五輯。『尊卑分脈』（新訂増補国史大系、以下同）。
(27)五味文彦『武士と文士の中世史』東京大学出版会、一九九二年。『明月記』寛喜二年五月二五日条。『民経記』文永四年八月二一日条。『公衡公記』乾元二年四月一一日条（史料纂集）。『後愚昧記』康安元年三月二八日条（大日本古記録、以下同）。「応安御即位用途廿五万疋支配」（大日本史料第六編四一）など。
(28)知尚（応長元年非参議従三位。同年出家、極官同）、知任（延文三年非参議従三位。極官同）、知繁（応安七年非参議従三位。極官同）。いずれも『公卿補任』による。
(29)『後愚昧記』永和三年七月二〇日条。永徳二年一〇月一四日条。『教言卿記』応永一六年六月一五日条（史料纂集）など。
(30)『後愚昧記』応安四年五月一九日条など。
(31)永仁四年一一月二日「修理職官等申状」（『鎌倉遺文』一九一八二号）。
(32)『鎌倉遺文』では「重長」とするが、杏雨書屋所蔵原本（東京大学史料編纂所所蔵写真帳六一七三―四六七―二四）により「景長」と改めた。景長の活動は、『公衡公記』正和四年八月一四日条などからも窺える。
(33)本郷恵子『中世公家政権の研究』東京大学出版会、一九九八年。
(34)「奏事目録」『実躬卿記』嘉元四年記紙背文書（今江広道「宮内庁書陵部所蔵「実躬卿記嘉元四年五月巻」紙背文書」『古文書研究』一二、一九七八年）。
(35)本郷恵子『中世公家政権の研究』東京大学出版会、一九九八年。「頼定卿記」元弘二年三月二二日条（『歴代残闕日記』一八）。『後愚昧記』応安二年一〇月三〇日条。

(36)『後愚昧記』永徳二年一〇月一四日条。
(37)橋本義彦『平安貴族社会の研究』吉川弘文館、一九七六年。
(38)『勘仲記』弘安六年一〇月一〇日条（増補史料大成、以下同。適宜史料編纂所所蔵写真帳『兼仲卿記』（六一七三―九三）により改めた）。
(39)『公卿補任』延慶元年条藤原隆政項。この時期隆行が右馬寮務であったことは『勘仲記』弘安七年四月一五日条等からも確認できる。
(40)例えば修理職年預中原職隆は内蔵寮年預、蔵人所出納としても活動し、その子職仲も内蔵寮年預、大蔵省便補保司として活動している。本書第一部第五章参照。
(41)なお西園寺家家司として名高い三善氏の一流からも複数人修理権大夫に任官していることが確認できる。
(42)『兼宣公記』康応元年二月二一日条（史料纂集）。『建内記』永享元年七月一日条。嘉吉三年三月一六日条（大日本古記録、以下同）。『康富記』文安元年三月二九日条（増補史料大成）。『政基公旅引付』文亀元年四月六日条（図書寮叢刊）など。
(43)奥野高広「京職領について」『國學院雑誌』五五―二、一九五四年。日本史事典「京職」項（今谷明執筆）。
(44)『薩戒記』応永三三年五月八日条（大日本古記録、以下同）。
(45)『薩戒記』応永二七年四月五日条。
(46)『看聞御記』応永三一年六月八日条（続群書類従）。
(47)桜井英治「三つの修理職」『遙かなる中世』八、一九八七年。
(48)『二水記』永正一四年二月一三日条（大日本古記録）。
(49)『二水記』天文二年正月一五日条。『言継卿記』永禄一二年正月一五日条など。なおこの三毬打における修理職と山国庄の関係について、近年岡野友彦氏・野村和彦氏により検討がなされている（岡野友彦「修理職領から禁裏領へ」野村和正「山国荘の貢納と『御湯殿上日記』」いずれも坂田聡編『禁裏領山国荘』高志書院、二〇〇九年所収）。
(50)今正秀「平安中・後期から鎌倉期における官司運営の特質」『史学雑誌』九九―一、一九九〇年。菅原正子『中世公家の経済と文化』吉川弘文館、一九九八年。
(51)森田悌『平安初期国家の研究』二、関東図書、一九七二年。同『平安時代政治史研究』吉川弘文館、一九七八年。玉井力『平安時代の貴族と天皇』岩波書店、二〇〇〇年。河野房雄『平安末期政治史研究』東京堂出版、一九七九年など。

(52) 『中右記』承徳元年四月三〇日条（大日本古記録）。
(53) 今正秀「平安中・後期から鎌倉期における官司運営の特質」『史学雑誌』九九―一、一九九〇年。
(54) 例えば第一節で検討した寛喜の九条良平の事例を考えてみる。先述のように良平は修理職と下総国を伯耆・日向両国と相博した。このうち下総国は寛喜元年秋には源顕平に与えられていた（『明月記』寛喜元年一〇月二八日条）。顕平はその直前まで内蔵頭を勤めており、辞任後しばらくして下総を与えられたのである。その下総の知行権を良平が有していたことからは、良平が内蔵寮の運営にも関係していたとの推測が成り立つ。
(55) 南北朝期以降、何故山科家に相伝されることとなったのかは、いまだ不分明である。ただし一つ注目される点として内蔵寮相伝の初代教言の室、教興等の母として「橘知任女」が見えることがある（『尊卑分脈』。『山科家譜』）。橘知任は閑院流の家司として木工頭を勤め、修理職の実務をも担っていたと考えられる人物である。あるいはその女を母に持つことで内蔵寮との関係を得たものであろうか。
(56) 中原俊章『中世王権と支配構造』吉川弘文館、二〇〇五年。小野晃嗣『日本中世商業史の研究』法政大学出版局、一九八九年。
(57) 脇田晴子『日本中世商業発達史の研究』御茶の水書房、一九六九年。臼井信義「治世の交替と廷臣所領の転変」『日本歴史』二五三、一九六九年。今谷明『言継卿記』そしえて、一九八〇年。網野善彦『日本中世の非農業民と天皇』岩波書店、一九八四年。田端泰子『中世村落の構造と領主制』法政大学出版局、一九八六年。川嶋将生「山科家をめぐる散所と河原者」『「洛中洛外」の社会史』思文閣出版、一九九九年、初出一九九六年。後藤みち子『中世公家の家と女性』吉川弘文館、二〇〇二年。菅原正子『中世公家の経済と文化』吉川弘文館、一九九八年。深谷幸治「山科家の出雲所領支配と幕府奉公人」『古代文化研究』九、二〇〇一年。飯倉晴武『日本中世の政治と史料』吉川弘文館、二〇〇三年など。
(58) 『薩戒記』応永三二年三月二〇日条。
(59) 『薩戒記』応永三二年九月一七日条。応永三二年四月一五日条。応永三三年八月二三日条。正長元年八月四日条など。
(60) 『薩戒記』応永三二年八月一一日条。
(61) 山科家が寮頭の地位にない時もその職務を請け負っていたことについては後藤みち子『中世公家の家と女性』（吉川弘文館、二〇〇二年）参照。
(62) 永徳三年一二月一三日「足利義満御内書案」（内閣文庫所蔵『山科家文書』）。

(63)『薩戒記』応永三一年九月一七日条。応永三二年四月一五日条。応永三三年八月二三日条。応永三三年一二月二三日条。正長元年八月四日条。『建内記』永享一一年一〇月一九日条。「後花園院御譲位下書注文」(続群書類従第一〇輯下)。「永正十四年即位下行帳」(史料編纂所所蔵『三条家文書』二)。

(64)『薩戒記』応永三一年九月一七日条。

(65)永仁二年一〇月日「御厨子所下文案」『鎌倉遺文』一八六八四号。

(66)嘉暦二年六月一五日「御厨子所公人等重訴状写」『鎌倉遺文』二九五二三号。

(67)『地下家伝』。『諸司職掌』(続群書類従第一〇輯上)。

(68)『明月記』嘉禄二年一一月一四日条。

(69)『明月記』寛喜元年五月二五日条。七月一四日条。

(70)『吉続記』文永九年一〇月一三日条(増補史料大成)。

(71)今正秀「平安中・後期から鎌倉期における官司運営の特質」『史学雑誌』九九—一、一九九〇年。本郷恵子『中世公家政権の研究』東京大学出版会、一九九八年。

(72)今正秀「平安中・後期から鎌倉期における官司運営の特質」『史学雑誌』九九—一、一九九〇年。

(73)建武三年八月二一日「後醍醐天皇綸旨」(大日本史料第六編三)。

(74)『勘仲記』弘安七年二月一日条。

(75)『勘仲記』弘安一〇年四月八日条。

(76)以下本史料の引用は森茂暁「山科家関係文書の紹介」(『福岡大学人文論叢』三一—一、一九九九年)による。

(77)森茂暁『建武政権』教育社、一九八〇年。今正秀「平安中・後期から鎌倉期における官司運営の特質」『史学雑誌』九九—一、一九九〇年。

(78)森茂暁『建武政権』教育社、一九八〇年。

(79)森茂暁「山科家関係文書の紹介」『福岡大学人文論叢』三一—一、一九九九年。

(80)今正秀「平安中・後期から鎌倉期における官司運営の特質」『史学雑誌』九九—一、一九九〇年。

(81)今正秀「平安中・後期から鎌倉期における官司運営の特質」『史学雑誌』九九—一、一九九〇年。

(82)『園太暦』観応二年一一月二六日条。

(83) 新田一郎「「相伝」」笠松宏至編『中世を考える　法と訴訟』吉川弘文館、一九九二年。

(84) 本郷恵子『中世公家政権の研究』東京大学出版会、一九九八年。市沢哲氏も中世前期の官司の性格を、機能の維持が必要なものと経済的要素の強い官司の二つに区分している(市沢哲「鎌倉後期の公家政権の構造と展開」『日本史研究』三五五、一九九二年)。

第五章　「官司請負制的」局務家相伝諸寮司の運営体制

はじめに

1　問題設定

序章において、「官司請負制」的として指摘されている代表的な官司を以下の三パターンに分類した。すなわち①実務系官司（弁官局官務・外記局局務・院庁庁務など）、②技術系官司（医道・陰陽道・暦道・天文道・明経道・算道などの諸道）、③上記官司請負氏族が兼官として相伝している官司、である。その中で本章では③型の諸官司に注目する。

この三分類目に含まれるのは、大炊寮・掃部寮・造酒司・主水司・主殿寮など、いずれも宮中の日常生活を支える物品の調達に当たっている。(1)前三官司は局務家中原氏に、主水司は局務家清原氏に、主殿寮は官務家小槻氏壬生流により担われたとされる。そして、こうした傾向は、鎌倉期に官司請負が進展する顕れであるという。(2)また近年中原俊章氏も、弁官局と外記局が協力して国家政治経済運営にあたる体制が確立した結果で、局務・官務が直接運営に携わり、諸寮司管理の行き着いた形を象徴している、と評価している。(3)③型官司については、このような指摘がなされており、中世朝廷制度の変遷を考える上でも重要な要素であると考える。しかしながらこれらの寮司運営の実態は、いまだ十分な検討が進められていない状況である。そこで本章では、ことに局務中原氏・清原氏により相伝された諸寮司に注目して、その運営の実態を追いたい。

2　先行研究

まず関連する先行研究をまとめる。鎌倉期の官司運営の基軸として「次官以下の下僚官職を有名無実化」した長官―年預体制が指摘されている。(4)今正秀氏は、平安中後期から出現し、鎌倉期以降上級官人が貴族化して官司運営から一定度離脱し、下級官人が官司運営の中心に位置づけられていくという官司運営上の一大変化があったと指摘する。(5)井上幸治氏は壬生家相伝の主殿寮を検討し、寮の業務を担う年預と寮領支配にあたる長官とが分断していたと指摘している。主殿寮ではこのような分断は一四世紀半ばに長官がその家人を年預に据えることにより、統一・解消されるという。(6)また筆者は第四章で検討したように、中世の官司の中には業務・人員が各職ごとに分離していたものが存在した、と推測する。知行者は必ずしも長官職と同一ではなく、このような官司の実質的な運営者は、史料上「官務」「局務」、あるいは第四章で触れた「職務」「寮務」のように「〜務」と称されることが多い。

さらに年預とは別に、諸官司には目代という役職が存在する。目代と年預の関係はいかなるものだったのだろうか。橋本義彦氏は「寮務―目代―年預の系列」であり、「目代は年預の上位に在った」とする。(7)中原俊章氏も目代は長官の家司・侍であり、「長官の代官として年預や寮官を監督する立場にあった」、対する年預は実務官人あるいは長官の侍・雑色であり、「各諸寮司の代表として文書の管理・所領経営を統括」したとまとめている。(8)中原氏は年預には実務官人、やがて蔵人所出納が補されるようになり、蔵人所により重要官司の実質的な掌握が行われたこと、しかし目代が長官の家司から補任されるようになるにつれて衰退していったこと、また大炊寮や掃部寮では長官家の支配力が強く、長官の侍・雑色が目代に補任されたことなどを指摘する。従来、一般的に以上のような特徴が指摘されている。しかし実態に即した検討はまだ途上にあり、中でも年預と目代はしばしば混同されている。改めて位置づけてみたい。

一　局務家兼官諸官司の概要

最初に本章で検討する諸官司と局務家の関係が成立した時期を概観する。別掲の「清原氏関係系図」「中原氏関係系図」に各官司の長官に就任したことのわかる人物を示したので、あわせて参照されたい。

1　主水司

宮内省被管で、宮廷の飲料水・氷・粥を作ることを掌る。その長官たる主水正は一二世紀末、おおよそ嘉応年中以来、清原氏による相伝がなされている。南北朝期の『職原鈔』には「近代大外記清原頼業真人子孫相伝任レ之」と見える。[9]ただし頼業の主水正任官は確認できず、その子良業からの相伝である。「頼業子孫」は、相伝の起源を示すものではなく、局務家清原氏の開祖としての認識であろう。

2　掃部寮

掃部寮も宮内省被管であり、宮中儀式等の座の敷設、それに必要な筵等の扱い、清掃に当たった。長官職は建仁元年（一二〇一）の中原師季の任官以降、主に中原氏正親町流によって相伝される。『職原鈔』には「五位諸大夫及諸道五位任レ之、近代大外記中原師光後胤相続、但於レ今者断了歟」、また万里小路時房は「三条大外記一流為二温職一譜代任来候」という。[10]師光は嘉禄元年（一二二五）に、父師季の譲により掃部頭となる。[11]『職原鈔』

の記載に従えば、相伝開始と見なされる時期はもう少し下がることになるが、前項主水正同様、「三条大外記一流」の祖が師光と見なされていた可能性もある。また「於レ今者断了」とされているのは、『職原鈔』の記された南北朝期、南朝方では西大路流が掃部頭に任官していたことによると推測される。(12)

3 大炊寮

大炊寮もやはり宮内省被管であり、恒例の仏神事・節会等に際しての米など、また諸司に月料米などを支給することを職掌とした。(13)長官大炊頭は、本章で検討する官司の中で最も早く保延三年(一一三七)の中原師安以降、六角流が継続して任官する。室町期文安五年(一四四八)、六角流中原師孝は寮領を売却していた罪科によって寮の支配権を召し上げられ、しばらく後中原氏六角流は断絶した。以後大炊寮の長官は清原氏に差配されるようになる。(14)この間の経過については、星川正信氏の検討がある。(15)『職原鈔』には「近代大外記中原師遠子孫相伝、温職中尤膏腴也」と見え、実入りの良い官司であったことが窺える。また『康富記』文安五年九月一九日条では、「於二師孝一流一者師平以来数代任レ之云々」という認識が見える。師平は治暦二年(一〇六六)から寛治二年(一〇八八)までの長期間大炊頭を勤めた人物で、師安の祖父に当たる。師平の後、師安の任官までしばらく断絶があるが、その存在を考えると、より早く一一世紀半ばから大炊寮と中原氏の関係が存在したと考えられる。

4 造酒司

局務家による相伝が指摘される官司に今ひとつ、造酒司がある。造酒正を相伝したとされるのは、局務中原氏西大路流である。しかし一二世紀後半以降、鎌倉期に確認できる造酒正を列挙すると、中原尚家(他)・中原師弘(西大路流)・中原師冬(西大路流)・中原師緒(西大路流)・中原師宗(正親町流)・中原師名(西大路流傍流)・

清原氏関係系図

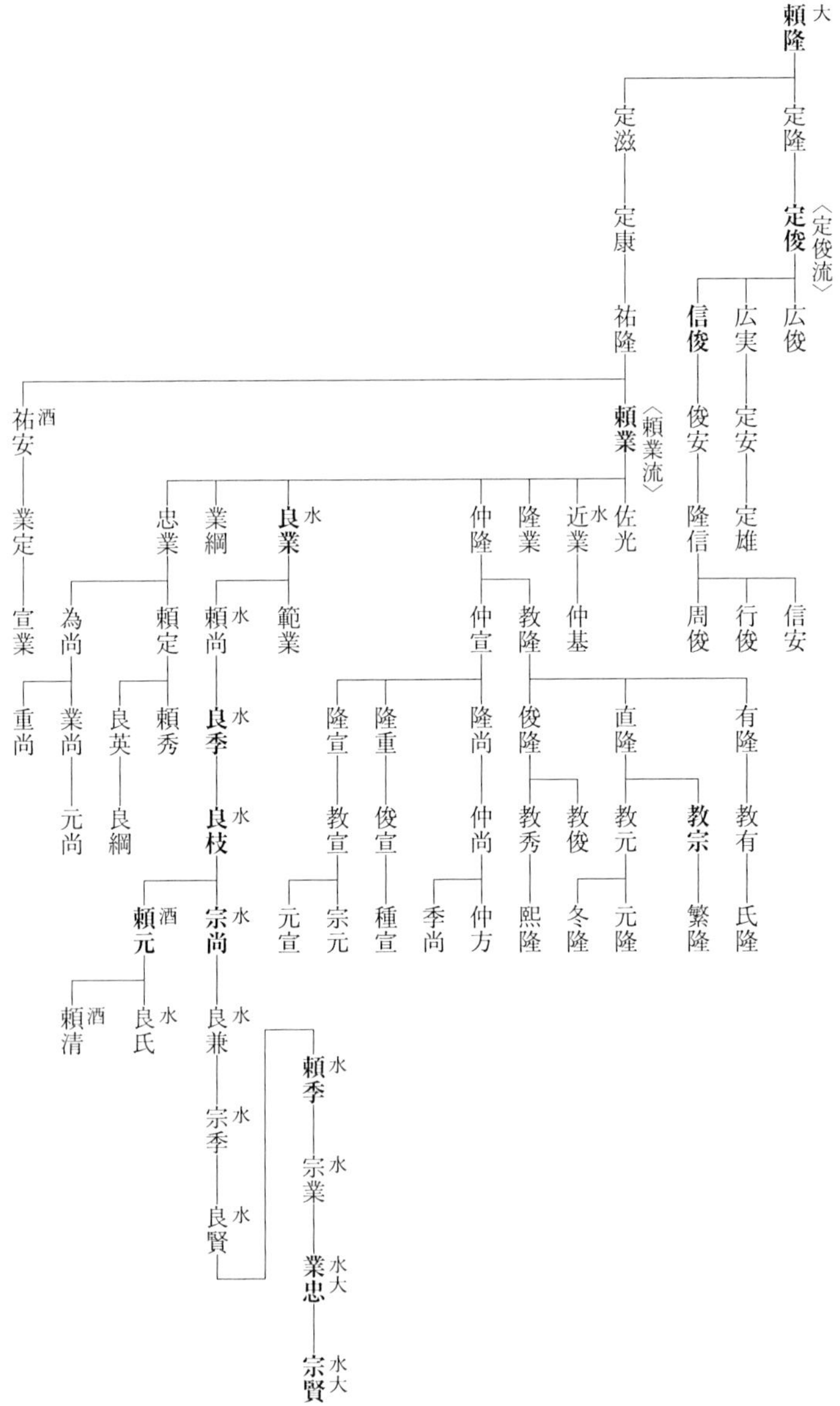

＊「大」は大炊頭、「掃」は掃部頭、「酒」は造酒正、「水」は主水正、それぞれの経歴を示す。太字の人物は局務に就任した者。

中原氏関係系図

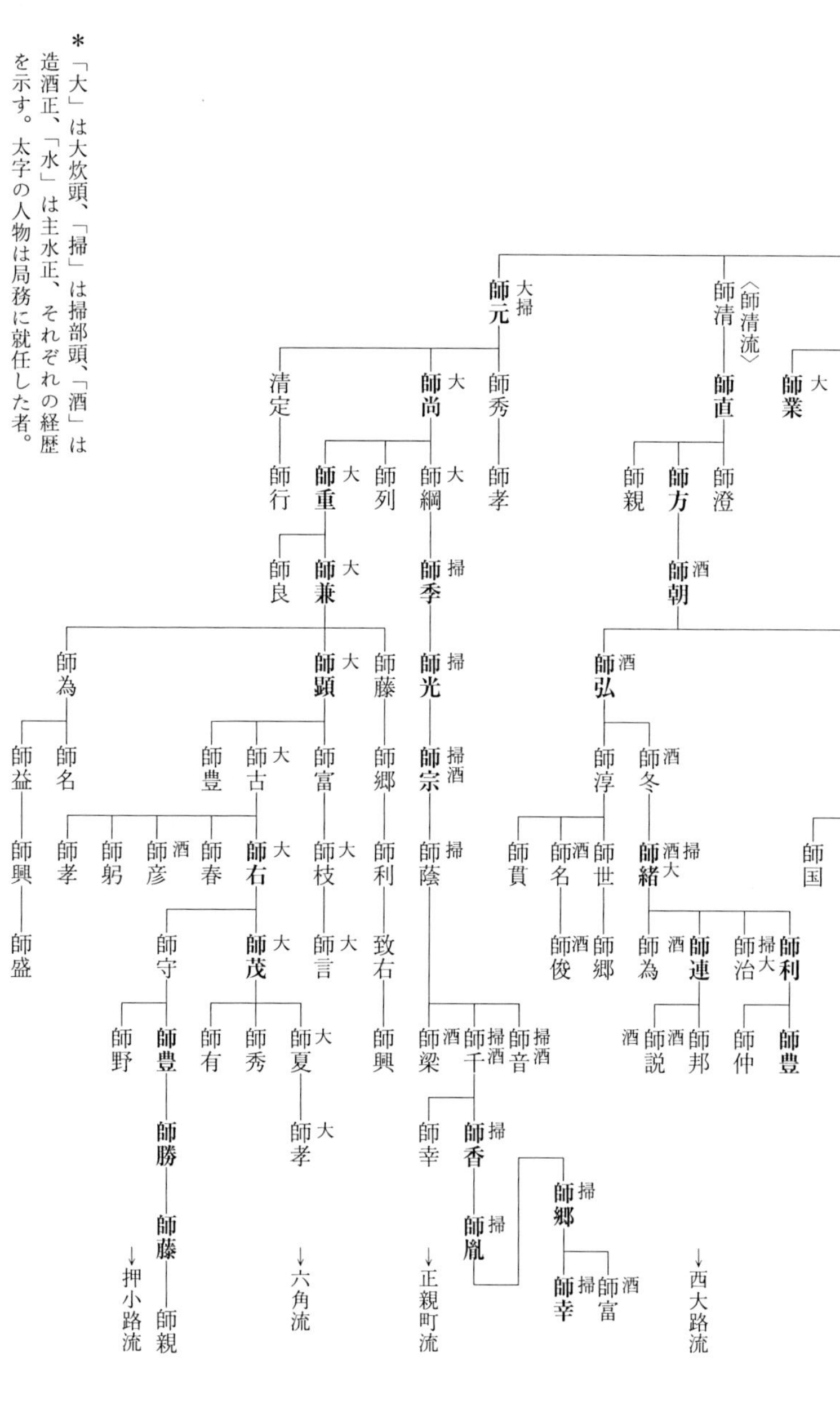

＊「大」は大炊頭、「掃」は掃部頭、「酒」は造酒正、「水」は主水正、それぞれの経歴を示す。太字の人物は局務に就任した者。

中原師俊（西大路流傍流）・中原師梁（正親町流）・中原師彦（六角流）・中原章房（他）・清原頼元（他）・清原頼清（他）となる。また時期は不明であるが、系図等に造酒正の経歴が示されている人物として、中原師千（正親町流）・中原師音（正親町流）がいる。局務中原氏の一流に関しては名前の後に（　）で属する流を示し、それ以外の検非違使中原氏出身者などについては（他）と示した。これを見ると、局務中原氏の任官が確認できるのは、上述の諸官司より遅く一三世紀中葉の師弘からである。以後も検非違使の中原氏や清原氏など、他の氏の任官例も多い。かつ局務中原氏の中でも、西大路流・正親町流・六角流と任官者は一定していない。すなわち鎌倉・南北朝期には西大路流の相伝はいまだ成立していないのである。応永年中に造酒司の課役酒麹役に関する相論が発生するが、この時の申状には「後光厳院御代造酒正師連致二興行之沙汰一」と述べられている[16]。南北朝期に、西大路流師連が造酒司の興行を図ったことから、以後西大路流の相伝が確立したのではないだろうか。

なお造酒正への清原頼元の任官から佐藤氏は後醍醐天皇の先例破壊＝官司請負制オール否定の代表とされている[17]。しかしながら頼元、その子頼清の任官は、後醍醐天皇退位後の北朝光厳天皇・後伏見院政期であり、後醍醐天皇による改革とは位置づけられない[18]。またこれは中原氏相伝の権益を没収し、商業課役の統制を図った政策と位置づけられている。具体的には、元亨二年（一三二二）二月、閏五月に酒麹役を造酒司に付した後醍醐天皇綸旨により、新規に恒常的賦課となったとされている[19]。しかしこの史料には「停止蔵人所幷左右京職之綺、任先例可被致其沙汰」あるいは「洛中酒鑪如旧被付本司」とある。後醍醐天皇の親政は元亨元年（一三二一）一二月に開始された。その翌年早々の綸旨であり、「如旧」という表現はこの課役が以前から存在したことを意味しよう。むしろ蔵人所と左右京職の綺を停止する、という内容からはこれ以前に賦課の主体をめぐる争いが存在したと推測できる。実際、これ以前にも以後にも酒麹役の賦課権限が京職・使庁に付与されたり、訴訟が起きている事例が確認できる[20]。すなわちこの綸旨は、後醍醐天皇の先鋭的な施策ではなく、朝廷官司内に京中を支配する官司（検非違使・京職等）と物品調達を旨とする官司（造酒司等）の競合が以前から存在し、その競合に対する一つの裁決が下ったとみるべきではないだろうか。

さらに西大路流の相伝が確立した室町期にも、造酒司の利権である酒麹役は全てを造酒正が差配していたわけではなかった。朝要分と称される部分が洞院家・広橋家・中原氏西大路流・中原氏正親町流を転々とした末、一五世紀末から広橋家の得分となっている(21)。造酒司については、鎌倉期には相伝が成立しておらず、またこの他にも様々に興味深い性質が見られるので別稿を期したい。

従来、鎌倉初期からこれらの諸官司の官司請負制が成立したとされているが、これまで見てきたように、官司によりその時期はかなりの差がある。かつ鎌倉期には中原氏内の複数の流の間で任官例が見られ、必ずしも特定の流に独占されてはいない。掃部寮・大炊寮では南北朝期に相論が起こり、特定の家による相伝が完成した。またこうした長官職の相伝時期の差は、運営体制にも何らかの影響を及ぼしている可能性も推測されよう。

二　諸官司の運営

次に個々の官司の運営状況を見ていく。いずれも小規模かつ内廷的な官司であり、断片的な史料ではあるが、推論を組み立てていきたい。

1　主　水　司

まず前節同様、清原氏相伝の主水司を見る。鎌倉期の運営の具体的な実態を窺える史料は見いだせなかった。しかし室町期については、清原氏の家人であり、自らも主水司の目代を勤めた中原康富の『康富記』から、ある程度窺うことが可能である。『康富記』は、応永二四年（一四一七）から康正元年（一四五五）まで現存しており、その間康富の主水司目代としての活動が見える。長官主水正は清原氏であるが、嫡流の嫡男が若年で任じられ、実質的にはその父が差配している場面が多く見える（知行官司制）[22]。

また目代とは別に年預紀（島田）氏が存在した。応永三〇年（一四二三）、紀（島田）益直が没した。この益直は「主水司年預職代々相伝任者也」「重代相伝」と表現されている。また子息定直の補任には、先例として「去応安・貞治」の例があげられている。おそらく南北朝期、あるいはそれ以前までには紀氏による年預職相伝が成立していたのであろう[23]。

益直の跡はその子定直が年預に補任された。補任にあたり定直は四百疋の任料を払い、「少納言殿」清原宗業（時の主水正は子息業忠であり、宗業は知行者＝司務と推測される）が三百疋、目代康富が百疋を受けとっている[24]。更に定直は主水佑に挙任された。

このように年預の補任に当たっては、長官との関係が窺われる。しかしこの紀（島田）氏は鎌倉期以来、院庁の年預を勤めてきた有力な官人の一流である[25]。家格としても清原氏とほぼ対等で、『康富記』の他の記事を見ても清原氏との間に主従関係は窺えない。

このほか『康富記』からは「主水司鎰取」「氷司」を相伝した川（中原）家の存在も看取できる[26]。川家は清原氏・万里小路家・伏見宮家などに出入りし、この頃より近世まで代々内豎頭に任じられる家柄だった[27]。『康富記』からは氷所や主水本司社御神楽の差配を行っている様が確認できる[28]。

主水司内の業務分担については、同時期に数回確認される軒廊御卜に際しての相論が一つの手がかりになる[29]。この相論は、御卜に必要な水の準備を主水司が行うか、掃部寮が行うかについての争いである。嘉吉二年（一四四二）、「主水司事也、可ㇾ被ㇾ存知ㇾ」と水の準備を命じられた主水司目代中原康富は、

予中云、縦雖レ為二主水司之所役一、如レ此事者、寮官・年預沙汰来歟、長官尚以不レ可二存知一也、

と断っている。すなわち「寮官・年預」の仕事であるから主水司の「長官」である清原氏および目代たる康富は関知しない、という。この事例からは、この時期に主水司の運営が司務—目代のラインと年預のラインに分かれ、その所役が分離していると推測できる。

2　掃部寮

次にその相論相手となった掃部寮を検討する。長官掃部頭には、室町期には中原氏正親町流が任じられた。まず寮の差配に当たる人物を見る。宝徳元年（一四四九）、退転していた掃部寮領上野国綿貫庄から申し入れがあった。この時、局務清原業忠は、掃部頭中原師幸でなくその父「寮務」師郷にその旨を諮っている(30)。また『師郷記』中に永享年中の大嘗会御訪請取状が複数残るが、これらも長官ではなく、寮務師郷の名で発給されている(31)。こうした事例から室町期までには、やはり寮務による「知行官司制」の成立が窺える。

また掃部寮にも年預が存在した。次に年預の活動を追う。中原氏押小路家（正親町流）に伝来した『押小路文書』には、暦応元年（一三三八）・観応元年（一三五〇）・文和三年（一三五四）の「沙汰用途請取状」が残っている。その署判は「年預左兵衛尉中原」とある(32)。さらに南北朝期の『師守記』等からは、貞治三年（一三六四）から永和元年（一三七五）まで掃部寮年預紀（堀川）親弘なる人物の存在が窺える(33)。この紀（堀川）氏は、鎌倉期からさまざまな官司の年預として活動していた一族である(34)。親弘も掃部寮年預だけでなく、同時期に検非違使・左近府庁頭、大蔵省・式部省・木工寮の年預を勤めていたことが確認できる(35)。

ところで親弘が年預を勤めていた応安四年（一三七一）には「譲位惣用帳」、応安七年（一三七四）には「御即位用途二十五万疋支配」が記されており、諸官司への用途下行の様子がわかる(36)。これらには下行先と金額が記さ

れており、掃部寮関係の支出を見ると、「掃部寮」と「木工・掃部・大蔵省」、あるいは「木工・掃部寮」という立項がある。これはどういうことであろうか。先述のように親弘は木工寮や大蔵省の年預も勤めている。すなわち「木工・掃部・大蔵省」とは親弘の差配する各官司の用途が、まとめて親弘に下行されたと推測される。ということは、逆に「掃部寮」とのみ見える前者は、年預親弘ではなく掃部寮の長官（寮務）に下行されたのではないだろうか。ここからも掃部寮業務が長官（寮務）方と年預方に分かれていたことが推測できる。このような長官（寮務）方と年預方で下行先が分かれている例は、先に検討した内蔵寮でも確認でき、同様の性格を持つと推測できる。なお永和元年（一三七五）には親弘の子、時弘・定弘が掃部寮の差配をしており、掃部寮年預職も相伝されていた可能性がある。(37)

そこで同様に用途の下行先に注目して史料を集めた。すると「延文三年（一三五八）度石清水臨時祭用途帳」では「掃部寮・大蔵省」、応永二一年（一四一四）「即位調進物下行等」では「大蔵省・木工寮・掃部寮」に下行されている。(38)先述のように紀（堀川）氏は代々大蔵省・木工寮の年預を勤めている。よってこの両者も大蔵省・木工寮の年預紀（堀川）氏に下された分であろう。すなわち親弘だけでなく、少なくともその前後一四世紀半ばから一五世紀初頭まで、紀（堀川）氏が年預を勤めていたと推測される。このような紀（堀川）氏の存在からは、掃部寮でも局務中原氏の家政機関とは独立した年預の存在が確認できる。

ところで掃部寮における長官と年預については、中原俊章氏の紹介した次の『康富記』の記事が注目されてきた。

今夜軒廊御卜被レ行レ之、（中略）抑主水司可レ置レ水事、兼日長官・局務等参会之時有二沙汰一、局務師郷朝臣息師幸、為二掃部頭一致二年預之奉行一之間、有二此問答一、所詮於二主水司一者、御卜毎度実不レ令レ置レ水也、掃部寮敷レ座、置二水火一之由、見二次第一了、任二近例一、掃部寮官可レ置レ之歟云々、掃部方被レ申云、敷レ座事寮家沙汰勿論、其次可レ置二水火一之由無二所見一、雖レ然内々語承候者、就二近例一可二申付一也云々、（中略）此事去々年十二月廿四日軒廊御卜之時、（中略）官務晨照宿禰申云、主水司可レ置レ水也、清外史之事也、早可レ被レ加二下知一之由、雖レ及二数度之責一、予曾不二存知一之由申レ之、一切不二相綺一、其時官務申二付雑色一被レ置レ水了、今案之、其時予不レ令レ置レ之事者幸也、未尽之時予口入令レ置レ之者、後悔可レ無レ益歟、掃部寮之寮官古老之者、局務之雑色多年及二五六十年一致二掃部年預方沙汰一之間、毎度無為無事歟、彼古老之者致仕、既令二出家一之間、当時之寮官局務之雑色若輩也、未レ得二故実一之間、新及二此相論一乎、如何、(39)

先と同様軒廊御卜における主水司と掃部寮の役割分担に関する相論である。その中で、これまでは局務（掃部寮務中原師郷）の雑色である掃部寮の寮官古老の者が、五、六十年におよび「掃部年預方沙汰」をしていたので滞りなかったが、そのベテランが出家したのち、跡を継いだ局務の雑色である寮官は若輩で故実をよく弁えず、揉めているのであろう、という康富の推測が語られている。中原俊章氏は、この局務の雑色である「寮官古老之者」「当時寮官」がすなわち年預であり、ここから室町期以降「年預の（局務家の）侍・雑色化」が進んでいる、と評価した。(40) しかしながら先述の紀（堀川）氏の存在を考えると果たしてそうなのだろうか、という疑問が生じる。この相論のあった文安元年（一四四四）は、先に下行先の検討から紀（堀川）氏が年預と確認できる下限とした応永二一年（一四一四）から三〇年後である。康富の認識・表現がどこまで厳密かは不明であるが、「寮官古老之者」が近年まで五、六十年の間勤めていたという記述とは齟齬する。やはり局務雑色は年預本人ではなく、文字通り寮頭の下で年預との折衝＝「年預方沙汰」を行っていた「寮官」であり、ベテラン寮官の出家により長官側と年預側の意思疎通が滞っていたのではないかと推測する。寮頭中原師幸が「掃部頭として、年預の奉行を致す」という表現も両者の乖離を窺わせる。すなわち寮務の家政機関と年預の一体化とは考えにくい。

その次に掃部寮に関する下級官人の存在が窺われるのは、一六世紀の宗岡氏である。近世に成立した『地下家伝』では宗岡行為という人物に「外記官召使・外記右史生・文殿・外記官内記副使・掃部寮・主水司、此等相兼奉仕」という注が付されている。さらにその跡を継いだ行為の外孫生行の項には、「掃部寮、清水左衛門利延譲」との記載が見える。『地下家伝』に譲りの年は入っていないが、生行は元亀元年（一五七〇）生れという。また『押小路文書』に文禄二年（一五九三）三月三日付の利延に対する掃部寮補任状が見える。[41] これらから、おそらく一六世紀最末期と推測される。以後、近世の掃部寮は「利」を通字とする押小路家（中原氏）家僕の藤原（清水）氏に伝わったという。[42]

ところで掃部寮に関係して「利」の付く人物は中世にも複数人見える。まず中世後期に掃部寮配下の紺灰座に所属した佐野家の『佐野文書』には貞治四年（一三六五）、「左兵衛尉利胤」からの文書が発給されている。さらに掃部寮寮務を勤めた中原師郷による『師郷記』などには、康応元年（一三八九）から享徳二年（一四五三）までの長きに渉って「左衛門尉利勝」という名が見える。[43] この人物は御訪請取状の署名や、掃部頭の下知状の奉者などを勤め、また師郷の家司であった。[44] さらに永正元年（一五〇四）には「左衛門尉利兼」、[45] 同一四年（一五一七）にはやはり奉者として「左衛門尉利房」なる人物が見える。大永六年（一五二六）長坂口紺灰問屋職補任状には「左衛門尉利弘」、天文二〇年（一五五一）～天正九年（一五八一）には「清水左衛門尉利方」と、ほぼ中世後期を通して存在が確認できる。[46] これらの人物の姓は不明であるが、文明七年（一四七五）除目で掃部允藤原利右、明応六年（一四九七）除目で掃部允藤原利広、大永二年（一五二二）年除目で掃部助藤原利充、掃部允藤原利男といった人物がそれぞれ任命されている。[47] この時期の除目では、下級官に任じられた人物が実在であるか、また実在であったとして寮運営に実際に関わっていたかは判然としない。しかし掃部寮の下級官が藤原姓で「利」を通字とすることが何らかの形で意識されていたのではないだろうか。さらに大永五年（一五二五）、永禄五年（一五六二）には本所家雑掌としてそれぞれ清水利国、利方という人物も見える。[48] 彼らは、活動内容からは目代の地位にあったと推測される[49]。すなわち藤原「利〇」という一族は、中原氏正親町流の家人を勤めつつ、掃部寮目代の家柄として続き、中世末に至って分離していた年預職と統合されたと推定できる。内蔵寮においても、天正～慶長年中に組織の再編が行われていた（第一部第四章参照）。掃部寮でも同様に一六世紀最末期に、中世的体制から近世的体制への転換が行われたのであろう。

3　大炊寮

三番目に大炊寮について検討する。大炊寮においても鎌倉中期までには知行官司制が成立していた。例えば、元亨年中の大炊寮領をめぐる相論では、論点の一つである正応五年（一二九二）頃の事情について、「寮務為㆓師顕朝臣㆒之間」、「寮頭師枝」に尋ねたと見える[50]。師顕は正応五年時、大隈守兼大外記であり、大炊頭は兼官していないにも関わらず「寮務」と称されている[51]。一方で、同史料中師顕の孫で現任の大炊頭師枝は「寮頭師枝」と示されている[52]。ここから知行者を示す「寮務」と「寮頭」が区別されていることが窺える。

また康永四年（一三四五）、時の大炊寮務中原師右が危篤となった。そのため子息師茂を洞院公賢の許へ遣わし、

　大炊寮々務、任㆓相伝㆒、寮頭師茂管領不㆑可㆑有㆓相違㆒之由、可㆑被㆑下㆓院宣㆒、愚息師茂・師守相並可㆑被㆓召仕㆒之由、可㆓奏聞㆒云々、

と相伝の院宣を求めた[53]。しかしながら「寮頭師茂」は既に暦応二年（一三三九）、父の譲りを得て大炊頭に任じられ、数年を経過している。それにも関わらずこうした院宣を求めていることからは、寮頭＝大炊頭の地位にあることが大炊寮の差配を担保しておらず、「寮務」＝知行者の変更に伴い、改替されることがあり得たのであろう。永和四年（一三七八）に師茂が死去した時も、その子師夏は安堵の勅裁を申請している[54]。そして実際、師右

死去直後には、又従兄弟に当たる中原師言との間で寮務に関する相論が発生した(55)。かつその相論に際しては、正和・建武三年（一三三六）の先例が持ち出されている。このうち「正和」は、正和五年（一三一六）の師右の父大炊頭師古の死去に伴う相続問題であろう(56)。また建武の動乱に伴い、大炊頭も変動があるが、師右は建武二年（一三三五）三月に北朝により大炊頭に還任される。「和談契状」「建武院宣」とは、この還任に伴うものであろう。さらに文和元年（一三五二）にも、前年南朝に奔った師言から大炊寮務の安堵を求める訴えが出されている(57)。このような幾度もの相論を経て、師右—師茂流は、大炊寮の相伝を既成事実化したと考えられる。

次に大炊寮の年預・目代を見る。南北朝期にはともに寮務の家司から補任され、寮領管理に当たっていたと橋本義彦氏は指摘する(58)。実際、大炊寮では目代から年預へ異動するケースも見られる(59)。これらはここまで検討してきた諸司とは異なる点であろう。また貞治四年（一三六五）、大炊寮年預の欠を埋めるに当たっては、「国隆令二兼参一之上、父国光令二経歴一之間、可二相計一之由存、可レ為二何様一哉」と、父が勤めていたこと、中原氏に仕えていたことが評価されている。ある程度重代の家柄が意識されていたようである(60)。ただしここで見える「兼参」とは何であろうか。

その検討のため次に大炊寮業務の運営状況を追う。南北朝期には大炊寮務中原師茂の弟で、その補佐をしていた中原師守の日記『師守記』が現存する。寮運営の様子が詳細に記されており、当該期の寮務による大炊寮の差配の様相を窺うことが可能である。すなわち大炊寮における寮務中原氏の役割として、寮領管理、寮役の徴収、その寮役の大膳職・内膳司等への配分を主業務としていたことがわかる。また中世の大炊寮領として、『師守記』『康富記』などから六八カ所が確認されている(61)。そこからの料足が、例えば貞治六年（一三六七）六月の月次祭・神今食にあたっては、内膳司年預・内膳御炊・「光久」・主水司・主水司鎰取らに下行されたのである(62)。

しかしながら「温職中尤膏腴」「今も禁中の第一の要脚なり」と謳われた大炊寮においても鎌倉後期〜南北朝

期以降、寮領（御稲田）の退転が進行していた。[63] 次第に寮領を売り払って凌ぐようになり、最終的には大炊寮務中原氏六角流の没落へとつながったという。[64] ところで大炊寮には商業課役として米穀売買課役も存在した。その初見は元応元年（一三一九）とされており、[65] 酒麴役と同様、後醍醐天皇の商業政策の一環として成立し、以後賦課が継続していたと考えられている。しかし『薩戒記』永享一〇年（一四三八）七月四日条には「御前外記師勝父師豊明徳度御前、依無足者可望申由緒地之由被仰下之間、望申米穀課役事了」と見える。すなわち明徳四年（一三九三）、困窮していた大外記中原師豊が足利義満に「由緒地」を申すよう命じられ、米穀課役が再設定されたことがわかる。[66] 大炊寮は南北朝期まで寮領（御稲田）がある程度保持されていたため、商業課役へのシフトが遅れたのであろう。その米穀課役の賦課主体を見ると、明徳年中に米穀課役を申請した押小路流中原師豊は師守の息で、大炊頭ではない。大炊頭は師茂の子孫中原氏六角流に相伝されるが、米穀課役は以後も師勝―師藤―師親と押小路流に相伝された。六角流が文安年中に没落した後も米穀課役は引き続き押小路流が保持している。「大炊寮」の名を関していながら、権益は別のものとされていたのである。その分離の所以を追うと、師茂・師守兄弟の関係に行き着くのではないだろうか。橋本氏は師守が寮領の一部を分割されて、兄の代官を務めていたと推測している。[67] 先述のように師右は死去にあたって「師茂師守相並」と命じている。[68] その遺言によって、以後大炊寮の権益は、長官分と師守分に分割されることになったのであろう。六角流から清原氏に長官が移った時も、御稲田のうち押小路流の「師益別相伝分」は除かれている。[69] すなわち新年預国隆の「兼参」とは分離した師茂と師守両家への兼参と推測される。他の官司同様、師守に相続された分が一つの職として以後、長官分と分離したのであろうか。

今一つ、大炊寮の運営を追うと興味深いことに気づく。前述のように大炊寮では寮役を関係諸司に下行している。例えば、前述の貞治六年（一三六七）の月次祭・神今食で寮役を下行された中に光久なる人物が存在する。

この光久は同時代史料には同一時期に大膳沙汰者・造酒司沙汰者・仕人一者として見える。[70]また同時期応安四年（一三七一）の「譲位惣用帳」には下行先として、「殿上饗三个日幷造酒司」「御元服幷大膳職造酒司等」という項目がある。[71]殿上饗はおおよそ内蔵寮が担当したようである。つまりこの記載は、内蔵寮と造酒司・大膳職の役を担う人物が同一であることを示している。上述の肩書からは、あるいはその下行先がこの光久である可能性もあろう。さらに光久の孫で大炊寮使吉久は、外記局の下僚である使部に任じられている。[72]また内膳司年預の代官安倍経広は弁官局の下僚左史生を兼ねていた。[73]このようにこの時期の下級官人層は、官司の枠を越えた横断的な活動を行っていた。そして一面ではその中核に外記局・弁官局があったといえよう。

下って近世には、大膳職兼大炊寮小野氏という地下官人が存在する。この小野氏について『地下家伝』には、室町期には「兼掌二内蔵寮・大膳職・造酒司・内教坊仕人事一」だったと記す。また家譜にも「大膳職・内蔵寮・内教坊」と同様の記載がある。[74]なお『地下家伝』で、このような兼務の初代とされる小野光久（初名久重）は、応永三年（一三九六）に大膳属に任じられ、応永一六年（一四〇九）、永享二年（一四三〇）には造酒司預を勤めていることが、同時代史料から確認できる。[75]また御厨子所預高橋氏の許に伝わる『大膳職古文書』には、「春日祭大炊寮役奉行事」を久重（光久の旧名）に申しつけたので、供神物要脚六斗と給分毎年一石を久重に与えるようにとの、目代左衛門尉知行から大炊寮領山城国相楽御稲田下司への袖判奉書がある。[76]ここからは光久が大炊寮の役の一部を請け負うことによって、大炊寮領の一部を入手した経緯が窺える。さらに小野氏の手になる『大膳職家記録』という史料が存在する。[77]その中、永享九年（一四三七）の大嘗会関係の史料をみると、大膳職預に対する下行の中に大炊寮・大膳職・造酒司の諸司の分が含まれている。すなわちこれらの官司の業務の一部、おそらく業務の共通項を考えると、饗膳に関する部分がまとめて大膳職に委ねられていたこと、その実務担当者の兼任状況が確認できる。これも時期的にはやはり小野光久の時代であろう。すなわち『地下家伝』や家譜の記すとおり、小野氏は室町期には内蔵寮・大膳職・造酒司・内教坊、さらに大炊寮等の諸官と関係があったと推測できるのではないだろうか。同様の状況は、以後も確認できる。例えば、文明六年（一四七四）の内侍所御神楽においては、

凡内蔵寮大膳職等相兼之間依レ為二下輩之物一、内蔵寮歟大膳職饗膳歟不二分別一歟、

という事態が生じており、内蔵寮と大膳職がともにある「下輩」に委ねられていたことがわかる。[78] さらに時代は下るが、慶長三年（一五九八）の元日節会の各官司の役負担を示した史料中にも、造酒司には「大膳職かゝへ分」と注記が見える。[79] すなわちこうした兼任状況は中世後期を通して存在したと推測される。

ここで登場する大膳職・内膳司、あるいは内蔵寮はいずれも宮中の饗膳を扱う部署である。本来は細かく分担が定められていたが、酒や主食を扱う造酒司、大炊寮も含めて南北朝期までには合理化され、統一的な運営がなされていたのではないだろうか。なお大膳職の長官は大膳大夫であるが、平安末期から陰陽師ら諸道者が任官されるようになり、[80] やがて武家官途となっていった。つまり長官職の空白化が早くから進んでおり、実務への関わりは薄かったと推測される。実務面では大膳職にも年預が存在し、管見の限り建久六年（一一九五）には活動が確認できる。[81] また内蔵寮については、第四章で長官と年預の分離を指摘したが、さらに饗膳に関わる部分については大膳職にも請け負われていたといえる。

以上第二節では室町期の局務相伝官司、すなわち主水司・掃部寮・大炊寮の運営体制・業務分担の在り方を検討した。まず長官職は、いずれも官制上の長官の上位に知行者が存在する知行官司制形態をとっていた。さらに主水司・掃部寮ではこの長官職、内部的には知行者（―長官）―目代というラインと、年預職を典型とする他の職が分離しており、それぞれがある程度独立した形で所役を果たしていたと推測される。さらに大炊寮のように、その業務の一部が大膳職預のような他の類似の役を果たす官司と統合される形で、他の実務官人によって請け負

われている様相も確認できた。このようにこれらの諸官司には、知行者（―長官）―目代と実務担当者たる年預等（または他官司）の重層的な構造が存在したといえる。

三　年預再考

1　官司の運営と長官職

前節まででは、局務が知行した諸司では、局務家と年預（実務担当者）らの間で重層構造が生じていたことを指摘した。一般的な年預の性格については、第四章でも指摘したのでここでは省略するが、中世を通じて役割を増大させ、同一人物が多数の官司を担うようになる。その背景には、長官が所役を果たさない傾向、その勤めの肩代わり、という事情があると推測される。ところで局務家が内廷的諸官司の長官職を相伝した理由を、長官として官司を直接掌握することで運営の円滑化を図ったとの指摘もある。[82] しかし長官が所役を果たさない傾向は、これらの③型官司においても見え、かつ局務家による相伝体制下になっても劇的な変化は見えない。以下に局務家による相伝の見え始める鎌倉中期ころの各官司における事例を検討する。

まず主水司を見る。寛喜三年（一二三一）九月、伊勢公卿勅使発遣のための行事所始が行われた。この時、手水の準備について次のように見える。

主水司雖レ可レ候、近年不二合期一之間出納・小舎人等用意、不二事欠一者也[83]、

こうした役目は主水司の役であるが、最近滞っているので出納・小舎人が用意したという。すなわち長官職を局務家が兼ねていることが必ずしも業務の円滑化を意味していないのである。

続いて掃部寮の事例を見る。宝治元年（一二四七）冬の更衣で、掃部寮は御座等の差配をした。ところが問題があったので、奉行藤原定嗣が掃部頭中原師光に尋ねた。すると

先々沙汰無二相違一之由、年預令レ申之間、不レ加二検知一之処、不法之条驚存、但於レ今者難二調改一、向後可二精好一之由申レ之、(84)

という。すなわち年預が問題ないと言うので特にチェックもしなかった、今回はもはや仕方ないでしょう、という返答である。さらに北面十帖分については子細を申し調進しなかった。(85) 掃部寮は、宝治元年、同二年（一二四八）には便補保の設定が行われるなど、後嵯峨院政下で興行が図られていた。(86) この時の掃部頭中原師光は、嘉禄元年（一二二五）から建長四年（一二五二）まで三〇年近く在任している。しかし少なくとも宝治の興行に関しては主導的な関わりは見えず、むしろ上述のように責任を回避している。

三つめに大炊寮を確認する。大炊寮では康治元年（一一四二）の大嘗会に際し、大外記兼大炊頭中原師安が飯を据える役目を勤めた。これにつき藤原頼長は、

大炊頭居レ飯、近代絶無二此事一、而大嘗会希代事也、大外記兼二此職一、尤有二便宜一、仍今朝仰二師安一、令レ勤二此役一、三个日所二勤仕一也、(87)

と喜んでいる。中原俊章氏が、局務家が諸官司の長官を務めることによって、朝廷の運営が円滑になったと指摘する根拠とした史料である。しかしこの史料は、大外記として必然的に出仕している師安が大炊頭を兼ねているため、その所役をも勤めさせ、儀式の威儀が整ったことを喜んでいるのではないだろうか。実際、当日の師安の作法には誤りもあり、頼長に指摘されている。同時期の師安の意識は、次の史料からも窺える。

永治宇槐記、師安申云、祖父師平大炊頭之時、依二顕職一不レ従二大炊頭所役一也、祐俊時顕職又不レ従二此役一、師安不レ可レ勤二雑役一之由遁申、有二其謂一之由、被レ遊レ載二宇槐記一、

室町期の『康富記』に引用された『台記』の永治年中（一一四一〜四二）の事例である。享徳三年（一四五四）、中原康富は中務輔代の役を務めるよう命ぜられ、五位の顕職の者はそうした役を勤めない、と拒絶した。その時に局務清原良賢が康富を擁護して、引用した事例である。これによると、永治年中中原師安は、祖父師平が大炊頭の時、五位なので大炊頭の所役には従事しなかった、官務小槻祐俊も五位の時、また従事しなかった、だから師安も勤めない、と主張している。すなわち先の史料とほぼ同時期に、師安は大炊頭の所役を拒否しているのである。ここからも師安の大炊頭兼任が、「便宜」を前提としたものではないことは明らかである。時代は下るが、正安二年（一三〇〇）の白馬節会に関しては、「今年節会興行、各不レ可レ有二代官一之由」の沙汰があったために、造酒正大外記中原師宗が自ら盃を取ったが、これは「無二先例一事歟」とされている[88]。

　このように事例を見ていくと、局務家によってこれらの官司の長官職が相伝されるようになったことは、こうした兼官諸官司の直接掌握、あるいは興行と直接結びついた現象ではなく、鎌倉初期には既に年預による運営体制が主軸となっていると推測される。

2　年預の独立

　他の官司でもこのような分離の要因は窺える。例えば仁治元年（一二四〇）、民部省年預友兼は重服となった。そのため新任の民部卿平経高の許へ、「此職多以有二望申者一、又人々多有二吹挙一」けれども改替しないでほしい、と訴え出ている[89]。また寛元二年（一二四四）、右近衛府年預秦兼廉が死去した。この時後嵯峨天皇は右大将藤原実基が任じるよう命じる。しかし関白藤原良実は、後嵯峨天皇へ「凡府年預事、大将成敗也、近代自レ上被二計仰一事近代間有レ例」と訴え、自らの府生秦頼峯を任じるよう勅命を得ている[90]。これらの事例からは、（一部の官司であるにせよ）年預に利権となりうる要素が付随していたこと。またそのような利権を生かせる能力を持つ下級官人の背後には、その人物を長官に対して推挙し、その後までも影響を及ぼすであろう有力者の存在が窺える。やがて、このような有力者の影響が強くなっていくと、年預職が長官の差配下から、別の有力者の職（年預知行職）として独立していくのではないだろうか。

なお同じ民部省では次のような事例も見られる。嘉禄二年（一二二六）、民部卿藤原定家は、摂津前司藤原能教の父新中納言頼資に、未済の摂津国の年貢の勘済公文を発給してくれるよう依頼される。これに応えて定家は年預紀国兼に下知状を出した。しかし国兼は勘済公文の発給は年預の職権であり、このような干渉は「省陵遅之基」であるとしてはねつけている(91)。国兼はこの他にも太政官官掌・信濃国雑掌・率分所年預を兼ねていた人物である(92)。財務関係のプロであり、衰微しつつある官司に短期間在任するのみの長官の権威は通用しなかったのであろう。一方で、頼資は年預に「少禄」の見返りを申し出ており、年預のささやかな余得の存在も窺える。こうした事例からも鎌倉初期から年預の独立性が存在したと推測できる。

一方、内蔵寮では文永九年（一二七二）に年預職の相伝宣旨を巡る訴訟が起きている(93)。また室町期の大蔵省年預紀（堀川）氏、院庁務紀（島田）氏はともに「正和院宣」を相伝の根拠としている(94)。鎌倉後期頃より、特定の氏族による年預職の相伝が意識されるようになったのであろう。

3　中原氏による長官職掌握の意義

上述のような状況が見られる中で、なぜ南北朝期の中原氏は大炊寮では目代職ばかりでなく、年預職も保持していたのだろうか。橋本義彦氏の研究によれば、大炊寮は律令制下の宮内省―大炊寮―国司―省営田という体制から、後三条・白河院政期に御稲田供御人方式へと大転換を遂げたという(95)。第一節で述べたように中原師平・師安が大炊頭を勤めたのは、まさにこの時期である。ことに師平は二〇年の長期に渉って在任している。また橋本氏は成立時期の判明する御稲田の一覧を掲げているが、その成立時期は中原氏の長官就任時期と重なる。すなわち大炊寮においては中原氏も関わる形で官司の再編が行われたのであろう。それに対して、他の官司の長官に任官されるようになるのは鎌倉期以降である。各官司が機構の再編を終えた後に、いわば天下り的に局務家が長官職を得たといえる。それに対して、大炊寮では再編期から関わっていたために年預職・目代職を共に掌握していたのではないだろうか。

ではこのような長官職の兼官は局務家あるいは朝廷社会にとってどのような役割を果たしたのだろうか、と考えると、やはり一定程度の得分の意義が大きいと推測される。平安末期の『官職秘鈔』には大炊・主殿・掃部頭は「四位・五位諸大夫中、有レ労有レ功者撰二任之一、或諸道博士任レ之」と見え、恩賞的な地位だったことが窺える。また南北朝期の『職原鈔』でも大炊頭は「温職（俸給外の収入や利益の多い官職。役得のある官職）(96)」の中でももっとも豊かな官と称されている。長徳四年（九九八）大炊頭に任じられた陰陽師賀茂光栄は「雖レ不レ知二堪否一、依レ為二一道之長一被レ任」とされ、やはり能力より恩典としての側面が強かったようである(97)。

室町期の『百寮訓要抄』には木工頭について、「名ばかりにはあるべからず、寮領を知行する仁のなる也」と記し、実質的な運営と得分の密接な関係を示している(98)。また承安五年（一一七五）、穀倉院別当に院近臣の卜部仲遠が補された。これについて藤原兼実は、大外記・大夫史・医・陰陽道、主計寮・主税寮の頭か助の中から適当な人物を選ぶべきである、今回は小槻隆職が補任されるべきであったが、果たせなかった、官務として一〇年間奉公に怠りがないのに、いまだ一恩にも浴さないのは不適当である、と記している(99)。穀倉院も、米穀の収納を担う内廷的経済官司の一つであり、その院領は室町期には外記局の得分となり「局務渡領」とも称された(100)。穀倉院別当への任命は「一恩」とされており、朝恩としての側面が大きかったのであろう。

ただし同時に官務・局務等には官司領・便補保の興行が求められていた側面もある。例えば太政官厨家領などには、小槻氏の私領が繰り入れられたことが、橋本氏らによって指摘されている。[101]先述の宝治年中の興行に際しても、便補保三カ所を立てたのだから寮家の沙汰として調進するように、と命じられている。[102]

さらに鎌倉中期頃になると、長官層による関係諸官司統合の動きが見られる。例えば大炊寮はその被管の供御院を吸収しようとし、預と相論が起きていることが、網野善彦氏によって指摘されている。[103]内蔵寮でも御厨子所を吸収し、御厨子所預との争いがおきた。[104]また同時に官司領の私領化、「別相伝」化の進行も指摘されている。[105]このような融合が進んだことも長官職と官司運営体制の遊離、複雑化進展に影響を及ぼしたであろう。

小括すると、一三世紀初頭から、第二節で指摘した長官ラインと年預ラインの分離状況が存在した。官司の実務は年預によって差配される。そうした中で、一方では局務家による諸官司の長官職の相伝化が進行した。これは局務家に対する一定度の得分、その裏返しとして彼らによる朝廷の用途確保という側面が大きかった。

おわりに

以上、断片的ではあるが、局務家により相伝された主水司・掃部寮・大炊寮の各官司につき検討した。局務家がこれらの長官職を得たのは、平安末期から南北朝期まで、官司によって異なる。そして必然的に、運営への関与の度合いも様々であった。室町期までには、これらの諸官司では官制上の長官と実質的な長官＝知行者（司務・寮務）の乖離が見られる。③タイプの官司は小規模な官司であり、長官職と知行職、さらに年預職の、階層的距離が近い。しかし運営体制上も知行者（―長官）―目代ラインと年預などのラインの重層構造が存在し、業務の分離が起きている。すなわち局務家相伝官司においても知行官司制が存在した。局務家・官務家はこれらの官司においてはあくまで長官職の相伝だったのである。一方で業務の近接する諸官の間での統合も行われた。このような重層構造は院政期～鎌倉期の官司再編に伴い発生し、室町期にはより顕在化した。さらに一六世紀末期に再度の組織改革が行われ、近世的体制の成立へとつながったと推測される。局務家の相伝は必ずしも諸官司の掌握、運営の便宜を意図したものではなく、第四章で検討した他官司と同じく、知行者としての運営・利権を得ていた。

修理職・内蔵寮といった「非官司請負」とされる官司だけでなく、「官司請負制」の典型とされる官司でも同様の傾向が見えることからは、こうした体制は中世に実質的な機能を有していた官司運営全体にある程度敷衍できるものと想定できるのではないだろうか。

注

（1）中原俊章氏は内匠寮も相伝官司とするが、内匠寮頭に相伝傾向は窺われない。
（2）佐藤進一『日本の中世国家』岩波書店、一九八三年、二〇〇七年岩波現代文庫。
（3）中原俊章『中世王権と支配構造』吉川弘文館、二〇〇五年。
（4）佐藤進一『日本の中世国家』岩波書店、一九八三年、二〇〇七年岩波現代文庫。桜井英治「三つの修理職」『遙かなる中世』八、一九八七年。
（5）今正秀「平安中・後期から鎌倉期における官司運営の特質」『史学雑誌』九九―一、一九九〇年。
（6）井上幸治「官司請負制の内実」『立命館史学』二一、二〇〇〇年。
（7）橋本義彦『平安貴族社会の研究』吉川弘文館、一九七六年。
（8）中原俊章『中世公家と地下官人』吉川弘文館、一九八七年。同『中世王権と支配構造』吉川弘文館、二〇〇五年。
（9）『職原鈔』（群書類従第五輯、以下同）。
（10）『職原鈔』。『建内記』永享一一年二月二八日条（大日本古記録）。
（11）『地下家伝』二大外記中原朝臣。
（12）西大路流の掃部頭として師緒（元亨二～正中元年）、師治（正中元～建武元年）など。
（13）『延喜式』巻第三五大炊寮（新訂増補国史大系）。

(14)『康富記』文安五年九月一九日条。宝徳元年二月一三日条。享徳三年八月八日条（増補史料大成、以下同）など。
(15)星川正信「室町期における大炊寮領と中原氏」『法政史学』三二、一九八〇年。
(16)『兼宣公記』応永三一年三月記紙背「広橋中納言家雑掌申状」（歴史民俗博物館所蔵）。
(17)「外記補任」元弘元年条（続群書類従第四輯上、以下同）。佐藤進一『日本の中世国家』岩波書店、一九八三年、二〇〇七年岩波現代文庫。
(18)三浦龍昭「外記家清原氏と五条頼元」『征西将軍府の研究』青史出版、二〇〇九年、初出二〇〇二年。
(19)国立公文書館所蔵『押小路文書』八〇。
(20)元亨元年六月六日「後宇多院院宣」『鎌倉遺文』二七八〇二号。『師守記』貞治四年四月二一日条（史料纂集、以下同）など。
(21)嘉慶三年正月一六日（図書寮叢刊『壬生家文書』一一二八号、以下同）。『晴富宿禰記』文明一一年三月七日条（図書寮叢刊）。『小西康夫氏所蔵文書』（東京大学史料編纂所所蔵マイクロフィルム、以下同）。久留島典子「戦国期の酒麹役」『小西家所蔵文書』小西康夫、一九九五年、初出一九九一年。桜井英治「酒屋」高橋康夫ほか編『日本都市史入門Ⅲ 人』東京大学出版会、一九九〇年。拙稿「中世朝廷の運営構造と経済基盤」『歴史学研究』八七二、二〇一〇年。
(22)『康富記』康正元年一〇月八日条。文安元年閏六月七日条など。
(23)『康富記』応永三〇年一〇月一二日条。一四日条。
(24)『康富記』応永三〇年一〇月一四日条。二〇日条。
(25)本郷恵子『中世公家政権の研究』東京大学出版会、一九九八年。
(26)『康富記』嘉吉二年一一月二七日条。文安元年閏六月七日条。宝徳二年九月三日条。
(27)『康富記』宝徳元年閏一〇月八日条。宝徳三年三月二三日条。宝徳三年七月二五日条。『地下家伝』六内舎人中原氏。
(28)『康富記』応永二九年一一月二五日条。嘉吉二年一一月二七日条。嘉吉三年四月一四日条。宝徳元年一一月二九日条。宝徳二年八月二五日条。
(29)『康富記』嘉吉二年一二月二五日条。
(30)『康富記』宝徳元年二月一一日条。
(31)『師郷記』永享四年記紙背。永享七年記紙背（史料纂集、以下同）など。

(32)『押小路文書』七九「同（掃部）寮諸役料請取案」（東京大学史料編纂所所蔵写真帳、以下同）。
(33)『師守記』貞治三年七月二六日条（史料纂集、以下同）。「応安七年御即位記」応安七年一二月二八日条（大日本史料第六編四一）など。
(34) 本郷恵子『中世公家政権の研究』東京大学出版会、一九九八年。
(35)「大嘗会巳刻次第」永和元年一一月二四日条（大日本史料第六編四四）。『師守記』貞治三年八月一二日条。『後深心院関白記』延文三年四月一七日条。同一〇月二二日条（大日本古記録）など。
(36)「譲位惣用帳」（大日本史料第六編三三）。「御即位用途二十五万疋支配」（大日本史料第六編四一）。
(37)「大嘗会巳刻次第」永和元年一一月二四日条（大日本史料第六編四四）。
(38)『広橋家記録』神祇四（史料編纂所所蔵写真帳）。『京都御所東山御文庫記録』丙十三（東京大学史料編纂所所蔵写真帳）。
(39)『康富記』文安元年五月二二日条。
(40) 中原俊章『中世王権と支配構造』吉川弘文館、二〇〇五年。
(41)『押小路文書』七九「召使補任案」。
(42) 西村慎太郎『近世朝廷社会と地下官人』吉川弘文館、二〇〇八年。
(43)『師郷記』永享五年記紙背永享五年九月廿六日付「掃部寮請取状」。同嘉吉元年記紙背嘉吉元年四月四日「掃部寮請取状」。『佐野文書』（東京大学史料編纂所所蔵影写本、以下同）など。
(44)『兼宣公記』応永一二年八月一九日条。「古文書纂」応永三年六月二六日掃部頭中原師胤下知状（大日本史料第七編二）など。
(45)『佐野文書』。
(46) 図書寮叢刊『壬生家文書』一〇五八号〜一〇六九号。
(47)『親長卿記』文明七年二月一日条（増補史料大成）。『押小路文書』六四「明応六年三月二六日間書草」。六〇「大永二年三月新叙諸草案」。
(48)『小西康夫氏所蔵文書』。
(49)『師守記』康永四年四月四日条。
(50)（元亨四年カ）「某申状案」（『鎌倉遺文』二八九二〇号）。

(51)『勘仲記』正応六年六月二日条所収五月二七日付「伏見天皇宣旨」。なお永仁年中には子息が大炊頭を勤めていたことが見え、おそらくこの時期も同様だったのではないかと推測される（『鎌倉遺文』一九一二六号）。
(52)師枝は元亨二年正月に大炊頭に任じられた（『鎌倉遺文』二七九四七号）。
(53)『園太暦』康永四年二月五日条（史料纂集、以下同）。
(54)『後愚昧記』永和四年一〇月二日条（大日本古記録）。
(55)『師守記』康永四年三月五日条。一二日条。一六日条。『園太暦』文和元年六月二七日条など。
(56)「外記補任」正和五年条。
(57)『園太暦』文和元年六月二七日条。
(58)橋本義彦『平安貴族社会の研究』吉川弘文館、一九七六年。
(59)『師守記』貞治七年正月一一日条。貞治四年四月一四日条。
(60)『師守記』貞治四年四月一七日条。
(61)橋本義彦『平安貴族社会の研究』吉川弘文館、一九七六年。
(62)『師守記』貞治六年六月一一日〜一三日条。
(63)『職原鈔』、『百寮訓要抄』（群書類従第五輯、以下同）。
(64)星川正信「室町期における大炊寮領と中原氏」『法政史学』三二、一九八〇年。
(65)『押小路文書』八三。
(66)拙稿「中世朝廷の運営構造と経済基盤」『歴史学研究』八七二、二〇一〇年。
(67)橋本義彦『平安貴族社会の研究』吉川弘文館、一九七六年。
(68)『園太暦』康永四年二月五日条。
(69)『康富記』宝徳元年五月一四日条。
(70)『師守記』貞治二年二月二〇日条。貞治三年六月一日条。貞治三年七月一一日条など。
(71)『民経記』仁治三年正月二〇日条（大日本古記録、以下同）。『中右記』長治元年一二月五日条（増補史料大成）。
(72)『師守記』貞治三年七月一一日条。
(73)『師守記』貞治六年六月一三日条、応安四年七月九日条。

(74)『小西康夫氏所蔵文書』。この家譜を伝えた小西康夫氏所蔵文書は、造酒司関係の文書を中心としている。その中に含まれていることからは、造酒司との関わりも存在した可能性もある。
(75)『地下家伝』四大膳職兼大炊寮徳岡。応永一六年一二月日「造酒司預久重申状」(大日本史料第七編一二)。
(76)『大膳職古文書』(慶応義塾大学魚菜文庫所蔵)。
(77)東京大学史料編纂所所蔵謄写本。
(78)『親長卿記』文明六年一二月一九日条(増補史料大成)。
(79)京都府立総合資料館所蔵『中原文書』。
(80)『官職秘鈔』『職原鈔』。
(81)『三長記』建久六年一二月一九日条(増補史料大成)。
(82)中原俊章『中世王権と支配構造』吉川弘文館、二〇〇五年。
(83)『民経記』寛喜三年九月一六日条。
(84)『経俊卿記』宝治元年一〇月一日条(図書寮叢刊、以下同)。
(85)『経俊卿記』宝治元年一〇月一日条。
(86)『葉黄記』宝治元年三月一一日条(史料纂集)など。
(87)『台記』康治元年一一月一六日条(増補史料大成)。『康富記』享徳三年正月七日条。
(88)「大理秘記」正安二年正月七日条(「西尾市岩瀬文庫所蔵『大理秘記』」『年報中世史研究』二三、一九九八年)。
(89)『平戸記』仁治元年正月三〇日条(増補史料大成)。
(90)『妙槐記』寛元二年正月一八日条(増補史料大成)。
(91)『明月記』嘉禄二年一二月一〇日条。
(92)本郷恵子『中世公家政権の研究』東京大学出版会、一九九八年。
(93)『吉続記』文永九年一〇月一三日条(増補史料大成)。
(94)建武三年八月二一日院宣(大日本史料第六編三)。『康富記』嘉吉二年一一月一四日条。
(95)橋本義彦『平安貴族社会の研究』吉川弘文館、一九七六年。
(96)『日本国語大辞典』(第二版、小学館)「温職」→「温官」。

(97)『権記』長徳四年八月二七日条（増補史料大成）。
(98)『百寮訓要抄』。
(99)『玉葉』承安五年九月六日条（国書刊行会）。
(100)文明七年正月二五日「室町幕府奉行人連署奉書」（『壬生家文書』一一五〇号）。元亀二年二月二八日「正親町天皇綸旨」（図書寮叢刊『砂巖』文書類幷消息等条々）。
(101)橋本義彦『平安貴族社会の研究』吉川弘文館、一九七六年。
(102)『経俊卿記』宝治元年一〇月一日条。
(103)網野善彦「中世文書に現れる「古代」の天皇」『史学雑誌』八五―一〇、一九七六年。
(104)小野晃嗣『日本中世商業史の研究』法政大学出版局、一九八九年。
(105)今正秀「平安中・後期から鎌倉期における官司運営の特質」『史学雑誌』九九―一、一九九〇年。本郷恵子『中世公家政権の研究』東京大学出版会、一九九八年。

第六章　暦道賀茂氏の変遷

はじめに

賀茂氏は暦道・陰陽道の特殊技術をもって代々陰陽寮の官職を世襲し、官司請負制の典型例の一つとされている。(1) 序章で述べた分類に従えば、②分類、特殊技術をもって官司を請け負った技術系官司の代表といえる。また暦・陰陽の両道は中世の人々の生活・思想に重要な役割を果たしており、その意味からも賀茂氏の在り方を探ることは重要である。

まず賀茂氏の特徴を先行研究によってまとめる。平安期の賀茂氏については高田義人氏、山下克明氏等による研究がある。(2) それによれば、造暦作業には初期には大春日氏、大中臣氏等、複数の氏族が携わっていた。そうした中で賀茂氏からは一〇世紀に賀茂保憲が出る。保憲は中国から新暦法の「宣明暦」を将来するなど知識・技術に優れ、さらに暦道・陰陽道に関する各種の文書・記録を集積したことが指摘されている。また暦注の典拠の一つとして利用された『宿曜経』や、「符天暦」という中国の新暦法に詳しい僧である宿曜師と連携した。『宿曜経』は当時公家社会において盛んになりつつあった密教や修法を行うにあたり、日時を定める典拠として頻繁に利用された。具注暦上では一〇世紀から『宿曜経』を基にした朱注が付されるようになった。このような公家社会の要求に早くから対応することによって、賀茂氏は造暦業務を独占し一〇世紀後半からは暦博士を世襲したという。(3) 一方で平安時代には公的な頒暦制度が衰退していき、貴族層では暦の入手を私的供給に頼るようになった。

その結果唯一暦本を作成した賀茂氏への依存体制が強まった(4)。その後一一世紀中頃になると、さらに陰陽寮の長である陰陽頭も相伝するようになる(5)。ここで賀茂氏とともに陰陽寮の上級官職を二分した氏族が安倍氏である。彼らもまた天文道を専門とし、賀茂氏と同時期に天文博士の職を独占的に世襲するようになっていった。このように賀茂、安倍氏がそれぞれ暦道・天文道において優越したことが、両氏による陰陽道の独占にもつながったと指摘されている(6)。

続く鎌倉期の陰陽寮についてはこれまであまり考察がなされていない。陰陽道の先駆的研究であり、中世を見通して概観している村山修一氏の研究でも宮廷陰陽道が形骸化した時期と評価されるに留まっている(7)。その中で山下氏は賀茂氏・安倍氏が暦博士・造暦宣旨、天文博士・天文密奏という国制上不可欠な存在である両道を家業として継承することにより、家の存立を図ったこと、また両氏とも氏族の中に多数の有力な家が分立していたことを指摘している(8)。さらに近年赤澤春彦氏により、安倍氏を中心に鎌倉期の陰陽師の網羅的研究が精力的に進められている(9)。しかし鎌倉期についてはまだ検討すべき点が多い。

その後室町期には、勘解由小路と称される家が賀茂氏の嫡流として安倍氏の土御門家とともに朝廷・室町殿の陰陽道・暦道の活動を独占した。この時期については柳原敏昭氏・末柄豊氏・木場明志氏等による研究がある(10)。柳原氏は足利義満の執政期に、義満が意図的に賀茂・安倍両氏の中で勘解由小路家・土御門家を選択し重用することによって、両家の優位が定まったと指摘する。そして「王朝勢力の諸権限を吸収するという足利義満政権の課題の中で陰陽道が重用され、その結果、陰陽家の家格が上昇するという事実」をあげて室町期を陰陽道の最盛期であると評価している。同様に応仁・文明の乱後の室町殿と賀茂氏の密接な関係については末柄氏が検討している。また他の公家同様、室町後期には在地へ下向し、大名と深い関わりを持った人物もいた(11)。その後一六世紀後半に、勘解由小路家は断絶し、造暦作業は一時安倍氏に委ねられた。

さらに江戸期になると安倍氏（土御門家）は家業ではないとして造暦業務を返上する。代わって、賀茂氏庶流幸徳井家が奈良から召し出され、造暦を担当した。しかし貞享の改暦以降、造暦は実質幕府天文方が担うようになる。また陰陽頭の地位も土御門家が独占し、幸徳井家はその下につくこととなった。

本章では「多数の有力な家」が成立し、存在したという鎌倉期の賀茂氏について、考察する。この時期の変化は、賀茂氏のみならず様々な家における家業の成立を考える上で重要である。そのため第一節では具注暦の暦跋を検討することで賀茂氏の変遷を概観する。第二節では朝廷社会内での陰陽師としての活動から、第三節では鎌倉前期から中期に生じた幾つかの相論を通じて、賀茂氏の特徴と、その一族意識を探る。そして第四節では賀茂氏の中でもやや特殊な変化を見せる周平流（後の幸徳井家）の動きを追いたい。

一　暦道賀茂氏の分流

1　暦跋の分析

暦家たる賀茂氏を考察するにあたり注目すべきものに、具注暦の暦跋がある。中世の具注暦は賀茂氏により編纂されたが、その末尾には前年一一月一日という暦奏の日付と、造暦に携わった人物の官位姓名の連署がある。これが暦跋と称される部分である。(12) その署名の順は造暦者の序列を示している。かつ翌年の具注暦を構成する要素の一つであるという性格上、誤りや改竄はほぼ考えられない。暦跋については従来あまり注目されてこなかったが、こうした特徴から見てその史料的価値は極めて高く、改めて検討する価値があると考えられる。ことに長承三年（一一三四）から永和五年（一三七九）にかけての約二五〇年間の内では一〇三年分の暦跋が確認でき、

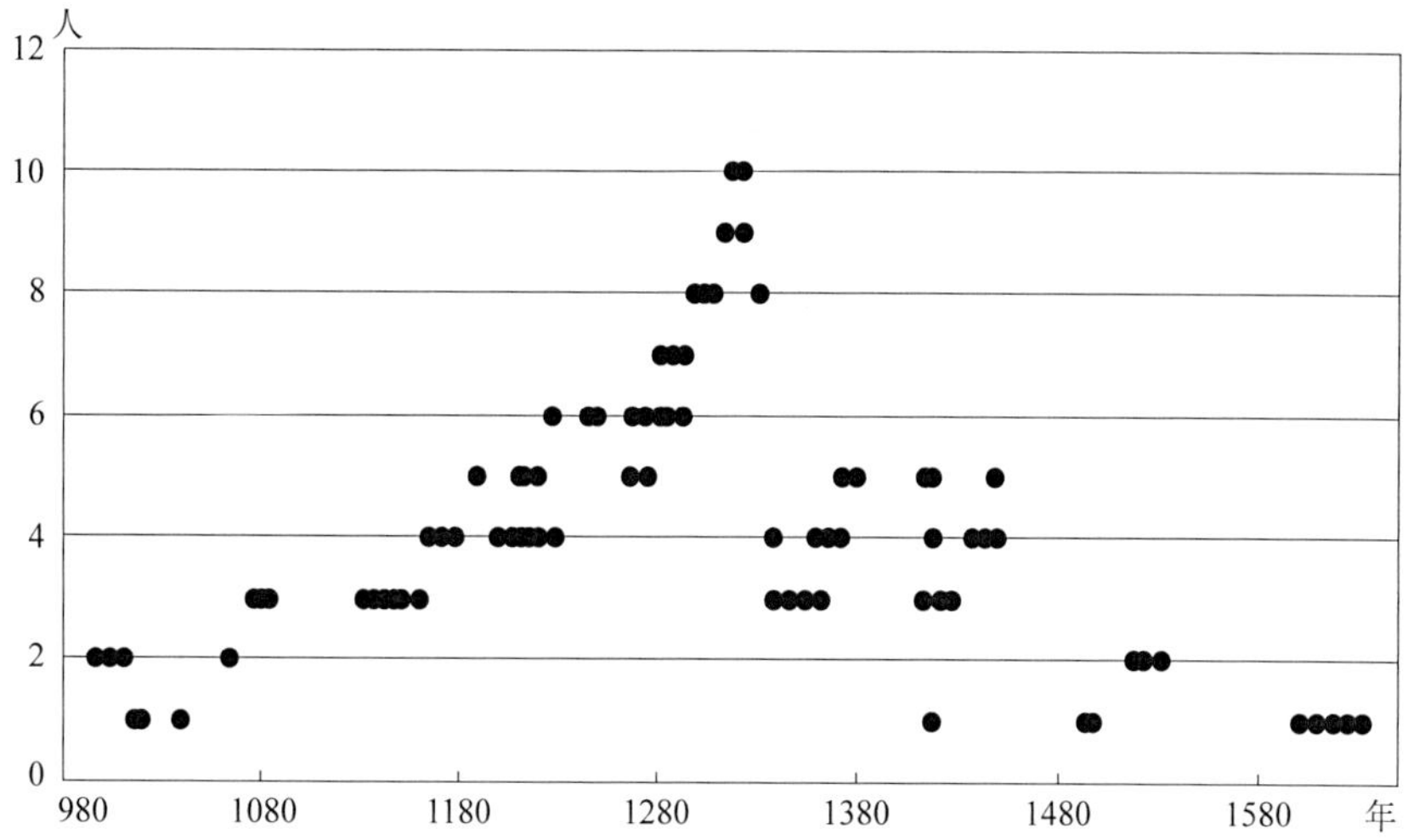

図6　暦跋署名者数変遷

この時期の一連の変化についての検討が可能となった（暦跋全体が残存しておらず、署名者が部分的にしか判明しないものも含む）[13]。

暦跋には造暦の担当官である正・権暦博士に加えて造暦宣旨をこうむった人々が名を連ねている。造暦宣旨の初見は次に掲げる天慶四年（九四一）七月一七日、暦生賀茂保憲に対して出されたものである。

応㆑令㆓暦博士大春日朝臣弘範与暦生賀茂保憲共造進㆒明年御暦幷頒暦本事、

天慶四年七月十七日宣[14]、

この史料に見えるように造暦宣旨とは暦博士以外に造暦を担当させるために出された宣旨である。平安期にはその対象者は暦道に優れた者（後に暦博士に就任する者が多い）、暦博士経験者、宿曜師等であると指摘されている[15]。具注暦はこれらの人々の協業によって作成された。ただし宿曜師は法体であるためか暦跋には名を連ねていない[16]。

しかし鎌倉期になると、暦跋署名者の性格にいささかの変化が見られる。まず、宣旨をうける以前にも以後にも、暦博士への就任が確認できない人物が多く登場するようになる。

表14　暦跋例

九八七（寛和三年、永延元年）　○九条家本延喜式
寛和二年十一月一日
従五位下陰陽博士大春日朝臣栄業
従五位上行暦博士兼備中介賀茂朝臣光□〔栄カ〕

一〇七七（承保四年、承暦元年）　○尊経閣文庫所蔵水左記秋冬記
承保三年十一月一日
従五位下行陰陽博士兼周防介賀茂朝臣
従五位上行陰陽助兼権暦博士阿波介賀茂朝臣道栄
従五位上行陰陽頭兼主計助暦博士賀茂朝臣

一一三三（長承二年）　○三千院所蔵慈覚大師伝
長承元年十一月一日
従五位上行権暦博士備後介賀茂朝臣保栄
正五位下行内匠頭陰陽助主計権助陰陽博士丹波介賀茂朝臣宗憲
従四位上行主計頭縫殿頭陰陽頭暦博士但馬権守賀茂朝臣家栄

一一五二（仁平二年）　○高山寺文書七所収不染無知断位料簡
仁平元年十一月一日
正五位下行暦博士賀茂朝臣寅〔宣〕憲
正五位下行陰陽助兼権〔陰〕陽博士賀茂朝臣在憲
正四位下行陰陽頭兼権暦博士讃岐権守賀茂朝臣憲栄

一二〇〇（正治二年）　○陽明文庫所蔵猪隈関白記
正治元年十一月一日
正五位下行権暦博士兼備後権介賀茂朝臣定平
正五位下行陰陽権大允賀茂朝臣俊平
従四位上行縫殿頭兼暦博士加賀介賀茂朝臣宣平
従四位上行主税頭兼陰陽権助丹波権介賀茂朝臣在宣

また署名を加えてはいるもののその年には明らかに京におらず、京で行われる造暦作業には携わっていないと考えられる例もある。こうした点から、鎌倉期には必ずしも連署している全員の協業によって造暦が行われたとは言えず、むしろ造暦に携わる権利を有していた「暦道輩」の範囲を示していたものと考えられる(17)。

さらに鎌倉期には署名者数も大きく変化する。確認できた具注暦の暦跋署名者数の変遷を図6に示した。このグラフを見ると暦跋の人数には明らかな傾向が窺える。すなわち平安期には署名者は暦博士一人、造暦宣旨をこうむった人々を含めても二、三人程度である。しかし鎌倉期に入ると徐々に増加し、一四世紀になる頃には一〇人ほどが署名を加えている。その後室町期に

一二二一（承元五年、建暦元年）○国立歴史民俗博物館所蔵業資王記
承元四年十一月一日
正五位下行大蔵権大輔賀茂朝臣在継
従四位下行暦博士兼上総権介賀茂朝臣宣俊
従四位下行漏剋博士賀茂朝臣在俊
従四位上行権暦博士賀茂朝臣定平
従四位上行図書頭賀茂朝臣在親

一二四九（宝治三年、建長元年）○宮内庁書陵部所蔵建長元年具注暦 ※写
宝治二年十一月一日
従五位上行権暦博士兼備後介賀茂朝臣定名
正五位下行陰陽権少允賀茂朝臣在職
従四位上行図書頭兼権陰陽博士紀伊権介賀茂朝臣在直
従四位上行内匠頭兼陰陽博士丹波権介賀茂朝臣在盛
正四位下行雅楽頭賀茂朝臣在清
正四位下行陰陽権助兼暦博士伯耆介賀茂朝臣在尚

一二九〇（正応三年）○尊経閣文庫所蔵実躬卿記
正応二年十一月一日
散位従五位上賀茂朝臣在千
従五位上行権陰陽博士賀茂朝臣在彦
従五位上行暦博士賀茂朝臣在□〔冬カ〕
従五位上行主税助賀茂朝臣在有
正五位下行陰陽大允賀茂朝臣在廉
散位従四位下賀茂朝臣在重
従四位上行権暦博士賀茂朝臣定員

一二九三（正応六年、永仁元年）○国立歴史民俗博物館所蔵兼仲卿記紙背
正応五年十一月一日
従五位上行権漏剋博士賀茂朝臣在豊

入ると暦跋の署名者数は再び減少して三、四人になり、江戸時代になると一人二人となる。このような変化は造暦体制、なかんずく賀茂氏の変化を反映したものであろう。すなわち鎌倉時代が賀茂氏にとって何らかの画期であることが推測される。

こうした暦跋署名者の増大について、山下氏は二次・三次とあった賀茂氏内での家の分立に対応する現象であると指摘している(18)。では暦跋に署名している一〇人近くの陰陽師それぞれに「家」が設定できるのだろうか。またそうした署名者相互の関係はどのようなものだったのだろうか。暦跋を詳細に検討することによって考察してみたい。その検討のため各時期の暦跋のサンプルを表14にあげ、さらに系図・古記録等から正・権暦博士および陰陽頭

散位従五位上賀茂朝臣在千
従五位上行権暦博士賀茂朝臣定清
正五位下行権陰陽博士賀茂朝臣在彦
正五位下行暦博士賀茂朝臣在冬
正五位下行陰陽大允賀茂朝臣在廉
従四位上行陰陽権助賀茂朝臣在重

一三〇〇（正安二年）　○国立歴史民俗博物館所蔵高松宮禁裏本脱屣部類記正元

正安元年十一月一日
散位従四位下賀茂朝臣在香
従四位下行陰陽権助賀茂朝臣在夏
散位従四位上賀茂朝臣在為
従四位上行権暦博士兼備後介賀茂朝臣定清
従四位上行織部正兼丹波介賀茂朝臣在文
従四位上行権陰陽博士賀茂朝臣在彦
従四位上行大舎人頭兼出雲介賀茂朝臣在藤
従四位上行暦博士賀茂朝臣在冬

一三〇一（正安三年）　○大東急記念文庫所蔵大乗院具注暦日記

正安二年十一月一日
散位従五位上賀茂朝臣在峯
散位従四位下賀茂朝臣在香
従四位下賀茂朝臣在材
散位従四位上行陰陽権助賀茂朝臣材〔在〕夏
従四位下行権暦博士兼備後介賀茂朝臣定清
従四位上行織部正兼丹波権介賀茂朝臣在文
従四位上行大舎人頭兼出雲介賀茂朝臣在藤
従四位上行暦博士兼越中権介賀茂朝臣在冬

への就任が確認できる人物については「賀茂氏略系図」に示した。これらを基に検討する。

まず暦跋で同一年度に署名している人物を系図上で比較する。鎌倉中後期には父子、祖父と孫など直系の親族関係にある陰陽師が同一年度に署名を加えている例はほとんど見られない。対して一四世紀以降は親子での連署が見られるようになる。ただし鎌倉期にも兄弟で署名を加える例は複数見える。例えば表14の承元五年（一二一一）具注暦の暦跋では在継、在俊、在親の兄弟が同時に連署している。この時点で暦道の名士と謳われた父在宣は健在であり、また官位から見ても三人はまだ若年であり、分流・分家には至っていないと推測される。また、一つの直系系統で必ずしも誰かが常に署名してい

一三〇三（正安五年、乾元二年、嘉元元年）　○尊経閣文庫所蔵実躬卿記
正安四年十一月一日
散位従五位上賀茂朝臣在峯
散位従四位下賀茂朝臣在香
散位従四位下賀茂朝臣在材
散位従四位下賀茂朝臣在夏
従四位上行権暦博士賀茂朝臣定清
散位従四位上賀茂朝臣在文
散位従四位上賀茂朝臣在藤
従四位上行暦博士賀茂朝臣在冬

一三四九（貞和五年）　○国立国会図書館所蔵師守記
貞和四年十一月一日
従五位上行権暦博士賀茂朝臣清周
従四位上行主税頭賀茂朝臣定秀
従四位上行暦博士賀茂朝臣在実

一四一一（応永十八年）　○国立国会図書館所蔵満済准后日記
応永十七年十一月一日
従五位上行権暦博士賀茂朝臣在貞
正五位下行暦博士兼越前介賀茂朝臣在尚
従四位上行左京権大夫賀茂朝臣定弘

一五一八（永正十五年）　○東京理科大学近代科学資料館所蔵具註暦仮名暦
永正十四年十一月一日
正五位上行図書頭兼権暦博士賀茂朝臣在康
従四位下行陰陽頭兼暦博士賀茂朝臣在富

一六一三（慶長十八年）　○宮内庁書陵部所蔵桂宮本智仁親王御年暦
慶長十七年十一月一日
従四位下天文博士兼左衛門権佐安倍朝臣久脩

るというわけではなく、暦跋上での並列がそれぞれ独立の家の成立を示しているものではないと考えられる。次に署名者の入れ替わり状況を追う。『綸旨抄部類』には嘉元二年（一三〇四）と推定される次のような宣旨が見える。

暦道中下請殊蒙二天恩一因二准先例一被上レ下二宣旨一、以二在文朝臣所帯造暦宣旨一、譲二与前位（散カ）正五位下賀茂在任一相共造進三種御暦事、
仰、依レ請、
右宣旨可被二下知一之状如レ件、
六月八日　権中納言実躬判(19)
奉　四位大外記局

この宣旨により在文朝臣所帯の造暦宣旨が甥在任に譲与されていることがわかる。実際嘉元二年具注暦（嘉元元年一一月一日付）では日下から数えて六番目に署判を加えている在文は嘉元

一八七一（明治四年）　〇天理図書館所蔵明治四年具注暦
明治三年十一月一日
正六位賀茂朝臣保命
従五位賀茂朝臣保之
従五位賀茂朝臣保章
従四位賀茂朝臣保行
従四位賀茂朝臣保源

四年具注暦の暦跋（嘉元三年一一月一日付）には見えず、代わって四番目に在任が加わっている。(20)

同様の入れ代わりを抜き出すと、例えば正応三年（一二九〇）暦に署名を加えている陰陽師のうち、暦奏の日付から最も遠い七番目に署名している定員と四番目の在有は正応六年（一二九三）暦の暦跋には名が見えなくなっている。そして代わりに三番目に定清が、日付の下に在豊が加わっている。ここで系図上の彼らの関係を確認してみると、定員と定清が父子であること、在有と在豊が叔父・甥にあたることがわかる。つまり定員の後任に定清が、在有の後任に在豊がそれぞれ任じられたと推測できる。また正安二年（一三〇〇）暦と翌正安三年（一三〇一）暦を比較すると、在為・在彦の二人が姿を消し、在峯・在材が新たに加わる。この四人を比較すると、在彦と在材が兄弟、在為と在峯が大叔父と又甥の関係となる。こうした現象からは暦跋署名者の交代にあたって父子あるいは近い一族内に後任が求められていることがわかる。これは、いわば一族内での暦道の資格の相承であり、この交代を追うことで賀茂氏内での分流＝氏族内での結合の範囲、が想定できよう。

そこでこの点から賀茂氏内の親族関係を検討すると、鎌倉後期には大きく在盛流、在清流、在親流、周平流という四流に分かれていたと想定できる。この四集団はそれぞれ上位者を「家君」として結合し、機能していた。そして暦跋へは在盛流から一名ないし二名、在清流からは二名から四名、在親流からも一名から三名、周平流から一名程度が署名している。人数の配分からは賀茂氏の内でも在清流、在親流が幾分優位にあったと考えられる。

さらに賀茂氏内のこうした結合の様相を窺うために、暦跋の署名順に注目した。暦跋の署名位置は位階順であり、序列が反映されている。その序列は古文書における連署と同様に、暦奏の日付に最も近い位置に署名している人物が最下位であり、遠ざかるに連れ高位となる。このように暦跋の署名順が序列と対応していることは、例えば永仁五年（一二九七）一一月一日の暦奏時に「暦儒八人座次事」[21]として記されている順と、この時奏上された永仁六年（一二九八）暦の暦跋の署名順が一致することなどからも確認できる。[22]

ところで暦跋署名者の交代状況を見ると、必ずしも序列的に最下位から順次昇級していき、最上位に至って姿を消すというルートを辿っているわけではないことに気付く。また暦跋に署名を加えている期間もまちまちである。例えば権漏刻博士賀茂在豊は正応六年（一二九三）暦に序列最下位ではじめて現れ、最後に確認できる永仁六年（一二九八）暦に至るまでの六年間、署名位置は最下位ないし下から二番目と下位のままであった。これに対し同じく正応六年（一二九三）暦初出の権暦博士定清は初めから七人中五位に位置し、終見となる一五年後の徳治三年（一三〇八）暦では八人中最上位に位置していた。こうした現象もまた一族内での嫡流、傍流といった立場を反映したものと考えることができる。そこで暦跋の序列を大きく下位、中位、高位、トップの四種類に分類してみた。この分類にあたってはその年の暦跋人数を三等分し、それぞれを暦奏の日付に近いほうから下位、中位、高位とした。[23]また最も日付から遠い位置に署名している人物をトップとした。暦跋の人数は年によって変動しており、また全ての年の暦跋が確認できたわけではないので厳密な比較はできないものの、この作業によって大まかな傾向は読み取ることが可能であろう。分類の結果を系図中に示した。

これを見ると四流のうち、まず周平流の人物は当初トップに就くことはなかった。しかし文永年中から活躍の見える定員の代からはトップにまで昇進するようになっている。署名期間も清平が正和元年（一三一二）暦から暦応二年（一三三九）暦までの二八年間、その子清周が暦応三年（一三四〇）暦から貞治四年（一三六五）暦までの二五年間と長期間に及んでいる。これに対して在盛流では中・高位までは上がるもののトップに就任した例は

賀茂氏略系図

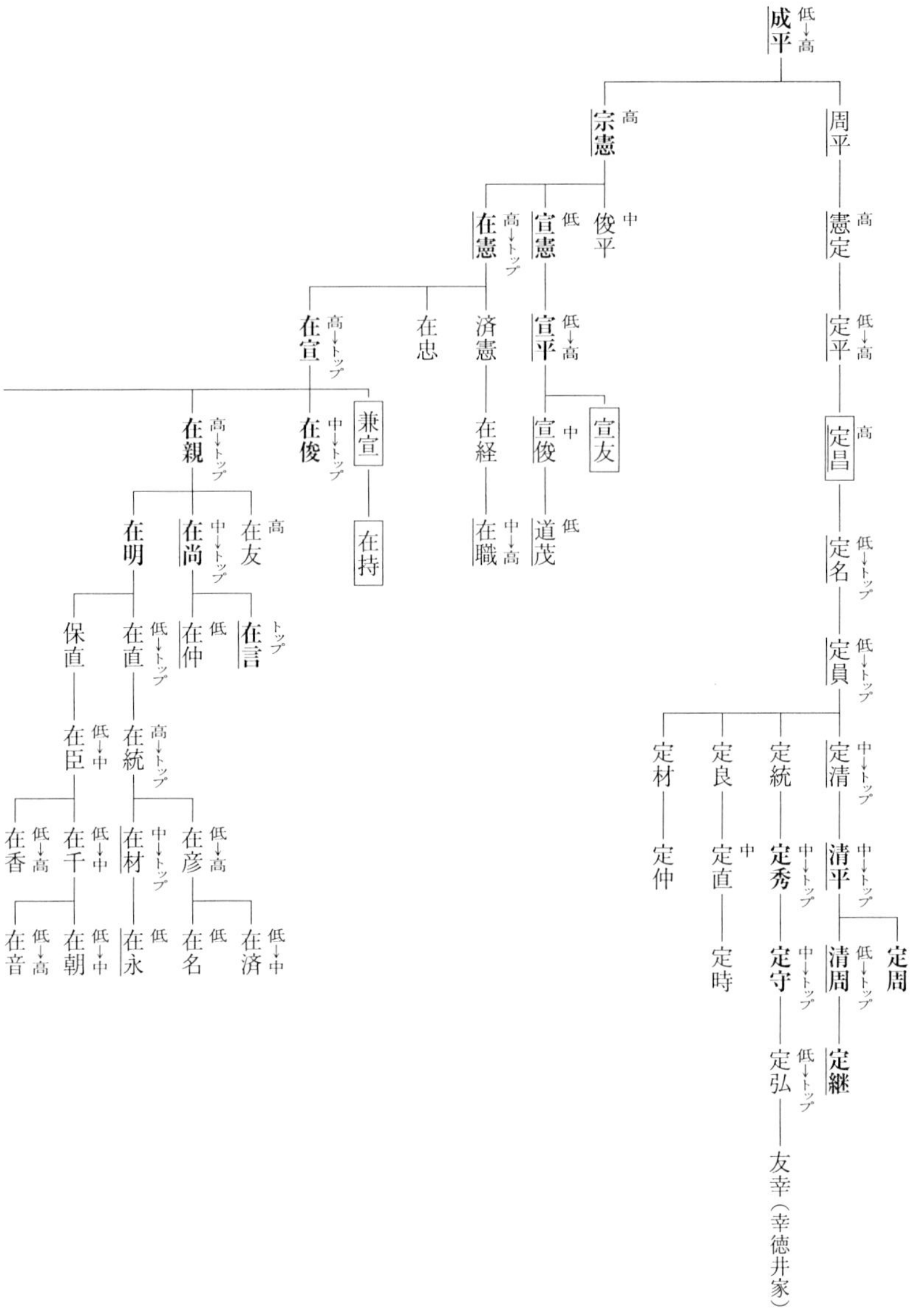
成平 低→高
周平
憲定 高
定平 低→高
定昌 高
定名 低→トップ
定員 低→トップ
定清 中→トップ
清平 中→トップ
定周
清周 低→トップ
定継
定統
定秀 中→トップ
定守 中→トップ
定弘 低→トップ
友幸（幸徳井家）
定良
定直 中
定時
定材
定仲
宗憲 高
俊平 中
宣憲 低
宣平 低→高
宣友
宣俊 中
道茂 低
在憲 高→トップ
済憲
在経
在職 中→高
在忠
在宣 高→トップ
兼宣
在持
在俊 中→トップ
在親 高→トップ
在友 高
在尚 中→トップ
在言 トップ
在仲 低
在明
在直 低→トップ
在統 高→トップ
在彦 低→高
在済 低→中
在名 低
在材 中→トップ
在永 低
保直
在臣 低→中
在千 低→中
在朝 低→中
在音 低→高
在香 低→高

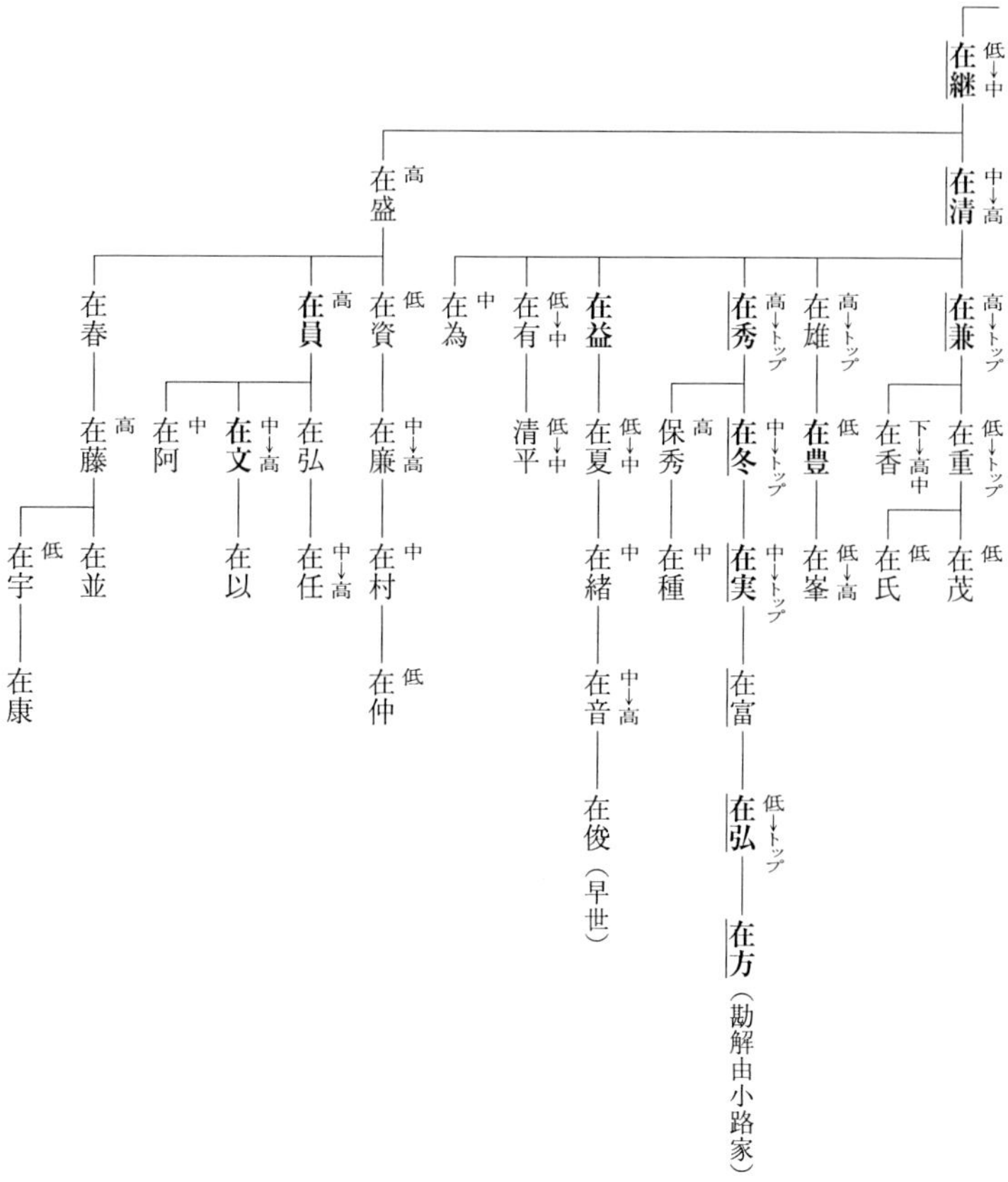

＊左傍線のある人物は、暦博士、権暦博士経験者。□は、関東下向経験者。太字は、陰陽頭経験者。

確認できない。またこの流の人物が暦跋に署名を加えるのは比較的短期間である。例えば在文、在藤は二人とも永仁七年（一二九九）暦から嘉元二年（一三〇四）暦の六年間。そして後任の在任も嘉元四年（一三〇六）暦から正和六年（一三一七）暦と一二年であり、周平流や在秀流に比して短期であった。次の在親流では一四世紀初頭の在材まではトップにもその名が見えるが、以後は中位にとどまる。鎌倉後期における就任期間は在材一六年、その後の在永三年、在香六年などである。そして四流ある中で、最も上位まで至っているのが在清流、その内でも在秀の系統であった。この流ではまず在清の子息在兼、在雄、在秀の三兄弟が順にトップとなる。その後は正応年中に在兼の子在重が一時トップにあった以外は在秀の子孫以外トップに至る例は見られなくなるのである。またこの流の人物は初出時から最下位にはいないことが多い。例えば在冬は七人中の三位から始め、その弟保秀も九人中二位からスタートした。署名期間も徐々に長くなり、在実は徳治元年（一三〇六）暦から文和五年（一三五六）暦まで、実に半世紀にわたって署名を加えている。

以上の検討から鎌倉後期になると、四つの氏族内結合を含む賀茂氏の広い範囲で暦道を担ったこと、その中心が周平流、在清流（在秀流）となっていたことが窺える。

2　任官状況の分析

次に暦跋に記された官職から陰陽寮の補任状況の変化を追った（系図参照）。まず暦博士・権暦博士の両職を見る。両職は基本的に定員一名である。暦博士は平安後期から鎌倉前期には宣平、宣俊、道茂と続く一流に継承されていた。しかし嘉禎年中以降、宣平の一流は姿を消し、代わって在宣の子孫達、ことに在親、在清の流に属する陰陽師の就任が見られる。他方、権暦博士は早くから賀茂周平流の人物が多く任じられる。弘安期以降には、暦博士・権暦博士は在秀流・周平流から各一名に限定されていく傾向が指摘できる。ただし正和二年（一三一一三）暦以降、鎌倉最末期には暦跋に「権暦博士」が二名見える時期が存在する。周平流の清平のほか、在親流の在材・在永父子も「権暦博士」と署名する。さらに暦跋からは確認できないが、『医陰系図』等の系図によれば他にも在雄、在峯等在清流の陰陽師も権暦博士への就任が示されている。[24] 第三節で述べる鎌倉初期の相論でも提議されていたが、あるいは暦跋署名者の増大＝暦家の隆盛に伴い、一四世紀には一時的に権暦博士が二名に増員されていたのかもしれない。

このように任官者の家柄が限定化する傾向は陰陽寮の長官陰陽頭への就任についても見られる。陰陽頭は当初周平流の就任は見られず、宗憲の子孫が任じられてきた。また宗憲の子孫の中でも宣憲・在憲の兄弟、在俊・在親・在継兄弟と各代の兄弟たちが順に任官していた。寛喜二年（一二三〇）の賀茂在俊の就任は「雖二籠居病者一、此道不レ超レ次由申云々」と認識されている。[25] 安倍氏も含め、一族内の上臈が任じられる体制だったのである。しかしこの陰陽頭に関しても時代が下ると在宣の子孫が優位に立つようになり、鎌倉後期からは在秀流とその弟在益流の二流の間で分け合うようになった。さらに在益流は南北朝期の在俊の早世により衰退し、宗憲の子孫の中では在秀流に限られるようになる。一方権暦博士を世襲した周平流では陰陽頭まで昇進する前例はなかったにも関わらず、一四世紀初頭の清平から頭への任官が見られる。つまり暦博士・権暦博士が在秀流、周平流に独占される過程に少し遅れて、陰陽頭も両流によって独占されたのである。

またこれ以外にも官職の面から鎌倉後期に特徴的な現象を読み取ることができる。すなわちこの時期に造暦宣旨をこうむったメンバーには、陰陽寮に籍を持つ人物が減少し、正・権両暦博士のほかは散位の人物が目立つのである（表14参照）。これ以前、一三世紀までの署名者は陰陽寮において陰陽博士等の博士職、あるいは助・大少允・大少属などの寮の四等官に任官している人物がほとんどである。また室町期以後には造暦宣旨をこうむる陰陽師も正・権暦博士に就任しうる両流の出身者に限られているが、彼らのほとんどは有官であり散位は稀である。こうした前後の状況と比較すると、この鎌倉後期の暦跋は極めて特異である。[26]

先述のようにこの時期の暦跋には賀茂氏内の広い範囲の人物が署名を加えており、暦道を請け負う氏族に属するという証拠となっている。しかし、こうした散位の人物の多くは、経歴的には陰陽寮の下級官を経て陰陽寮以外の諸寮司の長官に任官し、叙爵して散位というコースを辿るようになる。官位的には在秀流の陰陽師等と同程度とはいえ、陰陽寮官人としては傍流といえる。すなわち賀茂氏による暦道の請負が強まる一方で、一族の内でも在秀流、周平流に正規の官職は独占されるようになる。その中で賀茂氏の他流は造暦宣旨こそ保持するものの、本流からは排除されつつあったのであろう。賀茂氏の隆盛と共にその中での格差が広がっている状況が看取できる。一方で陰陽寮に籍を持たない賀茂氏が多く関わる現象からは、暦道が陰陽寮という官司の枠を越えた形で活動していたことがわかる。

さらに室町期には署名者は複数人存在しているが、在秀流の勘解由小路家の内での父子等直系の連署が多く見られるようになり、鎌倉期の複数の流が並立する連署の在り方とは性格が変化している。

以上の検討の結果、①賀茂氏は鎌倉中・後期には大きく四つの流に分かれ暦道を請け負ったこと、②その中でも鎌倉後期弘安年中頃を画期として後の勘解由小路家、幸徳井家につながる流が他流を抑えて優越してきていたこと、そして③両流によって正・権暦博士、陰陽頭等の主要官職が独占されるようになったことなどが明らかになった。

二　公家社会での賀茂氏

前節での検討の結果、暦道の面では賀茂氏の中でも在宣の子孫が繁栄し、その中から後の勘解由小路家につながる在秀流、幸徳井家につながる周平流が正・権暦博士を相伝し、台頭して来ることがわかった。ではその台頭の要因は何だったのだろうか。本節では賀茂氏の陰陽師としての側面に注目し、その活動の様子を追う。なお陰陽道においては、陰陽寮に籍を置かない人物でも陰陽師と称され、活動を行っている。すでに山下氏が指摘しているように、この場合の陰陽師は職種名であり、陰陽道には官制にとらわれない職種的領域が成立していた(27)。こうした特徴は第三章までで検討した官務家・局務家には見られない性格である(28)。このような違いはどこから現れるのだろうか、あわせて考えてみたい。

1　管領陰陽師

貴族・官人たちは日常生活の様々な局面で陰陽師の占申や参仕を必要とした。こうした陰陽師の必要性から柳原氏は室町期には王家、上級公家層と陰陽師との間に「祈禱管領」制度が成立したと指摘する。そして祈禱管領の陰陽師とそれ以外の陰陽師では奉仕の内容、報酬の在り方に差があるという(29)。柳原氏はこうした制度を室町期に特有としているが、鎌倉期にも特定の家と結びついて奉仕する陰陽師の存在が見られ、やはり「管領」と称されている。ただしその中には日常参仕する祈禱管領と、御産のように特定の出来事に限定された管領という二類型が存在した。以下ではこうした私的参仕の形態について検討する。

まず前者日常生活への参仕について考える。日常生活に参仕した陰陽師は「本所陰陽師」、「私管領」と称され、天皇家も含め貴族たちの家での私的祈禱等の差配をした(30)。例えば後醍醐天皇の記した『日中行事』には、代厄祭や晦日祓に参仕する陰陽師について「くはんれいの陰陽師つとむる也」と見える(31)。院や摂関家の場合には日常参仕する陰陽師は一人ではなく、数人の陰陽師が結番していた。その中で「各守二本番一可レ令二参勤一之由」が触れられている(32)。またこうした陰陽師との結びつきは上級貴族だけではない。下級貴族、実務官人等も下級の陰陽師であるが行きつけの陰陽師を持っていた。例えば『師守記』の記主中原師守の家では陰陽道の知識を必要とするときには主に陰陽大属久盛、前刑部少輔安倍春言に依頼している。そして貞治元年（一三六二）に春言が死去するとその子息大夫に「不㆓相替㆒如㆓祈禱㆒可㆑申之由」を命じている。このように陰陽師とのつながりは代々のものであったと考えられる(33)。

次に後者、臨時の管領陰陽師を見る。王家や上級貴族の御産の時には臨時に八人から一〇人の陰陽師が結番し安産のための祈禱が行われる(34)。その差配を行う管領には『経俊卿記』に「多用㆓本所陰陽師㆒(35)」とあるように、常日頃参仕している陰陽師が任じられた。そしてこうした場合には私的な管領陰陽師が必ずしも参仕した陰陽師の中での最上臈ではないことも多い(36)。時にはあまりに浅位であること、軽服であること等を理由に他の陰陽師が用いられることもあるが(37)、日頃からその家の管領を勤めていることが臨時に組織される際にも、他の陰陽師に対して優越を主張し得る根拠になっていた。さらに広義門院の着帯にあたって管領を勤めた賀茂在彦は「広義門院自㆓御誕生之時㆒管領之仁也(38)」と説明されている。誕生時に御産管領として奉仕した陰陽師が、自然その後も日常の管領として参仕したのであろう。このような臨時の管領陰陽師は御産時のほか、屋敷の造営などに際しても置かれていた(39)。

2　特定の祭祀の請負

私的関係の類型はもう一つある。すなわち恒例の祭祀・儀式などを、特定の人物が請け負う場合があった(40)。例えば西園寺家における琵琶秘曲伝授の折の日時勘申は、かつて妙音院入道師長の時に沙汰をした由緒により、「妙音院太相国委仰㆓聞安倍季弘㆒之後、彼後胤公私撰㆑之」として、後鳥羽院以来南北朝期に至るまで代々安倍有光の子孫が勤めた(41)。そしてそのことは伝授のたびごとに確認されている。しかしながら琵琶伝授以外の時には賀茂在盛・在廉など賀茂氏が執り行っている。[42] おそらくこの「公私」は、天皇への伝授（公）と一族等への伝授（私）であり、琵琶伝授に限った管領だったのであろう。

このほか藤原兼実邸での本命日泰山府君祭は、

本命日泰山府君祭也、年来泰茂修レ之、而去夏卒去、其代図書頭在宣朝臣勤二仕之一、[43]

と安倍泰茂によって長年請け負われていた。また建久元年（一一九〇）、藤原兼実邸での上巳祓に際しては「（安倍）晴光恒例勤仕之由」を「行事人」が知らず、賀茂在宣を召したために、仕方なく両人に行わせるという事件がおきている。[44] このように他の陰陽師の担当と定まっている祭祀については、兼実の信任厚い在宣も本来は関わることができなかったようである。無論、管領陰陽師が管領を勤める一方で、複数の特定の祭祀についてもこうした関係を結んでいるという場合もある。しかし後述のように、こうした関係は報酬の在り方の上でも通常の参仕とは異なるシステムが形成されていた。

そしてこうした個人的なつながりが公的な官人としての立場にも影響を及ぼし、上臈を差し置いて抜擢される例も見られる。例えば藤原兼実と賀茂在宣の関係がある。賀茂在宣は兼実に極めて重用された人物であった。『玉葉』にはしばしば「於二当道一者末代之名士」「当道数輩之中器量抜群之上、又庭訓在レ耳、仍余以レ之為レ証」といった在宣に対する賛辞が並んでいる。[45] 実際、私的な日時勘申や反閇には在宣が多く参仕していた。また文治二年（一一八六）の任大臣日時定では「須レ召二宣憲一也、然而在宣為二召仕者一之上、於レ道為二抜群之士一、仍置二上臈一召レ之而已」として時の陰陽頭賀茂宣憲を差し置いて在宣に命じている。[46] その理由は第一に在宣が兼実の「召仕者」であるためという。そのほか建久元年（一一九〇）の七条院入内に際し、安倍泰基が「日来勤御祈」の陰陽師であるために、無官ながら他の陰陽師を退けて反閇に勤仕した例、[47] 寛喜三年（一二三一）賀茂兼宣が後堀河天皇の「在藩之時旧臣」であるがゆえに、上臈数人を差し置いて陰陽博士に任じられた例、[48] 仙洞の御身固当番に入っている縁から加階を望んだ例などがある。[49]このように私的つながりによって重用される事例は数多く、ひいては権益・収入の面でも私的なつながりは大きな意味を持った。

そこで陰陽師の貴族の家への私的な参仕状況を古記録等から探った。その結果、次のような関係が概観できた。摂関家のうち九条流では兼実以来、賀茂在宣、及びその子息達との関係が比較的深い。これに対し近衛流では安倍氏との関係が深い。賀茂氏の中では宣憲の流と比較的結びついていたが、九条流道家の婿であった兼経の時には在清、在盛等、在宣流の人物を用いている。こうした上級貴族との私的関係は、その娘達の結婚、入内、出産等を通して天皇家も含め広い範囲へ広がっていく。例えば九条流道家の活躍期、後堀河、四条天皇等が私的に陰陽師を必要とする場合には、在宣の子息達を召し出しているのである。このように陰陽師たちは、貴族の家と結びつくことで立身を図った。しかし中・上級貴族以上に用いられる陰陽師はやはり限定された範囲になる。日常生活における陰陽道の役割が高まるにつれ、一部の陰陽師は多忙を極め、貴族たちの召しにも不在のこともある。[50]特に六月祓をはじめとする年中行事には同時に多数の陰陽師が必要とされた。寿永元年（一一八二）三月の下巳祓では、安倍泰忠は、[51]

今日三位中将殿御祈下巳御祓、於里第令二勤行一了、（其後右大臣殿代厄御祭乎勤了、其次建礼門女院下巳御祓代官ニテ勤行了）[52]

と、実に三カ所を廻り代厄祭・祓に勤仕した。そのうち建礼門院方では「代官」と記されている。これはおそらく祖父の「家君」安倍泰親の奉仕先へ代わって参仕したのであろう。[53]このように本来の陰陽師に多くの参仕が重なったり、故障が生じたりした折には代官として子息をはじめ一族、「被官門生」と称される陰陽師が派遣された。[54]

「門生」とは国家的な教育制度が衰退していく中で、地方豪族などの出身者を取り込み、それぞれの家で私的に育成していく制度である、と鈴木理恵氏は指摘する。[55]同様の門生制度は外記や医道にもみられる。世襲的な官司運営の中では他姓出身者が身を立てる手段であったが、あくまで傍流の存在ともいえる。そのため陰陽寮でも昇進できる官は漏刻博士、陰陽師、陰陽寮の大少允、大少属など下級職が主だった。[56]しかし一方で陰陽道では、代官勤仕が多く必要とされたために門生の需要は高かったと考えられる。また外記局の中原氏・清原氏では、他姓の門生が任官にあたって師の姓への改姓が見られるのに対して、陰陽寮では他姓の陰陽師も多く存在する点で違いがある。[57]こうした下級職には惟宗・大中臣など古代に陰陽寮で活躍した氏族も見られる。賀茂・安倍両氏によって陰陽寮の主要メンバーから排斥された他の陰陽道の氏族は、両氏に仕えることで陰陽師としての命脈を保ったのであろう。そうした需要の高さが賀茂氏・安倍氏の氏族の中から広い範囲から陰陽師を輩出し、また多くの門生・被官を抱える要因となったのではないだろうか。

3　私的奉仕と得分

次に陰陽師の活動を支えた経済的基盤を検討する。村山氏は院政期の陰陽師の収入について「僅かな所領や職田からの一定の収入以外には、公家の私的な求めに応じての祭儀や卜占奉仕を通じてえられる臨時の給付があったが、つねに頻繁にあるわけではなく、それも陰陽家の一部に限られたもので、大した生活の助けにはならなかったであろう」と指摘する。[58]実際陰陽師の奉仕に対しては祭料の下行が行われたり、庄園所職の給付が行われたりした。これは近衛流の所領を書き上げた「近衛家所領目録」[59]や陰陽寮の下級官人若杉家に伝来した『若杉家文書』中に陰陽師たちに給付された庄園が多数見られることからも確認される。では庄園の給付と祭料の下行はどのような違いがあったのだろうか。

私的勤仕にはその都度の命による臨時のものと、恒例の定まった業務とがあった。臨時の日次勘申・御卜・反閇等は管領陰陽師や、その日参仕していた陰陽師が勤仕する例が多い。これらには随時、禄や用途料が支払われた。複数の陰陽師で行う祭祀もあるが、その場合には参仕した陰陽師の間で配分されている。[60]これに加え出産や病、怪異に際しての臨時祭祀も行われる。これに対しても祭料が支払われるが、その負担は家司や近臣に割り振られた。[61]ただし時代が下るとこうした臨時の費用の調達が困難になっている様も看取できる。[62]一方、本命日や毎月の泰山府君祭など恒例で行われる祭祀の中にはその祭祀権が特定の陰陽師に請け負われる場合があった。[63]こうした特定の祭祀への勤仕には、そのための料田が支給されたようである。[64]例えば正嘉元年（一二五七）、賀茂保直が院御祈禱への奉仕を所望したのに対し、後嵯峨院からは

保直朝臣申御祈事、

仰、諸社講田保直可二知行一之由可レ仰、[65]

という仰せがあった。祈禱と得分が密接に結びついた形で議論されており、しばしば相論の種ともなる。[66]すなわち奉仕の在り方の差異が祭料の下行方法の差異となった。このような恒例祈禱と祭料所、業務と得分権が一体化した祈禱権の相続が陰陽家としての家系保持の有力な基盤となったのであろう。[67]しかもこうした得分は可分である。自らの所領を複数の子息に分割相続させた場合、それは単に所領の分割という問題だけではない。延慶三年（一三一〇）、安倍淳房は子息宗光に所領・文書を譲るという譲状を作成した。そしてその所領中「御祈料所」紀伊国鳴神神社については嫡子の淳宣と宗光で中分し、

以二新田方一為二料足一、毎月泰山府君御祭可レ遂二行之一、[68]

と定め、所領に伴う祈禱権は宗光に付属することが銘記された。この鳴神神社領については少なくとも応仁年中まで「長日祈禱料所」として安倍氏に相伝されている。[69]このように陰陽師の所領の多くは「御祭用途料」、「御祈料所」として給付され、[70]相続に際しては付随してその貴族との私的関係、陰陽師としての奉仕の権利をも相続することができた。

賀茂氏は途中で断絶したこともあり、所領についてはあまり史料が残存していない(71)。その中で一端を窺えるものとして次に掲げる「賀茂在清置文」がある(72)。

弘安三年八月二日井手郷可二領掌一之由、拝二領 院宣一、限二永代一可二子孫相伝一也、朝恩雖二有限一、偏是先考遺恩也、亡霊贔屓可レ信可レ哀、感涙難レ抑、尤自愛也、此所祖父譲二越中殿一、以二其例一先考譲二少輔局一、今予任二先例一譲二菊石御前一、但御祈地也、女子不レ叶二其儀一、仍祖父御時、依二一腹兄一故殿申二行御祈一、於二料所一者越中局知二行之一、故殿御時一腹兄在盛申二行御祈一、於二料所一者少輔局知二行之一、今予雖レ譲二女子一、於二御祈一者在雄申二行之一、料所者菊石御前可二知行一、惣領者可レ為二在雄沙汰一也、所詮毎年無二懈怠一卅果本器定可レ分二進菊石御前一也、此条必々不レ可二相違一也、若寄二事於左右一、致二懈怠一者、於二来世一可レ成二深怨一也、必々不レ可二相違一也、（花押）

（異筆）「在清自筆」

この置文は前半部分を欠いているが、井出郷の相続が問題とされている。すなわち井出郷は在宣からそれぞれ女子の手を介して在継、在盛、在清、在雄へと代々受け継がれている。この間弘安三年（一二八〇）には相伝の院宣を受けているが、この所領もまた「御祈地」であり、知行権とそれに付随した御祈の惣領＝管領権が重要事項であることがわかる。

もう一つこの相伝の流れからは少なくとも井出郷に関しては未だ嫡系による単独相続が未成立であることが窺える。他の官司請負制的官司、例えば弁官局官務には行事用途調達に当座の費用を立て替えるだけの高い資金力・集金力が必要とされたと指摘されている(73)。そしてこの資金力を得るために官司と一体化した所領が必要とされたという。第一部第一章で検討した官務小槻氏が文永年中頃には嫡継承を成立させたのもこのような巨大な資金力を必要としたためであろう(74)。これに対して、同じように陰陽師としての活動と収益が直接かつ不可分に関係しているとはいっても、こうした可分要素の強い在り方は陰陽道に特有のものといえる。このような経済的基盤の在り方が陰陽道を請け負う両氏の系譜的広がりを支え、「中世的家」の成立が他氏族より遅れる一要因となったのではないか。

また村山氏の指摘通り、中・上級以上の貴族たちが抱えるのは一部の嫡流陰陽師に限られていた。そのため庶流の陰陽師たちは、嫡流に門生・被官として仕え、主家の奉仕先へ代官勤仕、門生派遣等の形で奉仕していた。そしてその報酬としていくらかの祭祀料の下行を受けていたのであろう。こうした代官勤仕を通じて仕事を得るためにも主家とのつながりが必要であり、勢い「家君」の一族、門生に対する統制力は強力なものとなった。逆に主家の側にとっても、代官に下行された祭祀料のうちから幾らかが主家に還元されていたのではないかとも指摘されている(75)。

三　相論から見た賀茂氏の様相

鎌倉期の賀茂氏の内部を知る一助として繰り返し発生した相論がある。一〇世紀後半から造暦作業における賀茂氏の優位が確立し、ほぼ独占に至ったといわれている。しかしその後も陰陽寮のもう一方の雄安倍氏との間で、あるいは独占の過程における一族の間で、と数度に渉って争いが起きている。これらの訴訟からはその時々の氏族内の状況、意識を窺うことができる。そこで、ここでは主に仁治元年（一二四〇）の朔旦冬至旬の際の訴訟と、寛喜二年（一二三〇）～三年（一二三一）の陰陽頭を巡る争いの経過を考察する。

1　暦奏を巡る相論

まず朔旦冬至の旬政に参仕する権利をめぐって起きた相論の経過を追うことにしよう。本来毎年一一月一日には旬政が行われ、その中で翌年の暦を奏上する暦奏が行われた。しかし平安期以降は一一月一日と冬至が重なる朔旦冬至の日のみに行われるようになる。旬政がない場合には、暦は内侍に付して内々に奏上する慣例であった。そして仁治元年（一二四〇）はその朔旦冬至の年であった。この年の儀式については、準備にあたった平経高の記した『平戸記』から詳細を窺うことができる[76]。

暦奏には陰陽寮の頭・助・允・属の四等官が参仕することとなっていた[77]。仁治元年時の陰陽頭は安倍忠尚である。安倍氏はこの時期天文道を受け継いでおり、暦道には携わらない。しかし暦奏は元来、陰陽寮の官人である暦博士の作成した暦を「陰陽寮」として天皇に奏上する儀式である。その権限までも暦道に認めることはできないと考えたのか、彼は頭としての立場から暦奏に参仕することを主張した。これに対して賀茂氏は「両博士宣旨輩等之外不レ可レ然也」「安家為二陰陽頭一之時、不レ奉二行御暦奏一、不レ昇二御暦案一者、道之故実也」と主張している[78]。賀茂氏の訴えによれば、この暦奏の儀への安倍氏の参仕に関する相論は今回が初めてではなく、建仁二年（一二〇二）、建保六年（一二一八）、貞応二年（一二二三）と何度も起きており、その都度、賀茂氏の主張が認められていたようである。賀茂氏は繰り返し暦道と天文道に関する賀茂氏と安倍氏の分業を主張しており、安倍氏の主張は「欲レ奪二他道之所帯一」ものであると訴えている。仁治元年時にはこうした要素に加えて暦博士在尚は重服であり、権暦博士定昌は関東に居り、その他の造暦宣旨者も軽服という状況だった。服中の者は暦跋への署名を憚る慣例であり、そのままでは賀茂氏の参仕人数および暦跋へ署名を加える人数が不足していた[79]。そのための対策として賀茂氏の側からは権暦博士定昌を解任して定名を任じ、権暦博士を増員して在職を任じる（在直・在尚連署申状）、造暦宣旨者の軽服については参仕を憚らず、在清を暦博士とする（在清申状）といった案が出された。結局この年の暦奏は安倍忠尚を排除し、賀茂氏のみが参仕した。賀茂氏の中では重服の在尚は不参であったが留任し、権暦博士定昌は急遽関東から上洛し、その他の軽服者については憚らず、さらに造暦宣旨者を増員するということで賀茂氏にとっては上々の結果となった。ただしこの間の経過を担当した平経高は、複雑な気分だった様で「世間之法毎事如レ此、莫レ言々レ々」と書き記している(80)。

こうした経過からは、建仁二年から仁治元年という一三世紀前半期までには陰陽寮の枠を越えた「暦道」による請負が、毎回多少の異論を生じながらも、公的に認められるようになっていたことがわかる。すなわち官司請負制の定義の一つである特定氏族による（官司）業務の請負が成立しつつあったといえよう。しかしこの年も、また以後にも安倍氏の陰陽師の参仕は認められないとはいえ、大中臣氏等の他姓の陰陽寮下級官の参仕はしばしば見られる。すなわち必ずしも賀茂氏が業務全体を請け負っていたわけではなく、あくまで暦道上位者の中での主導権を握るという立場にあった。

加えて在清によれば建仁二年の相論について、

祖父在宣法師存生之時、以二在親朝臣一為二上首一、満道種々令二申置一候了(81)、

と述べており、賀茂氏が団結するにあたって在宣・在親が主導権を持っていたようである。貞応の相論の際にも賀茂氏は「同心起請」している(82)。すなわち上首の下で賀茂氏が団結する体制が存在していたことが窺える。

同時に注目すべきは仁治元年の相論時、摂政藤原兼経からの諮問に対する賀茂氏からの申状が、権陰陽博士賀茂在直・暦博士賀茂在尚の連署で一通、雅楽頭賀茂在清、陰陽博士賀茂在盛からの各一通の計三通が提出されていることである。これは第一節で述べた四流と対応しており、関東の定昌を除いてそれぞれの流の長が申状を提出したのであろう。すなわち、この時期すでに四流への分流の萌芽が認められる。またその主張は、それぞれの流の独自性があり、一族内でもいささかの温度差が感じられる。平経高は、

陰陽助在友朝臣重服者也以二陰陽少允在道一猶子為レ使示二送暦道訴訟間事一、令レ申之趣条々相分、頗相二違在清在盛朝

臣等申状一、是故在親法師与舎弟在継朝臣不快之間、其孫等如レ此歟、然而於二事趣一者大旨同趣也、(83)

と記し、こうした意見の相違はかつての在親、在継兄弟の不仲の影響かと推測している。

ともあれ暦奏からの安部氏の排除は賀茂氏にとって一つの画期と思われる。また暦奏が暦道輩に限定されることは、賀茂氏に幾つものメリットをもたらした。まず朔旦冬至の儀式へ参仕する人物は散位ではならず、直前に任官されることもあった。例えば永仁五年（一二九七）には安倍氏の所望していた内匠頭の官を、暦奏を口実に賀茂氏が奪い、「面目感緒無レ極」と喜んでいる例も見られる。(84)さらに朔旦冬至の後には叙位が行われ、暦道輩に勧賞がなされた。すなわち暦奏は賀茂氏にとって躍進の機会となり得る重要な儀式だった。

2　陰陽頭補任を巡る相論

この相論の一〇年ほど前、寛喜年中には安倍氏と賀茂氏の間で陰陽頭を巡る争いが生じた。発端となったのは寛喜二年（一二三〇）の陰陽頭兼権天文博士安倍泰忠の死去に伴う人事である。(85)まず陰陽頭を所望してきたのは陰陽権助安倍国道だった。国道は承久三年（一二二一）～嘉禄二年（一二二六）に鎌倉で活動していた陰陽師である。(86)ところがこの寛喜二年時には国道の上臈に、病で籠居していたとはいえ陰陽助賀茂在俊が存在した。そのため所望は通らず、それまでの序列を繰り上げる形で在俊が頭に、国道が助に、賀茂在継が権助にそれぞれ就任した。(87)

このような体制になった翌寛喜三年八月に方違行幸が行われた。行幸にあたっては当初権助在継が日次勘申を担当していたが、当日の反閇は在継ではなく助国道が行うことになり、日次勘文も国道が改めて提出した。こうした経過に賀茂氏側では不満を募らせたのか、国道が行幸に供奉すべき陰陽寮官人を催促したところ、「寮頭在俊朝臣辞退之間、共以辞退之由申レ之、門生等逐電云々」という事態となった。(88)すなわち陰陽頭在俊、在継以下賀茂氏の寮官、門生等の一斉辞任によるサボタージュである。国道は「私使」をもって繰り返し催促を行うが、はかが行かず、奉行藤原経光に対して催促のための公人の派遣、譴責を求めた。[89] この時国道が提出した交名には少允惟宗光清等の他姓の陰陽師が含まれている。おそらく彼らが「被官門生」と称される立場にある陰陽師であろう。[90] ここからは惟宗氏らが賀茂氏の門生として主家が陰陽頭を勤める体制の下で陰陽寮の下級官に就き、また辞任にあたっても行動を共にしていた様が窺える。この時は関白藤原教実の仲介によって和解し、頭在俊は辞任した。なおこれに先立つ四月には、国道の「門徒」惟宗有秀の春日祭への参仕を催促した外記使部と国道が乱闘になり、一人が死亡する事件も発生している。[91]

その後、在俊の後任を巡って再び競合が起き、「競望無下不二望申一者上」という状況となった。[92] 中でも有力候補だったのが前回同様、陰陽助安倍国道と権助賀茂在継である。この時、

　陰陽頭国道被レ任者不レ可レ用二長官一、不レ可レ随二公事一由、在継触二諸人一書二起請連署一、[93]

と国道に対し賀茂氏側は猛烈な反発を見せた。すなわち在継が中心となって、署名運動を行ったのである。この時期、病床の在俊に代わり、賀茂氏内では在継が主導権を握っていたことが窺える。ただし必ずしも連署した人々が一致団結していたわけではなかった。例えば賀茂在親流に属する在友は「難二加署一之由一旦雖二相示一、同被二責落一了」[94] と消極的な様子を見せる。そして最後には、関白教実の「不レ用二長官一於レ不レ可二出仕一者、各可レ進二其相伝文書一、皆可レ被二焼失一、只可レ被レ召二仕国道一人一」という一喝によって国道の陰陽頭就任が承認されることになる。この経過を記した藤原定家は「倣二于諸寺悪徒一、陰陽又謀反奇怪、不当事歟」[95] と批判する。いみじくも彼が諸寺の強訴に例えたように、陰陽道もまた貴族の生活慣習を強く支配していたのであった。

以上をまとめる。一三世紀半ばには安倍氏と対抗して賀茂氏が団結し幾度かの相論が発生した。賀茂氏はこれらの相論を通じて暦道の家としての地位を築くが、その際に指導力を発揮していたのは在宣、在親、在継、在清

等だった。これに先立つ治承年中、賀茂在憲は、自身は陰陽頭兼主計頭を勤め、子の在宣を図書頭、在忠を諸陵頭に申任し、「父子之間任二四ヶ寮頭一、朝恩之甚也」と評された[96]。その在憲の築いた優越を保ちつつ、子孫が賀茂氏の中でも有力な流として台頭するに至ったのにはこうした経過も関係していたのであろう。一方でこの時期には既に複数の流への分流の萌芽も確認された。

四　賀茂周平流

室町期以降の賀茂氏には嫡流勘解由小路家のほかに、幸徳井家と称される家が存在し、勘解由小路家の断絶後は暦道を請け負った[97]。本節では幸徳井家につながる周平流の鎌倉期の活動について検討する。周平流は賀茂在憲の子孫を主流とする鎌倉期賀茂氏の中で、在憲の叔父周平の子孫にあたる。つまり賀茂氏の系譜中では比較的早い時期に分かれた流である（系図参照）。始祖周平以来一三世紀半ばの定昌に至るまでこの流から陰陽頭を出すことはなく、陰陽寮内での極官は権暦博士、時に権助といった程度であった。権暦博士には代々任官していたが、暦跋の序列を見てもトップには達していない。すなわち賀茂氏の中でも傍流であり、決して有力な家ではなかったといえる。

しかし在宣流から後の勘解由小路家につながる在秀流が台頭するのと同時期に、定昌の子孫もまた権暦博士の独占的継承を果たし、陰陽頭への任官も遂げるようになる。暦跋の上でも序列の最高位にも名を連ねるようになり、南北朝期には同一年度に位置を加えた五人の内、三人を一族で占めている年も存在する[98]。すなわち勘解由小路家と並んで賀茂氏の内での最有力な流に成長しているのである。

この台頭を考える時に注目されるのが定昌の鎌倉での活動である。鎌倉の陰陽道の変遷については村山修一氏、金沢正大氏、木村進氏、赤澤春彦氏らによる研究がある。(99)系図に鎌倉への下向が確認できる賀茂氏を示した。官職を得ている官人陰陽師の鎌倉での活動が見られるのは、承元四年（一二一〇）頃の安倍泰貞らからである。(100)三代将軍実朝が死去すると後鳥羽上皇は鎌倉に参仕していた「故右府将軍御祈禱之陰陽師等」の所職を停止する。(101)しかし承久の乱後は安部氏を中心に再び多様な人物が下向した。弘長元年（一二六一）には頼経の病にあたり一六人もの陰陽師を動員して祭祀を行っているなど、関東陰陽道は隆盛を迎えた。(102)『吾妻鏡』全体では実に一〇〇人を超える陰陽師が登場する。

陰陽師にとって下向のメリットとしてはまず関東の推挙による任官があった。(103)このことは鎌倉期に陰陽頭に就任した安倍氏出身者の多くが関東下向の経験者、あるいはその子孫であることからも窺える。彼らの中には関東に居住のまま陰陽頭に就任する例もある。(104)おそらく京での活動は助以下が担ったのであろう。また訴訟に関しても後ろ盾として関東を頼った。(105)一方で関東陰陽師の中には少数ながら惟宗文元、惟宗文親など安倍、賀茂氏以外の姓を持つ人物が存在する。惟宗氏は平安期には陰陽道の氏族として権勢を誇ったが、その後は賀茂・安倍両氏との競合に遅れをとり、停滞していた氏族である。京では賀茂、安倍氏以外の氏族が主要官職に任じられることはなくなり、かろうじて陰陽寮の下級官である陰陽師や大・少属などに任官していた。しかし鎌倉では両氏とともに将軍身辺の結番の人数にも加えられ、安倍氏と位次争いを起こすこともあった。(106)つまり関東下向が彼らにとっては陰陽師として氏族の再興をはかる契機として機能していたと思われる。こうした幕府とのつながりは「関東陰陽師」と称される鎌倉在住の陰陽師だけではない。京都にあっても「六波羅近習者」と表現される幕府と関係の深い陰陽師が存在していた。(107)六波羅近習者は鎌倉の陰陽師の親族、あるいは帰洛した陰陽師が主だったようである。例えば鎌倉で活躍した後に京で陰陽頭を勤めた安倍国道、安倍維範らは京に在っても鎌倉へ勘文や情報をもたらしており、(108)私的関係を継続していたことが確認できる。

関東陰陽師は以上のような性格を持っていたが、京から鎌倉に下向した陰陽師には安倍氏の人物が多いことが指摘されている。他方、『吾妻鏡』には、前節で検討した賀茂氏の主流では鎌倉に下向したことが確認される人物は登場しない。これは一つには天文道を家業とする安倍氏と、暦道を家業とする賀茂氏という性格の違いによると考えられる。相次ぐ天変や彗星の出現に際しては、その都度在鎌倉の天文道安倍氏に勘申が求められ、また自ら申上している。(109)これはこうした事態への対応が幕府にとって重要な政治的行為であったことと同時に、天変の読み解きが個人的作業であったことも大きな要因となっていると思われる。一方、賀茂氏の職掌である具注暦の発行は京で協業として行われ、その発行権は権力の所在と密接に関わる。鎌倉で造暦作業が行われていたか否か、三島暦が何時頃から発行されたかは不明である。しかし鎌倉後期に関東に下向した益性法親王は修法を行うに際して「真名暦」がないため日次が定められないと訴えており、(110)さほど普及していなかったことが推測される。このように活躍する場が陰陽道の技術に限られがちであったことが、鎌倉で活動する人数が安倍氏に比して少数にとどまった要因の一つと推測される。

賀茂氏の中で最初に鎌倉での活動が確認できるのは嘉禎元年（一二三五）の宣友である。(111)家柄的には祖父宣憲、父宣平と相次いで陰陽頭を勤めており、賀茂氏の内でも有力な流の一つであった。私的にも京では宣憲以来、摂関家近衛流に仕えていた。その下向時期は近衛流家実が鎌倉幕府と強い結びつきを持っていたと指摘される時期である。(112)あるいはその下向もこうした関係から請われたものだったのかもしれない。しかし、祖父宣憲は能力的には問題があったのか、九条流兼実に「雖レ無ニ名誉一依ニ重代衰老一被ニ抽任一歟」、「自レ元尾籠之人」、「素不覚之人」とたびたび酷評されている。(113)そして兄宣俊は正四位下主計頭まで上るが、第三節で述べた陰陽頭を巡る相論の最中の寛喜三年（一二三一）、頭への就任を目前に死去した。(114)以降、子孫の多くは修理亮、陰陽少允など下級の官に留まり、四位に昇ることはなくなった。(115)

次に下向したと推測される人物として兼宣、在持の父子がある。この両者は『吾妻鏡』には登場しないが、「医陰系図」の兼宣の名の脇に「関東」とあり、さらに在持の名の脇には「三島住始」という注記があることから鎌倉へ下向したと推測される。[116] 兼宣は陰陽頭在宣の子息の一人であり、後堀河天皇の「在藩之時旧臣」、「自レ昔殊致二御祈一者」として仕え、従四位上陰陽頭まで至った。[117] しかし藤原定家には「非器非道」と評されており、院の権力を借りてのトラブルを起こすこともままあった人物である。[118] その子息在持は「医陰系図」には正四位下陰陽大允とある。子孫の活動についても不明だが、在持の居住したという三島では後に「三島暦」と称される地方暦が発行されている。あるいは兼宣、在持とその子孫達がその基盤を築いたのだろうか。

そうした中で定昌は『吾妻鏡』からは嘉禎二年（一二三六）から寛元二年（一二四四）まで鎌倉で活動していたことが見える。彼は当時すでに権暦博士に任官しており、関東にあった陰陽師の中では最高位であった。[119] 鎌倉では彗星御祈、祈雨御祈など公的祈禱のほか、将軍の二所参詣や将軍・若君御祈にも参仕している。[120] またこの間、仁治元年（一二四〇）朔旦冬至の相論に際しては関東に在って暦奏に参仕できないことを理由に解任されかけ、慌てて帰洛したこともある。[121] だが翌年六月には再び鎌倉での活動が見えており、暦奏に参仕したのち、また鎌倉に戻ったようである。[122]

このように鎌倉へ下向した系統はいずれも賀茂氏の中では傍流に属する。またその能力も京では必ずしも評価が高くはなかったようである。すなわち賀茂氏の中でも京にあっては不遇な状況下にあった人々が、活路として関東への下向という道を選んだという側面があった。そして周平流の台頭の背景にも、こうした鎌倉幕府との関係が推定できよう。ただし賀茂氏で鎌倉へ下向した陰陽師は安倍氏に比べて少数であり、また関東陰陽師宣友、兼宣の子孫が再度京で活躍することはなかった。

その後周平流は応安年中には足利氏と関わりを持っていたことも確認できる。[123] この時期の暦跋には周平流の陰陽師の署名が同時に二〜三人と増加している。あるいはこれも武家との関わりを背景に想定すべきかもしれない。しかし応永年中になると血筋が絶えたことから、安倍氏から友幸を養子に迎えた。[124] 友幸は奈良幸徳井に下向し、以後この流は幸徳井家と称され、応仁の乱以降は奈良で独自に暦を発行し、興福寺との関係も深かった。[125]

一方京都では永禄八年（一五六五）の在富の死去にともない、暦発行を担っていた勘解由小路家の嫡流が断絶する。以来、僅かに再興の動きも見えるものの、暦の作成は安倍氏に委ねられることになった。この間の過程については木場明志氏による研究に詳しい。[126] しかし安倍氏が作成した時期にも暦跋に安倍氏の位署が載せられることはなく、「賀家之作名をいたし候て奥書ニのせ申候」とあるように、暦道に関する賀茂氏の権威が認められていた。[127] またしばしば齟齬も生じたようである。[128] そのため江戸時代に入ると安倍氏は暦の作成権を返上し、幸徳井家が奈良から呼び戻されることになった。[129] 以後幸徳井家が賀茂氏の嫡流として暦博士を相伝し、近代に至るのである。

おわりに

以上の検討から鎌倉期の賀茂氏の展開について次のような流れが確認できた。すなわち院政期末から鎌倉時代にかけて、賀茂氏は暦道において優位を築く。そしてその権益を明確にする意味からも、暦跋には賀茂氏の一族の陰陽師が多数連署し、氏族をもって暦道の独占を図った。その一つの帰結が暦奏からの安倍氏の排除であろう。かくして賀茂氏は暦道という公的機能の請負によって陰陽寮内での優位を確立した。

それは同時に氏族内での競合を引き起こすこととなる。賀茂氏は大きく四つの流に分かれる。鎌倉後期になると中でも後の勘解由小路家につながる在秀流が暦博士、ついで陰陽頭の職を独占し、台頭した。他の流は造暦宣旨は受けているものの陰陽寮の官からは次第に排除されていく。鎌倉期の暦跋の特徴は、このような賀茂氏の変遷を反映したものである。また周平流は鎌倉幕府との縁により一定の地位を占めるようになった。

中世の家には「氏的家」と「中世的家」の二種類が想定できると指摘されている。[130] 鎌倉期の賀茂氏の変遷はまさに氏族から「氏的家」が分節し、そして「中世的家」を形成するという展開を示している。やがて足利義満は賀茂氏の中でも台頭著しい在秀流の在弘を登用し、勘解由小路家は嫡家として暦道を独占するようになるのである。

このように在秀流が嫡流としての地位を確立できた一つの要因は、第三節で検討した諸相論で主導権を握る力を有していたことにあると思われる。また同時期に公家社会の中で陰陽師の重要性が高まっていき、陰陽師たちは院を始めとする上級貴族との間に私的な関係を築くことによって官位や収益を得ていた。このような私的関係もこの一族内で台頭する要因となったと推測される。さらに傍流や門生・被官の陰陽師たちは家君の代官等を勤仕することで収益を得ていた。こうした関係から陰陽道においては、他の実務官人家と異なり、一族の広い範囲の人物が陰陽師として活動することが可能であった。そして、その結果彼らに対する家君の統制力も強力なものとなった。室町期に同家が隆盛を迎える内的要因は、このような陰陽道、暦道、そして一族内での優位の確立にあった。さらに南北朝期の動きや、賀茂氏の陰陽道における側面、経済的な側面を考え合わせることで、より明確になろう。

注

（1）佐藤進一『日本の中世国家』岩波書店、一九八三年、二〇〇七年岩波現代文庫。

（2）高田義人「暦家賀茂氏の形成」『国史学』一四七、一九九二年。同「平安貴族社会と陰陽道官人」『国史学』一九一、二〇〇七年。山下克明『平安時代の宗教文化と陰陽道』岩田書院、一九九六年。

（3）高田義人「暦家賀茂氏の形成」『国史学』一四七、一九九二年。
（4）山下克明「陰陽家賀茂・安倍両氏の成立と展開」「頒暦制度の崩壊と暦家賀茂氏」『平安時代の宗教文化と陰陽道』岩田書院、一九九六年。
（5）山下克明『平安時代の宗教文化と陰陽道』岩田書院、一九九六年。
（6）山下克明「陰陽家賀茂・安倍氏と暦・天文道」『歴史手帖』一七巻一号、一九八九年。
（7）村山修一『日本陰陽道史総説』塙書房、一九八一年。
（8）山下克明『平安時代の宗教文化と陰陽道』岩田書院、一九九六年。
（9）赤澤春彦「陰陽師と鎌倉幕府」『日本史研究』四九六、二〇〇三年。同「鎌倉期における陰陽家安倍氏について」『中央史学』三一、二〇〇八年。同「鎌倉期の官人陰陽師」『鎌倉遺文研究』二一、二〇〇八年ほか。
（10）柳原敏昭「室町政権と陰陽道」『歴史』七一、一九八八年。同「南北朝・室町時代の陰陽頭」『鹿大史学』四〇、一九九二年。同「応永・永享期における陰陽道の展開」『鹿児島大学法文学部紀要　人文学科論集』三五、一九九二年。同「安倍有世論」羽賀徳彦編『中世の政治と宗教』吉川弘文館、一九九四年。同「義持政権期の陰陽道」『鹿児島中世史研究会報』五〇、一九九五年。同「陰陽道史上の室町時代」『しにか』一三―三、二〇〇二年ほか。末柄豊「応仁・文明の乱以後の室町幕府と陰陽道」『東京大学史料編纂所紀要』六、一九九六年。木場明志「暦道賀茂家断絶の事」北西弘先生還暦記念会編『中世社会と一向一揆』吉川弘文館、一九八五年。同「江戸時代初期の土御門家とその職掌」『尋源』三三、一九八二年。同「太閤秀吉と陰陽道欠職」『大谷学報』六四―四、一九八五年など。
（11）森茂暁「大内氏と陰陽道」『日本歴史』五八三、一九九六年。
（12）具注暦の性格と暦跋については拙稿「中世における具注暦の性格と変遷」『明月記研究』八、二〇〇三年（本書第二部第二章）参照。
（13）筆者も参加した『具注暦を中心とする暦史料の集成とその史料学的研究』（科学研究費補助金（基盤研究（C）、研究代表厚谷和雄）研究成果報告書）による。
（14）「天慶四年七月十七日宣旨」（新訂増補国史大系『別聚符宣抄』）。
（15）高田義人「暦家賀茂氏の形成」『国史学』一四七、一九九二年。
（16）『春記』長暦二年一一月二七日条（増補史料大成）。橋本政良「勅命還俗と方技官僚の形成」『史学研究』一四一、一九七

八年。この他中世における宿曜師については山下克明『平安時代の宗教文化と陰陽道』岩田書院、一九九六年。兼築信行「定家と宿曜師」『明月記研究』四、一九九九年。戸田雄介「宿曜道の院政期」『仏教大学大学院紀要』三四、二〇〇六年。同「鎌倉幕府の宿曜師」『仏教大学大学院紀要』三五、二〇〇七年。赤澤春彦「鎌倉期の宿曜師」『中央大学大学院研究年報文学研究科篇』三七、二〇〇八年など参照。

(17)　山下克明『平安時代の宗教文化と陰陽道』岩田書院、一九九六年。

(18)　山下克明『平安時代の宗教文化と陰陽道』岩田書院、一九九六年。

(19)　「嘉元二年六月八日宣旨」『綸旨抄部類』第一（宮内庁書陵部所蔵）。高田義人氏のご教示による。三条実躬は嘉元三年三月に権中納言を辞しており、本宣旨は二年と比定できる。

(20)　「尾張郡司百姓等解文」紙背嘉元二年具注暦。『実躬卿記』紙背嘉元四年具注暦。

(21)　『定清朝臣記』永仁五年一一月一日条（『歴代残闕日記』一六、以下同）。

(22)　『大乗院具注暦』永仁六年（東京大学史料編纂所所蔵影写本）。

(23)　署名者数が三で割り切れないときには二つのうち下位のグループに分類した。

(24)　「医陰系図」（西尾市立図書館岩瀬文庫、東京大学史料編纂所所蔵写真帳六一七〇・五五―三―三三、以下同）。

(25)　『明月記』寛喜二年三月二一日条（国書刊行会、適宜冷泉家時雨亭叢書にて改めた、以下同）。

(26)　正応六年具注暦には有官者が並んでいる。これは正応五年が朔旦冬至の年にあたり、第三節で述べるように朔旦冬至の旬の暦奏の参仕者は有官である必要があったためである。

(27)　山下克明『平安時代の宗教文化と陰陽道』岩田書院、一九九六年。

(28)　拙稿「官務家・局務家の分立と官司請負制」『史学雑誌』一一一―三、二〇〇二年（本書第一部第一章）。

(29)　柳原敏昭「応永・永享期における陰陽道の展開」『鹿児島大学法文学部紀要　人文学科論集』三五、一九九二年。

(30)　『公衡公記』乾元二年四月一一日条（史料纂集、以下同）。

(31)　『日中行事』（群書類従第二六輯）。

(32)　「反閇部類記」弘安二年正月三日条（京都府立総合資料館所蔵『若杉家文書』館古〇二七―七五）。

(33)　『師守記』貞治元年一〇月二日条（史料纂集、以下同）。『洞院公定記』応安七年五月五日条（続史料大成、以下同）。

(34)　『公衡公記』乾元二年五月九日条。

(35)『経俊卿記』暦仁元年一〇月二三日条（図書寮叢刊、以下同）。
(36)『勘仲記』弘安五年正月二六日条（増補史料大成、以下同）。『公衡公記』延慶四年正月二六日条など。
(37)『勘仲記』弘安一一年四月二七日条。『公衡公記』乾元二年四月一一日条。『文肝抄』「一　軽服陰陽師祓事」（村山修一編著『陰陽道基礎史料集成』東京美術、一九八七年）など。
(38)『公衡公記』延慶三年一〇月二三日条。
(39)『公衡公記』正和四年三月二五日条。
(40)『玉葉』建久元年三月三日条（国書刊行会、以下同）。『園太暦』貞和六年四月一六日条（史料纂集、以下同）など。
(41)「後深草院御記」文永四年一二月二日条、「後伏見院御記」正和二年一二月三日条、「崇光院御記」貞治五年一二月一八日条など（図書寮叢刊『伏見宮旧蔵楽書集成』一）。
(42)『葉黄記』寛元四年正月二二日条（史料纂集）。『公衡公記』正応二年二月五日条など。
(43)『玉葉』文治四年八月六日条。
(44)『玉葉』建久元年三月三日条。
(45)『玉葉』文治元年一〇月七日条。一二月一七日条。
(46)『玉葉』文治二年一〇月二〇日条。
(47)「反閇部類記」建久元年八月七日条（京都府立総合資料館所蔵『若杉家文書』館古〇二七―七五）。
(48)『明月記』寛喜三年二月一日条。
(49)『経俊卿記』建長八年四月記紙背「散位安倍泰隆消息」。同康元二年三月閏三月記紙背「散位安倍泰隆消息」。
(50)『師守記』貞治三年七月二五日条など。
(51)山下克明「『養和二年記』について」（『平安時代の宗教文化と陰陽道』岩田書院、一九九六年、以下同）。
(52)『養和二年記』養和二年三月二三日条。
(53)『養和二年記』養和二年正月一日条。
(54)『明月記』建久七年六月二九日条。『民経記』寛喜三年六月二九日条（大日本古記録、以下同）。『実躬卿記』正応四年六月二九日条（大日本古記録）など。
(55)鈴木理恵「明経博士家中原・清原氏による局務請負と教育」『日本の教育史学』三〇、一九八七年。

(56)『官職秘鈔』『職原鈔』（群書類従第五輯、以下同）。
(57)例えば「外記補任」弘安一〇年（続群書類従第四輯上）の権少外記中原利義の項には「元平也、改姓任之、大外記師宗門生」とある。
(58)村山修一『日本陰陽道史総説』塙書房、一九八一年。
(59)建長五年一〇月二一日「近衛家所領目録」（『鎌倉遺文』七六三一号）。
(60)「反閇部類記」嘉禄二年七月三〇日条（京都府立総合資料館所蔵『若杉家文書』館古〇二七—七五）。
(61)『吉続記』文永五年五月四日条（増補史料大成）。『公衡公記』乾元二年正月二三日条。『花園天皇宸記』正中二年五月四日条（史料纂集）など。
(62)『民経記』天福元年五月一〇日〜一五日条。
(63)『玉葉』建久元年三月三日条。『園太暦』貞和六年四月一六日条など。
(64)天福元年九月一五日「安嘉門院庁下文案」（『鎌倉遺文』四五六二号）など。
(65)『経俊卿記』正嘉元年六月六日条。三日条。
(66)『経俊卿記』正元元年四月二二日条。文応元年九月二三日条。
(67)山下克明『平安時代の宗教文化と陰陽道』岩田書院、一九九六年。
(68)延慶三年八月八日「天文博士安倍淳房譲状」（京都府立総合資料館所蔵『若杉家文書』館古〇二七—一）。
(69)応仁元年一一月二七日「足利義政御判御教書案」（京都府立総合資料館所蔵『若杉家文書』館古〇二七—一）。
(70)（文治四年）五月一二日「安倍泰茂譲状案」（『鎌倉遺文』補六五号）。延慶三年八月八日「天文博士安倍淳房譲状」（京都府立総合資料館所蔵『若杉家文書』館古〇二七—一）。
(71)末柄豊氏により、室町期の賀茂氏領について検討がなされている。それによれば室町期には兼官である諸陵寮領・大原野社領、また摺暦座からの収益が確認できるという（「勘解由小路家の所領について」科学研究費補助金（基盤研究（C）、研究代表厚谷和雄）『具注暦を中心とする暦史料の集成とその史料学的研究』研究成果報告書）。
(72)年月日未詳「賀茂在清置文」（京都府立総合資料館所蔵『若杉家文書』館古〇二七—七六）。
(73)本郷恵子『中世公家政権の研究』東京大学出版会、一九九八年。
(74)拙稿「官務家・局務家の分立と官司請負制」『史学雑誌』一一一—三、二〇〇二年（本書第一部第一章）。

(75) 米井輝圭「12世紀日本の儀礼における陰陽師」『歴史学研究』七六八、二〇〇二年。
(76) 『平戸記』仁治元年閏一〇月一四日条〜一一月一日条（増補史料大成、以下同）。
(77) 『儀式・内裏式』一一月一日進御暦儀（神道大系）。
(78) 『平戸記』仁治元年閏一〇月一四日条。二二日条。
(79) 『定清朝臣記』永仁五年一一月一日条。『康富記』文安元年一一月一日条（増補史料大成）など。
(80) 『平戸記』仁治元年一一月一日条。
(81) 『平戸記』仁治元年閏一〇月二二日条。
(82) 『平戸記』仁治元年閏一〇月一四日条。
(83) 『平戸記』仁治元年閏一〇月二七日条。在親流と在継流の対抗関係については、室田辰雄「『文肝抄』編者について」『仏教大学大学院紀要　文学研究科篇』三七、二〇〇九年でも触れられている。
(84) 『定清朝臣記』永仁五年一一月一日条。
(85) 『明月記』寛喜二年二月一二日条。
(86) 国道の活動については赤澤春彦「鎌倉期における陰陽家安倍氏について」『中央史学』三一、二〇〇八年参照。
(87) 『明月記』寛喜二年三月二一日条。
(88) 『民経記』寛喜三年八月一一日条。
(89) 寛喜三年八月五日「安倍国道書状」（『民経記』寛喜三年一一月記紙背）。
(90) 『職原鈔』陰陽寮・允条。
(91) 『民経記』寛喜三年四月一六日条。
(92) 『明月記』寛喜三年八月一五日条。
(93) 『明月記』寛喜三年九月九日条。
(94) 『明月記』寛喜三年九月九日条。
(95) 『明月記』寛喜三年九月九日条。
(96) 『山槐記』治承三年正月一九日条（増補史料大成）。
(97) 室町期の幸徳井家については木村純子「中世興福寺と幸徳井家」『日本女子大学大学院文学研究科紀要』九、二〇〇三年。

同「大乗院尋尊と幸徳井家」『古文書研究』六二、二〇〇六年参照。
(98)『後深心院関白記』応安六年暦跋（陽明叢書）など。
(99)村山修一『日本陰陽道史総説』塙書房、一九八一年。金沢正大「関東天文・陰陽道成立に関する一考察」『政治経済史学』九六、一九七四年。同「関東における天文・陰陽道の確立について」『政治経済史学』九七、一九七四年。同「北条氏執権体制下に於ける関東天文・陰陽道」Ⅰ・Ⅱ・Ⅲ『政治経済史学』一一一、一一二、一一三、一九七五年。木村進「鎌倉時代の陰陽道の一考察」『立正史学』二九、一九六五年。赤澤春彦「陰陽師と鎌倉幕府」『日本史研究』四九六、二〇〇三年など。
(100)『吾妻鏡』承元四年一〇月一六日条（新訂増補国史大系、以下同）。
(101)『吾妻鏡』承久元年二月二〇日条。
(102)『吾妻鏡』弘長元年二月二日条。
(103)赤澤春彦「鎌倉期における陰陽家安倍氏について」『中央史学』三一、二〇〇八年。同「鎌倉期の官人陰陽師」『鎌倉遺文研究』二一、二〇〇八年など。
(104)『勘仲記』弘安一〇年六月二三日条。
(105)『玉蘂』安貞二年三月一〇日条（思文閣出版）など。
(106)『吾妻鏡』寛喜三年一一月一〇日条。上杉和彦「鎌倉幕府の座次に関する覚書」『日本歴史』六四八、二〇〇二年。赤澤春彦「鎌倉期における陰陽家安倍氏について」『中央史学』三一、二〇〇八年。同「鎌倉期の官人陰陽師」『鎌倉遺文研究』二一、二〇〇八年。
(107)『明月記』嘉禄元年二月一四日条。
(108)『吾妻鏡』嘉禎三年五月二九日条。
(109)『吾妻鏡』仁治二年二月一六日条。暦仁元年閏二月一三日条。寛元三年三月八日条など。
(110)年不詳五月二日「益性法親王書状」（『金沢文庫古文書』二一三〇号）。
(111)『吾妻鏡』嘉禎元年三月一八日条。
(112)本郷和人『中世朝廷訴訟の研究』東京大学出版会、一九九五年。
(113)『玉葉』寿永二年一〇月九日条。文治三年六月一二日条。文治三年一二月二〇日条。
(114)『明月記』寛喜三年八月一五日条。

(115) 「医陰系図」。『系図纂要』賀茂氏。
(116) 「医陰系図」。
(117) 『明月記』寛喜三年二月一日条。『民経記』天福元年五月一一日条。
(118) 『明月記』寛喜三年二月一日条。
(119) 『吾妻鏡』寛元元年三月二日条。
(120) 『吾妻鏡』仁治元年正月一七日条。同八月二日条。寛元元年三月二日条など。
(121) 『平戸記』仁治元年閏一〇月一四日条。二二日条など。
(122) 『吾妻鏡』仁治二年六月九日条。
(123) 『北斗御修法私記』貞治七年二月三日条（大日本史料第六編二九）。『花営三代記』応安五年一一月二二日条（大日本史料第六編三六）。
(124) 『系図纂要』賀茂氏。『幸徳井家系図』（史料編纂所所蔵謄写本）。
(125) 『多聞院日記』文明一五年二月七日条。元亀元年七月二九日条（角川書店）など。
(126) 木場明志「暦道賀茂家断絶の事」北西弘先生還暦記念会編『中世社会と一向一揆』吉川弘文館、一九八五年。同「江戸時代初期の土御門家とその職掌」『尋源』三三、一九八二年。同「太閤秀吉と陰陽道欠職」『大谷学報』六四―四、一九八五年。
(127) 『泰重卿記』元和二年一二月一四日条（史料纂集、以下同）。
(128) 『慶長日件録』慶長一〇年八月一五日条（大日本史料第一二編三）。『御湯殿の上日記』慶長一五年一一月一日条（続群書類従完成会）。『泰重卿記』元和二年八月一日条など。
(129) 『泰重卿記』元和二年九月一八日、一九日条。
(130) 高橋秀樹『日本中世の家と親族』吉川弘文館、一九九六年。
（補記） 本書校正中に、赤澤春彦『鎌倉期官人陰陽師の研究』吉川弘文館、二〇一一年、同『日本史史料研究会研究叢書6 陰陽道史料目録』日本史史料研究会、二〇一〇年が刊行された。本書では触れることができなかったが、あわせて参照していただきたい。

第二部　古記録から見る政務運営構造

第一章　中世における具注暦の性格と変遷

はじめに

本章では第一部第六章で検討した暦道賀茂氏によって作成された具注暦について考察する。具注暦を題材としたのは以下の二つの特徴による。

まず一つ目として、具注暦が朝廷儀式の運営や貴族・官人の生活を様々なレベルで規定していたという特徴がある。『九条殿遺誡』には公家の日常生活における暦情報の必要性が示されている(1)。それによれば貴族の一日は起床後まず暦を見てその日の吉凶を知り、暦に記した年中行事予定表を見て仕事の準備をすることから始まる。『九条殿遺誡』ではこの後に爪切りや沐浴を行うべき日についても細々と述べているが、その判断も同様に暦注に基づいている。実際、暦注による吉凶の情報を得られなかったために仏事や正月儀礼が遂行できない事例も見られ、公家社会における暦情報の重要性が窺える(2)。また第一部第二章で述べたように、こうした暦注は暦の発行後も随時書き加えられ、その内容も時代によって変化した。さらに『九条殿遺誡』では前日の公事内容を記すことも指示している。このように具注暦は日記の料紙としてもしばしば利用された。

もう一つの特徴としては暦が時間の支配を示すものであり、ひいては王権の象徴となるという性質がある(3)。例えば一三世紀中頃、暦博士賀茂在尚・権陰陽博士賀茂在直は暦法を「天子之運暦也」と述べ、造暦をつつがなく行うことが「天下泰平宝祚無彊之基」となると主張している(4)。

具注暦は以上のような性格を有するものであり、その時期の社会の様相を探る有効な手段となり得る。しかしながら暦に関する従来の研究は、主として天文・暦学あるいは陰陽道からの関心に基づくものであり、暦を受容してきた社会についてはあまり検討されてこなかった。近年、暦法の変化や地方への暦の普及状況からその時代の政治や制度の変化を読み取ろうという試みが進められつつある。(5) しかしこれらの研究も奈良時代以前が中心である。具注暦の記載が最も充実し、役割も大であったと考えられる中世については、その普及範囲、役割ともに十分な検討がいまだ加えられていない。中世には具注暦が相当数現存しており、これらを検討することで新たな知見が得られると考える。(6)

そこで本章では主に具注暦の体裁について検討することで、その流通の様相・利用状況などの基本的な性格の一端を捉えてみたい。以下では管見の及んだのべ約一〇〇〇年分の具注暦をサンプルとした。第一節ではまず具注暦の作成・流通過程をまとめる。第二節では具注暦を体裁によって分類し、その特徴を考察する。最後に第三節では特に特徴的な広橋家の記録を題材として具注暦と暦記の関係について見たい。

一　公家社会における暦の作成・流通

1　造暦体制の変化

まず律令制下における暦の作成・流通状況についてまとめた。具注暦は陰陽寮で作成される。そして毎年一一月一日の御暦奏の儀で翌年の具注暦が天皇に奏上され、「内外諸司」に頒下された。(7) 暦の発行は国家の時間支配に関わる業務であるため、本来は朝廷でのみ行われる大権であり、暦奏は天皇からの下賜という形式を明らかに

表15　頒　暦　数

年	西暦	巻数	配　布　先	出　典
9世紀半ば		166		延喜式
10世紀後半		120	弁官局，内侍所，外記局	西宮記
天慶4	941	11		本朝世紀
正暦4	993	0		本朝世紀
寛治2	1088	1	殿上	朔旦冬至部類
大治1	1126		「近代官外記殿上暦許所入也」	朔旦冬至部類
永仁5	1297	7		権暦博士定清記
明徳3	1392	7	外記3，弁官3，記録所1	朔旦冬至部類
宝徳1	1449	5	外記2，史2，殿上1	康富記

する行為と捉えられている。

この時奏上される暦には天皇および准三后以上のための御暦と諸司に配られる頒暦がある。(8) 御暦は一年分が二巻に分けられており、二行取りで、体裁や暦注も一般の具注暦とは異なっていた。料紙も中世には宿紙も用いられたという。(9) これに対して頒暦は一年一巻で一行取り、日付と日付の間に空行（間明き）はないと考えられる。(10) 頒暦は『延喜式』の規定では一六六巻作成された。(11) この頒暦が「内外諸司」に頒下され、更に諸官司で転写され、広く利用されたようである。(12) ただしその頒下範囲については諸説あり、はっきりしていない。

律令制の衰退に伴い平安中期からはこのような頒暦制度も揺らいでいく。頒暦の数は次第に減少し、鎌倉初期までには殿上・弁官・外記・記録所などごく一部の官司にのみ頒下されていた(13)（表15）。これは逆にいえば、これらの官司の朝廷運営における重要性を示すものであるといえる。こうした中で暦の作成も陰陽寮に属する官人の中でも賀茂氏によって独占的に担われるようになっていく。(14) 賀茂氏は後には暦家とも称された。

2　貴族たちの暦入手ルート

このように公的な頒暦の数は限られたものであり、かつ時代を追って減少していることから貴族・官人層にまでは殆んど行き渡っていなかったと考えられる。では公家たちはどのようにして暦を入手していたのか。大きく次の四つの方法が考えられる。まず賀茂氏をはじめとする陰陽師からの私的な献上あるいは購入がある。例えば一一世紀初頭の『小右記』には、藤原実資が紙を陰陽師に渡して暦を書かせ、持参時にその報酬を与えている様子が窺える。[15] 同様の献上記事は摂関家等でも見られる。この時、実資や摂関家に献上された暦は一年分が上下の二巻・四巻など複数巻であり、間明き暦だったと推測できる。[16] また現存する『御堂関白記』『水左記』なども間明きが取られ、一年分二巻となっている。こうした例から、公家たちは陰陽師に私的に暦を注文し、その際に自分が日記を記すのに必要なだけの間明きも特注することがあったと推測されている。また『九条家文書』には暦家の賀茂道言が「又所レ召暦本召二籠殿文殿一、雖レ及□于今不二返給一」と訴えている書状が見える。[17] この書状から摂関家等では賀茂氏から暦本を借用し、家政機関（殿文殿）で組織的に暦の転写を行っていたとも推測される。[18] 同様に暦家・陰陽師以外の知人の暦を借用しての転写も行われている。[19] さらに、ことに室町期以降になると各地で地方暦が作成・販売された。[20] これらの売暦には六・七文から二〇疋程度のものまであったようである。[21] 次節ではこれらの入手方法と暦の体裁の関係を追う。

二　具注暦の形態と流通

1　具注暦の構成要素

本節では暦の形態の分類から具注暦の性格や入手方法について考察したい。まず分類にあたり注目した要素をまとめる。

（1）暦　跋

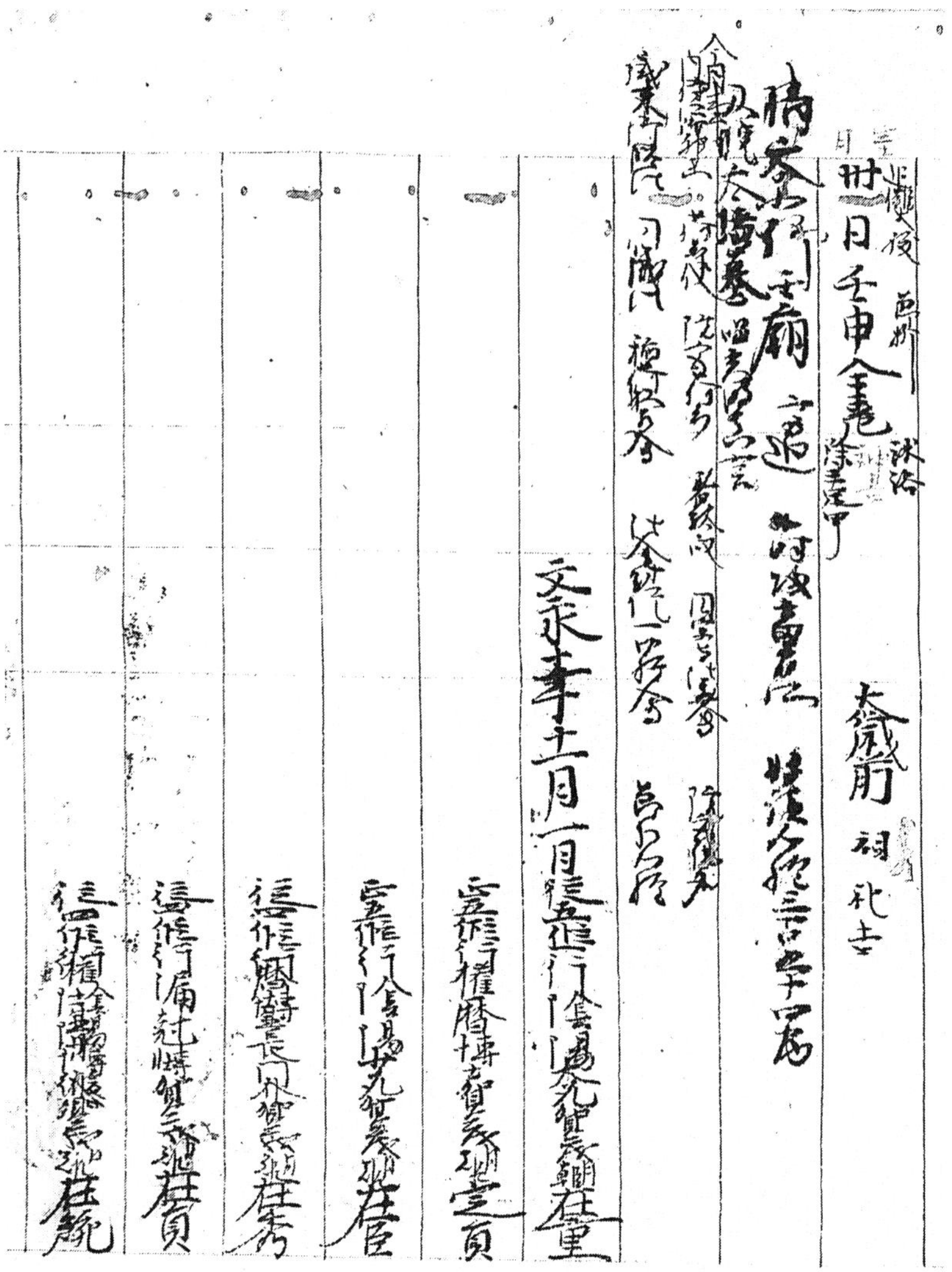

図７　暦跋①タイプ　『兼仲卿暦記』文永11年記暦跋（国立歴史民俗博物館所蔵）

具注暦の末尾には暦跋という暦の奥付と称すべき部分が存在するが、この暦跋の形式は幾つかのタイプに分けることができる。例を図7・8に掲げた。図7に見える暦跋を①タイプとする。これは前年一一月一日の日付が記され、その後に造暦担当者の連署が並んでいるタイプである。一一月一日は暦奏の式日であり、その暦の発行日といえる。また連署部分は後世には一筆に見えるが、本来は造暦に関わった本人がそれぞれ記したのであろう。この体裁の暦はおそらく、頒暦や陰陽師からの献上品を始めとして比較的一次的な入手経路のものと推測される。

他方図8の暦跋には前年一一月一日という暦奏の日付のみが記されている。これを②タイプとする。こうした形式は暦を書写する際、暦跋の署名部分までの書写は憚ったためと考えられる。すなわちこのタイプの暦は明らかに私的な書写暦であろう。

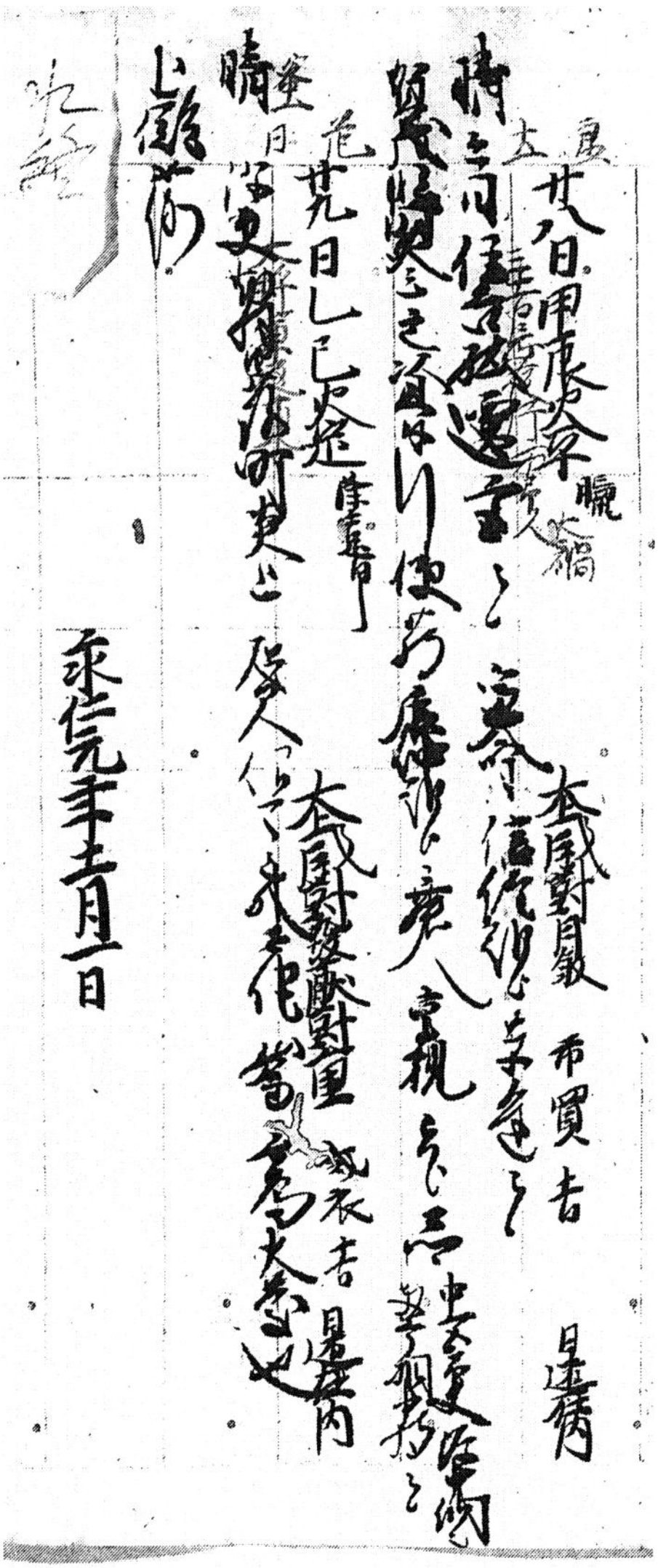

図8　暦跋②タイプ　『兼仲卿暦記』永仁元年記暦跋（国立歴史民俗博物館所蔵）

さらに③その他タイプとして暦跋に一二月二〇日など一一月一日以外の日付が書かれているもの、あるいは暦跋自体がない暦が存在する。こうした日付はおそらく自らの暦の書写日をそのまま記したのであろう。つまりすでに一一月一日という暦奏の日付の意味さえ失われているのである。このタイプの暦跋を持つ暦は幾度もの転写を重ねた暦と思われる。

このように①→③で、少なくとも意識の上では入手経路がより間接的になると考えられる[22]。そこで本節ではまずこの暦跋部分に注目する。

（2）日記・間明き

次に日記・間明きの有無に着目した。日記と具注暦の関係についてはつとに指摘されているところである。日記は元来具注暦、それも図7に見えるような空行のある間明き暦に日々の事柄を記した。そしてこの間明きは一～二行が普通であり、それらの暦は陰陽師へ特注したと従来考えられている。そして間明きスペースに書ききれなかった場合は、当該箇所を切り離して別の紙を貼り継いで記された。暦と日記の関わりが深かったことは『九暦』『殿暦』など、「暦」を含む日記名が多いことからも窺える。しかし鎌倉時代以後、このように具注暦に記した暦記は減少していると指摘されている。またこのような間明きと日記の関係を示す史料として鎌倉初期の『真俗雑記問答抄』に見える次の記事が注目される。

六・雑書暦之事（中略）

公家之御暦中二行置此被レ書、日記之料云々、二巻被レ調レ之、親王・関白家准レ之[23]、

この記事によれば、当時天皇の暦には日記のために間明きが二行置かれており、親王・関白家でもこれに準じていたという[24]。現存する暦記では間明きは置かれていないものから、『猪隈関白記』『公衡公記』のように最大五行取られているものも存在する。本書では具注暦の表面に記された日記を暦記、書かれた具注暦を暦記具注暦と

する。

他方、具注暦の表面には日記を記さず、使用済みの暦の紙背の白紙部分が日次記やその他の文書・典籍などの書写に利用されているものもある。これを紙背具注暦とする。

このような間明きの有無、空行の数も何らかの意識を反映していると考えられよう。

（3）暦　注

いま一つ、具注暦の重要な構成要素として暦注がある。具注暦には日付・干支だけでなく二十七宿・七曜・二十四節気・吉凶注・雑注などさまざまな暦注が存在し、これらの暦注が人々の生活に大きな影響を与えていた。その記載は中世の具注暦が最も詳細であるが、この暦注も時代や所持者によって差異が見られるものである。

以下ではこれらの構成要素に注目して具注暦の分類を試みた。まず中世前期一四世紀半ば頃まで、続いてそれ以降を検討する。

2　中世前期の具注暦

まず一四世紀半ば頃までの具注暦について検討する。表16に所有者の判明する主な具注暦を分類した結果を示した。この表ではまず具注暦を大きく間明きの有無によって分け、更にその中で暦跋のタイプ、暦記として使用されているか否かによって分類した。

表16からは次のような傾向が窺える。まず間明きが存在し、造暦者の連署が記された暦跋①タイプの暦は摂関家、天皇家のほか源俊房・藤原為房など上級貴族と外記局中原師守の日記に使用されている。(25)ことに間明きを四行、五行と広く取っている具注暦は、主に摂関家に見られるものである。暦跋の記されている一二月末まで暦が現存していないため暦跋タイプは不明であるが、洞院公賢・後宇多院・後伏見院等も間明き暦を使用している。

表16　中世前期の主な具注暦（〜14世紀）

間明き	暦跋	日記	所　　持　　者
有	①	有	天皇家(花園院・光明院)・摂関家(道長・家実・基平・道嗣)・源俊房・藤原為房・藤原経光・藤原兼仲・中原師守・大乗院(14世紀〜)
		無	勧修寺・醍醐寺豪海
	②	有	藤原公衡・藤原経俊・藤原兼仲
無	①	有	平信範・大乗院(〜13世紀)・伯家(顕広・業資・仲資)・陰陽師・方便智院・賢俊・鶴岡八幡宮
		無	伏見院・藤原実房・藤原定家・藤原経俊・藤原兼仲・三条実躬・中原師守・高山寺・仁和寺・東大寺・方便智院
	②	有	賢俊・東寺杲宝
		無	藤原経光・三条実躬・吉田兼敦・醍醐寺・勧修寺・東寺・神護寺
	③	無	石山寺・所有者不明『仁治元年具注暦』

これらもおそらく暦跋①タイプであったと思われる。例外的な中原師守は最後まで頒暦を支給されていた外記局局務の家柄であり、陰陽師から暦の献上も受けていた(26)。

一方、藤原経俊・藤原兼仲等の中級貴族も間明き暦を日記に使用している。ただしこれらの暦の暦跋は日付のみの②タイプであり、各種の暦注も簡略化されている。すなわち上級貴族の間明き暦とは入手経路が異なる暦と推測できよう。

次に間明きがない具注暦について見る。暦跋①タイプの間明きなし暦に、スペースは限られているが、日記を記しているのは大乗院・伯家の歴代・陰陽師・鎌倉の鶴岡八幡宮社僧等、官人・寺社の広い範囲で確認できる(27)。また同タイプの暦であるが、暦自体には日記を記さず紙背を日記や典籍書写に利用している例は多い。藤原定家・藤原経俊・藤原兼仲・三条実躬・中原師守等の中級貴族・官人層、諸寺社で見られる。暦跋は不明であるが、春日社・醍醐寺等の暦も同様と考えることができよう。また三宝院賢俊・東寺の杲宝らは②タイプの間明きなし暦に日記を記している。さらに石山寺の印を持つ承安三年・建久一〇年具注暦は暦跋③タイプの具注暦であり、日記は記されていない。

このように分類すると、鎌倉・南北朝期以前間明き暦を使用できたのは上級貴族レベルの限られた範囲だったのではないかと推測される。従来、先述の『真俗雑記問答抄』あるいは『九条殿遺誡』の記載が、具注暦全般に拡大解釈されてきた。しかしこれらの記事は「摂関家・親王家准レ之」とあるように、文字通り摂関家レベルの記載だったのではないか。

これに対して中下級貴族の間では、かつての頒暦の系統を引いているのか間明きなし暦が流通していたようである。これらの間明きのない暦は中世の初めから既に紙背の利用が多く見られる。ただし藤原経俊、藤原経光・兼仲、あるいは中原師守等の具注暦に見られるように間明きのあるものとないものを併用した例もある。これらは代々日記を記した実務系の家で使用された暦であり、具注暦と日記の関係を考える上で興味深い。こうした例については第三節および次章で改めて検討する。

今一つの暦跋③タイプは地方に多く見える。おそらく地方寺社などではこのような転写を重ねた暦が流通していたのであろう。

その他入手経路の特徴としては前期には暦跋①タイプが多いことも注目される。またこの鎌倉初期までには暦跋の署名や、暦奏に参仕する陰陽師は賀茂氏に限られるようになっており、具注暦の発行が賀茂氏によって独占されるようになったと指摘されている[28]。

3　中世後期の具注暦

同様の分類を室町期以降の暦についても行った（表17）。中世後期の具注暦は寺社や地方にも多く現存しており、普及範囲の広さが窺える。表17を見ると、まず間明き有り暦跋①タイプの暦は前期に引き続き天皇家、摂関家で使用されている。暦跋②タイプの暦も同様に大乗院や広橋家で確認できる。また暦跋タイプは不明であるが、洞院家、三条西家などでも間明き暦を暦記に利用している。

表17　中世後期の主な具注暦（15世紀～）

間明き	暦跋	日記	所持者
有	①	有	摂関家(信尹)
		無	後奈良天皇・三条西公条
	②	有	広橋(兼宣・綱光・兼顕)・智仁親王
無	①	有	満済
		無	貞成親王・西園寺公名・大乗院・満済・広橋兼宣
	②	有	東寺・仁和寺・賢宝・亮禅
		無	貞敦親王・貞成親王・忠富王・近衛信尹・西園寺（公名・公藤・実宣）・三条西公条・中院通秀・中御門家・山科教言・甘露寺親長・吉田兼敦・中原師藤・東寺・醍醐寺・仁和寺・清原宣賢・大乗院・福智院・春日社祐継・満済・隆済

では間明きのない具注暦はどうだろうか。①タイプの現存量は減少しており、暦記で確認できたのは一四世紀初頭の『満済准后日記』である。また広橋家は中世前期に続きこのタイプの暦の紙背を利用している。これに対して間明きなし暦跋②タイプは時代を追って増加している。こうしたタイプの暦は暦記を記している伯家忠富王、紙背を利用している東寺・醍醐寺・仁和寺・興福寺・春日社、西園寺家（公名・公藤・実宣）・山科教言・吉田家（兼敦・兼致）・中原師藤・清原宣賢などの寺社・公家以下に広く普及している。さらに一六世紀に入ると中院通秀・近衛信尹ら上級貴族の暦にも造暦担当者の署名は見られない。

　このように中世後期には暦跋②タイプが増加している。中でも暦跋の変化と体裁の変化が、まさに対応しているのではないかと思われるのが、大乗院具注暦である。鎌倉期の大乗院門跡は暦跋①間明きなし暦に日記を記していた。ところが一四世紀に入ると暦跋②の暦を使用するようになり、同時に間明きも置かれるようになる。また応永年間以後は奈良で発行された幸徳井暦を使用していたことも確認できる(29)。つまりこうした体裁変化は暦の入手方法の変化によると考えられる。

　またこの時期の意識を端的に示しているのは、宝徳元年（一四四九）の『康富記』の記事であろう。局務清原業忠から暦を分与された権大外記中原康富はその暦を指して「件暦年号之奥有二連署一者也」と表現している(30)。

この暦は「今月一日自二暦道一渡二局務一暦二巻」のうちの一巻であり、「上古者所々被二班進一」ていたという。すなわち造暦者の連署を有する暦跋は頒暦の特徴であり、公的性格を示していると認識されていたことが窺える。伏見宮貞成親王は子息後花園天皇が即位し、後小松院が死去した後の永享九年暦から暦跋①タイプを使用している。これもあるいはそうした意識のあらわれであろうか。他方、日付のみの暦跋が増加していることからは貴族・官人の多くが私的ルートで暦を入手していたと推測される。この時期には頒暦を「執柄等三公以下」にさえ「強不レ進レ之」という状況だったのである[31]。ただし大永年中にも「内侍所暦」が准三后に下されている例も見られ、完全に廃絶してはいないようである[32]。

さらに応仁元年（一四六七）におきた応仁・文明の乱は、京における暦の発行にも深刻な打撃を与えた[33]。兵乱の中で暦家たる勘解由小路家（賀茂氏）は暦書を失い、この年には遂に暦奏が行われなかったのである。そのため奈良で南都暦、幸徳井暦と称される地方暦を発行していた賀茂氏の庶流幸徳井家では、やむをえず「私料簡」によって新暦を発行した[34]。年が明けて正月七日、京都新暦が「天下頒行」されるが[35]、幸徳井家の「南京暦」[36]とは閏月の配置等に狂いが生じた[37]。この一件からは、一五世紀半ばまでは、少なくとも奈良では、暦奏された暦を基に地方暦を発行していたと推測される。しかし応仁・文明の乱以後は、時として幸徳井暦と京都の暦とで相違が生じる例が見られる[38]。すなわちひとたび先例ができたためか、その後は幸徳井家で独自に暦算を行うようになったのであろう。地方暦と京都の暦の齟齬は南北朝期から度々見られるが[39]、応仁・文明の乱を一つの契機として、奈良という京の近国でさえ暦道の独占が崩れたのであろう。

次に室町期の公家たちの暦の入手方法を史料から探る。有力貴族たちは前代同様、陰陽師から暦の献上を受けていたようである。こうした献上は九条家、近衛家をはじめとする摂関家、三条家、洞院家、万里小路家などで確認できる[40]。例えば『看聞御記』の記主伏見宮貞成親王の許には毎年、安倍氏・賀茂氏に属する三人の陰陽師からそれぞれ具注暦と仮名暦が進上されている。貞成親王の子息、後の後花園天皇の許へも別に献上されている。すなわちこの時期の有力な家には複数の暦が存在した。この三人はそれぞれ当時の陰陽道の家を代表する立場にあり、このような献上は、貞成親王家への臣従を表現するものに変化していたと考えられる。(41) しかし献上も徐々に減少した。さらに近世初頭には勘解由小路家はほぼ断絶した状況にあり、暦は奈良の幸徳井家から献上された。(42) 実際、慶長年中の近衛信尹『三藐院記』や『智仁親王御記』の暦跋には「南都博士幸徳井」と見える。

伝手をたどって新暦を借用し、書写する例も多い。これは陰陽師から借用した暦に加えて、さらにその転写も行われた。(43) 文亀二年（一五〇二）、和泉国日根庄に滞在していた九条政基は、「田舎之儀新暦未ㇾ到之間」、正月一日の四方拝が行えないと嘆いている。(44) 同様に天正四年（一五七六）には在国していた近衛政家から山科言経に「マナ《真名》暦」の借用を求めてきている。(45)

さらに京都では「天文博士所ㇾ制之新暦」である摺り暦の三島暦が普及していた。(46) 東福寺僧太極は応仁・文明の乱の影響で暦の発行の遅れた応仁二年（一四六八）でも早くも「天下頒行」の翌日には売暦を入手している。(47) また天文八年（一五三九）九月の日蝕について左大史小槻于恒は「暦《マ》ミシ不ㇾ載ㇾ之、暦博士越度歟、又者臨時触歟」(48) と記している。先述のように左大史の差配する弁官局は最後まで頒暦が支給された官であったが、この時期までには途絶えていたこと、そして下級官人や僧たちの間では三島暦が利用されていたということが裏付けられる。

このように具注暦の体裁変化と入手方法の変化は連動していた。かつ時代とともに朝廷（賀茂氏嫡流）による具注暦の独占が崩れる一方、暦自体の需要は大きかったことが窺える。

三　日記と具注暦

1　暦記具注暦と紙背具注暦

本節では、第二節の分類で特徴的だった広橋（勘解由小路）家の具注暦、ことに鎌倉期の『民経記（経光卿記）』『勘仲記（兼仲卿記）』に使用されている具注暦を中心に、日記と具注暦の関係について検討する。二人の日記に使用されている具注暦を表18にまとめた。この表18から確認できる特徴として、広橋家では同じ年の具注暦を複数所持していること。具注暦に記された暦記と、それ以外に記された日次記・別記が中世を通して併用されていたことがあげられる。すなわち第二節で検討したように間明き有・暦跋②タイプと間明きなし・暦跋①タイプの両方が同時に使用されていたのである。また尾上陽介氏は『民経記』を題材に暦記と日次記の併用の様相を検討し、「中世公家日記の一様式」と位置付けている(49)。実際これらの特徴はどちらとも、他の記録類にも見られるものである(50)。こうした併用の在り方については次章で改めて検討する。

本節では、最初に暦記具注暦と紙背具注暦の体裁を比較した。比較のため『勘仲記』正応元年（一二八八）暦記および正応二年（一二八九）記紙背正応元年具注暦、さらに『公衡公記』の三月部分を図9および史料（二六六頁参照）に掲げた。この年は同年月日の具注暦が残っており、対照が明らかとなるためである。広橋家の日記において紙背具注暦の多くは前年の暦が翌年の日記に使用されたものである。これらには間明きはなく、暦跋は造暦担当者の連署まで記された①タイプとなっている。またその年の年中行事の予定を記した行事暦注も付されている。一方、暦記の具注暦を見ると、例えば図9の正応元年暦記には間明きが一行置かれ、日記が記されている。行事暦注は付されていない。そして暦跋は一一月一日という日付のみが記された②タイプが多く見られると

表18 『民経記』『勘仲記』使用具注暦一覧

	年	西暦	期　　間	間明き	序	跋	日記	備　考
民経記	安貞1	1227	4/1, 4/11～6/28, 7/1～9/30, 10/5～12/29	0	—	有	有	
民経記	寛喜3	1231	1/2～6/29	2	—	—	有	
民経記	天福1	1233	1/1～6/29	3	有	—	有	
民経記	寛元4	1246	1/1～12/29	1	有	有	有	
民経記	文永4	1267	1/1～12/30	1	有	有	有	
民経記紙背	嘉禄2	1226	1/1～2/17	0	有	—	無	安貞元記紙背
民経記紙背	文永6	1269	8/12～9/26	0	—	—	無	文暦元年記紙背
民経記紙背	文永9	1272	1/1～1/25	0	有	—	無	大納言拝賀着陣部類記紙背
勘仲記	文永11	1274	1/1～12/30	1	有	有	有	
勘仲記紙背	弘安3	1280	1/1～12/29	0	—	有	無	弘安4年記紙背
勘仲記紙背	弘安4	1281	1/1～12/29	0	有	有	無	弘安5年記紙背
勘仲記紙背	弘安5	1282	1/1～12/29	0	有	有	無	弘安6年記紙背
勘仲記	弘安7	1284	1/1～12/29	1	有	有	有	
勘仲記紙背	弘安10	1287	1/1～12/30	0	有	有	無	正応元年記紙背
勘仲記	正応1	1288	1/1～12/29	1	有	日付11/2	有	
勘仲記紙背	正応1	1288	1/1～12/18	0	有	—	無	正応2年記紙背
勘仲記紙背	正応6	1293	1/1～12/30	0	有	有	無	
勘仲記	永仁2	1294	1/1～12/29	1	有	日付	有	
勘仲記紙背	永仁7	1299	断簡	0	—	—	無	正安2年記紙背
勘仲記	正安2	1300	1/6～1/7	1	—	—	有	

＊　—：不明．跋有：造暦者の連署あり．日付：暦奏の日付のみ

いった差が見られる。

三者をより詳細に比較するとその他の暦注・書法にも違いが見える。例えば三月二七日条の大歳神の位置、および吉事条項を見ると、『勘仲記』紙背具注暦には「大歳前天恩月徳帰忌　祠祀拝吉」とある。これに対し暦記では「大歳前帰忌　祠祀吉」と比較的簡略なものとなっている。『公衡公記』同日条には「大歳前月徳帰忌　祠祀吉」と両者の中間的な記載である。また日付脇に記される朱注も紙背具注暦では右側に「三吉」とあるのに対して、暦記では左側に「三宝吉」、『公衡公記』では左側に「三吉」と表記されている。今ひとつ、紙背具注暦には日付や、二十七宿に合点が施されている箇所がある（二六日・二七日条など）。二十七宿も日の吉凶と深く関係する要素である。これらの合点はおそらく兼仲が己れの物忌や吉凶に関係した日に打っ

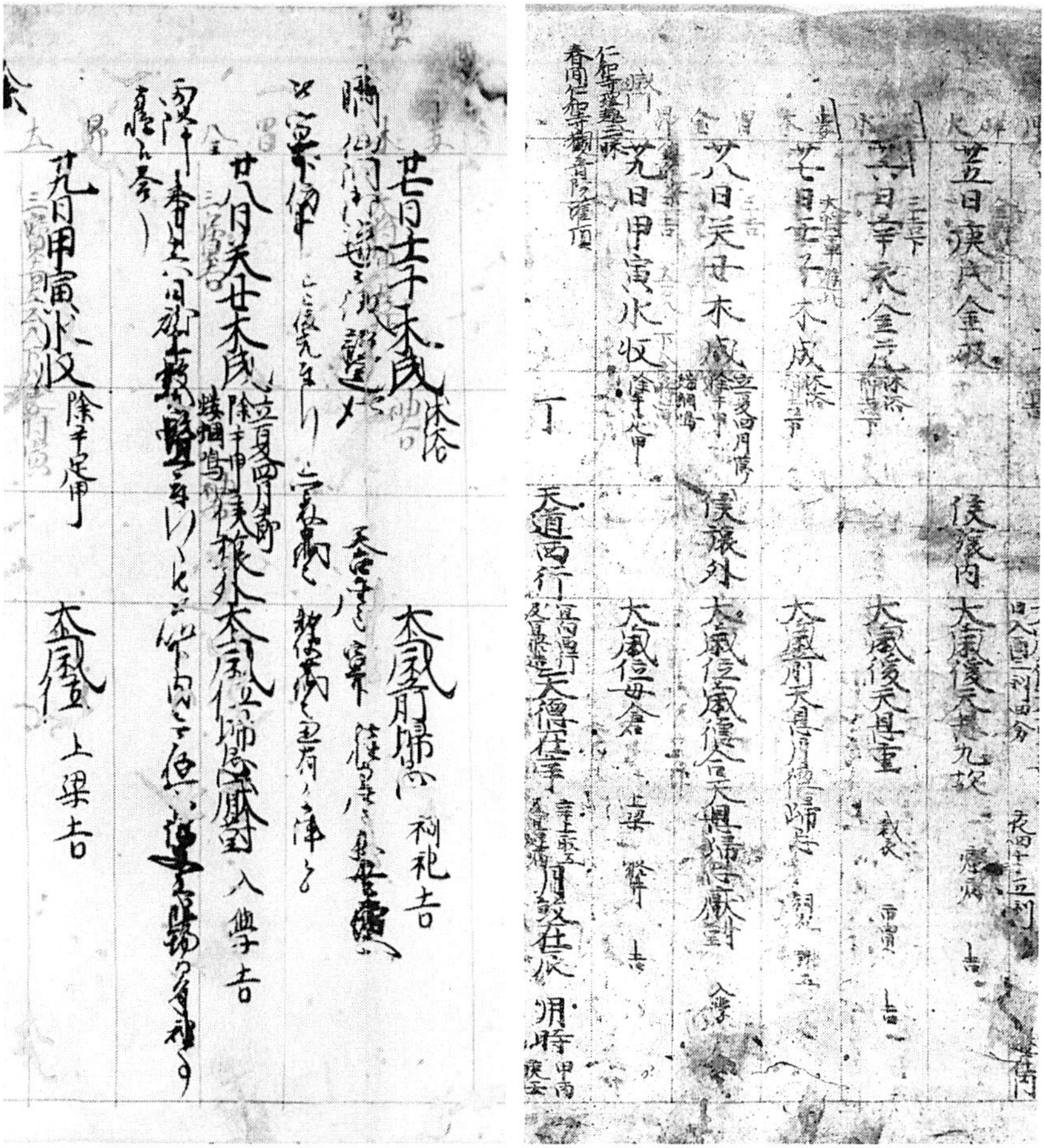

図９『兼仲卿暦記』正応元年３月（左），『兼仲卿記』正応２年記紙背正応元年具注暦３月（右）（ともに国立歴史民俗博物館所蔵）

『勘仲記暦記』『勘仲記』『公衡公記』暦注比較

〔勘仲記暦記〕　正応元年三月二四日～二九日

「室月」廿四日己酉土執 沐浴「神吉」「三寶吉天一丑寅不問疾」　日出卯初三分 晝五十五刻 日入酉三刻四分 夜四十五刻 大歳後無翹復　祠祀吉　日遊在内

（間明き一行）

「火辟」廿五日庚戌金破「金剛峯」　侯旅内　大歳後天恩九坎
「水奎」廿六日辛亥金危 沐浴「神吉」「三寶吉」　大歳後重　裁衣吉
「木婁」廿七日壬子木成 沐浴「神吉」「大將軍遊北」　大歳前歸忌　祠祀吉
「金胃」廿八日癸丑木成 除手甲 立夏四月節 蟋蟀鳴「神吉」「三寶吉」　侯旅外　大歳位歸忌厭對　入學吉
「土昴」廿九日甲寅水收 除手足甲「三寶吉土公入下食時寅」　大歳位　上梁吉

〔勘仲記〕　正応二年日次記紙背正応元年三月二四日～二九日具注暦

「月室」廿四日己酉土執 沐浴「神吉」尊勝寺灌頂「天一丑寅不問疾」「三吉」　日出卯初三分 晝五十五刻 日入酉三刻四分 夜四十五刻 大歳後天恩無翹復　祠祀納徵吉　日遊在内
「火辟」廿五日庚戌金破「金剛峯」　侯旅内　大歳後天恩九坎　療病吉
「水奎」廿六日辛亥金危 沐浴「神吉」下「三吉」下　大歳後天恩重　裁衣市買吉
「木婁」廿七日壬子木成 沐浴「神吉」下「大將軍遊北」　大歳前天恩月德歸忌　祠祀拜吉
「金胃」廿八日癸丑木成 除手甲「伐」 立夏四月節 蟋蟀鳴「三吉」　侯旅外　大歳位歲德合天恩歸忌厭對　入學吉
「昴土」「滅門」廿九日甲寅水收 除手足甲 鎭花祭「土公入下食時寅」　大歳位母倉　上梁修井吉
仁和寺理殊三昧
春間仁和寺觀音院灌頂

〔公衡公記〕　正応元年三月二四日～暦跋

「室月」尊勝寺灌頂 廿四日己酉土執沐浴「神吉」「三吉天一丑寅不問疾」 日出卯初三分 晝五十五刻 日入酉三刻四分 夜四十五刻 大歳後天恩無翹復 祠祀吉 日遊在内

（間明き五行）

「辟火」廿五日庚戌金破「金剛峯」 侯旅内 大歳後天恩九坎

「奎水」廿六日辛亥金危沐浴「神吉」「三吉」 大歳後天恩重 裁衣吉

「婁木」廿七日壬子木成沐浴「神吉」「大將軍遊北」 大歳前月德歸忌 祠祀吉

「胃金」廿八日癸丑木成立夏四月節 除手甲「伐」蟋蟀鳴「大將軍遊北」 侯旅外 大歳位歸忌厭對 入學吉

「昴土」鎭花祭 廿九日甲寅水收除手足甲「滅門」「土公入下食時寅」 大歳位母倉 上梁吉

今月事 京官除目、近代及歳暮、觀音院灌頂

弘安十年十一月二日

たと推測される。すなわち先述の行事暦注も含めて、『勘仲記』の日次記紙背具注暦はまさにカレンダーとして利用する要素が強いと思われる。それに対して暦記具注暦は、日記のためという要素が強く、暦としてはいくらか簡略なものを誂えたのであろう。そして『公衡公記』暦記の具注暦は、両様に使用していた中間的なものだったのではないか。こうした暦注の傾向は正応元年のみでなく、『勘仲記』の中で紙背を利用している暦と暦記を記している暦の間で常に見られる。かつ紙背具注暦では日付干支部分、吉事条項、朱注部分それぞれが異筆、あるいは異筆であることを意識しているのに対して、暦記具注暦は全ての暦注が同筆で書写されていると思われる。このような差異はやはり二種類の暦を所持していた藤原実房『愚昧記』、藤原経俊『経俊卿記』などでも看取できる。

2　具注暦の入手・利用

そこで次に『民経記』『勘仲記』に利用されている具注暦の変遷について考察する。

まず『民経記』の場合、嘉禄二年（一二二六）から文永九年（一二七二）まで八年分の暦が現存している。このうち最初期の安貞元年（一二二七）暦記には間明きのない暦が使用されている。またその切継挿入紙には同じく間明きを持たない前年嘉禄二年具注暦が利用されている。ところが寛喜三年（一二三一）以後は暦記に間明き暦が使用されるようになり、日次記との併用も始まる。具注暦の入手という点でその契機を考えると貞永元年（一二三二）記紙背の次の記事が注目される。

行欠御暦令レ進レ之候、殊加レ点候也、自今以後者可レ為二年貢一候也、恐惶謹言、
十二月廿二日　権漏刻博士泰俊
勘解由小路殿(51)

この書状では権漏刻博士安倍泰俊から「行欠御暦」を「自今以後」「年貢」として進上すると約されている(52)。年代は前後の紙背文書から寛喜三年頃と推測される。この頃にこうした契約が成された理由は不明であるが、この書状の結果として経光は寛喜三年以後、間明き暦と間明きなし暦の両方を入手することが可能になったのではないだろうか。『民経記』暦記の具注暦はいささかの暦注の省略が見られるものの整った体裁を有している。これはあるいは陰陽師の一流から献上されたためとも考えられる。

次に経光の次男兼仲の『勘仲記』を見る。『勘仲記』には文永一一年（一二七四）から正安二年（一三〇〇）まで一二年分の暦が確認できる。この中で現存する最初の日記である文永一一年記は間明き暦に記されている。その後暫くは暦は使用されていない。九年後の弘安四年（一二八一）記では、紙背に弘安三年（一二八〇）具注暦

を使用しており、以後継続的に暦の利用が確認できる。また以後日次記と暦記の併用も見られる。こうした利用状況の契機を考えると文永一一年に父経光が、また弘安三年に兄兼頼が死去していることが注目される[53]。兄兼頼の死去に伴い兼仲は家君といえる立場に立った。暦記であれ紙背であれ、兼仲が継続的に暦を使用するようになったのはそれ以後となる。ここからは家君と具注暦所持の関係が窺えるのではないだろうか。さらに先述のように『勘仲記』の間明き暦は文永一一年暦記を除いて『民経記』に比べ粗雑な体裁である。つまり経光が陰陽師からの献上を受けていたのに対して、兼仲が使用していたのは献上品ではなく、あるいは自家で書写したものではないかと推測される。ただし暦の使用時期としても一つだけ早く、体裁も整っている文永一一年具注暦のみは経光から譲り受けて記したのではないだろうか[54]。

おわりに

本章では、具注暦の流通や体裁の変化について通覧した。その結果、次のような変遷が看取できた。すなわち令で定められた頒暦制度は一〇世紀頃までにほぼ崩壊し、具注暦の発行は賀茂氏によって独占的に担われるようになった。公家たちは陰陽師からの献上や書写によって暦を入手し、その上に日記を記す。ただし間明き暦を特注できる層は限られており、中・下級公家の間では頒暦の系統を引く間明きなしの暦が流通していた。また広橋家などでは暦記を記すにあたっては別途間明き暦が書写されており、日記執筆における暦の役割の大きさが窺える。なお『民経記』『勘仲記』などでは暦記と日次記で内容的にも差異が見られる。この点については次の第二章で検討したい。

やがて時代とともに暦の私的入手の割合が高まり、暦記を記す例も減少している。また各地では地方暦も発行された。さらに応仁・文明の乱以後、陰陽寮の作成する暦は衰退していき、それ以前から進んでいた暦発行の分権化が促進されたのである。

注

（1）『九条殿遺誡』（群書類従第二七輯、以下同）。
（2）年不詳五月二日「益性法親王書状」（『金沢文庫古文書』二一三〇号）。『政基公旅引付』文亀二年正月一日条（図書寮叢刊、以下同）など。
（3）岡田芳朗「日本における暦」『日本歴史』六三三、二〇〇一年。
（4）『平戸記』仁治元年閏一〇月二二日条（増補史料大成、以下同）。
（5）小坂眞二「具注暦に記される吉時・凶時注について」『民俗と歴史』一七、一九八五年。湯浅吉美『暦と天文の古代中世史』吉川弘文館、二〇〇九年。若菜三郎「古代の暦法について」下出積與編『日本古代史論輯』桜楓社、一九八八年。渡邊祐子「暦法施行の意義」『お茶の水史学』三六、一九九二年。細井浩志『古代の天文異変と史書』吉川弘文館、二〇〇七年など。
（6）具注暦に関するデータは、主として筆者も参加した『具注暦を中心とする暦史料の集成とその史料学的研究』（科学研究費補助金（基盤研究（C）、研究代表厚谷和雄）研究成果報告書）の成果による。
（7）『延喜式』太政官式新暦条（新訂増補国史大系、以下同）。
（8）『貞信公記』天慶二年一二月五日条（大日本古記録）。
（9）『延喜式』陰陽寮式進暦条。木村真美子「中世の天皇の暦」『室町時代研究』二、二〇〇八年。
（10）頒暦の体裁については御暦と同様とする説と間明きがなく一年一巻だったとする二説がある。前説は広瀬秀雄氏（『暦』東京堂出版、一九九三年新装版）、林陸朗氏（「正倉院古文書中の具注暦」『古記録と日記』上、思文閣出版、一九九三年）、益田宗氏（「暦に日記をつける」『新しい史料学を求めて』吉川弘文館、一九九七年）、岡田芳朗氏（「日本における暦」『日本歴史』六三三、二〇〇一年）など。後者は原秀三郎氏（「静岡県城山遺跡出土の具注暦木簡について」『木簡研究』三、一九八一年）、藤本孝一氏（『中世史料学叢論』思文閣出版、二〇〇九年）、山下克明氏（「頒暦制度の崩壊と暦家賀茂氏」『平安時代の宗教文化と陰陽道』岩田書院、一九九六年）、細井浩志氏（『古代の天文異変と史書』吉川弘文館、二〇〇七年）など。しかし原秀三郎氏、山下克明氏が指摘されているように、後に暦奏で奏上される頒暦が奇数である例（『本朝世紀』天慶四年一一月一日条では一一巻、『朔旦冬至部類』所収「為房卿記」寛治二年一一月一日条では一巻、『定清朝臣記』永仁五年一一月一日条では七巻が、それぞれが奏上されている）、二行程度の空行の置かれた御暦の紙数が二巻四七張であるのに対し頒暦一巻は約三分の一の一六張であることなどから頒暦は一年一巻間明きなしであったと考えられる。

(11)　『延喜式』陰陽寮式寮進暦条。

(12)　『令義解』雑令造暦条（新訂増補国史大系）。『延喜式』式部式上・写暦手条。三上喜孝「古代地方社会における暦」『日本歴史』六三三、二〇〇一年。

(13)　『朔旦冬至部類』所収「為房卿記」寛治二年一一月一日条（宮内庁書陵部所蔵、東京大学史料編纂所所蔵写真帳六一五七―一〇一）。同「中右記」大治元年一一月一日条。『康富記』宝徳元年一一月二一日条（増補史料大成、以下同）など。

(14)　山下克明『平安時代の宗教文化と陰陽道』岩田書院、一九九六年。

(15)　『小右記』長和三年一〇月二日条（大日本古記録、以下同）。但し摂関家では禄を与えない例であったという（『後二条師通記』寛治六年一二月三〇日条、大日本古記録、以下同）。公的な頒暦意識の名残であろうか。

(16)　『小右記』治安三年一一月一九日条。『殿暦』長治元年一二月二五日条（大日本古記録）。『後二条師通記』寛治六年一一月三日条など。

(17)　年月日未詳「主計頭賀茂道言書状」（『平安遺文』補一九三号）。

(18)　藤本孝一『中世史料学叢論』思文閣出版、二〇〇九年。

(19)　『宇治拾遺物語』巻五「仮名暦誂へたる事」（日本古典文学大系）。『言経卿記』天正四年三月一一日条（大日本古記録、以下同）など。

(20)　『大乗院寺社雑事記』文正元年一二月一八日条（増補続史料大成、以下同）。『言経卿記』文禄四年一二月二一日条など。

(21)　『経覚私要抄』宝徳三年一二月一八日条（史料纂集）。『多聞院日記』天正一二年一二月二五日条、天正一三年一二月一九日条（角川書店）など。

(22)　中には明らかに粗雑な書写暦でありながら、憚る意識がないまま連署部分まで写してしまった結果の①タイプと思われる具注暦も存在するが、おおよその傾向は摑みうると考える。

(23)『真俗雑記問答抄』第一五（真言宗全書三七）。
(24)前述の「御暦」とは異なる私的な暦であろう。木村真美子「中世の天皇の暦」『室町時代研究』二、二〇〇八年。
(25)鎌倉後期以降の貴族名には便宜、新訂増補国史大系『公卿補任』に付された家名を用いる。本書第三部第三章参照。
(26)『師守記』暦応二年一一月一一日条。貞治五年一一月九日条（史料纂集）など。
(27)山下克明「『承久三年具注暦』の考察」『東洋研究』一二七、一九九八年。池田寿「「文治六年日次記」について」『古文書研究』五七、二〇〇三年。
(28)山下克明『平安時代の宗教文化と陰陽道』岩田書院、一九九六年。本書第一部第六章参照。
(29)『大乗院寺社雑事記』長禄元年一二月二二日条。文明二年一二月一八日条。年未詳一二月六日「幸徳井友幸書状」（『大乗院寺社雑事記紙背文書』一〇八号）など。
(30)『康富記』宝徳元年一一月二一日条。
(31)『康富記』宝徳元年一一月二一日条。
(32)『御湯殿の上日記』大永六年一二月二八日条。
(33)『碧山日録』応仁二年正月四日条。『後法興院記』応仁二年正月一日条。一五日条（続史料大成、以下同）など。
(34)『大乗院日記目録』応仁二年閏一二月。
(35)『碧山日録』応仁二年正月八日条。
(36)『碧山日録』応仁二年閏一〇月一日条。
(37)『大乗院日記目録』応仁二年閏一二月。『碧山日録』応仁二年閏一〇月一日条。
(38)『多聞院日記』元亀元年七月二九日条。
(39)関東の場合、早く応安七年には京の暦と暦日の異なる三島暦の流布が確認できる（『空華日用工夫略集』応安七年三月四日条）。その後、応仁二八年の「相州三浦岩戸観音開帳記録」でも月の大小、干支等が京で使用された暦と異なっている（『金沢文庫古文書』五六五一号）。これらの事例からこの時期までには既に独自の地方暦が使われていたことが窺える。こうした状況はその後も続く。天正一〇年には尾張の暦と京の暦が異なっているとして、勧修寺晴豊をはじめとする公卿が織田信長に詰問されている（『晴豊記』天正一〇年二月三日〜五日条）。さらに近世に入って元和三年にも江戸・駿府では関東暦を使用しており、京との間に齟齬が生じている様が窺える（『泰重卿記』元和三年六月一日条、史料纂集、以下同）。ただし地方暦もその勢力圏内では統一する必要性があったようである。
(40)『建内記』嘉吉元年一二月一七日条（大日本古記録）。『後法興院記』文明一一年一二月三日条。『実隆公記』永正六年一二月二九日条（続群書類従完成会）など。
(41)『看聞御記』永享八年一二月一一日条。一九日条（続群書類従補遺）。
(42)『泰重卿記』元和二年一二月一一日。一八日条。
(43)『言継卿記』永禄一〇年一二月一八日条（国書刊行会）。『言経卿記』天正一三年正月一日条など。
(44)『政基公旅引付』文亀二年正月一日条。
(45)『言経卿記』天正四年三月一一日条。一二日条。
(46)『碧山日録』応仁二年正月一二日条。
(47)『碧山日録』応仁二年正月八日条。
(48)「于恒宿禰記」天文八年九月二日条（『壬生家四巻之日記』東京大学史料編纂所所蔵謄写本二〇七三―四二四―二）。
(49) 尾上陽介「『民経記』と暦記・日次記」『日記に中世を読む』吉川弘文館、一九九八年。
(50) 例えば同一年の具注暦を複数所持していることが確認できる例として、『経俊卿記』・伯家・『吉田家日次記』等がある。また暦記と日次記の併用は『後二条師通記』『深心院関白記』『花園院御記』『満済准后日記』等でも確認できる。
(51)『民経記』貞永元年記紙背。
(52)「行欠暦」は間明き暦を指すのであろうと指摘されている（尾上陽介『中世の日記の世界』山川出版社、二〇〇三年）。
(53)『勘仲記』文永一一年四月一五日条。弘安三年二月六日条（史料纂集）。
(54) 高橋秀樹「広橋家旧蔵「兼仲卿暦記　文永十一年」について」『国立歴史民俗博物館研究報告』第七〇集、一九九七年。

第二章　『兼仲卿記』にみる暦記の特質

はじめに

ここまでは中世の諸官司の運営体制を検討してきた。ことに第一部第六章・第二部第一章では具注暦を通して検討を進めた。ところで具注暦の使用法でまず想起されるものに、日記の料紙としての役割がある。私日記は従来具注暦、ことに間明きのある暦に記すのが基本であったが、やがて白紙や反古の紙背を利用するようになったと指摘されている。(1)ところが中世には具注暦に記した日記と、白紙や反古の紙背を利用して記した日記を併用している事例が見られる。本章では便宜上前者を暦記、後者を日次記と称する。このように暦記と日次記の併用が確認できる日記に『後二条師通記』『深心院関白記』『民経記』『勘仲記』『兼顕卿記』などがある。(2)いずれも記主は歴代日記を記している家に属し、その性質を検討することは、当該期の日記の性質を考える上で有効であるのみならず、暦の受容という点からも意味があると考える。

そこで本章では鎌倉後期、勘解由小路兼仲による『勘仲記』を取り上げ、日次記と暦記の併用について考察したい。『勘仲記』における暦記は現在、文永一一年（一二七四）記、弘安七年（一二八四）記、正応元年（一二八八）記、永仁二年（一二九四）記、正安二年（一三〇〇）記が知られている（表19）。このうち文永一一年記、正安二年記以外は同年の日次記の存在も確認される。さらに現存は確認されていないが、正応四年（一二九一）についても、南北朝期に一族の記した「日記幷暦記目録」によって暦記と日次記の併用が行われていたと推測で

表19 『勘仲記』使用具注暦一覧

	年	西暦	期　間	間明き	行事	日記	備　考
暦記	文永11	1274	序1/1～12/30 跋日名	1	◎	有	
紙背具注暦	弘安3	1280	序1/1～12/29 跋日名	0	◎	無	弘安4年日次記紙背
紙背具注暦	弘安4	1281	序1/1～12/29 跋日名	0	◎	無	弘安5年日次記紙背
紙背具注暦	弘安5	1282	序1/1～12/29 跋日名	0	◎	無	弘安6年日次記紙背
暦記	弘安7	1284	序1/1～12/29 跋日名	1	無	有	
紙背具注暦	弘安10	1287	序1/1～12/30 跋日名	0	◎	無	正応元年日次記紙背
暦記	正応1	1288	序1/1～12/29 跋日名	1	無	有	暦跋の日付は11/2
紙背具注暦	正応1	1288	序1/1～12/18	0	◎	無	正応2年日次記紙背
紙背具注暦	正応6	1293	序1/1…12/30 跋日名	0	◎	無	永仁2年日次記紙背
暦記	永仁2	1294	序1/1～12/29 跋日	1	無	有	
紙背具注暦	永仁7	1299	断簡	0	無	無	正安2年暦記紙背
暦記	正安2	1300	1/6～1/7	1	無	有	

＊　行事　◎：行事暦注あり
　　跋　跋日名：暦奏の日付＋造暦者の連署．跋日：暦奏の日付のみ

きる(3)。おそらく兼仲はある時期以降両者を併用していたのであろう。さらに『広橋家日記書籍等目録』一一所収「目録」には「別記　興福寺上棟」（弘安二年）、「春日行幸別記　上」（弘安九年）といった記載が見え、暦記・日次記とは別に特定の行事について詳細に記した別記も存在した(4)。『勘仲記』は増補史料大成で翻刻がなされているが、写本を底本としている。近年史料纂集で自筆本翻刻が進められているが、現在のところ自筆「暦記」は文永一一年記が高橋秀樹氏によって紹介されているのみである(5)。他の暦記についてはいまだ紹介がなされておらず、その性格・内容の検討も行われていない。兼仲は代々弁官を勤め、詳細な日記を記した名家の家柄である。すなわちその日記に対する考え方は、中世朝廷社会における「日記」の一側面を体現していると推測される。そこで本章では勘仲記暦記の紹介を行い、兼仲の暦記と日次記の関係について考察を加えたい。

暦記と日次記の併用については、すでに尾上陽介氏が、兼仲の父経光による『民経記』を素材とし、検討を行っている(6)。尾上氏によれば、経光は当初暦記のみを用い、書ききれない分は暦を切り、挿入紙を継いで書いたり、裏の白紙部分に記したりした。やがてその切り継ぎ作業を省略するため、暦記と日次記の併用が行

われるようになった。そして以後の暦記では切継挿入紙は見られないという。さらに内容的にも使い分けが見られ、中でも特徴的なのは、出仕との関係であるという。経光は出仕しない日の記事は日次記では触れず、暦記のみに記していた。かつそうした出仕していない日の暦記の記事は文章が整えられている。逆に日次記に詳細に記した日の暦記記事は、極めて簡単で、文章というより項目だけを列挙した目録のような体裁であること、また私的な事柄は暦記にのみ記し、後にはさらに暦記の表と裏でも内容による使い分けがなされるようになったことなどが指摘されている。対する日次記は公式記録に近い客観性の高い記述に努めているという。

ここではこの成果を踏まえながら、経光の息子兼仲の暦記と日次記の関係を探り、中世の暦記の性格について一端を明らかにしたい。

一　弘安七年記・正応元年記

まず日次記・暦記がともにほぼ一年分現存し、詳細な比較が可能な弘安七年・正応元年記を取り上げ、兼仲の暦記の基本的な特徴を考察する。(7)文永一一年暦記については、現存『勘仲記』の最初の年であり、まだ日次記との併用が行われていなかったと思われるため、さしあたり考察対象からは除外したい。先述の通り『勘仲記』暦記については、文永一一年記以外紹介がなされていない。そこで弘安七年、正応元年、後節で検討する正安二年の各暦記を検討する。このうち正応元年記、正安二年記（正月三日〜七日部分）については、翻刻を本章末尾に示した。併せて参照されたい。弘安七年・正応元年の両年は暦記が一年分一巻現存する。具注暦は間明きが一行あり、そこに一〜三行の日記が記される。挿入紙はない。(8)なお兼仲は弘安七年には正五位下蔵人。正応元年には正五位下右少弁から従四位下左少弁となり、実務に奔走していた。(9)また摂関家近衛・鷹司流の家司としての活動も多く見られる。

両年の暦記を概観すると、まず暦に記すという特性のためか、天気のみの記載であっても、毎日日記が記されている点が特徴的である。日次記では、暦記で天気や「不二出仕一」などのみの日は日記が書かれないことが多い。さらに暦記では記載の形式も一定している。最初に天気を記し、それに続いて、「参レ院」「参二殿下一」など参候した先を順に記す。その下にはやや小さく「奏事」「拝礼」「申二入所望事一」など簡略に内容が示される。またその日行われた儀式等も記載されるが、多くは儀式名と奉行名が注記されるのみである。記事は大半、自らが参加した事項であり、日次記に比べ伝聞情報は少ない。

内容面では『勘仲記』では、『民経記』で指摘されたような出仕と暦記・日次記の使い分けは見られない。自身が出仕したとせざるとに関わらず、日次記に詳細な記事が書かれ、暦記では項目の羅列に留まっている。また両者を比較すると暦記が単文の羅列なのに対し、日次記ではやや表現を工夫していることに気づく。例えば天気の表現であっても、正応元年七月二八日条暦記では「大風大雨終日不レ休」とあるが、同日条日次記には「暴風雷雨如レ叩如レ沃」と見え、正月二三日条暦記では「余寒太」、日次記では「余寒縋二柳葉一」と整えた表現になっているなど、多数の例が挙げられる。八月七日条も同様に、暦記では簡潔に「雨降」と記されているが、日次記では「天猶陰、雨未レ休、此間雨風、天下之異損、民間之苦患、有二其聞一、所二驚存一也」とコメントが付されている。人名表記の場合にも、暦記では多くの場合、名前あるいは官職のみの記載である。これに対し日次記では立場や官職・名の双方を記すなど、比較的わかりやすい表記になっている。例えば正応元年正月一八日条の蓮華王院修正御幸の奉行を、暦記では短く「仲兼朝臣」とするが、日次記では「院司左大弁仲兼朝臣」と立場・官職を加えている。同様に二月二九日条、暦記では漠然と「官外記」と書かれる一方、日次記では「四位大史秀氏幷大外記師顕」と個人名が特定されている。

文章全体を見ても同様の傾向がある。次に正応元年二月七日条の暦記と日次記を掲げた。

晴、今日窮屈之間不㆑及㆓出仕㆒、僧官宣旨到来、土御門中納言奉行、下㆓知官㆒了、（暦記）

晴、今日不㆓出仕㆒、為㆓土御門中納言奉行㆒、僧官宣旨到来、下㆓知官㆒了、（日次記）

含まれる情報は同じであるが、暦記が単文でごつごつと記しているのに対して、日次記は整えられた文章となっている。不出仕の理由は暦記にのみ記されている。また正応元年三月一四日条には、

晴、為㆓花山院中納言奉行㆒宣旨到来、中田神戸司職事、下㆓知官㆒了、（後略）（暦記）

晴、為㆓花山院中納言奉行㆒宣旨到来、遠江国中田神戸司職光直可㆓相伝㆒之由也、予則下㆓知官㆒畢、（日次記）

とある。いずれも短文の記事であるが、暦記では「中田神戸司職事」とのみ記され、兼仲の立場も不明な案件が、日次記からは遠江国の中田神戸司職の相伝に関するものであり、兼仲が承って官に下知した事がわかる。同じく一七日条の火事の記事を見ると、暦記の「入㆑夜参㆓前殿㆒、炎上依㆓咫尺㆒也」というメモに対し、日次記では「入㆑夜参㆓前殿下㆒、土御門高倉有㆓炎上㆒、御所咫尺之間馳参、入㆓大将殿御方見参㆒退出」と多少状況が詳細に記されている。弘安七年記を見ても、例えば次のような例が見られる。

次参㆓室町院㆒、六月祓、奉行大祓予分配、節折、同分配、六位一向沙汰也（暦記六月三〇日条）

次参㆓持明院殿㆒、六月祓所㆓奉行㆒也、室町院御方、依㆓故安嘉門院御事㆒御着服之由也、仍無㆓御祓㆒、（中略）少時退出、内裏六月祓事、頭卿分配所㆓申沙汰㆒也、節折事、予雖㆑為㆓分配㆒、無㆓殊事㆒、一向六位沙汰也、予不㆑及㆓口入㆒、頗処㆓耳外㆒、初拝之時如㆑此之所行猶不㆑可㆑然歟、今日大祓予分配、参議大理卿、弁為俊等参行、共以分配、兼相触畢、官外記又下知畢、此外無殊事、（日次記六月三〇日条）

この日条の暦記も、日次記に比べ状況説明がなく若干不親切な記事となっている。まず室町院の六月祓の奉行という記載が見えるが、室町院方では前年に亡くなった安嘉門院の喪中のため、結局祓は行われなかった。そし

て続く大祓と節折は内裏に移動してからの行事である。その節折について、暦記では「六位一向沙汰也」と端的ながら特記されていることが目を引く。日次記を見ると節折は六位蔵人が全て沙汰し、兼仲は蚊帳の外に置かれてしまい、甚だ不本意だった様子が窺える。このように全般的に暦記には、あからさまな形での感情表現がほとんど見られないという傾向も感じられる。

　こうした文章表現の差異はおそらく、暦記の記載が本人の心覚えだったのに対し、日次記では短いものであっても後の参勘に必要な情報を記すという意識が存在したゆえであろう。さらにやはり工夫の一環と思われるが、日次記と暦記では記述の順序が異なる場合がまま見られる。正応元年二月九日条を見ると、暦記ではまず①長講堂御八講の奉行を命じられたこと、次いで②伊勢神宮心御柱天平賀について、官に仰せ付けたことと、自らの行動を記した上で③除目中夜と記す。ところが日次記では逆に③②①の順で記述されるのである。弘安七年記を見ても、例えば一二月一九日条は、暦記では「入㆑夜参内」「深更退出、参㆓殿下㆒」の順に記されるが、日次記では「参㆓殿下㆒」「少時退出」「入夜参内」「退出」と順番が入れ替わっている。比較すると暦記では兼仲の行動が順に記され、次に特記すべき行事が記される傾向がある。日次記では事柄の重要度によって並べ替えることが行われたようである。同様に文章の書き方を見ても、暦記では兼仲を主体に自らの役割・行動が示される。他方、日次記では客観的な視点で儀式全体の流れが書かれている。例えば暦記正応元年正月七日条では「白馬節会」と記された後、「候㆓床子幷禄所㆒」と兼仲の役割のみが記されている。これに対して日次記では一紙強を費やして詳細に全体の流れが記されているのである。

　そしてこのような書き方により暦記では文意が通りにくくなっている場合もまま見える。弘安七年四月一日条暦記には、

　晴、参㆑院、参㆓左大臣殿㆒、参内、御更衣奉行、参㆓内大臣殿㆒、参㆓殿下㆒、十三日御方違行幸可㆓奉行㆒之由被㆓

仰下一、申二領状一了、

と見え、殿下（鷹司兼平邸）において一三日の御方違行幸の奉行が仰せつけられたかのようであるが、日次記同日条には、

次参内（中略）来十三日御方違行幸可二奉行一之由頭卿被レ示レ之、申二領状一了、即下二知官外記一、書二賜御教書於出納俊景一畢、其後退出、参二内大臣殿一、（中略）其後参二殿下一入二見参一、退出、

とある。これによれば内裏において更衣が行われた際に、行幸奉行を蔵人頭大蔵卿平忠世から命じられ、一通りの差配をした。しかる後に、内大臣殿、殿下と廻っているのである。これもまず兼仲の一通りの行動を記し、次に子細を記したためにおきた混乱であろう。

さらに内容面での差異を追う。暦記と日次記を比較すると、同年の日記でありながら、一方にしか存在しない記事がある。ことに目立つのが、「女房」「青女」に関する記述である。暦記にはしばしば室が子息光資等を連れ、祇園・北野・稲荷・今熊野・新日吉の諸社や鞍馬寺・広隆寺などへ参詣したという記事が見え、当時の信仰のあり方が窺える（弘安七年三月二〇日条、正応元年正月一一日条・二月三日条など）。しかしこの室は日次記にはほとんど登場しない。そのほか兼仲の向堂の迎講への結縁（正応元年三月一九日条）など、家内の記載は基本的に日次記に記されないようである。両親等の仏事などの開催は、暦記・日次記双方に記されるが、その場合通常とは逆に暦記のほうに情報が多い場合もある。例えば弘安七年四月一五日、父経光の遠忌仏事が行われた。日次記には「不二出仕一、依二遠忌日一也、供養仏経供養如レ例」と短く記される。対して暦記同日条には「不二出仕一、今日先考御遠忌日也、供二養仏経一、房勝内供為二導師一」とやや整った表現となっている。同じく五月一五日では娘が亡くなり、兼仲は悲嘆にくれている。日次記にも「少生夭亡、毎事惘然」と悲しみが記されるが、暦記のほうにはさらに「今日亥刻小女他界、自二去四日一赤痢所労依二煩敷一也、眼前無常可レ哀々レ々」と珍しく痛切な感情を吐露

している。そして「哀傷之外無二他事一」（七月四日条）という初七日、四十九日、百日などの忌日仏事の記事は暦記にのみ記されている。

同様に私的な交際の記事も主に暦記に記したようである。一例として、兼仲の岳父下総守源親時に該当するのではないかと推測される「総州禅門」という人物がいる。(10)

自二関東掃部助一送二一行一云、総州禅門去月廿日於二下総国一被二夜打一之由令レ告、凡不慮之横死夢歟非レ夢歟、仰天之外無二他事一者也、為二香取社造営奉行一、去年八月令二下向一了、随分於二関東一申沙汰之最中也、事之違乱無二比類一、莫レ言々レ々、可レ悲々レ々、（正応二年二月一日条日次記）

と、兼仲の代理で香取社の造宮奉行として下向し、死去した人物である。暦記からは、さらに越州に関係する人物であること（正応元年二月一〇日条・三月一四日条）、在京中頻繁に往来していることが窺える（正応元年二月一五日条など）。

また「被レ伴二公遠朝臣一向二安居院一」（正応元年八月二九日条）、「参二中西法印御房一」（正応元年三月一日条）、「向二宗親第一、具信入道対面」（正応元年四月二六日条）、「任寛法眼入来、国助来、源三位入来」（弘安七年六月二九日条）などの往来は暦記にのみ見える。ことに安居院に居を構える一条公遠との付き合いは深いようだが、他の年も含め日次記からは個人的な付き合いは窺えない。このような公私による暦記と日次記の使い分けは、尾上氏の指摘された『民経記』と同様の性格と考えられる。

この他、公的な事項でも自らに関する記事、日々の流れは暦記のほうに詳しい傾向がある。例えば院中の番に関する記事を見る。正応元年四月二一日条日次記には「自二今日一五ヶ日為二庇御所番一、仍所二宿侍一也」とあり、二一日～二五日まで院御所の庇番に当たっていることがわかるが、二二日以後は記載はない。しかしこの間の暦記を見ると「庇番、宿侍」（二一日条）、「昼番、夜番誂二宗嗣朝臣一」（二二日条）、「依レ番宿侍」（二三日条）、「昼番、入レ夜又参、宿侍」（二四日条）、「参二新院一、昼番」（二五日条）と日々記されている。そして院御所番が昼夜二番制であったこと、二二日は藤原宗嗣に交代してもらったことなどがわかる。このような番関係、特に番の交代に関する記事は、暦記に多数見える（正応元年一二月二一日・二三日条など）。また弘安七年四月二四日条暦記には東宮昇殿を小舎人が告げてきたことが見える。しかし同日の日次記には「自レ夜雨降、不二出仕一」とのみ記されている。これも公的な事項であっても、兼仲自身に関することであるためだろうか。兼仲の立場、という点では弘安七年九月一六日、興福寺により放氏されるという大事件が起きている。この時期、兼仲は氏院弁として興福寺と多武峯の間の訴訟に関わっており、その煽りを受けたのである。この放氏は翌一〇月一五日に許された。その間の子細は日次記にも無論見える。しかし暦記を見ると「今日被レ下二遣下家司於多武峰一」（一〇月一日条）、「衆徒定舜入来」（同八日条）などと、より細かい日々のやりとりが記されている。

以上弘安七年、正応元年記から窺える兼仲の暦記の特徴をまとめた。父経光との相違点もあるが、基本的には同様に日次記を後世に残すべき公的な記録、暦記を主に私的事柄や、メモとして使用していたと考えられる。

二　永仁二年記

次にこのような基本的性格を前提として、永仁二年記の検討を行う。

永仁二年記は日次記・暦記の双方があるが、日次記は正月一日条～二月六日条、三月一日条～一九日条が現存するのみである。その日次記二月六日条の末尾にはまだ半紙程度の余白が残る。翌日条を書くつもりがあれば十分であろうが、書き継がれていない。逆に暦記二月七日条は大部の切継挿入が行われている。かつ日次記の三月記冒頭には「永仁二年三月小」と記されており、再び新たな巻をしつらえ、書き始めたと推測される。すなわち兼仲は何らかの理由でこの間一時日次記を書くことを中断したのであろう。三月一九日条の末尾も同様に余白があいている。さらに永仁二年日次記には冒頭に室町初期頃と推測される目録が付されている。その目録も二月六日条、三月一九日条までしか記されていない。このような徴証からも、この年の兼仲が日次記を書いたり書かなかったりしたことが推測される。

一方の永仁二年暦記は正月〜年末まで間明き一行の暦記が現存する。その内容を通覧すると、第一節で述べた弘安七年記、正応元年記とほぼ同様の性格が看取できる。ただし相違点として、切継挿入紙が一〇箇所二二紙分見える。まずこの切継部分に注目する。

永仁二年記で最初に切継挿入作業が行われているのは、日次記を中断した直後の二月七日条である。この日兼仲は、暦記の具注暦の間明きに一度日記を書いた後、暦を切り、間明き部分に重ねる形で四紙を挿入している[11]。この切継挿入紙は冒頭「二月七日、今日院号定也、」と、月日を記す一方、年・干支や天気は記さずに始まっている。日次記の場合、巻の冒頭は例えば「永仁二年／二月大／一日壬午、晴」とされている（／は改行）。また七日条日次記に紙を代えて継ごうとしたものを、たまたま暦に継いでしまったのであれば、「二月」は不要であろう。すなわちこの七日条は通常の日次記、あるいは独立にその行事のみを記す別記ではなく、おそらく当初より暦記に貼り継ぐことを意図して書かれたのであろう。二月七日条は間明きの記事に被せられた形で貼り継ぎが行われていた。しかし以後の切継挿入部分では、間明き部分に他の暦記同様、兼仲の一日の行動が簡潔に記され、改めて特定の行事について詳細な記事を載せる。例えば四月二二日条では間明き部分に、

晴、参内、左府若君息元服、叙品・禁色宣下奉行、参二殿下一、参二鷹司殿一、御元服参仕、

と記した後、紙を貼り継ぎ改めて

今日、左大臣殿御息元服、叙品宣下事、所二奉行一也、

と始まっている。挿入紙には日付すら記されず、貼り継ぎを前提としていることが窺える。その他の貼り継ぎ箇所の冒頭を見ても「入レ夜参内、今夜立親王幷准后宣下也」（二月二九日条）、「予参陣」（四月二八日条）、「小除目、参内」（同三〇日条）、「月蝕御読経、秉燭程参内」（五月一四日条）、「今日春宮御書始也」（六月二五日条）、「今日法勝寺御八講結願」（七月七日条）など、いきなり儀式名が示され記事が始まっている。このうち二月二九日条では、当初誤って間明き部分の手前で具注暦を切ってしまったようである。しかし「晴、参二殿下一、入夜参内、立親王宣下、姫宮自二今出川第一行二啓仙洞一」という間明きに記された情報が失われると内容が不明確になると思ったのであろう。改めて間明き部分を貼り継ぎ、その後に挿入紙を継ぎ、「入夜参内、今夜立親王幷准后宣下也」と詳細を記している。このような挿入紙の特徴はすでに尾上氏が『民経記』の検討の中で指摘されたところである(12)。兼仲の場合も、永仁二年記においては暦記への切継挿入を行っていたのであろう。

ではなぜ永仁二年には暦記への切継挿入が行われたのか。日次記と暦記の挿入部分を比較しても、取り立てて内容に差異は見られず、『民経記』で指摘された公私・出仕不出仕の区別もないようである。この年兼仲は五一歳、二年前に参議として公卿の仲間入りを果たすと、前年末には権中納言となった。そしてこの年一二月二四日、老齢と病を理由に権中納言を辞し、正三位に叙される。暦記には「依レ有二存旨一」（一二月二二日条）と記されているが、確かに本年後半以降、体調が優れないことも多いようである（九月二日条、一九日条など）。そうした中で記載が目立つのは、庭中の番への参仕、そして子供達の動向である。子供達のうち長男光資は一三歳で、五位右衛門権佐、蔵人、鷹司家家司、後宇多院・室町院院司などとして活動するようになっていた。暦記の内にはこの光資の動静を記した記載が非常に多く見られる。また四月一三日には、賀茂祭に先立って「小女任二典侍一」と息女が典侍に任じられ、女使を勤めている。この典侍の動向も暦記中しばしば登場する。

先述の通り兼仲は前年末に権中納言に任じられた。これは兼仲の家系では極官であり、「姉小路殿以降三代、京官除目任二納言一給、今度追二譜第之蹤跡一、自然之相応、幸甚々々」と喜びを記している。[13]一方で、公卿となって以後は蔵人・弁官時代のように自らが各所を廻り、公事の差配に奔走することも少なくなっている。この年後半の暦記はただ天気のみが記される日、あるいは参詣や体調の記載のみの日も多い。子供達も若年とはいえ、一応の立身を始めている。そうしたことから、従来のように長文の日次記を書くのではなく、必要に応じて暦記に切継挿入を行えば十分だ、という考えに至ったのかもしれない。

　ところで現在刊行されている増補史料大成『勘仲記』の底本である修史局書写の九条家本、内閣文庫本などの写本には、日次記の現存しない正月一日条〜七月三〇日条が収められている（一部欠有り）。その間、日次記の現存する部分については原本日次記と同文が収められている。ではその他の部分は、と見ていくと、ほぼ暦記と同文であることに気付く。[14]これはどういうことだろうか。ここで想起されるのは、兼仲の子孫による「日記幷暦記目録」である。[15]この史料は子の光業か孫兼綱が兼仲の『勘仲記』から作成した目録で、正応四・五年の一部が現存している。この中で正応四年の一〇月〜一二月部分には目録の脇に「暦」と付記されている。つまりこの目録は基本的に日次記の記事から目録を取っており、この部分のみ暦記の目録と推測される。では何故一〇月〜一二月分だけ暦記から目録を取ったのか。一〇月の冒頭には「三日以後無別記」と注記がある。すなわち当時この期間の別記（日次記）が存在しなかったため、暦記から目録を取ったのであろう。[16]ここから兼仲は正応四年にも、暦記と日次記を併用していたこと。そして後に目録を作成しようとした際には日次記が存在しない部分を暦記で補塡しようとしたことが窺える。この目録は詳細な記事がある日条には「委」という注記を付している。しかし暦記によって補った部分にはこの注記は見られず、おそらくこの時は、切継挿入のされた暦記を参照したわけではないと推測される。こうした現象からは公事情報として子孫に利用されるのは日次記が中心であるという尾上氏の指摘が裏付けられよう。またその一方で、日次記の散逸部分を暦記で補うこともままあったことが考えられる。ということは、目録だけでなく、写本を作成する折にもそのような作業が行われた可能性が存在するのではないだろうか。すなわち永仁二年の写本作成時には原日次記と、その不足部分を暦記で補う作業が行われた。その結果、日次記と暦記の記事が混在した写本が成立することになったのであろう。

三　正安二年記

同様に正安二年記を検討する。正安二年の兼仲は五七歳、従二位前権中納言である。この年の暦記は、間明き一行の具注暦正月六日〜七日分が、前後に三紙を貼り継がれた形で現存する。また最近、尾上陽介氏により東京理科大学近代科学資料館所蔵『具註暦仮名暦』中に『勘仲記』同年正月七日条白馬節会に関する一紙が含まれていることが明らかにされた(17)。同年の日次記は知られていない。また永仁二年記同様、写本には正月四日条〜三月二九日条までが存在し、増補史料大成もこれを収めている。

まず現存暦記を確認する。国立歴史民俗博物館（歴博）所蔵の正月六日暦の前、七日暦の後には計三紙の貼り継ぎがある。この貼り継がれた紙には前年永仁七年の間明きの無い具注暦が使用されている。すなわち五日条には①七月月建〜一六日部分の紙背、七日条には②八月六日〜九月一三日部分二紙がそれぞれ貼り継がれている（丸中数字は便宜付した）。また東京理科大所蔵分七日条の紙背は③四月一三日〜五月月建である。②の貼継紙の内容は明らかに脈絡がなく、前後に脱落があると推測される。これはおそらく後世該当する部分と推測されて貼り継がれたものであろう。ところで前年の暦を翻して紙背を利用する場合、通常暦の一二月末部分が冒頭に、暦序正月が最末に来る。ところが現状の貼り継ぎでは、①七月、②九月〜八月、③五月〜四月の順となっており、いささか不自然である。

そこで次に内容を確認する。正安二年正月は三日に後伏見天皇が元服を遂げ、五日に元服後宴が行われ、七日の白馬節会に付して賀表が奏された[18]。ところが現七日条②の二紙は御総角人、出御時職事、加冠、理髪以下の交名が記されている。次第から見ても、元服当日の記事と考えられる。すなわち②二紙は、本来は三日条だったと推測される。次に現在五日条に継がれている①一紙を見る。紙背の具注暦は一紙におおよそ半月分の暦が記されており、先の②二紙との間に七月一七日〜八月五日暦に相当する一紙分が脱落していると考えられる。この①一紙は呂・律の曲目、摂政以下の禄法、所役四位五位殿上人の交名等が記されている。ところで明治に写された内閣文庫所蔵本[19]、またそれを底本とした史料大成『勘仲記』にも正月五日条が含まれている。こちらは「五日、後宴儀」と示され、同様に奏楽の曲目や禄法が記されているが、①とは内容が異なっている。おそらくこの①も元来は三日条の②より後半部分、元服当日の楽や禄の記載だったのであろう。『洞院部類記』元服雑抄の同日の記事とも一致する。以上から、現存の暦記は六日〜七日の暦部分と、三日条の内の三紙分が貼り継がれたものと指摘できる。さらに、紙背具注暦にして二ヵ月分、四紙ほどの脱落を挟んで東京理科大所蔵の③七日条の白馬節会記事が記されていたといえよう。そして、この脱落した四紙分には少なくとも三日条の後半、五日条、七日条の前半が記されていたと推測される。

以上のように現存する自筆本は僅かであるが、内閣文庫所蔵写本には正月四日〜五日条（尾欠）、正月八日条〜三月二九日条が収められている。次にこの写本を検討すると、まず現存の暦記と重複する記事はない。また内容を見ると、極めて長文である正月五日、一〇日、二月二五日、三月二六日、二七日の各条を除き、ごく単文の日記である。天気、参じた先、用件が簡潔に記され、天気のみの記載であっても日付をとばすことなく、連続して日記が記される。さらに室や子を伴っての参詣記事を始めとする兼仲の私的な行動（二月一四日条など）、室の行動（二月一七日・一八日条）も記されている。すなわち第一節で指摘した兼仲の暦記の要素を備えたものと感じられる。第二節において永仁二年記について検討し、日次記と暦記が混在している写本の存在を指摘した。とすると、この正安二年記もまた暦記の写本だった可能性があるのではないだろうか。そのように考えると暦記と内閣文庫本に重複がないことも次のように推測される。すなわち原暦記は三日条、五日条で切断され、前年の具注暦紙背を利用した長大な日記が挿入されていた。そのためある段階で、紙継目の糊が剝がれ、正月三日条以前、六・七日条部分が分離してしまい、一部はばらばらの形で伝来した。そのためある時点までまとまった形では正月四・五日条、八日条以降三月までが伝わり、それを基に写本が作成されたのではないだろうか。

そこでまず正月五日条の写本を見る。天気、子息を連れ近衛殿へ参じたこと、元服があることが短く記された後、「後宴儀」として、参仕者や次第の子細が記される。こうした書き方は先述の暦記とそれに付随する切継挿入紙と同様である。ところで読み進めていくと、禄法が記された後に、「御元服賀表儀」として賀表儀の参仕者や次第が記されている。元服賀表は、白馬節会に付して七日に行われたことが歴博所蔵暦記に見える。そして東京理科大学所蔵の一紙が七日条の後半部に相当する。すなわち五日条の記載方法との対比を考えると、この「賀表儀」以降の記載は本来七日条の暦記に切り継がれた記事だったのではないだろうか。写本に見える五日条後半の記事の後に多少の欠損を挟んで、東京理科大所蔵分が接続すると推測できる。この作業により復元した正安二年正月三日〜七日条を三二二頁以降に示した。

さらにこの貼り継ぎ部分には特徴的な表現が見える。兼仲自身は元服に関する一連の儀式には参加していなかったようであるが、この別記部分には「右衛門佐殿」「佐殿」という人名が見える。これは兼仲の子息光資のことである。光資が「殿」付きで呼ばれていることからは、兼仲が誰かに依頼して儀式の情報を得、それを書写して貼り継いだ、という過程が推測される。

次に長文記事の部分を検討する。まず注目されるのは正月一〇日条、一一日条に見える「参㆓近衛殿㆒、相㆓具光資㆒、右大将御慶申奉行、其儀在㆓別記㆒」「行幸儀在㆓別記㆒」という表現である(20)。一一日条はそこで日記が終わっているが、一〇日条では続けて「任大将条々　正安二年正月　奉行家司光資」として「別記」に相当するであろう長文の記事が続いている。第二節で述べた挿入紙とは異なり、題目、年月日等が冒頭に記されていることから、暦記の挿入紙、あるいは日次記ではなく、独立の別記であったと推測される。ただしこの別記も後半が欠けている。おそらく本来は一一日条同様、暦記には「在㆓別記㆒」とのみ記されていたところに、写本作成時に該当する別記を挿入したのであろう。

次に二月二五日条、三月二六日条、二七日条の冒頭を掲げた。

廿五日辛未、晴、参㆓近衛殿㆒、姫君五十日百日儀、
今日近衛殿姫君予養君為㆓五十日百日儀㆒、(後略)
廿六日壬寅、参㆓新院㆒、(中略)
今日法皇於㆓長講堂㆒、有㆓御灌頂事㆒、(後略)
廿七日癸卯、雨降、御灌頂後朝儀、
今日御灌頂後朝也、(後略)

これらの記事は内容が簡略に示された後に、「今日〜」として改めて長文の日記が記されている。冒頭「今日」と始まり、日付・干支等が示されないことから正月一〇日条のように他の日次記や別記を挿入したとは考えがたい。これは先の永仁二年記に見られたように、暦記の間明き部分に短く記した後、挿入紙を切り継ぎ、改めて「今日〜」として重要事項について詳細を記したパターンと考えられる。またこのような長文の挿入からは、あるいは兼仲は特定の「別記」のほかには、日次記は記していなかったとも推測される。このような書き方からも正安二年記が暦記であったことが確認できるのではないだろうか。

おわりに

以上、本章では『勘仲記』における暦記の性格を検討した。前章で述べたように、兼仲はおそらく家君となった弘安三・四年ごろから暦記と日次記を併用するようになり、時に別記も使用した。暦記の料紙に使用された具注暦は間明きが置かれ、暦注等についてはやや略式の形態であり、日記帳の要素が強かった。兼仲は、これとは別に間明きなしの具注暦も所持していたが、こちらは整った体裁と詳細な暦注が見られ、まさにカレンダーとして使用されたと考えられる。永仁二年、兼仲は官人としての一線を退く。その頃から独立の日次記を止め、暦記に簡略な日記を記すのみとなった。そして長文を必要とする記事は暦記への切継挿入、あるいは別記の作成によって補った。

暦記・日次記、それぞれの書き方を比較すると、暦記には兼仲の一日の行動が順に簡略にメモされている。また妻子や家内の出来事、交際などの私的行動、公的行動でも兼仲の細かい行動も主に暦記に記されている。これに対して日次記は、後の公事の折の参勘に堪えるよう工夫された客観的な文章となっているといった特徴が見える。さらに現在、増補史料大成『勘仲記』に収められている永仁元年記、正安二年記は、日次記と暦記の混在したものであることが明らかになった。同時に散逸した正安二年正月記をある程度復元できた。

注

（1）高橋秀樹『古記録入門』東京堂出版、二〇〇五年など。
（2）尾上陽介「『民経記』と暦記・日次記」五味文彦編『日記に中世を読む』吉川弘文館、一九九八年。
（3）東京大学史料編纂所所蔵写真帳（六一七〇―六八―三―一〇四）。

（4）東京大学史料編纂所所蔵写真帳（六一七三―五二〇―一一）。
（5）高橋秀樹「広橋家旧蔵「兼仲卿暦記　文永十一年」について」『国立歴史民俗博物館研究報告』七〇、一九九七年。
（6）尾上陽介『『民経記』と暦記・日次記」『日記に中世を読む』吉川弘文館、一九九八年。
（7）国立歴史民俗博物館所蔵。本翻刻には東京大学史料編纂所所蔵写真帳『兼仲卿暦記』（六一七三―六七）を用いた。
（8）ただし弘安七年記に三箇所（四月一〇日条、一一月七日条、一二月一五日条）、正応元年記に四箇所（七月一三日条、八月二一日条、九月三〇日条、一二月二一日条）不自然な切り継ぎが見られる。同日日次記を見ても、取り立てて特異な記載は見られず、兼仲の意図は不明である。例えば正応元年八月二一日暦記では「晴、不二出仕一、立后第二日儀、青女参二鞍馬寺一」とあるが、同日日次記には「晴、不二出仕一、立后第二日儀也、予為二侍従一上者尤雖レ可二参仕一、有二故障一之間、不レ参、不敵也、伝聞、（以下四行分空白）」と見える。以下、『勘仲記』日次記の引用は増補史料大成『勘仲記』による。ただし適宜写真帳で訂正を加えた。
（9）原本の現存状況については、主に高橋秀樹「『勘仲記』と「家」」（五味文彦編『日記に中世を読む』吉川弘文館、一九九八年）に拠った。なお正応元年記については、八月三日条後半から四日条前半に掛かる一紙が二〇〇七年国立歴史民俗博物館に所蔵された（同「平成一九年度新収資料の公開展」）。
（10）高群逸枝『平安鎌倉室町家族の研究』国書刊行会、一九八五年。
（11）原本を確認したところ、「晴、入レ夜参□院号定」かと思われる。
（12）尾上陽介「『民経記』と暦記・日次記」五味文彦編『日記に中世を読む』吉川弘文館、一九九八年。
（13）『勘仲記』永仁元年一二月一三日条。
（14）数文字程度の脱落、また切継挿入のある箇所では暦記部分の記事が落ちているなどの差異は見受けられる。
（15）東京大学史料編纂所所蔵写真帳（六一七〇―六八―三―一〇四）。
（16）日次記を「別記」と称することについては尾上陽介「『民経記』と暦記・日次記」（五味文彦編『日記に中世を読む』吉川弘文館、一九九八年）参照。
（17）尾上陽介「東京理科大学近代科学資料館所蔵『具註暦　仮名暦』について」『東京大学史料編纂所研究紀要』一八、二〇〇八年。
（18）『続史愚抄』正安二年正月（新訂増補国史大系）。『実躬卿記』正安二年正月五日条（大日本古記録）など。

(19) 国立公文書館所蔵『兼仲卿記』(古〇四二―〇六九九)。
(20) なお『勘仲記』中で「在別記」という表現はこのほか弘安七年暦記正月一九日条に見える。

『勘仲記暦記』

凡　例

一、漢字はおおむね常用漢字の字体を用いた。
一、日付・暦跋以外の暦部分は省略した。
一、改行は」で示し、紙替わりは』で示した。
一、挿入箇所は適宜該当箇所に移し、その旨注記した。
一、校訂に関する注は〔 〕、人名注等は（ ）、底本情報には【 】を用いた。人名注には便宜上、新訂増補国史大系『公卿補任』に付されている家名を示した。

正応元年記

正月小

一日丁亥、」雪降、参殿下（二条師忠）、拝礼参内、次参院（後深草院）、拝礼入夜参内、祇候節会、」小朝拝、（日野）俊光奉行御薬、同元日節会、同官方吉書内覧奏聞、」御斎会前奏、史付予、」

二日戊子、」晴、参近衛殿（近衛家基）、参前殿（鷹司基忠）、参室町院、参大《北》政所（九条仁子、近衛兼経室）、参新陽明門院、参万里小路殿、（後宇多院）新院御方有出御」参内裏、参院、奏御幸条々事、」』

三日己丑、」陰、参院、奏聞御幸条々事、有斎《御》斎会前奏文、参内、次参殿下、内覧前奏文参右大臣殿（九条忠教）、」覧前奏文、参准后（四条貞子）、次謁戸部（日野資宣）、依神宮西宝殿事、殿上淵酔停止、」
四日庚寅、」晴、参院、奏聞御幸条々事、参室町院、申吉書参前殿、入見参」
五日辛卯、」雨雪霏々、謁〔向〕民部卿第、勧一献、入夜叙位儀、参内、」
六日壬辰、」晴、天曙之後自内裏退出、依召参院、為御使、参府〔右〕府、参内、参殿下、帰参内裏、」参院、秉燭之後退出、」
七日癸巳、」晴、参院、奏聞条々事、次参内、白馬節会、候床子并禄所、」
八日甲午、」晴、申一点参院、法勝寺修正御幸、予奉行被通用御幸始儀、」女叙位儀、頼藤（葉室）奉行成勝寺修正、予不参御斎会、官方予奉行」
九日乙未、」晴、参官司、御斎会第二日及晩退出、」
十日丙申、」朝雪満庭、申刻参官庁、御斎会第三日」
十一日丁酉、」晴、参殿下、申四品同日位記事、次参内、次参新院、参官司、御斎会第四日」女房・光資（勘解由小路）参吉田并祇園・北野、今日政始、神宮怪異御卜、一上（九条忠教）御奉行、」
十二日戊戌、」』晴、及晩雪飛、参前殿下、若君入御、参官庁、御斎会第五日」
十三日己亥、」雪飛風烈、参院、奏事次参官庁、御斎会第六日、東庁引物儀」向太元壇所奉拝本尊、入夜参院、東二条院御幸始、御入内供奉、」

十四日庚子、」雪降、未斜参官司御斎会竟、」
十五日辛丑、」晴、不出仕、」
十六日壬寅、」晴、及夜陰微雨、入参（夜）参内、踏歌節会、参陣、右大将（久我通基）着陣、予候直、」
十七日癸卯、」陰、光資元服儀、射礼、頼藤奉行」今夕陣申文目六、史定直（紀）送之、」
十八日甲辰、」晴、入夜参院、六条殿蓮華王院修正御幸供奉、仲兼朝臣（平）奉行、」
十九日乙巳、」雨降、参六条殿、以勾当内侍奏粟田宮両条、」関東使者伊勢入道行覚（二階堂）今日入華云々、」
廿日丙午、」陰、参院、奏事自六条殿今日俄所有還御也、八幡御幸延引云々、」相具光資、参内大臣殿（近衛家基）、次参前殿下、
各入見参了、」
廿一日丁未、」晴、参常盤井殿、」』
廿二日戊申、」晴、不出仕、」
廿三日己酉、」晴、余寒太、入夜参内、中納言中将殿（二条兼基）御着陣、候床子、」
廿四日庚戌、」晴、参院、奏事参内、参殿下、参新院、有出御、及晩退出、」
廿五日辛亥、」晴、不出仕、釈奠蒙催之間申領状了、」
廿六日壬子、」晴、霜威深、院御幸八幡宮寺、平宰相（坊門忠世）奉行、」官庁理（修理）修日時定、顕世（堀川）奉行、」
廿七日癸丑、」晴、入夜参新院、依番宿侍、」

廿八日甲寅、」晴、」

廿九日乙卯、」晴、○自夜雨降相具光資参室町院、次参宰相中将殿（近衛兼教）、次参大北政所、次参万里小路殿、入両院見参、及晩退出、

二月大

一日丙辰、」』晩雨降、参吉田社、奉幣参北野、奉幣光資同所参也、」

二日丁巳、」雨降、終日不休、入夜参官司、釈奠、依神宮事、宴穏座停止」

三日戊午、」雨降、自今日始春日精進、青女参稲荷・今熊野・今〔新〕日吉社等、」神宮怪異軒廊御卜、予奉行、依故障不参陣、」

四日己未、」晴、参前殿、左大将殿（鷹司兼忠）春日祭御禊、陪膳勤仕、於一条猪隈御桟敷見物、」御幸還御、賀茂・北野御幸云々、

祈年祭、顕世奉行、」

五日庚申、」雨降、終夜不休、払暁下向南都、光資相伴、春日祭参行、」

六日辛酉、」晴、早旦宮廻、次出京、於宇治儲小餞、及夜景帰畢、」

七日壬戌、」晴、今日窮屈之間不及出仕、僧官宣旨到来、土御門中納言（土御門雅房）奉行、下知官了、」

八日癸亥、」晴、参院、奏事次参内、次参殿下、次参内、入夜参内、県召除目初、」頭弁（坊城俊定）奉行、僧官宣旨到来、上卿皇后宮権大夫（西園寺公衡）下知官了、皇后宮行啓院御所、」

九日甲子、」晴、不出仕、長講堂御八講可奉行之由、平宰相奉書到来、申領状了、」神宮心御柱・天平賀等事、上卿藤中納言(滋野井実冬)下知、仰官了、除目中夜、」
十日乙丑、」晴、参院、奏事参内、参殿下、除目入眼、入夜参内、」総州禅門今日自越州上洛、」』
十一日丙寅、」陰、入夜雨降、今日不出仕、」
十二日丁卯、」晴、時々雨灑、風烈、大原野祭参行、」為御方違　行幸西園寺第、頼藤奉行、」
十三日戊辰、」晴、自官検非違使宣旨三枚持来、加判了、」主上御逗留北山第、今夕還御云々、」
十四日己巳、」晴、不出仕、造香取社条々事、今日致沙汰了、」列見、俊定朝臣(坊城)奉行法親王宣下、信輔朝臣(坊門)奉行」
十五日庚午、」陰、雨降、彼岸初日、向河東草堂、修小善、先考(経光)月忌也、帰路向平向禅門亭、」
十六日辛未、」晴、及晩参前殿、若君御前入御、明暁春日御参詣料也、」
十七日壬申、」晴、新院御幸嵯峨殿、於一条西洞院見物、参猪隈殿、」
十八日癸酉、」晴、参新院、両御所出御、参殿下、」西宝殿被　仗議延引、」
十九日甲戌、」雨降、参院、奏事参内、参殿下、香取社造営条々事所申入也、」御即位条々定、顕世奉行秀才長藤(藤原)、進士長宣(高辻)献御策、」
廿日乙亥、」』雨降、経朝卿(世尊寺)十三年遠忌御八講、予行向、参前殿下、」若君自春日還御、」
廿一日丙子、」晴、参院、礼服御覧、為俊朝臣(中御門)・予参向、」除目下名、参内、」

廿二日丁丑、」晴、不出仕、」
廿三日戊寅、」陰、光資秀才宣旨到来、」
廿四日己卯、」晴、向万里小路宿所、」
廿五日庚辰、」晴、」
廿六日辛巳、」晴、参院、奏事参新院、有出御」
廿七日壬午、」晴、入夜参内、御即位由奉幣、行幸神祇官、俊光奉行奉幣、顕世奉行」建礼門大祓参行、新院御幸嵯峨殿、」
廿八日癸未、」晴、」
廿九日甲申、」晴、伝聞、被召官外記於　院御所、官方用途幷諸司諸衛事等」有御沙汰云々、」』
卅日乙酉、」晴、参院、奏事月読宮遷宮用途事等也、参内、」参殿下、香取造営条々事申入、」

三月小

一日丙戌、」晴、参嵯峨殿、新院御所参中西法印御房、亥刻西帥卿（中御門経任）第焼失、」
二日丁亥、」晴、不出仕、」
三日戊子、」晴、弁侍二人出来、給節供、各三十疋賜了、」

四日己丑、」晴、官庁築垣二丈、為総州役致沙汰了、」
五日庚寅、」晴、青女・光資参鞍馬寺、参前殿、参近衛殿、」
六日辛卯、」晴、入夜参内、小除目、右《勲》筆、」
七日壬辰、」晴、天曙後自内裏退出、」
八日癸巳、」』晴陰不定、今日官庁巡検、御即位叙位、参内、俊光奉行、」
九日甲午、」陰、石清水臨時祭、頼藤奉行、長講堂御八講、右中弁（滋野井冬季）奉行、」
十日乙未、」自夜雨降、終日不休、早旦参嵯峨殿、」
十一日丙申、」晴、参前殿、参猪隈殿、」
十二日丁酉、」晴、今日被行小除目、」
十三日戊戌、」晴、長講堂御八講結願、」
十四日己亥、」晴、為花山院（花山院家教）中納言奉行宣旨到来、中田神戸司職事、下知官了、」禅門下向越州、造香取社大行事令示
付了、」
十五日庚子、」晴、今日御即位、先参内、候床子参官庁、候外弁」
十六日辛丑、」晴、為土御門中納言奉行、僧官宣下、々知官了、」
十七日壬寅、」晴、入夜参前殿、炎上依咫尺也、上皇御幸亀山殿、依御月忌也、」』（後嵯峨院文永九年二月一七日没）

十八日癸卯、」晴、参院、奏事参内、参近衛殿、入見参参前殿、」
十九日甲辰、」晴、今日結縁○向堂迎講、」
廿日乙巳、」陰、相伴女房・光資、参祇園、百度詣次参北野、次参広隆寺、百度詣」及晩還向、新院自嵯峨殿、還御冷泉
殿御所、」
廿一日丙午、」自夜雨降、不出仕、」
廿二日丁未、」雨下、服蒜、」
廿三日戊申、」雨下、」
廿四日己酉、」雨下、」
廿五日庚戌、」雨降、」
廿六日辛亥、」雨降、自今日止蒜、」
廿七日壬子、」』晴、仙洞御治世之後評定始、天台座主宣下、法性寺座主慈実僧正、」被宣下僧事、已上俊光奉行上卿藤中
納言、勅使少納言兼(平)有参陣云々、」
廿八日癸丑、」雨降、来月十六日祈年穀奉幣可奉行之由被仰下、内々可存知、於請文者臨期可進、神事」有憚之由荅
了、」
廿九日甲寅、」陰、」

四月大

一日乙卯、」晴、参内府、参前殿下、参院、参内、平座、頼藤奉行、」院春日御幸延引、」

二日丙辰、」晴、不出仕、」

三日丁巳、」陰、参院、奏事参内、参殿下、参新院、」

四日戊午、」雨降、始松尾精進、沐浴、」

五日己未、」晴、不出仕、」

六日庚申、」晴、松尾祭、依分配参行、平野祭、」』

七日辛酉、」晴、参内、参殿下、内覧条々事、参院、不達奏事」祭除目、参内、」

八日壬戌、」晴、不出仕、内裏已下被行灌仏、」

九日癸亥、」晴、参院、奏事」

十日甲子、」雨降、依召参院、香取社瓦木事被仰下、法金剛院上棟、」院文殿始、」

十一日乙丑、」陰、不出仕、終日写経、」

十二日丙寅、」晴、入夜雨降、参院、参内、参殿下、参新院、有出御帰参院、」被下姫君、被補家司、」

十三日丁卯、」晴、入夜参内、御即位女叙位、女官除目清書、」

十四日戊辰、」晴、」
十五日己巳、」晴、向河東草堂、先人御遠忌日也、修小善、」
十六日庚午、」』晴、参院、奏事参前関白殿、参近衛殿、皇后宮御入内、」小除目、殿下氏院参賀、頭弁奉行、」
十七日辛未、」晴、不出仕、」
十八日壬申、」晴、及陰雨降、不出仕、写経、」
十九日癸酉、」雨降、賀茂祭、参前殿御桟敷見物、法勝・円勝寺等可奉行之由被下」院宣、」
廿日甲戌、」陰、参新院、入見参参内、御即位由山陵使発遣、」院御幸春日社、雅藤（藤原）朝臣奉行、」
廿一日乙亥、」陰、自今日於社頭被始行三十講、五ヶ日、雅藤奉行入夜参院、庇番、宿侍、」関白初度上表延引、」
廿二日丙子、」陰、参新院、昼番、夜番誂宗嗣（鷹司）朝臣了、次参吉田社、祭参行、先」参近衛殿、勲吉田祭御禊陪膳、」
廿三日丁丑、」雨降、入夜参新院、依番宿侍、国郡卜定延引、」相具光資・女房等、参北野、」
廿四日戊寅、」晴、参新院、昼番、入夜又参、宿侍、」
廿五日己卯、」晴、参新院、昼番、参内、祈年穀奉幣奉行、参神祇官、」』
廿六日庚辰、」陰、自春日今日還幸、及晩向宗親（藤原）第、具信（源）入道対面、」寅刻一条西洞院炎上、馳参猪隈殿、堀川殿・行
願寺・誓願寺已下多以焼失、」
廿七日辛巳、」晴、入夜雨降、参院、奏事女御入内定、同叙品、勅使参入、本所御直曹御装束始、」参殿下、初度御上

表、候官方吉書、」

廿八日壬午、」陰、今日不出仕、大嘗会国郡卜定、俊光奉行条事定、改元定、頭弁奉行」左近騎射可奉行之由、自大将殿（鷹司兼忠）

被仰下、申領状了、」

廿九日癸未、」陰晴不定、」

卅日甲申、」晴、参院、奏事向毘沙門堂頼禅律師御房、」

五月小

一日乙酉、」晴陰不定、仙洞評定、」

二日丙戌、」陰、不出仕、和泉・備中両国、為執柄御分事、」

三日丁亥、」雨降、参院、奏聞法勝寺条々事、右近荒手結、依雨儀延引、」

四日戊子、」』晴、今夕被行左近荒手結、予奉行、次将業顕（源）朝臣参入、」

五日己丑、」晴、及晩参前殿、次参内、小除目、」

六日庚寅、」晴、参院、奏事進覧結政、左近騎射着行、奉行」上皇御幸六条殿、自今日被始行供花」

七日辛卯、」晴、」

八日壬辰、」晴、未斜雷鳴雨降、参結政、政習礼、戸部相伴、」

九日癸巳、」晴、新日吉小五月会、有御幸、競馬左方為兼（京極）朝臣右方資高（二条）朝臣奉行、」

十日甲午、」晴、参六条殿、奏条々事臨時座進供花二百前、」

十一日乙未、」晴、参六条殿、奏条々事次参法勝寺、卅講初日深更退出、」

十二日丙申、」晴、参法勝寺、卅講第二日」

十三日丁酉、」雨降、参法勝寺、卅講第三日上皇自六条殿還御、』

十四日戊戌、」陰、参院、奏事参法勝寺、卅講第四日参梶井宮（最助法親王）、入見参、申六月会登山事」参北白川殿、後高倉院御八講御布施

取勘仕、」

十五日己亥、」晴、参院、奏事次参法勝寺、卅講第五日帰参院、奏卅講米事」

十六日庚子、」晴、改元以後政始、遂初参、饗応官掌・弁侍、参法勝寺、卅講第六日」

十七日辛丑、」晴、上皇御幸亀山殿、依所労卅講不参、」

十八日壬寅、」雨降、参法勝寺、卅講第八日」

十九日癸卯、」雨降、依所労不参寺門、卅講第九日、按察（葉室頼親）参仕、」

廿日甲辰、」陰、参院、奏聞法勝寺事、参卅講、結願、謁教範法印、」神宮仗議、頭内蔵頭（坊門信輔）奉行、」

廿一日乙巳、」晴、」

廿二日丙午、」雨降、参院、奏事参内、参殿下、」

廿三日丁未、」』晴、不出仕、六月会沙汰、忘他事者也、」
廿四日戊申、」晴、不出仕、」
廿五日己酉、」晴、参院、奏事参前殿下、今夕被行僧事、頭内蔵頭奉行、」
廿六日庚戌、」晴、未刻許登山、自明日六月会、勅使為懃仕也、及晩着勅使房、東塔南谷禅定房」今日移卜食行事所、」
廿七日辛亥、」晴、及晩雨灑、霧暗、六月会初日、出仕、酉斜始行、山僧等数輩入来、対面、」
廿八日壬子、」自夜風雨太、第二日、参堂、山僧等入来、対面、」
廿九日癸丑、」陰霧暗、第三日、参堂、山僧等入来、対面、」

六月大

一日甲寅、」朝間陰、未斜属晴、五巻日、参堂、又食堂番論義出仕、」後聞、被行小除目、」
二日乙卯、」雨降、第五日、参堂、三位殿入内儀、蔵人方俊光奉行本所事頭弁奉行巡礼所々、」』
三日丙辰、」雨降、参日吉社、宮廻、奉幣、立入禰宜国長宿所、駄餉、」第六日、参堂、」
四日丁巳、」晴、辰刻参堂、帰勅使房、改装束、下洛、」
五日戊午、」晴、不出仕、」
六日己未、」晴、不出仕、」

七日庚申、」晴陰不定、参院、奏事参内、奏聞六月会後奏参殿下、」
八日辛酉、」雨降、参内、三位殿（藤原鏱子）露顕儀、女御宣下、」
九日壬戌、」晴、青女・光資参祇園旅所、」
十日癸亥、」晴、参院、奏事次参前殿下、」
十一日甲子、」晴、参殿下、内覧月読宮遷宮用途事次○参神祇官、月次神今食、奉行、」
十二日乙丑、」』自夜雨降、」（以下十三日条より挿入）雨降、依召参一上、被宣下心御柱修復幷殺生禁断事、」参内、外宮修造日時定、参陣、参新院、」
十三日丙寅、」晴、不出仕、」
十四日丁卯、」晴雨降、参院、奏聞法勝寺条々事、御八講僧名被下御点、」馬長御覧、俊光奉行、」
十五日戊辰、」雨降、不出仕、祇園十列、俊光奉行」
十六日己巳、」晴、参院、及晩退出、上皇御幸禅林寺殿、」
十七日庚午、」晴、及晩参院、以女房奏聞幣料事、参内、次参殿下、第二度御上表草進、」上皇御幸亀山殿、」
十八日辛未、」晴、及晩参院参内参殿下第二度御上表[redacted]」召具官掌、幣料事、終日申沙汰、及晩退出、」
十九日壬申、」晴、不出仕、」
廿日癸酉、」晴、参院、奏聞幣料散状、参内、伊勢一社奉幣奉行、参神祇官、」三ヶ日廃朝、」

廿一日甲戌、」晴、不出仕、仙洞評定延引、法勝寺御八講御教書書遣寺家了、」』

廿二日乙亥、」晴、参院、奏聞御八講僧名散状、参内、謁邦行（藤原）、謁式部大輔（大江重房）、御表事」談話、及晩帰畢、」

廿三日丙子、」晴、未斜雷雨、雷落両所云々、」

廿四日丁丑、」晴、参院、奏事参内、参殿下、亥刻大地震、」

廿五日戊寅、」晴、不出仕、戌時小地震、」

廿六日己卯、」晴、入夜参院、申御八講証義事参内、次参殿下、第三度御上表草進」候官方吉書、草進、勅答、鶏鳴以後退出、」

廿七日庚辰、」晴、廃朝以後政始、参衙参内、候陣申文参院、召具綱所、証義事有沙汰、」立親王延引、任大臣召仰、右大将承之、職事頭内蔵頭奉行、」

廿八日辛巳、」晴陰不定、」

廿九日壬午、」晴、及晩雨降、青女参北野、」

卅日癸未、」朝間雨降、及晩属晴、青女参鞍馬寺、」』

七月大

一日甲申、」晴、参院、奏事参殿下、参新院、御身固、有出御」参内、入夜為御方違行幸北山第、頭内蔵頭奉行」

二日乙酉、」雨降、不出仕、」

三日丙戌、」雨降、参法勝寺、御八講奉行、」入夜、自北山殿行幸還御、」

四日丁亥、」晴、参法勝寺、御八講第二日」

五日戊子、」晴、早旦参法勝寺、御八講第三日有御幸、」

六日己丑、」晴、参院、奏事次参法勝寺、御八講第四日」

七日庚寅、」晴、参殿下、次参内、参院、奏聞公卿無人之由、参法勝寺、御八講結願、」

八日辛卯、」晴、昼間不出仕、入夜参北野、宮廻、」

九日壬辰、」晴、参院、参内、参殿下、申外宮御装束用途事、」』

十日癸巳、」晴、参院、奏事」

十一日甲午、」晴、任大臣節会、入夜参院、候名謁次参内、節会祇候天曙事了、」向饗所、三条坊門万里小路」

十二日乙未、」晴、午刻自饗所退出、入夜参猪隈殿、参堀川殿、申中納言殿（近衛兼教）御慶事、」謁帥卿、申津守庄事、」

十三日丙申、」晴、暁更勘解由小路烏丸炎上、」』

十四日丁酉、」晴、参院、奏事入夜謁帥卿、津守事不可有相違之由被仰下間、所畏」申也」

十五日戊戌、」陰、及晩雨降、参法勝寺盂蘭盆、」

十六日己亥、」晴、入夜参院、参内、被行小除目、頼藤奉行、」

十七日庚子、」自夜雨降大風、」

十八日辛丑、」晴、参猪隈殿、相具光資、」』

十九日壬寅、」』陰晴不定、参嵯峨殿、贈后(源通子)御八講結願、」

廿日癸卯、」晴、参院、奏事参内、参殿下、帰参院、又参内、外宮修理次第日時定、」頼藤奉行、御壇三所幷御読経、顕世奉行、両貫首(中御門宗実・京極為兼)申拝賀従事、」

廿一日甲辰、」晴、参院、奏聞一宿仮殿御装束用途事、入夜参新院、宿侍、依番也、」

廿二日乙巳、」雨降、雷鳴、自今日始神事、構斎屋致潔斎、」

廿三日丙午、」晴、不出仕、内大臣(久我通基)拝賀、寅刻出門云々、」新院番、進代官了、」

廿四日丁未、」晴、参院、奏外宮装束事〔用途〕事、及晩退出、祭物今日奉献神宮了、」今夕被行小除目、顕世奉行、新院番進代官了、」

廿五日戊申、」晴、不出仕、新院番、進代官了、」

廿六日己酉、」晴、参万里小路殿、新院幸西殿御所、参院、及晩退出、」

廿七日庚戌、」晴、不出仕、今夕被行小除目、頭中将宗実(中御門)朝臣奉行、」

廿八日辛亥、」大風大雨終日不休、後聞、興福寺講堂顛倒、御本尊散々打砕云々、」右衛門督(近衛兼教)殿御慶申延引云々、」』

廿九日壬子、」晴、参院、奏聞外宮用途事、今日金剛童子法結願、時経奉行、」

卅日癸丑、」晴、謁前(平時継)平中納言、談宿訴事、参近衛殿、次参前殿、入御方、令見参」

八月小

一日甲寅、」晴、及晩雷雨、不出仕、」

二日乙卯、」晴、参院、奏聞用途事次参内、次参殿下、帰参仙洞、」依講堂顚倒、実検、執事家司顕世下向南都、」

三日丙辰、」晴、及晩小雨灑、参近衛殿、参前殿、右衛門督殿御慶申、勲申次次参内、候床子」参新院、勲右衛門督殿申次小除目、

僧事、俊光奉行」

四日丁巳、」晴、及晩雨降、無程止了、入夜参内、立后兼宣旨、祇候女御曹(直)曹、」参官司、釈奠、」

五日戊午、」自夜雨降、終日不休、」

六日己未、」大風大雨、入夜参内、止雨奉幣奉行、」後堀川院御八講、(堀川)光藤奉行」

七日庚申、」』雨降、」

八日辛酉、」晴、参院、奏聞外宮御装束用途事、於泉殿御所、取小野宮右府記目六、」及晩退出、」

九日壬戌、」晴、参院、奏事兼有朝臣入来、」新院奉為京極院被始行御八講、院司雅藤朝臣奉行、今年初度也、」

十日癸亥、」晴、内裏宮立親王(胤仁親王)宣下、蔵人方頼藤奉行本所事俊光奉行予被補職事、」入夜参院、次参内、帰参院、中(勲)宮御方申次、」

十一日甲子、」晴、参院、奏事神宮御装束奉行辞申、放生会参行、無便宜之故也、」大嘗会荒見川祓、」

十二日乙丑、」陰、時々微雨、早旦謁前平中納言、次謁前源大納言（中院通頼）、又謁平黄門、参院、申宿訴事」向平中納言、拝領
院宣了、自今日解神事、御装束事右中弁冬季朝臣奉行也、」
十三日丙寅、」陰、今日不出仕、始八幡精進、」
十四日丁卯、」陰晴不定、午斜参向八幡、明日放生会為出仕也、於鳥羽南門外乗舟、」秉燭下着、女御々退出、信経（坊門）奉
行、」
十五日戊辰、」自夜雨降（休、）石清水放生会、辰一点出仕、」
十六日己巳、」晴、午刻自八幡帰洛、所休息也、（以下九字十五日条より挿入）御番、勅使参入女御殿、」外宮仮殿御装束、今日奉献、若宮七瀬御祓
発遣、俊光奉行、」』
十七日庚午、」晴、参院、奏神宮次第解、禰宜等申肩宛絹也、参近衛殿、参前殿、」
十八日辛未、」晴、」
十九日壬申、」晴、参院、奏事謁前平中納言、及晩帰家、」
廿日癸酉、」晴、未斜参内、立后節会（藤原鏱子）、参本所、今出川殿勲左府（九条忠教）御拝賀申次、」鶏鳴退出、上皇御幸今出川殿、青女参北
野、」
廿一日甲戌、」晴、不出仕、立后第二日儀、青女参鞍馬寺、」』
廿二日乙亥、」晴、向平中納言許、称他行、空帰畢、」立后第三日儀、氏院参賀、宮司信経奉行、」

廿三日丙子、」自夜雨降、及晩休、参院、奏大奉幣幣料散状、小除目延引、仍」退出、」

廿四日丁丑、」晴、未刻参内、御即位由大奉幣定、祈年穀奉幣使発遣、当日定、官方奉行」除目、依廃務日俄停止、」

廿五日戊寅、」晴、参新院、嵯峨殿入夜退出、今夕被行小除目、顕世奉行、」中宮八社奉幣、信経奉行、彼岸結願修小善、阿弥陀六巻供養也」

廿六日己卯、』晴、参院、奏聞奉幣々料散状、」長講堂彼岸結願、有御幸、」

廿七日庚辰、」晴、参院、奏事入夜参内、内文請印、参大殿（鷹司兼平）、大奉幣発遣、外宮遷宮日時定、中宮行啓」次第使定、召仰、小除目、頼藤奉行」

廿八日辛巳、」晴、入夜参院、右府（近衛家基）御拝賀申次懃仕、被引御馬、若宮侍始出仕、」

廿九日壬午、」晴、及晩雨降、被伴公遠（一条）朝臣向安居院、」

九月大

一日癸未、」自夜雨降、不出仕、新院御燈依穢被止了、予奉行」

二日甲申、」晴、不出仕、」

三日乙酉、」晴、不出仕、」

四日丙戌、」晴陰不定、参院、奏事法勝寺如元可奉行之由被仰下、」

五日丁亥、」晴、上皇御幸六条殿、自明日可被始行供花料也、」』

六日戊子、」晴、」

七日己丑、」晴、新院自西郊還御二条殿、」

八日庚寅、」晴、参六条殿、奏法勝寺条々事、懃供花、」

九日辛卯、」晴、参内、重陽平座、参前殿、左大将殿内々御会、入夜退出、」

十日壬辰、」晴、」

十一日癸巳、」陰、参新院、二条殿次参殿下、」

十二日甲午、」雨降、参六条殿、被行小除目、頼藤奉行、参陣参殿下、」

十三日乙未、」晴、入夜参前殿、於左大将殿有御会、御連句五十韻、予執筆」

十四日丙申、」晴、上皇御幸伏見殿、向吉田、文書虫払、及晩帰畢、」

十五日丁卯〔酉〕、」』晴、参猪隈殿、御逆修御八講、」

十六日戊戌、」陰、参院、奏事次参内、参殿下、参新院、」土御門院御八講分配之由自庁相触、」

十七日己亥、」晴、御禊次第使除目幷定日時、上卿一上、吉田中納言（吉田経長）、右大弁」御八講上卿已下御教書数十通書遣庁了、」

十八日庚子、」雨降、参院、持参建暦家記進入、奏聞条々事、」

十九日辛丑、」晴、参近衛殿、参前殿、及晩帰宅、」

廿日壬寅、」晴、」

廿一日癸卯、」晴、参院、奏土御門院御八講条々事、評定、御禊行幸、官・蔵人方倹約評定、」及晩退出、装束司雑事（以下廿二日条より挿入）始日時定、上卿吉田中納言、弁仲兼（平）朝臣」

廿二日甲辰、」晴、参院、奏事次参法勝寺、常行堂御所御経供養参仕、帰参院、承勅答、」今夕新院番、為代官進光藤、」

廿三日乙巳、」晴、自今日青女参籠北野、」

廿四日丙午、」晴、法勝寺北斗堂御修法、常行堂御念仏結願、」』

廿五日丁未、」晴、奏聞御八講散状、」

廿六日戊申、」晴、氏八講結願、送布施、向安居院、」

廿七日己酉、」晴、入夜参院、次参内、小除目、懃右筆、」日野田中明神祭、騎進十烈、」

廿八日庚戌、」晴、」

廿九日辛亥、」晴、相伴光資、参北野、宮廻、三ヶ度」

卅日壬子、」晴、女房・光資自聖廟早出、」』

十月小

一日癸丑、」晴、和暖似春、参近衛殿、参鷹司殿、参院、奏事参内、平座出仕」参殿下、参新院、」

二日甲寅、」晴、参近衛殿、参鷹司殿、」

三日乙卯、」』晴、参院、奏事関東使者二人参仙洞、入夜退出、」

四日丙辰、」晴、参院、奏事」

五日丁巳、」晴、不出仕、」

六日戊午、」晴、参院、奏事及晩退出、参近衛殿、」

七日己未、」晴、入夜雨降、参亀山殿、土御門院御八講初日、予奉行、」

八日庚申、」晴、御八講第二日、参法輪寺、歴覧所々、」

九日辛酉、」晴、御八講第三日、」

十日壬戌、」晴、御八講第四日、事了出京、入夜参院、申公卿無人事、領状出来之後、深更」退出、」

十一日癸亥、」晴、早旦参亀山殿、御八講結願、有御幸、入夜退出、」上皇為御方違　幸今林准后（四条貞子）第、」

十二日甲子、」晴、不出仕、御禊点地、」』

十三日乙丑、」晴、和暖、参院、奏事」

十四日丙寅、」晴、不出仕、」

十五日丁卯、」陰、不出仕、御禊御祈々請奉幣二社、兼有朝臣入来、」

十六日戊辰、」陰、参前殿、参近衛殿、及晩退出、仙洞評定、」
十七日己巳、」晴、明日小除目、蒙仰、申領状了、」
十八日庚午、」晴、入夜参陣、小除目、女騎馬御覧、」
十九日辛未、」雨降、今夕行幸官庁、頭左中将（京極為兼）奉行 賢所渡御、予供奉、」止雨奉幣俄延引、御禊行幸召仰、於官司被行之、」
廿日壬申、」晴、風烈、」
廿一日癸酉、」晴、（為）大嘗会御禊　行幸鴨川、蔵人方雅藤奉行 官方仲兼朝臣奉行 予参前殿御桟敷」見物、院於閑院跡御桟敷御見物、御幸雅藤朝臣奉行、」
廿二日甲戌、」』晴、参前殿、参院、奏事」今夕行幸還御、」
廿三日乙亥、」雨降、未斜迎晴、不出仕、」
廿四日丙子、」晴、参前殿、入夜着束帯、相具光藤、又参、左大将殿任大臣兼宣旨、大饗」雑事定、」
廿五日丁丑、」晴、霜威厚、参殿下、参内、参院、」入夜雨降、」
廿六日戊寅、」自天曙後雨休、参近衛殿、大饗御装束、参前殿、」入夜退出、」
廿七日己卯、」晴、入夜参近衛殿、左大将殿任大臣節会并大饗儀、予転任左少弁、」大饗奉行左衛門権佐（平）経親朝臣、」
廿八日庚辰、」晴、天曙之後事畢、退出、参院、参内、参殿、畏申転任事、次参」新院、女房参北野、」

廿九日辛巳、」晴、不出仕、女房参鞍馬寺、」

十一月大

一日壬午、」晴、参近衛殿、参前殿、参新院、参殿下、内覧転任後吉書、次参院、」参内裏、已上奏聞吉書入夜○又参院、花山院（花山院家教）大納言拝賀、勘申次、」』

二日癸未、」晴、来八日可被上大将辞状、可草進、又可奉行之由被仰下、申領状了、」

三日甲申、」晴、」

四日乙酉、」陰、参前殿、伺定大将御辞退条々事、入夜参内、皇后宮権大夫」着陣候直、」

五日丙戌、」晴、不出仕、」

六日丁亥、」晴、内府（鷹司兼忠）御慶申、供奉、」

七日戊子、」晴、参院、殿《参》殿下、参内、標山御見物御幸可奉行之由被仰下、」

八日己丑、」晴、参内大臣殿、参院、帰参内府、被上大将御辞状、奉行参内、除目出仕」参内府、予叙四品、」

九日庚寅、」晴、門内外散白妙、」

十日辛卯、」晴、大嘗会国司除目、俊光奉行」

十一日壬辰、」』晴、参院、奏聞御幸条々事、入夜退出、還昇事、小舎人有孝告来、」清暑堂御神楽院拍子合可奉行之由被仰下、」

十二日癸巳、」晴、不出仕、」

十三日甲午、」晴、給小舎人禄、申四品拝賀、付簡懃陪膳、」』

十四日乙未、」晴、風烈、時々雪飛、参院、奏御幸条々事参内、内大臣殿兵仗御慶申御着陣、」中宮大夫（西園寺公衡）○拝賀着陣、懃直、頭

中将（三条）実永朝臣申拝賀、」

十五日丙申、」晴、寒気入骨、不出仕、吉田祭、日吉祭、」

十六日丁酉、」晴、参院、左右大将（大炊御門信嗣・西園寺実兼）拝賀、清暑堂御神楽院拍子合、奉行、」

十七日戊戌、」晴、参院、奏御幸条々事入夜退出、殿下拍子合、」

十八日己亥、」陰、参院、御幸条々事、所申沙汰也、今夕行幸官司庁、（四条）顕家奉行、」

十九日庚子、」晴、早旦参行大原野祭、半更帰畢、」

廿日辛丑、」雨降、参院、奏聞御幸条々事、斎場所御覧御幸、殿下同御参、」五節参入、帳台御出、園韓神祭、」』

廿一日壬寅、」雨降、殿上淵酔、叙位儀、鎮魂祭参行、」皇后宮・中宮淵酔、院・大宮院・東二条院新院等推参、」

廿二日癸卯、」晴、巳一点参院、標山御見物御幸、奉行、」殿上淵酔、童御覧、廻立殿行幸、内府御直衣始、」

廿三日甲辰、」晴、辰日節会、」

廿四日乙巳、」晴、巳日節会、清暑堂御神楽、」

廿五日丙午、」晴、入夜雨降、豊明節会、被宣下加叙、右大将叙従一位云々、新院・」中宮・皇后宮・若宮等推参云々、」

廿六日丁未、」雨降、及晩休、」

廿七日戊申、」晴、未明参春日社、相具青女・光資已下小生等、初夜鐘以後下着春光院、」

廿八日己酉、」晴、早宮旦宮廻、百度入夜奉幣、御神楽参行、」自官司還幸内裏、」

廿九日庚戌、」晴、自春日社還向、於宇治駄餉、秉燭以後帰華、」

卅日辛亥、」』晴、不出仕、法成寺御八講、家司時経奉行、」

十二月小

一日壬子、」晴、不出仕、」

二日癸丑、」晴、参近衛殿、持参御神楽見参、参前殿、及晩帰畢、」

三日甲寅、」晴、参院、奏事次参内、勲御膳陪膳、参殿下、内覧、」

四日乙卯、」晴、入夜参内、大嘗会女叙位、俊光奉行」

五日丙辰、」晴、」

六日丁巳、」晴、不出仕、」

七日戊午、」晴、寒気入骨、参六条殿、奏事」

八日己未、」晴、今日歴覧官庁、及晩帰畢、」』
九日庚申、」晴、不出仕、光資昇殿事、小舎人遠弘(紀)自内裏告来、幸甚〳〵、」主殿司少々賀来、」
十日辛酉、」晴、不出仕、賀茂臨時祭、蔵人大輔顕家奉行、」
十一日壬戌、」晴、光資禁色宣旨持来、給小禄畢、月次祭参行、先謁民部卿(日野資宣)、」談定考事、主殿司三人来賀光資方、」
十二日癸亥、」雪降、」
十三日甲子、」晴、依吉曜、給小舎人・仕人等禄、送遣代物了、」
十四日乙丑、」晴、内侍所御神楽、頭中将為兼朝臣奉行」
十五日丙寅、」晴、参院、奏事入夜参内、右大臣殿御着陣、候床子、下賜吉書、」院若宮前平中納言養君入御円満院宮法印(性覚法親王)御房、経親(平)朝臣奉行、」
十六日丁卯、」晴、院号定、俊光奉行光資初参従事、懃陪膳、」
十七日戊辰、」晴、相具光資、参新院、次参内、随御膳、予懃陪膳、及晩退出、」
十八日己巳、」』雨降、相具光資参院、次参内、従御膳、参右大臣殿、次参前殿、」入夜退出、」
十九日庚午、」雨降、不出仕、被行内仏名、俊光奉行、」
廿日辛未、」晴、参内大臣殿、参近衛殿、参院、入夜参内、被行京官除目、」頭中将奉行、懃陪膳、光資役送、」
廿一日壬申、」晴、今日々《光資》下臈誂極臈了、予不出仕、」』

廿二日癸酉、」晴、時々雪飛、万機旬、参陣、先参院、奏事相具光資、勲夕御膳陪膳、」深更退出、御髪上、光資奉行」

廿三日甲戌、」雪飛寒気入骨、今日々下臈相語説藤（藤原）了、」

廿四日乙亥、」晴、相伴民部卿、歴覧官庁、定考習礼也、相伴光資参内、勲陪膳、」院仏名、顕相（藤原）奉行」

廿五日丙子、」晴、及晩参内、光資相従、勲陪膳、参新院、仏名奉行、」政延引、依無参議也、除目下名、」

廿六日丁丑、」晴、参官司、定考、俄延引之間退出、入夜参内、荷前使発遣奉行、」玄輝門院殿上始、頼藤奉行新蔵人
以材（橘）初参従事、勲陪膳、」七瀬御祓、光資奉行」

廿七日戊寅、」晴、」』

廿八日己卯、」晴、参官司、定考、上卿坊門中納言（平忠世）、参議経頼（冷泉）卿、弁冬季・雅藤・兼仲等朝臣、」少納言兼有朝臣、」

廿九日庚辰、」晴、入夜参内、追儺、上卿皇后宮権大夫（洞院実泰）、侍従宰相（源雅憲）、弁予、少納言兼有朝臣、」被行除目僧事、半更帰
寿域、」

弘安十年十一月二日

散位従五位上賀茂朝臣在千

従五位上行権陰陽博士兼因幡介賀茂朝臣在彦

従五位上行主税助賀茂朝臣在有

従五位上行陰陽大允賀茂朝臣在廉

散位従四位下賀茂朝臣在重
従四位下行権暦博士賀茂朝臣定員
従四位上行陰陽助兼暦博士賀茂朝臣在秀』

『勘仲記』正安二年正月三日〜七日条の復元

【正月三日条、国立歴史民俗博物館所蔵『兼仲卿暦記』第三紙・四紙】

御総角人　大炊御門大納言（大炊御門良宗）」

出御時職事　頭治部卿信経朝臣（坊門）、頭中将公朝（姉小路）、、、蔵人治部少輔光定（葉室）、
兵部少輔惟輔（平）、兵部大輔俊高（平）」

收御唐匣御泔杯五位蔵人　惟輔、俊高」

服官人　内蔵頭家相朝臣（藤原）」

於下侍着当色者也、如例歟、参入路、融殿上下侍、入仙花門代、昇清涼殿東面簀子依無長橋昇其程候也経清涼殿
南面、南殿北面等簀子、入大床子東間御簾、参入北廂歟」

候北廂公卿已下人々　摂政殿（二条兼基）
西園寺大納言（西園寺公顕）」

問吉時五位蔵人　惟輔」

天皇出御帳御座」

候御後卿相、同北廂蔵人頭、職事惟輔之外不候」

加冠　「太政大臣（二条兼基）　理髪　「左大臣（九条師教）」

参朝手水役人公卿　押小路宰相（四条顕家カ）」

［　　　］五位蔵人　俊高」

持参御箆子筥五位職事［　　］持参之時被献之」

着胡床出居近衛〔次将〕□□」

左」』

実香朝臣（近衛）　長基（藤原）、、」

祐教、、　光輔（藤原）、、」

顕雄（藤原）、、　実綱（藤原）、、」

為定（御子左）、、　基方（持明院）、、　教氏（藤原）、、」

俊言（藤原）」

右」

実任（三条）、、　□藤（室町実藤カ）、、」

公秀（三条）、、　教氏、、」

着階下座上官」

其次第委見及」

雅俊（藤原）、、着階下　定房（吉田）、、着外弁」

定資（坊城）、、着外弁　頼房（葉室）、、着階下」

長親（藤原）、、着階下　範重（藤原）、、着外弁」

外記・史」

外弁可参入之由仰蔵人頭　信経朝臣」

天皇出御之後召公卿蔵人頭　公朝朝臣」

着御前座公卿」

摂政殿之外御遊所作人」

役衝重殿上五位幷職事等　殿下御前　光定、惟輔、俊高　左大臣以下　光経、右衛門佐殿（勘解由小路光資）、資冬（日野）」』

【一紙脱】

【正月三日条、国立歴史民俗博物館所蔵『兼仲卿暦記』第一紙】

呂」

安名尊　鳥破　蓆田　鳥急」

律」

伊勢海　万歳楽」

禄法」

摂政　青色闕腋御袍、御半臂、御下襲、表御袴」

大臣　御半臂、御下襲、□□給了」

大納言　御半臂、御下襲」

中納言　紅御袙」

参議　白大褂、今度無参議禄、散三位如此也」

殿上人　疋絹」

所役四位五位殿上人」

（平）兼有、、　（藤原）範雄、、　（藤原）為景、、」

□経　佐殿（勘解由小路光資）資冬」

朝夕御膳陪膳、蔵人頭公朝朝臣、」』

【原本はここから国立公文書館所蔵『兼仲卿記』分を含めて四紙分脱】

【国立公文書館所蔵『兼仲卿記』、前半部】

四日辛巳、晴、相具光資参近衛殿、御拝賀条々□□進也、次参鷹司殿（鷹司兼忠）、入大殿見参、

五日壬午、晴、相具光資参□□、今日「　」内々有御用意等、御元服「　」、

五日、

後宴儀御装束如元日節会儀、

参仕公卿并内弁

内弁、左大臣　春宮大夫（土御門雅房）

二（三ヵ）条大納言（三条公貫）　春宮権大夫（洞院実泰）

花山院中納言（花山院家雅）　万里小路中納言（北畠師重）

別当（日野俊光）　六条宰相（藤原実時ヵ）

左大弁宰相（平経親）　右宰相中将（三条実躬）

新宰相中将（今出川兼季）　新宰相（高倉経守）

奏宣命職事、　奏外任奏職事、

引陣近衛次将、

左

実香、、　長基、、　祐教、、　顕雅、、

為定、、　基方、、　敬氏〔教カ〕、、　俊言、、

右

実任、、　実藤、、　公秀、、　清雅〔鷹司〕、、

着外弁公卿・弁・少納言公卿不見及、春宮已下歟、

上寿人　三条大納言

着階下上官　、、、、

行御膳職事内膳御膳 腋御膳　俊言

御酒勅使　新宰相中将

雅楽寮奏楽

左　万歳楽　裹頭楽

右　皇ヽ仁　敷ヽ手

奏宣命見参大臣　内弁歟

宣命使　六条宰相

禄法

大臣綾大褂　大中納言平絹白大褂

参議同　弁少納言外記史黄衾

【国立歴史民俗博物館所蔵『兼仲卿暦記』第二紙】

六日癸未、」晴、相具光資、参近衛殿、［　　］次第日次事、有御沙汰、前陰陽頭有弘（安倍）朝臣参仕、」

七日甲申、」陰、時々微雨、相具光資、参近衛殿、右馬寮御監事、今日被下宣下、」大将（近衛家平）殿入御鷹司殿、次為御方違、

入御浄土寺殿、御元服賀表被付行節会、

【正月七日条か、国立公文書館所蔵『兼仲卿記』後半部】

御元服賀表儀

賀表作者　式部大輔

同清書　少内記　外記史生

参仕公卿幷内弁

内弁
春宮大夫已下大略同後宴、
中摂政御着五位蔵人　明房
昇賀表案人　仰大臣職事
（中院通重）
土御門大納言　西園寺大納言
花山院中納言　万里小路中納言
六条宰相　左大弁
仰恩赦宣命　蔵人頭公朝朝臣
奏宣命幷外任奏　職事同
陣階前近衛次将
左
実香、、　長基、、　実□、、
為定、、　俊――
右
実任、、　公秀、、

【ここまで原本は国立公文書館所蔵『兼仲卿記』分を含めて四紙分脱】

【正月七日条。東京理科大学近代科学資料館所蔵『具注暦仮名暦』第一〇紙】

「着外弁公卿・弁・少納言」
「着外弁人、不見、弁雅俊、、　定房、、」
「着外弁、弁頼房、、」
「外弁、少納言範重、、」

「承赦令事廷尉佐　左衛門権佐（平）仲高」
「着階下座上官等　不及着座歟、」
「宣命使　別当」
「受位記拝舞叙人　新宰相中将　定房、、」
「行御膳人　惟輔」
「御酒勅使　新宰相」
「宣命使　右宰相中将」
『奉行六位并出納小舎人　蔵人、（藤原）極臈業実　出納二臈（中原）俊茂」』

第三章　中世朝廷社会における公卿称号

はじめに

日記を始めとする史料中で、ある人物を指すのに直接実名を書かず、「三条大納言」「葉室中納言」などの形で示されている例がしばしば見える。かつそうした表現は、同時代的に特定の人物を指す人名表記として広く通用していたようである。本章ではこのような人名表記法（称号）について検討したい。

称号には「中院」「中山」など後世の家名につながる固有名詞が付されることが多く、従来「家」成立の指標として注目されてきた。称号と家名の関係に注目した先駆けとしては、平山敏治郎氏や高群逸枝氏の研究がある。平山氏は「平安朝の末から鎌倉時代にかけて（中略）父子直系の家族の間に同じ称号を世襲して用いる慣例がはじまった。かくて一家の家名として称号は固定するのである」と指摘する。[1] 高群氏も「屋号の家名化は鎌倉初期からの特徴である」とし、鎌倉初期を一つの画期と看做している。[2] こうした指摘を受けて個別の家研究の際にも称号が注目されてきた。[3] しかし人名表記の中には鎌倉後期・室町期に至っても家名と齟齬のあるもの、「新大納言」「藤宰相」など非固有名詞的なものも存在する。ことに前者については、同一人物が様々な称号を併用している事例がまま見られる。[4] 例えば（久我）通忠はその生涯の中で〝土御門中納言〟〝新源大納言〟〝八条大納言〟〝中院大納言〟などと呼ばれている。このようなイレギュラーな人名表記の特徴については、荘園領主研究における人名比定の問題などと絡み、様々な形で言及されてきた。[5] なお人名比定に当たり、最も利用されるのは、新訂増補国史大系『公卿補任』の人名に付された家名であろう。しかしながらこの注記は凡例に「今検索に便にせんが為めに新たに主なる家名を注したり、ただ鎌倉時代以降家名漸く定まると雖も父子その号を異にし、或は家名を同じくするも系流を別にせるものあり、更に諸書に拠りてその称を異にせるものなきにあらず、読者宜しくその異同を責むること勿れ」とある。すなわち編者黒板勝美氏の認識のもとに付けたものであり、補任編纂時の意識を示したものではない。また便宜上の家名と史料中の人名表記の齟齬は、黒板氏も記すところである。すなわち注記の出現をもって家成立の根拠とすることはできない。

さらに近年古記録の人名表記と家名の齟齬に注目した専論が出されている。村井章介氏は主に『看聞日記』に見える綾小路号について検討し、〝綾小路三位〟と呼ばれる人物が、『尊卑分脈』の家名では「田向」とされる同族の源経良を、〝綾小路前宰相〟は「綾小路」信俊を指すことを明らかにした。そしてこのように「田向」家の人物が「綾小路」を号することについて、広義の綾小路一門中に田向家・庭田家と狭義の綾小路家が包含されるためであり、古記録に見える人名の姓ないし家名は「家」レベルのもの以外に「一門」レベルのものがあると指摘した(6)。また桃崎有一郎氏も室町期に同一の一族、同一人物で複数の称号を持つ事例を検討している(7)。桃崎氏は、称号は人、あるいは本家分家の別により使い分けたものではないとし、複数称号の成立を以下の四パターンに分類した。一つ目は権力者の介入による新称号の成立。二つ目は、村井氏とも共通する視点であるが、「社会的地位を表す称号」と「生家を表す称号」が並存するとして「日野」「勧修寺」などを取り上げている。三点目には「相手の承認しない自称」と「相手による他称」が対立した結果があるという。例えば足利義詮は北朝では「鎌倉大納言義詮」、南朝では「足利宰相中将義詮」と呼ばれる。こうした使い分けは「鎌倉」という称号が、鎌倉幕府の後継者であることを示すためであろうと指摘する。そして最も大きな四点目として「内と外」「公と私」という場面による使い分けがあるとする。すなわち拝賀・奏慶等の公的場面と訪問・贈答といった私的場面では別の称号を用いるという。

このような称号の性格を探ることは、中世における「家」意識の問題を探る上で有効であり、とりわけ第一部第四章で検討してきた諸家に密接に関わる。そこで本章ではこれらの指摘を踏まえつつ、主に一二世紀〜一五世紀を見通す形で考察を進めたい。その検討のため第一節・第二節では称号の性格について、第三節では「家」「一門」意識との関わりを、第四節では古記録における人名表記の問題を探りたい。

一　称号の性格

1　濫　觴

本節ではまず称号の性格について検討する。称号の淵源を示すものとして、一二世紀に成立した『新任弁官抄』宣旨には次のような記載が見える。

公卿号官中所レ定也、権大納言・新大納言類、定二其号一、或加レ姓、敢不二混同一、但有二兼官一之人称二兼官一也、宣旨字脇所レ注、皆用二官中之所一レ称也、有二兼官一者号二其官一、仍注レ之、(8)

これは宣旨を複数枚同時に発給する時の規定であるが、それぞれの上卿の区別をつけるために、「宣旨」の字の脇に太政官で定めた公卿の号を注記するという。その号というのは「権大納言」「新大納言」あるいは姓を加えた形（藤大納言など）のもので、公卿を混同しないためのものである。また兼官がある場合は兼官を称す、としている。ここから官中では当時公卿一人一人の区別のために固有の号（称号）が定められていたことがわかる。こうした号が鎌倉期以降、爆発的に公卿の数が増大するに伴い、「久我大納言」など固有名詞を付した多様な称号へと発展していくのではないだろうか。(9) つまり称号の考察に当たっては、固有名詞部分だけでなく、「中院宰相中将」「綾小路宰相」という官職名を含めた部分までを考える必要があるであろう。後述するが、同一人物が生涯の中で、様々な称号を使用しているのもこうした要因が大きいと考えられる。例えば康永元年（一三四二）、〝桜察大納言〟（中院）通冬は、「正応四年比親頼・為方等卿官幷喚名事」が不審であるとして外記中原氏に尋ね、「親頼卿前権中納言号二堀河一」「為方卿中納言号二中御門一」という返答を得ている。(10) またある人物を指す時に「在胤卿号二土御門三位一」と表現し、ことに過去の人物を示すのに「件比上卿広橋入道一位之外不二現存一、仍下二其人一藤中納言云々」「永享九年十月十五日故為清卿于時号二五条三位一」と当時の称号を示している。(11) これらの事例からも称号が、その時々の官と連動した「喚名」であり、固有名詞部分は必ずしも家名と考えられていないことが窺える。

このように公卿を兼官・称号で呼ぶことについて、宮崎康充氏は実名を憚るためと指摘する。(12) この指摘が当を得ているであろうことは、以下の例からも裏付けられる。永正四年（一五〇七）、（中御門）宣胤の許に散状の執筆に当たって、四位参議と非参議の三位中将とどちらを先に記せばよいかとの問合せがあった。これに対し宣胤は三位中将を先にすること、それは「如二散状一、於二四位参議一者某朝臣候、其下称号之公卿可二書載一事、可二見苦一候歟」(13) と返答している。すなわち四位参議は実名＋朝臣で記すものであり、他方三位以上は「称号之公卿」として、称号を記すという意識が見える。様々な儀式において公卿の散状は、称号で記されており、実際、そうした書き分けは多くの散状・交名で確認できる。(14) また正安三年（一三〇一）の叙位に際し、（万里小路）宣房は「藤原経平可レ叙二従二位一」と昇叙の仰せを伝えた。それに対し、（吉田）経長は公卿の実名を呼ぶべきではない、「中納言藤原朝臣」と告げ、その上で「中納言中将之由ヲ可レ示歟」と非難している。(15) この時期、権中納言兼右中将の経平の称号は〝中納言中将〟であった。(16) ここからも実名を呼ぶことを憚って称号により公卿を特定するという意識が窺える。そのため、『新任弁官抄』にも述べられているように、大将など兼官による区別の可能な公卿

については兼官がそのまま用いられたのであろう。(17)

2　称号の流布

先の例で示したように、貴族たちが称号を問題にする時に「散状」での表記がしばしば問題となる。嘉禄二年（一二二六）、藤原重長から藤原定家に送られた書状には次のような一節が見える。

（前略）宮内卿被レ叙二正三品一之時、可レ号二前宮内卿一歟之由、暫雖二其沙汰候一、坊城三位之由自二乱逆以前一職事奏達候、公卿散状にも貴賤之口号にも皆以坊城云々、(18)（後略）

藤原家隆は元久三年（一二〇六）から承久二年（一二二〇）まで宮内卿をつとめ、建保四年（一二一六）に従三位、承久二年に宮内卿を辞して正三位に叙された。その称号が〝前宮内卿〟であるか〝坊城三位〟であるかについて、疑問が生じたようである。重長は、家隆が当初は〝前宮内卿〟を称していたものの、承久の乱以前には〝坊城三位〟と職事が奏達し、以後公卿の散状でも貴賤の人々が呼ぶ際にも通用している。ゆえに〝坊城三位〟と伝えてきている。ここでは公的な例示としての「公卿散状」と一般の「口号」という対比が見える。

はるか下って永正三年（一五〇六）には、室町殿参賀に参仕した〝菊亭前左府〟（今出川）公興の称号について（中御門）宣胤が注記を加えている。それによれば公興の称号は、本来〝今出川〟であったが足利義視の号と同じであることを憚り、「散状等用二菊亭一、其以来不二改及一」という。ここからも散状と称号の関係、そして「不二改及一」とあるようにその時点で固定されたものだったことが窺える。

さらに嘉吉元年（一四四一）、（広橋）兼郷に陣定への参仕を促す綸旨を送ろうとして、称号の問題が発生した。この時、兼郷は「一向蟄居之間、称号之様公私不レ及二沙汰一」とあるように、蟄居していたため宛所に記すべき定まった称号がなかったのである。(19)そして兼郷が蟄居以前用いていた〝日野中納言〟称号は、後述するが使用に多少の問題があるものだった。この事態は称号決定と公的出仕の関係を示していよう。

　では称号はいつ定められ、どのように朝廷社会内で共有されるのであろうか。その点がはっきりとわかる史料は管見に触れなかった。しかし『新任弁官抄』では「官中所レ定」とされ、前掲藤原重長書状では、蔵人による奏達が行われたことが見える。何らかの形で公表されていたことが窺える。[20] そうした称号決定の契機の一つとして注目されるのが、任官後の奏慶・拝賀の儀である。『勘仲記』正応二年（一二八九）四月一五日条には次のような記事が見える。

　参二関白殿一、（中略）為二御使一参二前殿下一、被レ申二合三カ条等一、扈従上達部事、凡無二其人一候、坊門中納言軽服、路次供奉不レ可レ有レ苦歟、其外可レ相二催何輩一哉、仰云、軽服事、依レ事用二吉事一之条傍例有レ之、路次令二扈従一条有二何事一哉、其外大理、冷泉相公、左大丞等、此等中被二用捨一可レ被二相催一候乎、中納言尤可レ進候之処、無二兼官一之間、号二鷹司中納言一出仕之条も不レ可レ然之間于レ今不レ申二拝賀一、折節遺恨之由被レ申、[21]

（後略）

　記主兼仲が関白（近衛）家基の使者として、数日後に迫った立太子儀の相談のため前殿下（鷹司）兼平の許へ参った。その相談事項の中に供奉の公卿の人選があった。兼平は前年一一月に権中納言に任官した子息冬平を供奉させるべきだが、兼官がないため兼官を名乗ることもできず、〝鷹司中納言〟と号するのも適当でないのでまだ拝賀を遂げていない、そのため供奉できない、と述べている。称号の決定と拝賀が密接な関係にあることが窺えよう。この時は結局供奉しなかったが、〝鷹司中納言〟として同日東宮権大夫に任ぜられ、以後兼官を称号としている。[22] これ以前の冬平は、時期により〝殿少将〟、〝殿三位中将〟、〝近衛三位中将〟などの称号を用いていた。後に家名となる〝鷹司〟はこの時初めて用いられたものである。しかし以後も「近衛」を所属名・称号としており、家名と称号が別物と意識されていたこと、新称号の成立が「家」の成立と一致していないことが窺える。[23]

次に室町期の例を掲げる。嘉吉三年（一四四三）三月に、（中山）定親は権大納言に任官し、さらに六月一五日に弾正尹を兼官した。定親の奏慶は六月二〇日に行われ、（万里小路）時房は「亜相以後未㆓拝賀㆒也、去十五日兼㆓任弾正尹㆒、号㆓尹大納言㆒也」と注記している。[24]すなわち大納言昇進以後、拝賀しておらず、弾正尹の兼官、奏慶をもって〝尹大納言〟と号したという。また文明一二年（一四八〇）に参議に昇進した（姉小路）基綱は、翌一三年七月に奏慶を遂げた。この人物について『宣胤卿記』では、七月以前は「号㆓姉小路㆒」と注記しつつも、「新宰相」と記すが、奏慶の日からは〝姉小路宰相〟と記している。[25]〝姉小路宰相〟を称号とする予定との情報は入っていたが、奏慶以前であったために使用を憚ったのであろう。同じく文亀三年（一五〇三）には、三位に昇進した（高倉）永宣の称号について「冷泉三位」か「高倉三位」か、「新三位」は不適当であろうなどの取り沙汰がされている。[26]これらの事例からはやはり称号の披露と奏慶・拝賀との関係が窺えるのではないだろうか。

ところで自分自身の任官、昇叙がなくとも称号を変更することもまま存在した。例えば文正元年（一四六六）七月二二日に、（勧修寺）経茂は権中納言に任官した。その日訪ねてきた〝三条中納言〟（正親町）公躬に、（甘露寺）親長は「今日左大弁宰相経茂任㆓納言㆒、可㆑為㆓新納言㆒」と注記している。[27]前日、二一日条までは〝新中納言〟で示されるのは公躬であり、この日（勧修寺）経茂の任権中納言に伴い、〝三条中納言〟へと改称したことを知らされたのであろう。

このほか〝勘解由小路大納言〟から〝海住山大納言〟へと称号を改めた（海住山）高清は「高清卿号海住山事申入云々」とあり、具体的にはわからないが、称号の変更を申請したようである。[28]高清の場合、その称号の変更はいささか突然だったらしい。周囲の貴族たちは、「父卿号㆓九条㆒、此間号㆓勘解由小路㆒、依㆓何事㆒求㆓幽玄号㆒歟」といささかの不審を表明しつつもその変更を受け入れている。

次に称号の選択について見る。称号の選択に当たっては、従来指摘されているように居宅の位置によることが多い傾向はある。しかし必ずしも絶対的なものではなく、基本的には自称が尊重された(29)。例えば鎌倉期にも、〝大炊御門三位〟藤原範宗の称号について、藤原重長は藤原定家に次のように言い送っている。

（前略）範卿（今年五十六）（ママ）大炊御門之由散ニ不審一候了、自称上勿論候歟、故大炊御門左府後胤歟之由覚候て、聊華族気に候物かな、安芸三位可レ宜候歟、安芸前司とて被レ坐ニ京極西洞院辺一候し時ハ雲上猶以異域候歟(30)、（後略）

すなわち前年に従三位に叙された範宗卿が〝大炊御門三位〟を称していることはわかった。そう自称している以上は仕方のないことだが、故大炊御門左大臣経宗の子孫のようでおこがましい。安芸守の経歴にちなんで（元暦三年安芸守）、「安芸三位」とすればよかろうに。安芸前司として京極西洞院辺に居た時は殿上でさえも別世界だった身分の人物なのに、といった内容である。やや感情的ではあるが、この史料からも公卿が特定の称号を有していたこと、適切な称号というものは意識されていたであろうけれども、基本的には自称が認められたことがわかる。重長はこの時、ほかにも〝藤宰相〟公雅、〝新源三位〟時賢、〝左宰相中将〟盛兼等の称号についても情報をもたらしている。称号の把握は朝廷社会に生きるものにとって必須だったのであろう。

二　非固有名詞的称号

1　非固有名詞的称号の存在

前節では称号の基本的な性格について述べた。ところで称号の中には兼官のみのもの、〝権大納言〟など本官そのままのもの、あるいは官名に〝本宰相中将〟〝前宮内卿〟〝新宰相〟〝源中納言〟〝二位大納言〟など前、本、新、藤、源、位階を付したものなど、一見すると一般名詞のように見えるものが存在する。こうした表記の称号

表20 “藤中納言”系称号使用者

西暦	元号	“藤中納言”	出　典	備　考	“藤中納言”系	出　典	備　考
1165	永万	○		資長任			
1166	仁安	藤原資長	兵範記	◎			
1167		藤原資長	兵範記・吉記・山槐記・東宮御書始部類記(資長記)	◎	(新)藤原資長	山槐記	◎忠親任
1168		藤原資長	兵範記	◎			
1169	嘉応	○		◎			
1170		藤原資長	玉葉・吉記	◎	(新)藤原忠親	玉葉	
1171	承安	藤原資長	玉葉	◎			
1172		藤原資長	玉葉	◎			
1173		藤原資長	玉葉・吉記	◎			
1174		藤原資長	吉記	◎			
1175	安元	藤原資長	山槐記	◎			
1176		藤原資長	吉記	◎			
1177	治承	○		◎			忠親兼官
1178		藤原資長	山槐記	◎			
1179		藤原資長	山槐記	◎資長辞			
		藤原成範	山槐記・明月記	成範兼官辞			
1180		藤原成範	明月記・吉記				
1181	養和	藤原成範	吉記	成範兼官			
1182	寿永						
1183		藤原頼実	吉記	頼実任			
1184	元暦	藤原頼実	山槐記・親経卿記・吉記	頼実兼官			
		藤原経房	吉記	経房任	(新)一条定能	山槐記	定能任
1185	文治	藤原経房	吉記・吾妻鏡	経房兼官			
1186		一条定能	玉葉				兼光任
1187		一条定能	玉葉				
1188		一条定能	玉葉・吉記・山丞記・吾妻鏡・吉大記		(新)藤原兼光	吉記	◎
1189		一条定能	逵幸故実抄	定能兼官	(新)藤原兼光	吾妻鏡	◎
		藤原兼光	玉葉	◎			
1190	建久	藤原兼光	玉葉	◎兼光兼官 定能兼官辞			
1191		一条定能	吾妻鏡・玉葉				
1192		一条定能	玉葉・明月記				
1193		○					
1194		藤原兼光	明月記	定能昇進			
1195							
1196							
1197		四条隆房	猪隈関白記	隆房兼官辞			
1198		四条隆房	猪隈関白記				
1199	正治	四条隆房	猪隈関白記				
1200		四条隆房	猪隈関白記	隆房辞			
		藤原兼宗	猪隈関白記	兼宗任			
1201	建仁	藤原兼宗	猪隈関白記・三長記				
1202		藤原兼宗	猪隈関白記				
1203		藤原兼宗	猪隈関白記・明月記				
1204	元久	藤原兼宗	猪隈関白記・明月記		(新)日野資実	明月記	◎資実任
1205		○		兼宗昇進	(新)日野資実	明月記	◎
1206	建永	日野資実	猪隈関白記・三長記・明月記	◎			

西暦	元号	"藤中納言"	出　　典	備　考	"藤中納言"系	出　　典	備　考
1207	承元	日野資実	猪隈関白記・明月記	◎			
1208		日野資実	猪隈関白記	◎			
1209		日野資実	猪隈関白記	◎			
1210		日野資実	猪隈関白記・玉蘂	◎			
1211	建暦	日野資実	猪隈関白記・玉蘂・三長記・明月記	◎資実兼官	(新)藤原光親	猪隈関白記・玉蘂	光親任
1212		藤原光親	玉蘂・明月記				
1213	建保	藤原光親	明月記	光親兼官			
1214							
1215							
1216							
1217							
1218							
1219	承久						
1220				定高任	(新)三条公氏	玉蘂	公氏任
1221		二条定高	玉蘂				
1222	貞応						
1223							公氏兼官
1224	元仁						
1225	嘉禄						頼資任
1226					○		◎
1227	安貞	三条公氏	民経記	公氏兼官辞	(新)広橋頼資	明月記	◎
1228		三条公氏	猪隈関白記・玉蘂・民経記		(新)広橋頼資	猪隈関白記・玉蘂・平戸記	◎
1229	寛喜	三条公氏	明月記		(新)広橋頼資	玉蘂・平戸記・明月記	◎
1230		○			(新)広橋頼資	明月記	◎
1231		三条公氏	民経記	公氏昇進	(新)広橋頼資	民経記	◎
		広橋頼資	洞院教実公記・民経記・九条家歴世記録	◎	○		◎家光任
1232	貞永	広橋頼資	岡屋関白記・民経記	◎	(新)日野家光	岡屋関白記・民経記・砂巌	◎
1233	天福	広橋頼資	民経記・明月記	◎頼資辞	(新)日野家光	民経記・明月記	◎
		日野家光	民経記・明月記	◎			
1234	文暦	日野家光	民経記・頼資卿記	◎			
1235	嘉禎	日野家光	玉蘂・明月記	◎家光辞			
1236							
1237							
1238	暦仁	藤原為経	経俊卿記・改元部類記(実雄)	為経任			
1239	延応			為経称号変			
1240	仁治						
1241		藤原親季	光明峰寺禅閤御灌頂記	親季任			
1242		○		親季辞			
1243	寛元						
1244							
1245							
1246							
1247	宝治						
1248							
1249	建長	葉室定嗣	岡屋関白記・民経記・五壇法記・改元部類(公光)	定嗣兼官辞			

西暦	元号	"藤中納言"	出　典	備　考	"藤中納言"系	出　典	備　考
1250		葉室定嗣	神護寺文書	定資辞	(前)葉室定嗣	岡屋関白記	定資辞
1251							
1252							
1253							
1254							
1255							
1256	康元						
1257	正嘉						
1258							
1259	正元						
1260	文応						
1261	弘長						
1262							
1263							
1264	文永						
1265				伊頼任			
1266							
1267							
1268							
1269							
1270		鷹司伊頼	為氏卿記・続史愚抄				
1271		鷹司伊頼	続史愚抄				
1272		鷹司伊頼	吉続記・続史愚抄				
1273		鷹司伊頼	吉続記・続史愚抄	伊頼昇進			
1274				資宣任			
1275	建治						
1276		日野資宣	吉続記・経俊卿記・勘仲記・続左丞抄	◎			
1277		日野資宣	勘仲記・続史愚抄	◎資宣辞			
1278	弘安				(前)日野資宣	続史愚抄	◎
1279					(前)日野資宣	吉続記・続史愚抄	◎
1280					(前)日野資宣	続史愚抄	◎
1281					(前)日野資宣	勘仲記・続史愚抄	◎
1282					(前)日野資宣	続史愚抄	◎
1283					(前)日野資宣	経任卿記・続史愚抄	◎
1284				実冬兼官辞	(前)日野資宣	勘仲記	◎
1285					(前)日野資宣	実躬卿記・宗冬卿記・続史愚抄	◎資宣兼官
1286							
1287		滋野井実冬	実躬卿記・勘仲記・続史愚抄				
1288	正応	滋野井実冬	公衡公記・実躬卿記・勘仲記・続史愚抄	実冬昇進			
1289							
1290		藤原親頼	続史愚抄	親頼任			親頼辞
1291					(前)藤原親頼	実躬卿記	
1292							
1293	永仁						
1294							
1295							
1296							

西暦	元号	"藤中納言"	出　典	備　考	"藤中納言"系	出　典	備　考
1297		日野俊光	続史愚抄	◎俊光任			
1298		日野俊光	公衡公記・継塵記・続史愚抄	◎			
1299	正安	日野俊光	続史愚抄	◎			
1300		日野俊光	続史愚抄	◎			
1301		日野俊光	実躬卿記・続史愚抄・脱屣部類	◎俊光辞			
1302	乾元				(前)日野俊光	実躬卿記・続史愚抄	◎
1303	嘉元				(前)日野俊光	公衡公記・実躬卿記	◎
1304					(前)日野俊光	九条家文書・実躬卿記	◎
1305					(前)日野俊光	続史愚抄	◎
1306	徳治				(前)日野俊光	大理秘記・続史愚抄	◎
1307					○		◎
1308	延慶				(前)日野俊光	九条文書・続史愚抄	◎
1309					(前)日野俊光	続史愚抄・九条家文書	◎
1310					(前)日野俊光	続史愚抄	◎
1311	応長				(前)日野俊光	続史愚抄	◎
1312	正和				(前)日野俊光	続史愚抄	◎
1313					(前)日野俊光	続史愚抄	◎
1314					(前)日野俊光	続史愚抄	◎俊光兼官
1315							
1316							
1317	文保						
1318					○		資名辞
1319	元応				○		◎
1320					○		◎
1321	元亨				(前)日野資名	花園院宸記	◎
1322					○		◎
1323					(前)日野資名	花園院宸記	◎
1324	正中			実任任	○		◎
1325		○			(前)日野資名	花園院宸記	◎
1326	嘉暦	三条実任	継塵記・続史愚抄				
1327		三条実任	九条家歴世記録				
1328		三条実任	醍醐寺文書				
1329	元徳	○					
1330		○					
1331	元弘	三条実任	花園院宸記				
1332		三条実任	続史愚抄・後円光院関白記	実任辞．兼官			
1333					○		実任辞兼官
1334	建武				(前)三条実任	雑訴決断所結番交名	
1335							実任兼官
1336							
1337							
1338	暦応						
1339							
1340							
1341							
1342	康永	○		資明辞兼官			

西暦	元号	“藤中納言”	出　典	備　考	“藤中納言”系	出　典	備　考
1343		○					
1344		柳原資明	園太暦・師守記	◎			
1345	貞和	柳原資明	師守記	◎資明昇進			
1346							
1347							
1348							
1349							
1350	観応						
1351							
1352	文和						
1353							
1354							
1355							
1356	延文						
1357							
1358							
1359							
1360							
1361	康安						
1362	貞治	日野時光	愚管記・師守記・伏見宮御記録(柳原忠光記)・貞治改元記(兼治宿禰記)・迎陽記	◎時光辞兼官			
1363		日野時光	後愚昧記・師守記・貞治二年御毬記	◎	(新)柳原忠光	後愚昧記・師守記・貞治二年御毬記・続史愚抄	◎忠光任
1364		日野時光	九条忠基記・後愚昧記・師守記・愚管記・迎陽記・続史愚抄	◎	(新)柳原忠光	九条忠基記・後愚昧記・師守記・続史愚抄	◎忠光兼官
1365		日野時光	師守記	◎			
1366		日野時光	師守記・吉田家日次記	◎			
1367		日野時光	後愚昧記・愚管記・師守記・貞治六年中殿御会記・太平記	◎時光辞	(前)日野時光	師守記・後深心院関白記	◎時光辞.昇進
1368	応安	柳原忠光	後愚昧記・山門強訴記	◎忠光辞兼官	(前？)勘解由小路兼綱	後深心院関白記	◎
1369		柳原忠光	後愚昧記・後深心院関白記	◎			
1370		柳原忠光	後愚昧記・愚管記・兼治宿禰記・応安三年宸筆御八講記(宣方記)・続史愚抄・東寺百合文書	◎			
1371		柳原忠光	後愚昧記・愚管記・師守記・花営三代記・吉田家日次記・行幸記(五条宗季記)・親王御元服記・北面始記・石清水造営遷宮記・続史愚抄・祇園執行日記	◎			
1372		柳原忠光	後愚昧記・愚管記・祇園執行日記・北野天満宮史料	◎			
1373		柳原忠光	後愚昧記・続史愚抄	◎	○		保光任

西暦	元号	"藤中納言"	出　典	備　考	"藤中納言"系	出　典	備　考
1374		柳原忠光	九条忠基記・後愚昧記・師守記・保光卿記・続史愚抄・豊原信秋記・神木御動座度々大乱類聚・醍醐寺文書	◎	(新)土御門保光	後愚昧記・後円融天皇御即位記(一条忠基公記)・九条家歴世記録	◎
1375	永和	柳原忠光	愚管記・実冬公記・永和大嘗会記・柳原家記録・勧修寺家旧蔵改元雑々記・続史愚抄・徵古雑抄	◎忠光昇進	(新)土御門保光	愚管記・神木御動座度々大乱類聚	◎
		土御門保光	永和大嘗会記・実冬公記	◎			
1376		土御門保光	後愚昧記	◎保光辞			保光辞
1377					(前)土御門保光	九条忠基記・愚管記	◎
1378		○		資康任	○		仲光任
1379	康暦	裏松資康	後愚昧記	◎	(前)土御門保光 (新)広橋仲光	後愚昧記・愚管記	◎
1380		○		資康兼官			
1381	永徳	広橋仲光	愚管記	◎仲光兼官			
1382							
1383							
1384	至徳						
1385							
1386							
1387	嘉慶						
1388							
1389	康応						
1390	明徳						
1391							
1392				資衡任			
1393		柳原資衡	続史愚抄	◎	○		◎資俊任
1394	応永	柳原資衡	続史愚抄	◎	○		◎
1395		柳原資衡	続史愚抄・円融坊文書	◎	(新)武者小路資俊	円融坊文書	◎資藤任.資俊兼官
1396		柳原資衡	続史愚抄	◎	(新)町資藤	兼宣公記	◎
1397		柳原資衡	迎陽記	◎	(新)町資藤	迎陽記	◎
1398		柳原資衡	続史愚抄	◎	(新)町資藤	続史愚抄	◎
1399		柳原資衡	続史愚抄	◎			資藤兼官
1400		柳原資衡	兼宣公記	◎			
1401		柳原資衡	続史愚抄	◎	○		兼宣任
1402		柳原資衡	続史愚抄	◎	(新)広橋兼宣	兼宣公記	◎
1403	10	○		資衡昇進			
1404		広橋兼宣	続史愚抄	◎			
1405		広橋兼宣	続史愚抄	◎			
		柳原資家	北山院御入内記	◎			
1406		広橋兼宣	続史愚抄	◎			
1407		柳原資家	建内記	◎			
1408		柳原資家	押小路文書	◎			
1409		柳原資家	続史愚抄	◎			
1410		柳原資家	続史愚抄	◎			
1411		柳原資家	朔旦冬至部類記	◎			

西暦	元号	“藤中納言”	出　典	備　考	“藤中納言”系	出　典	備　考
1412		柳原資家	続史愚抄	◎			
1413	20	柳原資家	教興卿記	◎			
1414		柳原資家	看聞日記・建内記・御八講・御方違行幸記・伏見宮御記録	◎			
1415		柳原資家	続史愚抄	◎			
1416		○		◎			
1417		柳原資家	兼宣公記	◎			
1418	25	○		◎資家辞			
1419				豊光辞兼官	(前)柳原資家	薩戒記・看聞日記	◎
1420		烏丸豊光	看聞日記	◎	(前)柳原資家	康富記	◎
1421		○			(新)武者小路隆光	看聞日記	◎隆光・行光任
1422		烏丸豊光	薩戒記	◎豊光称号変更	(新)武者小路隆光 (新)柳原行光	看聞日記・康富記・薩戒記	◎
		武者小路隆光	康富記	◎			
1423	30	武者小路隆光	続史愚抄	◎	○		豊光出家
1424		柳原行光	薩戒記	◎隆光昇進	○		
1425		柳原行光	薩戒記	◎	(新)町藤光 (入道)烏丸豊光	薩戒記・康富記・兼宣公記	◎藤光任
1426		柳原行光	続史愚抄	◎	(新)町藤光 (入道)烏丸豊光	続史愚抄・兼宣公記	◎藤光兼官
1427		柳原行光	建内記	◎	(入道)烏丸豊光	建内記	◎
1428	正長	柳原行光	薩戒記	◎	(入道)烏丸豊光	建内記・薩戒記	◎秀光・親光任
1429	永享	柳原行光	薩戒記・続史愚抄	◎	(新)日野秀光	建内記・薩戒記	◎
1430		柳原行光	永享大嘗会記・薩戒記	◎	(新)日野秀光	薩戒記	秀光兼官
1431		柳原行光	続史愚抄	◎	(新)広橋親光	建内記	◎兼郷と改名．これ以前は“広橋中納言”
1432		柳原忠秀	広橋家記録・続史愚抄	◎行光改名	(新)広橋兼郷	建内記	◎兼郷兼官
1433		柳原忠秀	続史愚抄	◎			
1434		柳原忠秀	押小路文書	◎			
1435		柳原忠秀	建内記	◎			
1436		○		◎			
1437		○		◎			
1438	10	柳原忠秀	続史愚抄	◎忠秀昇進			
1439							
1440							
1441	嘉吉						
1442							
1443							
1444	文安						
1445							
1446							

西暦	元号	"藤中納言"	出　典	備　考	"藤中納言"系	出　典	備　考
1447							
1448							
1449	宝徳						
1450				資綱任			
1451							
1452	享徳						
1453							
1454							
1455	康正						
1456		柳原資綱	師郷記	◎			
1457	長禄	○		◎			
1458		○		資綱昇進			
1459							
1460	寛正						
1461							
1462							
1463							
1464							
1465							
1466	文正	武者小路資世	続史愚抄	◎資世任			
1467	応仁	○		◎			
1468		○		◎			
1469	文明	○		◎			
1470		武者小路資世	親長卿記	◎			
1471		武者小路資世	親長卿記	◎			
1472		武者小路資世	親長卿記	◎			
1473		○		◎			
1474		武者小路資世	親長卿記	◎資世昇進			
1475							
1476							
1477							
1478	10						
1479				縁光任			
1480							
1481		武者小路縁光	宣胤卿記・親長卿記	◎			
1482		○		◎			
1483		武者小路縁光	親長卿記	◎			
1484		武者小路縁光	親長卿記・押小路文書	◎			
1485		武者小路縁光	親長卿記	◎	(新)(前)高倉永継	親長卿記	永継任辞出家
1486		武者小路縁光	親長卿記	◎			
1487	長享	○		◎	(入道)高倉永継	長興宿禰記	
1488		武者小路縁光	親長卿記	◎			
1489	延徳	武者小路縁光	宣胤卿記・親長卿記	◎			
1490		武者小路縁光	親長卿記	◎縁光辞	(入道)高倉永継	蔭凉軒日録	
1491					(前)武者小路縁光(入道)高倉永継	親長卿記・蔭凉軒日録	◎

西暦	元号	“藤中納言”	出　　典	備　考	“藤中納言”系	出　　典	備　考
1492	明応				(前)武者小路縁光	親長卿記	◎
1493					(前)○		◎
1494					(前)○		◎
1495					(前)○		◎
1496					(前)○		◎
1497					(前)○		◎
1498					(前)○		◎
1499					(前)○		◎
1500					(前)○		◎
1501	文亀				(前)○		◎
1502					(前)○		◎
1503					(前)○		◎
1504	永正				(前)武者小路縁光	宣胤卿記	◎
1505					(前)○		◎
1506					(前)武者小路縁光	後法成寺関白記	◎
1507					(前)武者小路縁光	後法成寺関白記	◎
1508					(前)武者小路縁光	後法成寺関白記	◎
1509					(前)武者小路縁光	後法成寺関白記	◎
1510					(前)○		◎
1511					(前)武者小路縁光	宣胤卿記	◎
1512					(前)○		◎
1513					(前)○		◎縁光昇進

＊　“藤中納言”系称号の使用の見える主な記録等を出典欄に示した．
人物比定に当たっては「藤中納言某」と明記されるもののみを対象とし，状況等による比定は行っていない．

人物欄「○」は上記の形では確認できないものの，前後の状況等から称号を使用していたと確認できるものを示した．

備考欄には称号変更の契機となりうる以下の情報を示した．すなわち任(中納言･権中納言任官)，辞(同辞官)，兼官(中納言の他に新たに兼官を得た)，兼官辞(これまで兼官を持っていた中納言が兼官を辞す)，昇進(権大納言への昇進)，出家，称号変更(藤中納言系以外の称号の使用が確認)

備考欄「◎」は当該人物が日野流の出身であることを示す．

“藤中納言”系称号欄　(前)は当該人物が“前藤中納言”を，(新)は“新藤中納言”を，(入道)は“藤中納言入道”を称号としていることをそれぞれ示す．

人物表記に当たっては便宜上新訂増補国史大系『公卿補任』の家名を付した．

についても、記録中では、例えば「権・平両納言」[31]（〃権中納言〃（坊門）泰通・〃平中納言〃親宗）、「三大、権大、飛入等云々」[32]（〃三条大納言〃（正親町三条）公雅・〃権大納言〃（正親町）実秀・〃飛鳥井入道〃（飛鳥井）雅縁）と表記され、散状にもそのまま示されている。[33] あるいは永正四年（一五〇七）、〃新中納言〃（東坊城）和長は知行していた左衛門府年預領内の塩課役の安堵状の案文を進めてきた。その原案の宛所は「坊城菅中納言殿」とされていた。これについて（中御門）宣胤は、「当時新中納言也、為㆓後証㆒如㆑此所望歟」と注記している。[34] 〃新中納言〃という現在の称号で発給されるのが当然であるが、後世誰のことかわからなくなるのを恐れて、「坊城菅中納言」を望んでいるのか、という推測である。さらにいえばその念を入れた宛所も「東坊城」という『公卿補任』の家名には一致していない。すなわち非固有名詞的称号も紛らわしい恐れは感じられてはいたものの、「日野」「四条」などの固有名詞を付したものと同様、一定期間一貫して同じ人物を指し示す称号といえる。[35]

非固有名詞的称号の一例として表20に〃藤中納言〃系列の称号の一覧を掲げた。中納言中、藤原姓の人物は多数存在するが、長期間に渉り同一人物を指していたこと。そしてそれは各日記の記主の個人的法則ではなく、複数の記録で共通のものだったことが確認できる。

2　「新」の付く非固有名詞的称号

非固有名詞的称号が固有名詞化した結果、例えば「新」の付された称号が必ずしもその時の最新任、最下臈を意味しないこともある。

「新」という称号を変更しなかった事情が窺える事例として、（葉室）定嗣の称号の選択を検討する。定嗣は仁治三年（一二四二）に参議に任官し、以後寛元四年（一二四六）の大蔵卿兼任まで足掛け五年間〃新宰相〃を称号としていた。[36] この間、（土御門）通行と、（中院）通成が新たに参議に任官しており、〃新宰相〃は最新任・最下臈の参議としての称号でない。では何故、「新宰相」の称号を変えなかったのだろうか、と考えると、一族の祖先祭祀勧修寺御八講の参入についての次の記事が注目される。

仁治三年加二八座卿相一之初年、即可レ参之処、其比近可レ浴二大理恩一之由有二其沙汰一、試待二兼官一之処、空過二両欠一、其後綷与レ心参差、自然擁怠、去年適浴レ恩、今秋抛二万障一所二構入一也、(37)

定嗣は参議に任じられた後、すぐ勧修寺御八講に参入するべきであった。しかし近く検非違使別当に任じられるであろうとのことだったので、その兼官を待っていた。そうしたところ、二度も機会がありながら空しく過ぎてしまった。ついに去年兼官（大蔵卿）を得たので今秋は万障をなげうって参入する、という(38)。この記事とあわせて考えると、定嗣が〝新宰相〟を称号とし続けた理由の一端は、先の（鷹司）冬平と同様すぐに兼官が得られるはずだとのアピール、あるいは焦りによるものだったと推測できる。

また一族内での関係から「新」の有無が定まる場合もある。応永三二年（一四二五）、（町）藤光が権中納言昇進の奏慶を行い、〝新藤中納言〟を称号とした。この決定は「行光卿号二藤中納言一、雖二位階上臈一依二新任一号二新藤中納言一、有レ例也」(39)というものだったという。既に〝藤中納言〟を称号とする（柳原）行光が存在したために「新」を冠したのである。この場合、任日の点では藤光が「新」であるが、中納言内での臈次は行光が下という逆転が見られる。同様に嘉吉元年（一四四一）、（町）資広が権大納言に復任した時には、

日野新大納言（資広卿、彼卿位階上首、任日同上首也、仍号二日野大納言一了、忠秀卿下臈也、任日又下臈也、仍号二新大納言一了、而資広卿辞職以後以二忠秀卿一号二日野大納言一、而資広卿又還任之間、今雖二上首一号二新大納言一者也、以レ次記レ之）昨日復任、吉服云々、(40)

という。（町）資広は永享一〇年（一四三八）三月三〇日に従二位権大納言となり、（柳原）忠秀は同年九月四日に正三位権大納言となった。当初、任日・位階ともに上臈の資広が〝日野大納言〟、下臈の忠秀が〝日野新大納言〟を称していた。しかし資広が母の喪に服していた間に、忠秀が〝日野大納言〟を称するようになった。その

ため復任してきた資広は〝日野新大納言〟を称号としたというのである。その結果、任日・位階ともに資広の方が上であるにも関わらず、称号的には「新」を称するという顚倒が生ずることになった。

以上のように「新」が付された称号は、必ずしも最新任あるいは最下臈ではなく、人物比定に当たっては注意が必要であろう。

三　「一門」「家」と称号

1　称号と家名

本節では、称号と家名の関係について考察する。第二節の例で日野庶流の公卿も〝日野〟を称号としていたように、室町期に至っても「家名」と称号は本質的に異なるものだった。

そのことを示す例を幾つか掲げる。『宣胤卿記』には、正月記の冒頭に現任公卿・弁官・蔵人の一覧、禁裏小番・近臣番の結番などが記されている。そしてその一覧には「藤量光号日野新中納言、柳原」「参議藤永継号藤宰相、高倉」「藤政為兼侍従、号侍従宰相、冷泉」といった記載が見える。(41) 本文中でも「庭田源大納言事也」「町日野中納言事也」「柳原日野前中事也」(42)、逆に「日野中町」「藤中武者小路」「二条前宰平松」「新宰相姉小路」といった表記がしばしば見える。(43) すなわち家名と、官名まで含まれた称号がはっきり区別されている。こうした使い分けは他の日記中でもしばしば見えるものである。

次に『建内記』永享二年（一四三〇）二月二五日条を見る。これは（万里小路）時房が、応永三年（一三九六）に（裏松）重光は「烏丸」と号していたか、「北小路」と号していたか、散状にはどう見えるか、と問い合わせた記事である。(44) 返答によれば、応永三年時点で重光は〝烏丸中納言〟と号していたらしい。しかし二年後には

〝北小路前大納言〟と称している。(45) 繰り返しになるが、彼が選択した可能性のある適当な称号には複数の候補があり、それは『公卿補任』に示されている「裏松」という家名とも直接関係していない。そしてそうした意識は約半世紀を経過した永享二年時にも当然視されていることがわかる。

あわせて「裏松」号について追うと、重光の子息義資は応永三五年（一四二八）には〝日野中納言〟を称しており、「裏松事也」と注記されている。(46) この応永末年ごろには重光の弟豊光、子息義資、孫政光等は「裏松両所」「裏松三人」「裏松両家」などと表現されており、「裏松」でくくられる一流が成立していたことは確かであろう。(47) この三人のうち（烏丸）豊光は同時期、「藤中納言入道謁二見之一、自二去比一号二烏丸一云々、室町殿御計也」と見える。(48) 室町殿義教の計らいで称号を〝烏丸中納言入道〟に変更したという。桃崎氏はこの例を取り上げ、権力者の介入による新称号（＝家）の成立と指摘している。後世から振り返って烏丸家の成立を考えた場合、確かにこの時期が大きな画期になろう。しかし先述のように称号としての〝烏丸〟はこれ以前から見え、権力の介入による新「称号」の成立とはいえないのではないか。なお彼も後には〝日野大納言入道〟と称され、一方で同年の同じ日記中でも「烏丸故豊光」と記されることもある。(49) 同様に永享三年（一四三一）、（広橋）親光（のち兼郷と改名）と会った（万里小路）時房は親光を「広橋新藤中納言ト号レ之」と記している。(50) こうした表現からも「裏松」「広橋」という家名と〝日野中納言〟〝新藤中納言〟といった称号が区別されたことがわかる。

また永享六年（一四三四）、時房は室町殿義教による後小松院の一周忌仏事の沙汰を命じられ、公卿以下へ参仕を命じる状を出した。(51) この時、公卿に対しては参仕を命じる御教書二通が書きとめられている。そのうち「本定」とされる前者の宛所は「藤大納言殿」（武者小路隆宗）、「右大将殿」（西園寺公名）と称号で、対して「以レ詞示了」という後者は同日かつ同一人物宛にも関わらず「武者小路殿」「西園寺殿」と家名で記されている。称号と家名の使い分けの様相が窺える事例であろう。

日野流略系図

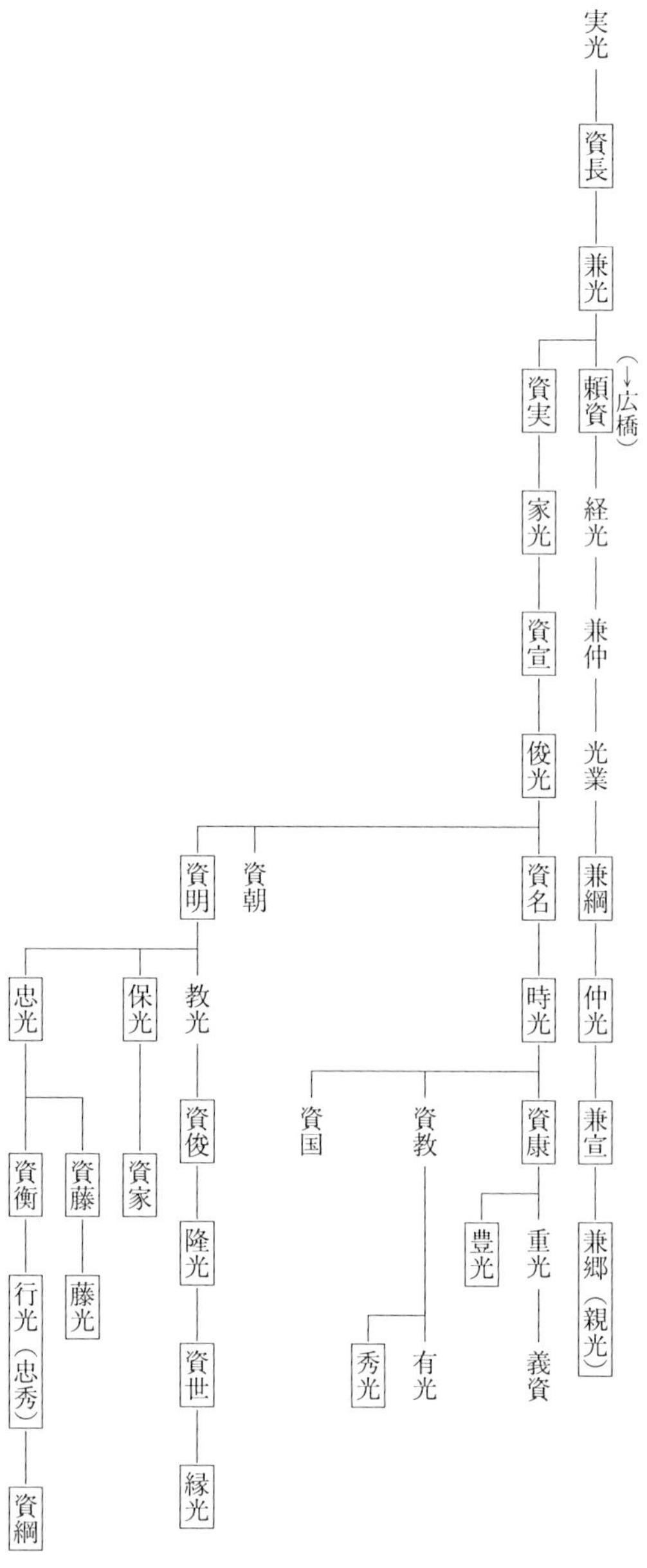

＊□は〝藤中納言〟系称号を使用したことが確認できる人物。（　）は前名。

以上述べたように、称号と家名はその性質上異なるものである。(52)しかし実際、一族・親子で同一の称号を名乗る場合は多い。また前節で述べた非固有名詞的称号の中には、意図的に子孫たちに継承されたと考えられる事例もある。こうした点からは、称号と家・一門意識の関係が推測される。さらに家名に類するものとして「菊亭」「裏辻」などの通称が見られることもあり、これらが称号に複雑に反映されることもある。以下ではこうした関係について考察する。

2　非固有名詞的称号の系譜

まず非固有名詞的称号と一門の関係を追う。表20を見ると藤中納言系（新藤中納言・前藤中納言・藤中納言入道を含む）の称号を使用した人物に、藤原氏日野流の人物が多く見えることに気づく。そこで表20中の日野流の人物には◎印を付した。また「日野流略系図」を掲げ、その中で藤中納言系称号を称したことが確認できる人物名を□で囲った。両者を見比べると、平安末期の資長以来、日野流の人物の多くが該当することがわかる（ただし室町中期には同時期に多くの中納言を輩出するようになり、またおそらくは広橋家との対抗のため〝日野中納言〟号も成立する）。コンスタントに中納言を輩出するようになるにつれ、藤原氏他流に比べても独占率が高まっており、このような傾向は意図的なものと考えられる。

また他家の事例として、『実冬公記』「諸人諮問事」巻四には「当家称号事、前内府示送事」「公時依二家門称号一、同兼二任侍従一事」という項目が見える[53]。同じ巻四には代始の改元や応安四年（一三七一）に死去した後光厳院の三周忌に関する項目があり、応安七年（一三七四）頃の内容と思われる。（三条西）公時は応安七年一二月一三日に権中納言となり、翌永和元年三月二九日に侍従を兼ね、以後〝侍従中納言〟と称している[54]。内容は不明であるが、おそらく〝侍従中納言〟という非固有名詞的称号がこの一族の「家門称号」「当家称号」であったために、公時は侍従の兼任を望み、叶えられたのであろう。

同様に特定の一流と縁の深い非固有名詞的称号として正親町流と〝権大納言〟、鎌倉初期の藤原為家以来の御子左流と〝侍従中納言〟などが挙げられる。次に正親町流の略系図と〝権大納言〟称号の関係を掲げる。

[実雄]―[公守]―[実泰]＝実明―[公蔭]―[忠季]―実綱＝[公仲]―[実秀]―[持季]―[公兼]―[実胤]

＊□は〝権大納言〟称号使用者。実綱は権大納言まで昇進せず。＝は養子関係。

系図に示したように鎌倉期の実雄以来、権大納言まで昇進しなかった実綱などの例外はあるが、ほぼ全員が〝権大納言〟を称号としたことが確認できる。[55] このような傾向からは非固有名詞的称号を含め、特定の称号の使用と一門意識の関係を読み取ることができる。

一門の称号が存在する一方で、一門が分流していき、同族から多くの公卿を出すようになると、一門の称号が重なることもまま生じる。そうした中で新たな、より狭い範囲の一族での称号も成立し、受け継がれていった。次に綾小路流の〝庭田〟称号の例を掲げる。

重賢朝臣者綾小路也、今其称是多、只可レ称二庭田一之由本人存レ之云々、庭田者於二伏見一異名云々、已為二称号一歟、[56]

これは近衛次将の称号の事例である。(庭田)重賢は本来〝綾小路〟を称号とする一門の人物であるが、綾小路流出身者が多いために、一族内の異名の庭田を称号として〝庭田少将〟と名乗っているという。以後この流は〝綾小路〟だけでなく、〝庭田〟も称号としている。一門のまとまりと、その中の家の独立性が窺える事例である。

3　称号の決定と一門

次に称号の決定に際しての一門意識を探る。貞和四年（一三四八）、権中納言に任官した(甘露寺)藤長の称号決定に至る経過が、(洞院)公賢の『園太暦』から詳細に窺える。[57] この事例に関しては既に平山氏、桃崎氏により紹介されているが、以下その経過を追うことで一門との関係を再考察したい。[58] 四月一二日、藤長は同じ勧修寺流の(吉田)国俊と同時に権中納言に任官した。数日後、拝賀を前に藤長は、上首の国俊が〝吉田中納言〟を名乗るとのことであるので、自分は祖先に縁の寺院である〝甘露寺〟を名乗りたい、と(勧修寺)経顕・(洞院)公賢に相談している。これに対する経顕の返答は、構わない、藤長は甘露寺を管領してはいないけれども、先祖に縁の称号を名乗ることは近頃例がある、ただ甘露寺は氏長者が差配しているから〝葉室中納言〟長光にも相談せよ、とのことだった。公賢も、一族で相談し決定した以上は問題ない、ただし長光にも相談するよう、と答えている。公賢は『園太暦』の地の文では「頗荒涼歟」「新儀」と記しており、実際には異論があったらしい。しかし「一族無二子細一之由問答之上、他人不レ可レ出二所存一事也」「御一家両人承諾之上」「可レ決二本人所存一事候上」と、繰り返し一族と本人が承知していれば仕方がないと述べている。その後長光も了承し、藤長は〝甘露寺中納言〟として無事拝賀を遂げた(59)。

この時称号が問題となったのは、一門内で同時に任官があり、年齢的にも臈次の点でも上位の国俊が、一族の通例である〝吉田中納言〟を号することに決まったためである(60)。すなわち一族内のすり合わせの結果の便宜的なものであり、任官時期次第では藤長も〝吉田中納言〟を称していたであろう。つまりこの一件は、この時点での分流・分家を意味してはいなかったと考えられる。系図上では甘露寺家の祖は藤長の父隆長とされるが、隆長は以後も〝吉田中納言入道〟と号しているのである。また公賢が述べているように、やはり自称が尊重されるが、その際一門の長老へ相談をし、承諾を得ている点も注目される。

ところでこのやり取りの中で公賢が「勧修寺号之時も彼卿(長光)問答候ける様承候し」、と述べている箇所がある。この〝勧修寺〟号成立時のエピソードが、次の史料である。

妙法院賢長法印相語云、父葉室前宰相長忠談云、祖父長光卿記云、勧修寺称号之事、経顕卿于時号二坊城一、于時長者申二家君一長隆卿事也云、可レ号二吉田一之条本意也、坊城非二本意一也、俊光卿号二日野一、依二此例一為二長者一代之号一、可レ称二勧修寺一如何、此号後可レ奉レ譲二中納言殿一長光事者、家公御返事云、元祖内大臣殿御追号也、後生恐レ之不レ称二此号一、仍難レ申二意見一之趣也、如レ此記六分明也、一代之号、而子孫各至二経興卿一猶称レ之、無レ謂事也、依レ之人以存二総領之由一歟云々(61)、

この史料では、当時〃坊城〃を称していた一門中最上臈の経顕が（葉室）長隆に、「長者一代之号」として勧修寺を称したい、後には長者となるであろう（葉室）長光にこの号を譲る、と持ちかけ、勧修寺号が成立したという。しかし結局は、経顕の子孫が代々勧修寺を称するようになった。そのため世間では勧修寺家がこの一門の惣領と思っている、と葉室流出身の賢長は不満を述べている。ここから一般的に、一門の長者の号としての特定の称号の存在が意識されていたことが窺える。経顕が〃吉田〃を号するのが本意と述べていることからは、これ以前の勧修寺流では〃吉田〃が長者号として多かったとも推測できる。経顕はそうした中で、新称号を作り、相伝することで自流の地位の確保を試みたと考えられる。

ではこのエピソードはいつごろの話なのであろうか。経顕は中納言の時は〃坊城中納言〃、按察使を兼任した後は〃按察中納言〃と称している。その後、暦応三年（一三四〇）に権大納言となると〃新大納言〃として登場する。さらに康永元年（一三四二）正月に大納言を辞めた後は〃勧修寺前大納言〃と呼ばれたようである。またこの史料中で「中納言殿」と呼ばれている長光も暦応三年に権中納言に任官し、康永元年三月に辞している。こうした官位関係を考えると、このやりとりは康永元年の経顕の権大納言辞任時のものかと推測される。他方出し抜かれる形となった（葉室）長隆であるが、この一流は鎌倉期には主に〃二条〃、あるいは〃六条〃を号しており、代々〃葉室〃を名乗るようになったのは長隆以降である。あるいは〃葉室〃号もこの時期に〃勧修寺〃号に対抗する形で成立したのかもしれない。

また経顕は、長者一代の号の先例として鎌倉期の日野流俊光の例をあげている。そこで次に日野流と〃日野〃号の関係を追う。俊光は中納言、前中納言の時は、表20にも見えるように〃藤中納言〃、〃前藤中納言〃を称している。その後、兼官を得るに伴い〃治部卿〃〃按察〃等を称号とするが、文保元年（一三一七）六月に権大納言となり、一二月に辞している。その辞任後は〃日野前大納言〃と見え、彼が〃日野〃を長者一代の号と定めたのはこの時期と推測される。(62)俊光の任権大納言は日野流の初例であり、そうした点でも日野流にとって一つの転機となったこの時期に、惣領号が定められたのであろう。

すなわち勧修寺流・日野流では一四世紀前半に一門内で惣領の名乗るべき称号を定めている。このほか公卿称号ではないが、神祇官卜部氏でも同時期、嫡流に限定された称号の存在が述べられている。(63)ここからは一門・家にとってこの一四世紀頃が一つの画期となっていることが窺える。そして、このような一門の関係により、村井氏が指摘したような「一門」レベルの称号と「家」レベルの称号、さらに桃崎氏の指摘した足利将軍家の〝鎌倉〟号のように一つの権威を示す称号が生じるのではないだろうか。

室町期の〝日野〟号については、村井氏・桃崎氏も指摘された次の事件がある。永享四年（一四三二）、日野流惣領秀光の死去に伴い、その後継が問題となった。そして

聞、広橋中納言、故執権秀光卿遺跡若山庄以下賜レ之、可レ号二日野一云々、広橋をは二歳子息に可二譲与一之由、自二室町殿一被レ仰云々、(64)

とあるように、室町殿義教の意向を受けて（広橋）兼郷が相続し、称号も〝広橋中納言〟から〝日野中納言〟に変更された。(65)称号と家の継承の関係が窺える事件である。家門の相続と称号の連動には、勧修寺流でも（勧修寺）経郷が「為二彼一流之名代一之故」に、〝万里小路〟を称号としている例などがある。(66)

ところでこの話には後日談がある。やがて兼郷は将軍義教の不興を買い、日野の惣領職を返上、蟄居した。そして嘉吉元年（一四四一）、彼の復帰に当たって称号が問題となったのである。兼郷の参仕を催す綸旨の宛所を〝日野中納言〟とすることについて、当時の嫡流（日野）資親から強硬な反対が出た。それへの兼郷の再反論が次の記事である。

日野中納言〈兼郷卿、此人事本来勘解由小路、又異名広橋也、近代一向号二広橋一也、普広院殿御代、日野惣

領遺跡及二横入之御沙汰一、暫時号二日野一了、其後違二時宜一即被レ黜レ之、帰二住広橋宿所一了、其後一向蟄居之間、称号之様公私不レ及二沙汰一、今度仗儀御点、日野中納言之由、被レ染二 勅筆一之処、右大弁宰相資親卿申二所存一之間、被レ尋二仰一之間、広橋之一流昇進猶勝也、父祖之跡也、非二嫌存一也、日野之称号強不レ限二資親卿一也、鹿苑院殿御代被レ経二御沙汰一、如二資藤卿一号二日野一了、広橋之流、初者号二日野一、誰人哉、不審其後姉小路・勘解由小路等称レ之、所詮公家称号、只依レ時多号二在所一歟、簡要者日野・広橋両号只可レ在二 叡慮一之由、申入了、且中山宰相中将定親卿勅問之時、日野之号不レ可レ限二一人一之由、申入云々、以上今日彼卿演説之分、大概記レ之、黄門又云、御当流にも或号二勧修寺一或号二坊城一、依レ時不同歟、強不レ限二一人一歟云々、〉[67]

この具申で兼郷は、日野の称号は一人に限った特別なものではないであろう、傍流の（町）資藤なども〝日野〟を称していたではないかと主張している。実際、この時期（裏松）義資、（日野西）盛光など日野傍流でも多くの人物が〝日野〟号を称している。兼郷の広橋流は彼らより早く鎌倉初期に分かれた流だった。大きく見れば同流とはいえ、〝藤中納言〟系称号は使用しても、〝日野〟称号を許されたことはない。公家の称号は多くは在所による、叡慮に従う、としながらも、彼の言い分からは日野流惣領職を示す〝日野〟号に対する強い執着がほのみえる。一門内で惣領の地位を暗示する称号の存在、またそれは必ずしも公家社会で広く認められたものではなく一門内の関係であることも同時に窺える事例である。

また一門とは多少異なるが、『薩戒記』には次のような興味深い記事も見える。

大外記師勝朝臣来臨、（中略）又云、明日平野祭也、奉行蔵人左少弁未レ致二相触一、（中略）又云、出車被レ仰二右中将親頼朝臣一、件御教書表書云、権中将殿ト書レ之、不レ知二其人一之由返答、返二遣御教書一、又二条中将殿ト書レ之、又返二送之一、仍弁示送云、貴下不レ候二二条家門一哉、答云、所レ祗二候彼家門一也、弁云、然者何不レ号二二条中将一哉、中将云、雖二家礼一号二其家門称号一事未二知給一、於レ于レ今者枉可レ書二賜鷹司新中将一兼頼朝臣号二鷹司中

将一歟云々、弁云、所望之上者所二書遣一也云々、頗比興事不レ足レ注レ之歟[68]、

大外記中原師勝が平野祭の出車を催した際の挿話を語っている記事である。奉行蔵人左少弁（日野）資親は当初、藤原氏大炊御門流庶流に属する右中将（鷹司）親頼への御教書を〝権中将〟殿宛とした。しかし拒否された。次に〝二条中将〟殿とするも、再びつき返された。そこで尋ねたところ、自分は〝鷹司新中将〟と号しているといわれ、そのような宛名にして納まったという。ここからは称号が誤っている文書は、受け取りを拒否できるという書札礼上の性格が看取できる。さらに注目すべきは後半部のやり取りである。ここで資親は摂関二条家の家礼であるから「二条中将」と号しているのではないのかと尋ね、親頼は家礼ではあるが、家門称号は許されていないと答えている。他に類例は見いだせなかったが、家礼関係によって称号が許される場合もあったのだろうか。

四　中世の古記録における人名表記

最後に古記録における人名表記の問題について触れたい。ここまでは主に古記録での表記から当該期の称号を比定してきた。これは同時期の複数の古記録で、同一人物が同じ称号で呼ばれるという現象が見え、さらに散状等の記載とも一致することから、公家の古記録における人名表記の多くは称号を基としていると判断したためである。このような人名表記法は院政期頃から顕著となり、鎌倉初期以降にはほぼ定着する。しかし全ての人物が称号で示されるわけではない。とりわけ親・子、近臣など身近な人物の表記は、多く記主独特の呼び方がなされる。また複数の兼官を有している場合、時により称号が使い分けられる例もまま見える[69]。

ところがこれとは別に、一般的な人名表記でも揺らぎの大きい日記もある。その例としては、『明月記』『満済准后日記』『康富記』『看聞御記』、歴代の宸記類などがあげられる。では、これらの記主は称号を知らなかった

のだろうか。嘉禄二年（一二二六）正月七日、『明月記』記主の藤原定家の許に子息為家から白馬節会の情報を記した書状が届いた。その中で為家は公卿を「叙位宣命使高倉中納言」、「正五位下（略）藤公朝臨時、三条大納言実親息」と称号で伝えている(70)。定家はこの書状をほぼ引き写す形で『明月記』の同日条を記した。しかしその中で公卿の記載は「叙位宣命使経通卿」「藤公朝実親卿息」と書き換えられている(71)。一方で定家は、第一節でも述べたように、称号に関する情報収集もしている。すなわち称号の存在も、その重要性も十分に認識した上で、日記の記載には称号による人名表記を採用していないのである。なぜなのか、その理由を窺える史料は見いだせなかった。しかし同時期にすでに徹底して称号による人名表記を行う日記が『山槐記』『民経記』『三長記』などいわゆる「日記の家」の記録であることを考えると、ことに鎌倉初期段階におけるその差は日記に対する意識の差と言えよう。身近な人物の表記に揺らぎの多い『看聞御記』等も同様の理由によるものであろう。

これとは別に、特徴的な人名表記法を持つのが『花園天皇宸記』を始めとする宸記類、『外記日記（新抄）』『師守記』『康富記』などの外記の日記である。無論、これらの日記にも称号による人名表記も用いられる。ことに様々な儀式の散状を引き写したと考えられる箇所は他の記録と同様に称号で記されている(72)。しかし地の文での表記にはいささかの揺らぎが見える。そして更に注目されるのは、儀式の記述の中で、参仕者を示す場合である。「大納言藤原朝臣良教」(73)「上卿権中納言藤原朝臣公秀」(74)あるいは「大納言良教卿」(75)「上卿権中納言藤原隆陰卿」(76)といった表記がされている。

土田直鎮氏は、平安中期の記録の公卿の人名表記を検討し、次のように指摘している。すなわち宸記では「官・氏・姓（大納言藤原朝臣など）」、外記日記においては「本官・氏・名・卿（中納言藤原実頼卿など）」という形式を取るという(77)。その表記法が、まさに中世においても受け継がれているのである。このような一般の公家の日記と外記日記の表記の差を示す一例として、南北朝期の『後深心院関白記』の記事がある。この日記には、記主（近衛）道嗣自身が、記した部分と、詳細を記述した「大外記中原師茂記」をその日記に貼り継いだ部分がある。この両者を比較すると、師茂の記では参仕者は「権大納言源通相卿、藤原実夏卿、権中納言同実俊卿」と表現され、道嗣自身の記述部分では「中院大納言通相卿、洞院大納言実夏卿、西園寺中納言実俊卿」と読み換えられている。(78) こうした傾向は宸記や外記の日記の性格と、記録における人名表記の関係として興味深い。

おわりに

最後に本章で述べてきた内容をまとめる。

称号は複数の同官者の中で、実名を憚りつつ個人を特定するために使用された。ある人物を示す称号は奏達され、太政官に把握されており、朝廷社会で普遍的に通用していた。その時点で、その人物を指し示す固有のものである。すなわち称号を考える時には、その官名までを一体のものとして捉える必要があり、同一人物であっても、時期により異なることがあった。本章では公卿を対象としたが、このような称号は公卿以外にも見られる。称号の決定・披露手続きは明らかではないが、任官に伴う場合、奏慶・拝賀までには定められたと推測される。その選択には多く居宅の地名、あるいは一族に縁の名が選ばれ、基本的には自称が尊重された。かつこのような称号は、後世の家名と結果として一致することも多いが、必ずしも同時代的にそれが意識されたものではなかった。この点で、家の成立を考える直接の指標とはなしがたい。

では「家」「一門」と称号はどのような関係を有していたのか。勧修寺流や日野流では、称号の決定に当たって一族の長老の承認が求められたり、一門内でのすり合わせが行われたりした。また時代が下るにつれ、一門の惣領が称すべき称号、非固有名詞的称号も含め一門内で継承されていく称号の存在が意識されるという傾向が見られた。このような傾向は、鎌倉末から一四世紀前半頃を一つの画期としている。その意味で称号と「家」、一門意識には深い関係があると考えられる。

こうした称号についての情報は、当時の朝廷社会において重要であり、公家の古記録における人名表記にもしばしば用いられた。そうした傾向はことに故実の蓄積をもって知られる家の日記において顕著である。他方天皇家・外記の日記では、公事に関する記載の表記に古代以来の人名表記法が採用されている。このような人名表記の特徴はまた、日記の性格を考える上でも重要であろう。

注

（1）平山敏治郎『日本中世家族の研究』法政大学出版局、一九八〇年。

（2）高群逸枝『平安鎌倉室町家族の研究』国書刊行会、一九八五年。

（3）名和修「五摂家分立について」笠谷和比古編『公家と武家Ⅱ』思文閣出版、一九九九年。三田武繁「摂関家九条家の確立」『鎌倉幕府体制成立史の研究』吉川弘文館、二〇〇七年、初出二〇〇〇年。大澤かほり「室町期における吉田家の成立」『年報中世史研究』三一、二〇〇六年など。

（4）行論の便宜上、本章では人名表記に当たって（　）内に新訂増補国史大系『公卿補任』に付された家名を、〃　〃内にその時点での称号を示す。

（5）安田次郎「大和国高殿庄の領家」『年報中世史研究』一一、一九八六年。宮崎康充「大和国高殿庄「領主藤中納言」について」『日本歴史』五〇二、一九九〇年。桑原正史「弥彦荘領家「二位大納言」について」『かみくひむし』八五、一九九二年。菊池紳一「『吾妻鏡』文治二年三月十二日条の人名比定について―弥彦荘領主『二位大納言』を中心に―」『弥彦郷土志』一〇、一九九四年。奥富敬之『名字の歴史学』角川書店、二〇〇四年。百瀬今朝雄「「持明院殿有御践祚」と書く文書」『日本歴史』六八二、二〇〇五年など。

（6）村井章介「綾小路三位と綾小路前宰相」『文学』四―六、二〇〇三年。

（7）桃崎有一郎「中世公家における複数称号の併用について」『年報三田中世史研究』九、二〇〇二年。

（8）『新任弁官抄』宣旨（群書類従第七輯、以下同）。

（9）鎌倉期に著された『書札礼』（群書類従第九輯）には近衛次将の称号として「仮令土御門中将之類」と表現している。

（10）『師守記』康永元年七月八日条（史料纂集、以下同）。この時期為方が〝中御門中納言〟と称されていたことは『実躬卿記』正応四年正月一六日条（大日本古記録、以下同）などから確認できる。

（11）『後愚昧記』永和三年正月二六日条（大日本古記録）。『薩戒記』応永三二年四月二七日条（大日本古記録、以下同）。『建内記』嘉吉三年三月一〇日条（大日本古記録、以下同）。

（12）宮崎康充「大和国高殿庄「領主藤中納言」について」『日本歴史』五〇二、一九九〇年。

（13）『宣胤卿記』永正四年六月六日条。永正一六年正月三日条。一七日条（増補史料大成、以下同）など。『薩戒記』応永二八年一二月二〇日条にも「公卿四位之時猶載名字也」と見える。

（14）『永和一品御記』康安元年四月二七日条（大日本史料第六編二三）。『薩戒記』応永二六年正月一六日条など。

（15）『吉続記』正安三年一一月一八日条（増補史料大成、以下同）。

（16）『吉続記』正安三年一一月一二日条など。

（17）複数の兼官を有している場合、どの兼官を称するかについても一定の傾向があると思われるが、本章では省略する。

（18）『明月記』嘉禄二年春記一七紙紙背（拙稿「嘉禄年中の藤原定家」『明月記研究』一〇、二〇〇五年、以下同）。

（19）『建内記』嘉吉元年一〇月九日条。

（20）『新任弁官抄』宣旨。『明月記』嘉禄二年春記一七紙紙背。なお『山科家譜』（宮内庁書陵部所蔵）には「山科称号間事、被レ申趣則披露候畢、可レ得二其御意一之旨、御沙汰之状如レ件」という貞和二年（一三四六）七月一八日付前左大臣（洞院公賢）の状が見える。あるいは称号の披露に関連したものかも知れない。

（21）『勘仲記』正応二年四月一五日条（増補史料大成、以下同）。

（22）『勘仲記』正応二年四月二五日条。『実兼公記』正応二年四月二五日条（『歴代残闕日記』）。

（23）例えば、冬平は正応三年、永仁二年には「東宮権大夫冬平、近衛」と表現されている（『実躬卿記』正応三年正月一日条、永仁二年正月一六日条）。しかし正応四年には「鷹司大納言冬平」と見える（『実躬卿記』正応四年正月一六日条）。同正応三年正月一日条で、（二条）兼基は「二条大納言兼基、二条」と示されている。

（24）『建内記』嘉吉三年六月二〇日条。

（25）『宣胤卿記』文明一三年冒頭。七月二六日条。

(26)『宣胤卿記』文亀三年正月一七日条。
(27)『親長卿記』文正元年七月二二日条（増補史料大成）。
(28)『宣胤卿記』文明一二年九月一六日条。
(29)『吉田家日次記』貞治五年一二月一九日条（大日本史料第六編二七）など。『建内記』嘉吉元年一〇月九日条には、「所詮公家称号只依レ時多号ニ在所一歟」と見える。
(30)『明月記』嘉禄二年春記一八紙紙背。
(31)『三長記』建久六年一〇月一〇日条（増補史料大成）。
(32)『薩戒記』応永三二年閏六月一二日条。
(33)『吾妻鏡』建長三年七月四日条（新訂増補国史大系）など。
(34)『宣胤卿記』永正四年八月二四日条。
(35)桃崎氏や安田氏は他で区別ができる場合には称号は使用されなかったとし、「菅宰相」「伯殿」「藤中納言」などの例を挙げる。確かに大臣など区別が可能な場合は、「不レ可レ有ニ称号一、称号ハまきれ候時事候」とされるように一般名詞で記されるという意識があった（『宣胤卿記』永正一六年二月二一日条。永正八年八月二〇日条など）。しかし、これは区別の必要がないためであり、意図的に使用される非固有名詞的称号とは異なるものである。むしろ『新任弁官抄』以来の系譜を考えると、非固有名詞的称号はより古体を留めた称号といえよう。
(36)『平戸記』仁治三年八月二三日条（増補史料大成）。『妙槐記』寛元二年正月五日条（増補史料大成）。『葉黄記』寛元四年三月二日条（史料纂集、以下同）。『経俊卿記』寛元四年正月二九日条（図書寮叢刊）。『民経記』寛元元年七月一〇日条（大日本古記録）。『寛元御灌頂記』寛元元年一二月六日条（大日本史料第五編一七）など。
(37)『葉黄記』宝治二年八月一日条。
(38)勧修寺流と勧修寺御八講の関係については、高橋秀樹『日本中世の家と親族』吉川弘文館、一九九六年参照。
(39)『薩戒記』応永三二年一一月二六日条。
(40)『建内記』嘉吉元年三月一二日条。
(41)『宣胤卿記』文明一三年記冒頭。
(42)『宣胤卿記』文明一二年正月一〇日条。

(43)『宣胤卿記』文明一三年三月二日条。
(44)『建内記』永享二年二月二五日条。
(45)『迎陽記』応永五年一一月二一日条（大日本史料第七編三）。
(46)『建内記』応永三五年正月二〇日条。
(47)『建内記』応永三五年正月五日条。一九日条。六月二四日条など。
(48)『建内記』応永三五年六月二四日条。
(49)『建内記』嘉吉元年一二月一八日条。一一月二四日条。
(50)『建内記』永享三年三月一二日条。
(51)『建内記』永享六年一〇月一六日条。
(52)ただし「一条関白」「久我右大将」といった兼官で既に特定できる人物に固有名詞が付されている場合、称号としては「関白」「右大将」であり、一条・久我は家名による注記と考えられ、注意が必要である。
(53)『実冬公記』「諸人諮問目六」（大日本古記録）。
(54)『愚管記』永和二年三月三〇日条。永徳三年正月一日条（増補続史料大成）。『九条忠基記』永和三年三月二五日条（図書寮叢刊）など。
(55)あまりに直接的な称号であるためか、称号の前に「正親町」「裏辻」などの家名を付して示されることもある。しかしこうした表記は一貫性がなく、また固有名詞＋権大納言という称号パターンは他に見られないことから称号とは考えにくい。「九条関白」といった表現と同様に、権大納言という称号を持つ人物で、正親町に属すると注記されていると解すべきであろう。
(56)『建内記』嘉吉元年閏九月二七日条。
(57)『園太暦』貞和四年四月一九日条。二七日条（史料纂集）。
(58)平山敏治郎『日本中世家族の研究』法政大学出版局、一九八〇年。桃崎有一郎「中世公家における複数称号の併用について」『年報三田中世史研究』九、二〇〇二年。
(59)同様に父祖に縁の寺院名を称号とした例として〝海住山大納言〟高清がいる（『宣胤卿記』文明一二年九月一六日条）。
(60)国俊は康永二年に参議に任官し、左大弁参議のこの年三九歳。藤長は康永四年に参議に任官し、右大弁参議として三〇歳である（『公卿補任』）。

(61)『建内記』正長元年三月二三日条。

(62)『花園天皇宸記』文保三年正月一五日条（史料纂集、以下同）など。

(63)『吉田家日次記』貞治五年一二月一九日条（大日本史料第六編二七）。

(64)『看聞御記』永享四年一〇月一一日条（続群書類従補遺、以下同）。

(65)『看聞御記』永享五年正月三日条。

(66)『宣胤卿記』永正元年二月二〇日条。

(67)『建内記』嘉吉元年一〇月九日条。

(68)『薩戒記』応永三三年四月七日条。

(69)例えば、大将と中宮大夫を兼ねている人物が普段は大将を称号としていても、中宮に関連する儀式の場合には〝大夫〟と称されるなどである。

(70)拙稿「嘉禄年中の藤原定家」『明月記研究』一〇、二〇〇五年。

(71)『明月記』嘉禄二年正月七日条（国書刊行会）。

(72)『康富記』応永二七年正月一日条（増補史料大成）など。

(73)「後深草天皇御記」文永三年三月一二日条（増補史料大成『歴代宸記』）。

(74)『花園天皇宸記』延慶三年一一月一日条。

(75)『新抄』文永元年正月八日条（続史籍集覧）。

(76)『師守記』暦応二年八月二九日条。

(77)土田直鎮「平安中期に於ける記録の人名表記法」『日本歴史』七二、一九五四年。

(78)『後深心院関白記』文和元年八月一七日条。九月二七日条（大日本古記録）など。

終章

一　まとめ

以上、本書では主に鎌倉期の各官司の運営の在り方、人的構成、さらに朝廷社会内での情報の共有状況を検討してきた。最後にもう一度まとめたい。序章では二つの視点を掲げた。まずこれまで検討されてきた中世の主要な官司の運営方式が、大きく四つの型に分類されることを指摘した。そしてそれぞれの代表的な官司を取り上げ、実態を追うことで、当該期の朝廷社会の在り方を大づかみにできると考えた。続いて朝廷社会内で、どのような形でそのような官司が担う公事情報が共有されているのかを検討した。

まず第一部一章〜三章では、文書行政に関わる弁官局官務家小槻氏、外記局局務家中原氏・清原氏に注目し、主に院政期〜南北朝期までの動向を追った。「官司請負制」の代表格とされる両局であるが、小槻氏・中原氏・清原氏が担ったのは、左大史、大外記という実務部門の長官職であった。両局では、一三世紀初頭までに氏として、それぞれの長官職において優位を築いた。その過程で、彼らは官司の業務内容・人員等を換骨奪胎し、再編成した。背景には、院政期〜鎌倉初期の武家政権成立に伴う変動、公事復興政策があったと推測される。また鎌倉後期〜南北朝期にかけて、同氏族内での抗争を経験し、有力者との人的つながりや経済的基盤を得て、「中世的家」を確立した。

その下僚である六位官人層も、一三世紀初頭を画期として再編成された。従来、中世の六位官人は、官務家・

局務家の強固な主従関係の下にあると考えられてきた。しかし実際には、官務家・局務家からある程度独立した存在であり、必ずしも官司の枠にとらわれず、朝儀の現場での実務を担っていた様子が窺えた。人的構成の上でも業務内容の上でも官務・局務とは分離し、重層的な構造が形成されていたのである。その意味では、第四章・第五章で検討した経済的官司の長官や年預らによる重層化につながる性格を持つ。

続いて宮中の物品調達などに携わった経済的官司について検討した。第四章ではいわゆる「非官司請負制的」官司、また第五章では「官司請負制的」③型の官司と、相反する位置づけをされてきた官司を検証した。検討の結果、両者の組織構成には類似の特徴が見られた。すなわち長官職と年預職など他の職による重層的な運営体制であり、いずれも官制上の職の上位に知行者が存在し実権を握っていることがまま見られた。本書ではこうした在り方を「知行官司制」と概念づけた。知行官司は、知行国と同様「朝恩」として捉えられ、得分を生み出すものであった。こうした性格は外記局・弁官局にも看取できる。そしてこの長官知行職や年預知行職などに注目すると、「遷代」であるかに見える官司でも、特定の一族が優越している傾向も見られる。修理職・内蔵寮はより強大な経済力を必要とされ、比較的上級貴族によって担われた。また当初は他の官司に比べて特殊な技能は必要としなかった（鎌倉後期以降は、一定程度の工を私的に動員できる経済力などが必要とされたと考えられる）。さらに家司等が名目上の長官に補されたことから、他の官司に比べて遷代の職であるかのように見えたのである。他方の③型官司ではその知行者―長官が比較的上位の下級官人層（局務家など）であるが、性格はやはり長官職としてのものである。かつ本書で取り上げた他の官司の長官職も含め、これらは必ずしも完全な永代ではない。「官司請負」による「永代」か「遷代」かとは、新田一郎氏が指摘するように、程度の差異なのではないだろうか(1)。

ところで本書で検討した中で、大炊寮のみは南北朝期まで長官職と年預職が一体化した形で運営されていた。これは院政期に官司が再編された際に、その後相伝する中原氏六角流が長官として関わっていたためと推測される。その他の官司では、時代と共に各職の間で人的・業務的な乖離が進んでいった。一方で修理職と木工寮、あるいは大炊寮・内膳司・大膳職などの近接する業務を行う諸官の間では業務の統合も進行していった。また年預職を請け負う層は、しばしば特定の官司のみでなく、複数の官司の年預を兼ねていた。ここには第一部第一章・第三章で検討した両局配下の六位官人層の家柄も見える。こうした点からも下級官人層の横断性・流動性が窺われる。

続いて暦道という特殊技術を継承する賀茂氏を中心に検討した。賀茂氏も院政期末〜鎌倉初期にかけて氏として他を排除して暦道を独占した。そして鎌倉中期〜後期の一族内での抗争を経て、室町期には一・二の家での独占を果たす。このような流れは官務・局務家とも共通するものであり、この時期の下級官人一般の動向といって良いであろう。賀茂氏は一方で陰陽道も家業としていた。暦道という公的機能の請負は、陰陽道他氏との競合にも優位に働き、陰陽寮内でも優位を確立した。ただし賀茂氏の場合、暦道・陰陽道の技術は、朝廷のみならず個別の貴族を始め幕府や在地でも需要の高いものであった。またその需要を満たすために、多くの一族・門生・被官を抱えていた。経済基盤としてもこうした私的奉仕に対する給付が大きい。鎌倉期の賀茂氏、同じく陰陽道安倍氏において多数の流が並立していた要因であろう。このような点で第五章までの諸官司とは異なる展開を見せている。室町期になると朝廷社会では一・二の家に限定されるが、鎌倉や奈良など地方へ下り寺社・在地で活動する傍流の陰陽師も多い。地方暦の発行も各地で見られた。

以上の検討から、各官司における運営体制の変化には、大まかに院政期と鎌倉後期の二段階があったと想定できる。①タイプ・②タイプでは、それぞれの官の主に上層部に位置する官人を扱った。かれらは院政期に氏をあげて官司を再編し特定の官に任じられた。次いで鎌倉後期には氏族内の抗争を経て特定の家が占有するようになった。年預層、弁官局・外記局の六位官人層では、院政期頃に官司の再編とともに独立した職とその得分が形成された。また室町期の下級官人は相伝の根拠を、鎌倉後期頃に求めていることが多く、鎌倉後期がその相伝の画期と意識されていたと考えられる。

ところで本書で検討した下級官人層は、朝廷組織を支える存在ではあるが、総体的に見れば権力抗争の影響は受けていない。独占に至る過程、あるいは業務の統合に際して、「天皇王権」の主導的かつ意識的な介在は見いだせない。上級権力との間で、相互に利用し、利用されていても、自立的な集団であったと考える。また第一部第四章で検討した官司は院政期には富裕な院近臣が任じられ、鎌倉期以降も天皇支配権との関係性の上で、遷代の近臣が担ってきたと指摘されてきた。しかし本書で指摘したように鎌倉期を通じて、特定の流へ固定化されていく。その他の諸官司も含め、体制が固定化していくのは、中世朝廷が組織体制としては安定した普遍的な性格を持つようになっていたためではないだろうか。

こうした朝廷のあり方については、本郷恵子氏の次のような指摘が参考になる。氏は院庁の分析を通して「個人としての院ではなく、制度としての院・院政を保証する、ある普遍的な性格を持った院庁が誕生した」と評価する(2)。つまり「院」が院の個人的性格によらず、院主典代を勤める一族によって普遍的に運営される。そしてまた院庁は蔵人所、弁官局等と相互に補完しあいつつ活動していたとも指摘している。このように上位の変化に直接に影響されることなく普遍的に運営していくシステムを、下級官人達は社会全体で、様々なレベルで持っていたのであろう。

しかし一方で、彼等がその地位を保つためには、上下の階層間でも、またほぼ同格の下級官人層の中でも、他家との差別化が必要であった。中世前期において、このような卑姓下級官人による各家の差別化、利権の確保こそが、「官司請負制」＝家による相伝官職の主張であると捉えることができるのではないだろうか。ゆえに「永代」が意識される。本人たちの「永代」主張と、その時の朝廷の認識が異なる場合には「遷代」性も見られるが、いずれも相対的なものであろう。

こうした変化はある意味ではたてわり組織の中での細分化を意味する。しかし、相対的なものであるため、実際の朝廷運営では官司の枠にとらわれず、むしろ一面では官司による職掌の差異を曖昧にする形で活動することが求められていた。その拡散と細分化の傾向は各官司間だけではなく、各官司内の業務レベルでも見られる。また本書では十分に検討できなかったが、彼らは、必ずしも朝廷の枠組にさえ囚われていない。技術系官人達にもっとも顕著に見られたように、あるいは貴族たち、あるいは幕府や寺社に対して、さらには在地においても活動が見える。中世社会の様々な権力組織を下支えしてきた下級官人層の強靱さが窺えるのではないだろうか。その意味では「朝廷官司」の「官人」というアイデンティティーそのものが、彼らの利益を維持するための「看板」ともいえるであろう。同時にその自己主張が「朝廷」の実質的存続を支えることにもなった。

「官司請負制」という概念は朝廷制度を考える時に有効な概念であると思う。しかし中世社会について考える時、それは必ずしも個々の家と官司という固まりでのみ存在するわけではない。それぞれの階層での横断的なつながりと、各階層間での重層的な統属関係が存在したということがわかった。

第二部では視点を変え、古記録類を題材として各官司の活動の様相を見いだした。第一章・第二章では暦道賀茂氏が作成した具注暦とその利用のされ方に注目した。第一章では具注暦の作成と流通状況に注目した。律令制に基づく頒暦制度は一〇世紀までにほぼ崩壊し、造暦作業は賀茂氏に担われた。貴族たち、あるいは寺社、在地では陰陽師からの献上や書写、買得により暦を得る。本章では時代とともにその入手方法が変化する様相を跡付けた。またそうした暦も従来は朝廷における暦奏の儀を経たものであったが、応仁・文明の乱以降地方暦も発行されるようになり、分権化が進んだことが明らかになった。第二章では主に藤原（勘解由小路）兼仲の暦の利用法を取り上げた。その結果、実務官人の家ではカレンダー用の詳細な暦と暦記用のやや簡略な間明き暦を使用していたことが明らかになった。また暦記と日次記でも使い分けが見られた。暦奏された具注暦から目的に応じて情報が取捨選択されていた様相が窺える。さらに朝廷社会内における人的把握状況を知るため、第三章では称号に注目した。称号は蔵人により奏達され、朝廷社会で通用していた。「家」「一門」意識との関係を探る史料としても有効であろう。ただし後の家名とは性質の異なるものであった。

二　室町・近世への展望と今後の課題

このような官司運営体制は、室町期以降どのような展開を見せたのか、展望を試みる。本論でも一部触れたが、官司内での重層化と、相互の緩やかなつながりは、その後も継続し、より顕在化したと推測される。

室町期には、朝廷社会全体の窮乏が進行した。下級官人層でも南北朝期頃より、窮乏を理由とした太政官官掌の一斉辞任(3)、装束をあつらえることができない外記が公事に参仕できない(4)、局務家からの借物などといった現象が見られる。収入も、官司領ばかりでなく御訪への依存傾向が強まったと指摘されている(5)。しかしながら下級官人層では、実務や技術を直接に担うため、得分や付随する利権も他の貴族層に比して、安定していたと推測される。室町期以降は商業課税も収入の基盤となった。本書で指摘した長官職と年預職ほかの重層構造のうち、長官職は早くから知行者の存在が窺えた。ところが時代が下るにつれ中小の官司の得分や年預職知行権にも、貴族の知行化が見られるようになった。例えば、内蔵寮年預職と中山家や左右京職年預と中御門家・坊城家、内匠寮と万里小路家、造酒司・大蔵省と広橋家などがあげられる。また左衛門府年預職を巡り、下級官人の紀（堀川）氏と家格が遥かに上位の菅原益長が相論となっているのも同様の事態であろう(6)。これらの職に伴う利権がより上級の貴族層にとって魅力的なものであったことを意味している。この傾向は、とりわけ第一部第四章・第五章で取り上げた経済的官司に顕著である。

とはいえ、比較的収入の道を持っていた下級官人層にも断絶する家が増加する。第一部第一章で述べた局務家清原氏、第三章で述べた官務家小槻氏の大宮家はいずれも一四世紀には低迷していた。このまま推移すれば、両局ともさらに淘汰が進み、早くから一流に集約されていたかもしれない。彼等の再浮上の契機となったのは、足利義満の勘気によるライバルの一時的な失脚である。陰陽道安倍氏・賀茂氏においても義満の引き立てにより、当時はさほどの力をもたなかった一流が氏族内の競合に勝利し、のちの土御門家・勘解由小路家につながったと指摘されている(7)。ではこれは義満が朝廷実務官人層への積極的な介入・再編と取り込みを図った結果なのであろうか。おそらくそうではあるまい。必要の生じた折に、同じく累代の家の人物が選択肢として見いだされたのであろう。むろん、室町期の官人たちは、室町殿とも密接な関わりを持ち、その機能が政権を支えるものとして利用された。しかし義満の選択は、結果として当時没落しかかっていた流の再浮上につながったものの、既存の体制の利用であり、官司の本質としての変化はないと考える。

南北朝期までの間に、各氏族は氏族内競合を繰り広げ、独占を強めていった。しかし一方で室町期になると、業務を支えるべき人物の不足にも悩むことにもなるのである。同時に諸官司を支える下級官人の兼任状況、業務の統合も進んでいった。第五章で触れた宗岡行為は「官・外記召使・外記史生・文殿・外記官内記副使・掃部寮・主水司」を兼ねていた。また応永年中の小野光久は「内蔵寮・大膳職・造酒司・内教坊仕人等」を兼掌し、その子孫文禄頃の久賢も「大膳職・内蔵寮・大炊寮・造酒司・内教坊仕人」を兼帯していたという(8)。このように多くの官を差配する人物も出現した。彼らは極端であるにせよ、下級官人の家の淘汰に従い、諸官司はより集約された運営方式になっていたと推測される。各官司では職の分割や類似業務間での統合も進行した。すなわち律令制的な統属関係はすでに失われ、実質的には官司の枠も曖昧な形で運営されていた。実質的な運営体制の変化に伴いその権益の組み替え・細分化も進み、錯綜した権益関係が発生する。ただしこのような実質的な官司の再編とは別に、諸官司は見かけ上は律令制的な官制体系を維持している。このような形式と実態の並立が中世的運営の一つの特徴であろう。

こうした朝廷の在り方は仮想的な「朝廷」と捉えられる。近年、儀礼の意味、その仮想性が見直されている。同様に官制体系の維持による仮想性も存在したのではないか。内実は時代に対応して変容を遂げつつも、形式的には古代以来の官制体系は維持され、その継続性が保たれた。実質的な意味を失った後も、作名による形式的な除目、名替・国替といった枝葉の儀礼も遂行される。自覚的か否かはさておき、そうした永続性、形骸化しつつも存在する秩序の体系に仮想性、それによるある意味での「朝廷権威」の構築が窺える。暦奏による具注暦の発行という形式的な「時」の支配も同様の性格を有していたと考えられる。

このような仮想的な朝廷に貴族・官人は所属することで自己の生存を果たし、同時に朝廷機構も、形式的にも実質的にも中世を通じて維持されたのであろう。これは公家社会だけでなく武家や都市・在地でもある種の正統性を担保しうる機構として機能しており、幅広い範囲での相互依存体制を有していた。もちろんこうした仮想性は、時代ごとに様々な形で存在した。かつ朝廷のみが有していたわけではなく、寺院社会あるいは室町殿もそれぞれの仮想世界を産みだしていたであろう。そのような形式と実態の構造に着目する必要があるのではないか。

やや時期が下るが、下級官人の中の上位層においても同様に家の淘汰が進んだ。官務家小槻氏は、大宮家が一六世紀半ばに、身を寄せていた周防大内氏内のクーデターに巻き込まれて断絶し、壬生家のみとなる。(9) 多くの流を擁していた暦道賀茂氏・局務家中原氏も同様である。賀茂氏の中で朝廷社会に残ったのは、勘解由小路家のみである。その勘解由小路家もまた在国をくり返すようになり、一六世紀半ばに断絶した。(10) 局務家中原氏では、一五世紀半ばに六角流・西大路流が、一六世紀に押小路流が断絶し、近世には押小路家（正親町流）のみとなった。

この過程で各流の兼官諸職、文書類などは押小路家（正親町流）に集約された。清原氏が一五世紀以降少納言に任じられるようになり、やがて外記局から離れたため、外記局局務は押小路家（正親町流）に限定された。なお清原氏では、断絶した官務大宮家の文書・記録類を受け継いだようである。(11)

近世初頭、再度の組織改編が行われ、朝廷より任じられる律令百官と実際の儀式を勤める諸寮司という二重構造が成立したと指摘されている。(12) しかし当然のことながら、近世的体制も無から生じたわけではない。その下地は、中世の仮想的な朝廷と知行官司制の二重構造にあったのではないだろうか。律令百官は、形式のみとはいえ存続していた。そして実務は知行者―官人ラインによって担われてきた。そうした重層的構造が制度化された形で再編されたと捉えうる。西村慎太郎氏は「近世地下官人がそれ以前の朝廷組織のどの部分を引き継ぎ、どのように再編されたか」を、近世地下官人研究の重要な課題の一つとしてあげている。(13) この点で、従来古代・中世官司研究とは断絶があったが、本書では院政期から鎌倉期、室町期、近世へという流れの幾つかを示すことができたと考える。一六世紀末には、局務家兼官官司である掃部寮の年預職が独立した形から、局務家家中へ吸収されたのは第一部第五章で検討した通りである。内蔵寮年預も一六世紀末に出納中原氏に譲られた。その他の局務家兼官官司を見ると、大炊寮は大膳職と共に徳岡家が差配した。造酒司は『諸司職掌』に「天正以前随二当司正下知一酒家公事物領二納之一」と見え、天正頃に再編され、内蔵寮と共に徳岡家に担われたことが窺われる。(14) 先に述べた宗岡行為の兼官は、近世初頭に分割された。すなわち官召使・副使が嫡子亮行へ、文殿が次男生時へ、外記史生が三男生基へ、外記召使幷外記・内記副使が行富へ、掃部寮が押小路家の侍清水利延へ譲られ、主水司は「指上」たという。(15) 同時期に小野氏の兼官も三人の子息に分けられた。(16) また弁官局では四家、外記局は三家、新たに六位官人の家が興された。これらは官務家・局務家の猶子として家を興し、偏諱を与えられるなど長官家との関係が深い。(17) 断絶していた賀茂氏でも、奈良興福寺の許で活動していた庶流幸徳井家が呼び戻され、跡を襲った。

このように乱世に伴い極端に縮小されていた諸官司は一六世紀末期に至り再興される。ただしこの過程では、長官家による取り立てや、自家の権益の分割相続が多く見られる。[18]これによって官司運営体制は従来の緩やかなつながりではなく、一見同じような構成であっても明確な主従関係を構成するようになったのではないだろうか。

最後にいくつか今後の課題を述べて、本書を終える。

一つには、南北朝・室町期の官司運営システムの変遷である。終章であらあら展望を述べたが、その実態、知行者や得分との関係を明らかにしたい。また本書で検討した官司体制は運営レベルの話である。朝廷としての意志決定、これら官司への指揮権はまた別の要素として捉えねばなるまい。本書では視点を主に下級官人達に据え、彼らの生存競争・地位確立という観点から追究したため、このような上級権力との関係性については、十分に検討しえなかった。室町期の室町殿との関係も含めて、今後の課題としたい。

注

(1) 新田一郎「「相伝」」『中世を考える　法と訴訟』吉川弘文館、一九九二年。
(2) 本郷恵子『中世公家政権の研究』東大出版会、一九九八年。
(3) 『師守記』文和五年三月二〇日条(史料纂集、以下同)。
(4) 『師守記』貞治六年四月二日条。貞治三年八月一九日条。
(5) 早島大祐『首都の経済と室町幕府』吉川弘文館、二〇〇六年。松永和浩「室町期における公事用途調達方式の成立過程」『日本史研究』五二七、二〇〇六年。
(6) 「御前落居記録」永享二年一一月一五日足利義教御判御教書(『室町幕府引付史料集成』上)。
(7) 柳原敏昭「室町政権と陰陽道」『歴史』七一、一九八八年など。
(8) 『地下家伝』大膳職兼大炊寮徳岡。
(9) 飯倉晴武『日本中世の政治と史料』吉川弘文館、二〇〇三年。

(10)　末柄豊「応仁・文明の乱以後の室町幕府と陰陽道」『東京大学史料編纂所研究紀要』六、一九九六年。木場明志「暦道賀茂家断絶の事」北西弘先生還暦記念会編『中世社会と一向一揆』吉川弘文館、一九八五年。
(11)　国立歴史民俗博物館所蔵「船橋清原家旧蔵資料」など。井原今朝男「中世天皇の即位式準備と財政帳簿」『歴博』一五〇、二〇〇八年。
(12)　西村慎太郎『近世朝廷社会と地下官人』吉川弘文館、二〇〇八年。
(13)　西村慎太郎『近世朝廷社会と地下官人』吉川弘文館、二〇〇八年。
(14)　『諸司職掌』(続群書類従第一〇輯上)。
(15)　『地下家伝』召使青木。「本家宗岡家旧記」(東京大学史料編纂所所蔵写真帳『奥野高広氏所蔵文書』五)。
(16)　『地下家伝』大膳職兼大炊寮徳岡。
(17)　西村慎太郎『近世朝廷社会と地下官人』吉川弘文館、二〇〇八年。
(18)　西村慎太郎『近世朝廷社会と地下官人』吉川弘文館、二〇〇八年。

あとがき

本書は、二〇〇九年三月に提出し、同九月に東京大学から博士（文学）の学位を授与された論文「中世前期朝廷社会における官司制度と政務運営構造」を再構成したものである。論文審査では五味文彦先生、村井章介先生、佐藤信先生、井原今朝男先生、本郷恵子先生の各先生から種々のご指導を賜った。

各章それぞれの初出は以下の通りである。

序章　新稿

第一部

一章「中世前期朝廷社会における身分秩序の形成」『「人のつながり」の中世』山川出版社、二〇〇八年

二章「中世の行事暦注に見る公事情報の共有」『日本歴史』六七九、二〇〇四年

三章「官務家・局務家の分立と官司請負制」『史学雑誌』一一一―三、二〇〇二年

補論「尊経閣文庫所蔵『外記日記（新抄）』について」『日本歴史』七三一、二〇〇九年

四章「鎌倉期朝廷社会における官司運営の変質」『史学雑誌』一一四―一〇、二〇〇五年

五章　新稿

六章「鎌倉期における暦家賀茂氏の変遷」『鎌倉遺文研究』一五、二〇〇五年

第二部

一章「中世における具注暦の性格と変遷」『明月記研究』八、二〇〇三年

二章　「『勘仲記』に見る暦記と日次記の併用」『二〇〇六年〜二〇〇七年度科学研究費補助金（基盤研究（C））研究成果報告書』研究代表者厚谷和雄、二〇〇八年

三章　「中世朝廷社会における公卿称号」『遙かなる中世』二一、二〇〇六年

終章　新稿

二〇〇一年に提出した卒業論文以来、ほぼ一〇年の間に発表した論文を土台としている。ただし、いずれも発表後に得た知見・史料に基づき大幅な改稿、増補を加えている。さらに博士論文を提出した後、二〇〇九年に『歴史評論』七一四号の「特集　鎌倉時代をどう捉えるか」に執筆の機会を得、また二〇一〇年度歴史学研究会大会の中世史部会で発表させていただき、もう一度自分の考えをまとめなおす機会を得た。ことに歴史学研究会大会の発表準備の過程では、様々なアドバイスをいただいた。運営委員、司会の方々をはじめアドバイスをいただいた皆様に厚くお礼申し上げる。本書序章、第一部第五章、終章などは、その折の考えに基づき博士論文に改訂を加えた。少しでも生かせていれば、と思う。

幼い頃、『マンガ日本の歴史』や子供向けの本を読んでいて不思議に思うことがあった。平安時代の雅な宮廷社会が描かれたかと思うと、鎌倉時代に入ると朝廷の記述はなくなる。そして鎌倉幕府の滅亡時になると盃を手に「けしからん」と後醍醐天皇以下の貴族が語り合う場面が描かれる。しかしながら南北朝期が終わるとまた存在感が消え、時折「おそろしい」と震えているなど一こま二こま登場するのみ（のイメージである）。「律令制度」は「崩壊」したらしいけれども明治維新になると律令官司が再登場し、名称は現代まで続いている……。「けしからん」とは何が「けしからん」のか、そもそもこの人たちはどうやって暮らしているのだろう、と疑問を持ったのが朝廷研究を志したきっかけだったと思う。そのためこれまで理念や権威の問題はさておき、朝廷にどんな人がいたのか、数百年の間何をしていたのか、にこだわって検討してきた。下級官人に興味を持ったのも、

より具体的な活動が追えるのではないかと単純に考えたためである。

大学に進学した後は、五味先生・村井先生を始め多くの先生方にご指導を賜り、また影写本の会、中世史研究会、歴史学研究会、早稲田大学三者協議会などで史料の読み方や、史料の背後にどんな世界の広がりが読み取れるのかを教えていただいた。明月記研究会・補遺の会・吉記の会などの研究会では古記録の読み方を教えていただいた。とっつきにくく見える漢字の羅列の中に、人々の生々しい感情や行動が浮かび上がり、その営為に心魅かれた。東京大学史料編纂所に職を得たのちは、多様な原史料に接する機会が増え、史料そのものへの興味が増している。本当にこれまで研究を続けてこられたのは、周囲の方々の温情によると改めて感じる。お名前を書きつくすことはできないが、皆様に感謝申し上げる。

また既発表論文をまとめ直し、校正していく過程で、思いがけずそれぞれの論文を執筆していた頃の様々な（あまり学問とは関係ないようなものも含め）思い出や感情が蘇ってきて困惑した。そうした意味でも、大学院進学以来の自らを振り返る機会になったのではないかと思う。

本書で論じつくせなかったこと、読みたい史料、追究したいことは多数ある。本書をスタートラインに次の一〇年を目指していきたい。

困難な出版情勢の中、本書の刊行をご紹介くださった五味先生、お引き受けくださった吉川弘文館、および製作を担当された精興社制作室にお礼を申し上げる。

また研究者としての姿勢をいつも見せてくれている両親へ感謝をささげて結びとしたい。

二〇一一年二月

遠藤珠紀

＊本書は文部省科学研究費補助金（若手研究Ｂ）の成果である。

著者略歴

一九七七年　愛知県に生まれる
二〇〇六年　東京大学大学院人文社会系研究科単位取得退学
現在　東京大学史料編纂所准教授、博士（文学）

〔主要論文〕
「『職原抄』の伝来について」（『中世政治史の研究』）「中世朝廷の運営構造と経済基盤」（『歴史学研究』八七二）

中世朝廷の官司制度

二〇一一年（平成二十三）五月十日　第一刷発行
二〇二二年（令和　四　）十一月一日　第三刷発行

著者　遠《えん》藤《どう》珠《たま》紀《き》

発行者　吉川道郎

発行所　株式会社　吉川弘文館
郵便番号一一三―〇〇三三
東京都文京区本郷七丁目二番八号
電話〇三―三八一三―九一五一〈代〉
振替口座〇〇一〇〇―五―二四四番
http://www.yoshikawa-k.co.jp/

組版＝株式会社 精興社
印刷・製本＝株式会社 デジタルパブリッシングサービス
装幀＝山崎　登

ISBN978-4-642-02900-1

索　　引

I 人　　名

・人名索引は，実名音読みの順に並べ，次に氏，家名・通称などを示した。
　また院号，女性名等は適宜，通用の読みを用いた。

あ 行

か 行

さ　行

た　行

な行

は行

ま行

や行

ら・わ行

II　事　　項

あ　行

か　行

さ　行

た　行

な　行

は　行

ま　行

や　行

ら・わ　行

III　研 究 者 名

あ　行

か 行

さ 行

た 行

な　行

は　行

ま　行

や　行

ら・わ　行